Harmonischer Geist
Vollkommenes Bewusstsein

DALAI LAMA

Harmonischer Geist
Vollkommenes Bewusstsein

Mit einem Geleitwort
von Sogyal Rinpoche

Aus dem Englischen übertragen
von Jochen Lehner

Lotos

Die Originalausgabe, herausgegeben von Patrick Gaffney
und übersetzt von Matthieu Ricard, Richard Barron und Adam Pearcey,
erschien 2007 unter dem Titel »Mind in Comfort and Ease«
im Verlag Wisdom Publications, Boston, USA.

FSC
Mix
Produktgruppe aus vorbildlich bewirtschafteten Wäldern und anderen kontrollierten Herkünften
Zert.-Nr. SGS-COC-1940
www.fsc.org
© 1996 Forest Stewardship Council

Verlagsgruppe Random House FSC-DEU-0100
Das für dieses Buch verwendete
FSC-zertifizierte Papier *EOS*
liefert Salzer, St. Pölten.

Lotos Verlag
Lotos ist ein Verlag der Verlagsgruppe Random House GmbH

ISBN 978-3-7787-8197-5

1. Auflage 2007

Einbandgestaltung: Christine Klell, Wien
Layout/Herstellung: Ursula Maenner
Gesetzt aus der Melior bei Leingärtner, Nabburg
Druck und Bindung: GGP Media GmbH, Pößneck

Inhalt

Verse der Huldigung

Kyapjé Trulshik Rinpoche

Om svasti!
Durch Verdienst und Weisheit, über unzählige Zeitalter als Ursache angesammelt,
hast du die Wirkung erlangt: die zehn Stärken und vier Furchtlosigkeiten der Buddhaschaft.
Großer Führer dieses glücklichen Zeitalters, mit den Zeichen und Malen der Vollkommenheit erschienen,
Siddhartha, der du alle deine Ziele erreicht hast, lass uns Tugend und Vortrefflichkeit finden!

Inmitten des Glanzes von hundert Lichtstrahlen aus dem Herzen Amitabhas
wurdest du auf dem See Sindhu an der Spitze eines Lotosstiels geboren
und kamst als zweiter Buddha in das Schneeland.
Lotosgeborener Guru Padmakara, gewähre uns allezeit Schutz!

Verkörperung des Erbarmens aller Buddhas, Halter des weißen Lotos,
du kamst, auf das Gewand des Sambhogakaya verzichtend,
in safranfarbener Mönchskleidung, um die Welt zu beschützen.
Siegreich erhabener Tenzin Gyatso, in der Ergebenheit des Herzens verneigen wir uns!

Auf Bitten des Rigpa-Sangha von Lerab Ling in Frankreich um einen Prolog zu diesem Buch wurde dies in Nepal verfasst von dem, der Dzarong Shadeu Trulshik, Ngawang Chökyi Lodrö genannt wird, im tibetischen Jahr des Feuer-Hundes 2133 am sechsundzwanzigsten Tag des vierten Monats (21. Juni 2006).

Zum Geleit

Seine Heiligkeit der Dalai Lama ist eine der großen spirituellen Orientierungsgestalten unserer Zeit. Er widmet sein Leben dem Wohlergehen der Menschheit und bereist seit fast vierzig Jahren die ganze Welt, um überall die Botschaft von menschlichen Werten, universaler Verantwortung und Mitgefühl zu überbringen. Es ist eine Botschaft, die mit jedem weiteren Tag immer noch relevanter und wichtiger wird. Viele Menschen nehmen mit Begeisterung und Freude die Kernaussagen Seiner Heiligkeit auf, dass Uneigennützigkeit und Fürsorglichkeit den Sinn des Lebens bergen und wir durch einfühlsame Schulung und Wandlung des Geistes bessere Menschen werden, die andere liebevoll und achtungsvoll behandeln und dabei selbst Glück und Frieden finden. In seiner Geradlinigkeit und Menschlichkeit ist Seine Heiligkeit für unzählige Menschen der ruhende Pol in einer chaotischen und gewalttätigen Welt.

Der erste Besuch Seiner Heiligkeit des Dalai Lama im Westen fand im September 1973 statt. Damals traf er im Vatikan mit Papst Paul VI. zusammen, der in seiner Willkommensansprache sagte, die Gegenwart Seiner Heiligkeit werde »zur Förderung der gegenseitigen Liebe und Achtung unter den Anhängern verschiedener Glaubensrichtungen« beitragen. Ich hatte die Ehre, Seiner Heiligkeit zu dienen und bei der Organisation seines Besuchs mitzuwirken, und werde diesen Tag nie vergessen. Aber wir hätten uns damals, als wir ihn auf europäischem Boden willkommen hießen, nicht träumen lassen, welchen Eindruck er auf die Welt machen und welchen Einfluss er gewinnen würde. Damals sprach er von Verantwortung für das Ganze, von Freundlichkeit, von Herzensgüte, und diese Botschaft hat er unermüdlich immer weiter vertieft und ausgebaut, um den vielen Dimensionen unserer sich wandelnden Welt gerecht zu werden. In der Vision Seiner Heiligkeit, vom Komitee für den Friedensnobelpreis als »Philosophie des Friedens« bezeichnet, findet sich das gesamte Spektrum menschlicher Belange und Anliegen wieder, von der Verständigung zwischen den Religionen über Frieden und Aussöhnung bis hin zu Umweltschutz, Menschenrechten, ökonomischer Chancengleichheit, Bildung und Wissenschaft. Ich habe oft das Gefühl, dass diese tiefen Anliegen Seiner Heiligkeit wie Strahlen einer gleißenden Sonne der Weisheit und Barmherzigkeit sind. Seine Vision für diese Welt und seine Leistungen sind atemberaubend, man muss sich nur ansehen, wie viele Länder er besucht, was er dort bewegt, wie viele Menschen er erreicht. Seine Heiligkeit spielt sein internationales Wirken eher herunter und sagt, dass er lediglich seine Sicht der Bedeutung menschlicher Grundwerte darlegt, Verständnis und Einklang zwischen den Religionen zu fördern versucht und sich für die Rechte und die Freiheit des tibetischen Volks einsetzt. Aber für mein Gefühl hat kein anderer Dalai Lama je Vergleichbares geleistet und erreicht.

Ein Gebiet, auf dem Seine Heiligkeit der Dalai Lama eine ganz besonders wichtige Rolle spielt, ist die Entwicklung des Buddhismus im Westen. Er hat sich mit größtem Engagement eingesetzt, um sicherzustellen, dass Studium und Praxis des Dharma im Westen die gleiche authentische Form annehmen, die sie im Osten haben. Seine Lehrtätigkeit in verschiedenen Ländern ist für Dharma-Schüler ein steter Quell der Inspiration. Er ist ein Gelehrter und Meister, dessen Lehren wie die der großen Pandits der Vergangenheit studiert werden, doch darüber hinaus geben ihm sein Wissen und seine Erfahrung die Möglichkeit, den Buddhadharma mit überzeugender Direktheit und nachvollziehbar zum heutigen Leben in Beziehung zu setzen. Seine glänzenden und in die Tiefe gehenden Gespräche mit Vertretern der Wissenschaften lassen keinerlei Zweifel an der Tiefe und Kraft der buddhistischen Lehren und machen erkennbar, wie viel sie auch in diesem Zusammenhang zu bieten haben. Außerdem wirkt er bahnbrechend für Austausch und Offenheit innerhalb des Buddhismus und zwischen dem Buddhismus und anderen Glaubenstraditionen. Wenn der Buddhismus in den letzten Jahrzehnten überall auf der Welt immer mehr Achtung und Anerkennung gewonnen hat, dann sicher zum Großteil wegen der Vorreiterrolle und Vorbildfunktion Seiner Heiligkeit. Ohne ihn sähe die Welt des Buddhismus ganz anders aus.

Im September 2000 besuchte Seine Heiligkeit unser internationales Retreatzentrum Lerab Ling in Südfrankreich, um eine große buddhistische Unterweisung mit dem Titel »Der Pfad zur Erleuchtung« zu geben. Wir hatten ihn gebeten, den Weg der Studien und der Praxis von seinem Beginn bis zur Großen Vollkommenheit (*Dzogpachenpo*) mit seinen Kernelementen und Eckpunkten nachzuzeichnen, um den Menschen unserer Zeit das Grundmuster eines vollständigen spirituellen Weges an die Hand zu geben. Wir wussten, dass kein anderer besser als Seine Heiligkeit für solch ein Unternehmen geeignet ist. Mit seinen fundierten Kenntnissen, seiner Vertrautheit mit den verschiedenen buddhistischen Schulen und seiner Geläufigkeit im

Umgang mit der modernen Welt befindet er sich in einer einzigartigen Position, um eine Gesamtschau buddhistischer Lehre und Praxis zu geben.

Die ganzen zehn Tage dieses Besuchs Seiner Heiligkeit sind mir noch lebhaft gegenwärtig. Er kam zum ersten Mal ins Lerab Ling und traf einen Tag früher als angekündigt ein, um noch Zeit für stille Zurückgezogenheit in dieser ländlichen Umgebung zu haben. Später erzählte er uns: »Ich fand es hier wunderbar, ein so abgeschiedener, schöner Ort und die Landschaft ringsum noch so ganz intakt.« Das war wie gesagt 2000, am Beginn des neuen Jahrtausends, aber es gab noch weitere große Jahrestage. Sechzig Jahre zuvor hatte die Inthronisation Seiner Heiligkeit stattgefunden, und fünfzig Jahre lag der Tag zurück, an welchem dem damals Fünfzehnjährigen in seinem Heimatland Tibet die Regierungsgeschäfte übertragen wurden. Um die Bedeutung dieser Ereignisse gebührend zu feiern, hatte ich dreißig der ältesten Mönche aus dem Kloster Seiner Heiligkeit, Namgyal Dratsang, zu einer besonderen Vajrayana-Praxis ins Lerab Ling eingeladen: dem vollständigen *Drupchen* (Gruppenpraxis) und *Mendrup* (Medizinweihe) des Vajrakilaya, jener Yidam-Gottheit, die das erleuchtete Wirken aller Buddhas verkörpert. Diese Praxis, die nie zuvor außerhalb Tibets beziehungsweise des indischen Dharamsala ausgeführt worden ist, hat ihren Ursprung in einem *Terma*, das von Guru Padmasambhava an einem geheimen Ort verwahrt und von Tertön Sogyal, Lerab Lingpa, aufgefunden wurde, der diese Lehre dem dreizehnten Dalai Lama vermittelte und ihn auch zu ihrem Hüter und Bewahrer machte. Das Besondere an dieser Praxis liegt nach den Worten Seiner Heiligkeit in ihrer Beziehung zum Wohlergehen der Dalai Lamas, zur Zukunft Tibets und zur Vitalität des tibetischen Buddhismus.

Seine Heiligkeit leitete nach seiner Ankunft den Abschlusstag des zweiwöchentlichen Drupchen. Das umfasste den Empfang der Segenskraft dieser Praxis und die Weihe einer großen Menge von medizinischer *Amrita*. Am nächsten Tag gab er den im Drupchen-Zelt im Zentrum des Lerab Ling versammelten 1400 Menschen die Einweihung des *Terma*. Dabei überkam mich ein Gefühl großer Hoffnung und einer Verheißung, dass sich diese von den Namgyal-Mönchen unter Vorsitz Seiner Heiligkeit so perfekt ausgeführte Praxis wirklich segensreich auf das Leben der Dalai Lamas, die Lösung der Tibetfrage und die Zukunft der Lehren des tibetischen Buddhismus im Westen auswirken würde. Das Drupchen war von etlichen erfreulichen Zeichen begleitet gewesen, und Seine Heiligkeit bestätigte, dass alles sehr vielversprechend verlaufen sei.

Wunderbar auch, dass Kyapjé Trulshik Rinpoche, einer der hervorragenden und hoch angesehenen Meister des tibetischen Buddhismus, in dieser Zeit zugegen sein konnte. Er ist ein Vertreter der Vinaya-Linie der Nyingma-Tradition und war ein Schüler meines Meisters Jamyang Khyentse Chökyi Lodrö; außerdem ist er Herz-Sohn von Kyapjé Dudjom Rinpoche und Kyapjé Dilgo Khyentse Rinpoche. Seit etlichen Jahren gibt er Seiner Heiligkeit hohe Unterweisungen und Übertragungen aus der Nyingma- und der Dzogchen-Tradition. Bald nach seiner Ankunft im Lerab Ling suchte Seine Heiligkeit Trulshik Rinpoche mehrmals auf, da er von ihm die Übertragung der *Drei Bücher vom Finden der Erquickung und Gemütsruhe* des großen Dzogchen-Meisters Longchenpa erhielt. Trulshik Rinpoche schenkte Seiner Heiligkeit ein Foto des Gangri Thökar, jener Einsiedelei in Tibet, in der Longchenpa seine Meisterwerke verfasst hatte. Ich schloss mich mit einer Porträtstatue Longchenpas an, die auch von Dilgo Khyentse Rinpoche und Nyoshul Khenpo, den beiden bedeutendsten Vertretern des Dzogchen in unserer Zeit, verehrt worden war. Seine Heiligkeit schien spontan den Entschluss zu fassen, Longchenpas *Erquickung und Gemütsruhe in der Meditation über die Große Vollkommenheit finden* während der Tage seiner Unterweisungen zu einem Hauptthema zu machen.

Mehr als zehntausend Menschen aus einundzwanzig Ländern, sogar aus den Vereinigten Staaten und Australien, nahmen an den Unterweisungen Seiner Heiligkeit teil. Über hundert Lamas und Geshes waren zugegen, und viele staunten, dass Seine Heiligkeit sich eine so tiefgründige Vorlage gewählt hatte. Keinen von uns ließ die Tiefe, Relevanz und Eingängigkeit der Worte Seiner Heiligkeit unberührt. Manche sagten, es sei das Erstaunlichste, was sie je von ihm gehört hatten. Auf originelle, aber nie die Authentizität der Lehren aufweichende Art brachte Seine Heiligkeit Aspekte seines eigenen Weges ein, während er den buddhistischen Pfad darlegte und besonders auf die Kern-Unterweisungen der großen Dzogchen-Meister einging. Wie ein Meistergoldschmied stellte er die Lehren der Großen Vollkommenheit in den Zusammenhang der übrigen Schulen des tibetischen Buddhismus und hob die Übereinstimmungen hervor, das gemeinsame Ziel, das darin besteht, das Wesen des Geistes als Klares Licht zu erkennen. Dabei schien er manches aufzugreifen und fortzuführen, was er bei früheren Dzogchen-Unterweisungen im Westen angesprochen hatte.

Im Verlauf der Unterweisungen gab Seine Heiligkeit die Initiation Padmasambhavas und seiner acht Manifestationen aus den reinen Visionen des Großen Fünften Dalai Lama, die er auf unsere Bitte bereits 1982 in Paris und 1989 in San Jose in Kalifornien gegeben hatte. Da Guru Padmasambhava insbesondere als Quell der Friedens und der Transformation angerufen wird, bedeutete dies einen großen Segen für die ganze Region und Frankreich insgesamt. Es war, als würde damit besiegelt, dass diese außergewöhnlichen Unterweisungen dem Frieden in der Welt gewidmet waren.

Seine Heiligkeit besitzt die große Gabe, die Eigentümlichkeiten der Lehre und Praxis in den Schulen des tibetischen Buddhismus aufzuzeigen. Im Lerab Ling sprach er von seiner tiefen Verbundenheit mit dem Geist der Unvoreingenommenheit und Offenheit, der im Rimé waltet. Ich selbst habe Rimé immer als eine Art Erbe und Auftrag des großen Rimé-Meisters Jamyang Khyentse Chökyi Lodrö gesehen und zu einem der zentralen Aspekte der Rigpa-Arbeit zu machen versucht. Seine Heiligkeit sprach aber auch kostbare Worte über die Bewahrung der Ganzheit und Echtheit der buddhistischen Tradition Tibets. »Mit dem Lerab Ling«, sagte er, »ist ein Zentrum entstanden, dem bestimmt ist, ein authentisches Bild der in Tibet gewachsenen buddhistischen Kultur zu vermitteln. Darauf kommt es an: dass es eine authentische Repräsentation der buddhistischen Kultur Tibets ist und somit als Beispiel dienen kann, wenn es in Frankreich und anderswo um interkulturellen Austausch geht. Ich bin überzeugt, dass dieses Zentrum, Lerab Ling, in Zukunft noch mehr als jetzt schon für die Verbreitung des Wissens um die reiche Kultur des tibetischen Buddhismus tun wird.« Wie immer hinterließ die Anwesenheit Seiner Heiligkeit einen tiefen Eindruck bei allen, die ihn erlebten, bei erfahrenen Dharma-Schülern, bei Leuten aus der Gegend, bei Politikern, Beamten des Personenschutzes oder der örtlichen Gendarmerie. Und wie so oft war es der Beginn einer neuen Sympathie und Aufgeschlossenheit für den Buddhismus in der ganzen Region.

Für mich ist kaum eine größere Ehre denkbar, als dieses Buch einzuleiten, und zugleich ist ein wunderbarer Segen damit verbunden, denn Seine Heiligkeit ist auch einer meiner Hauptlehrer. Und alle Tibeter werden zustimmen, dass er unser Führer, unser Leuchtfeuer, unsere Inspiration ist. Die kostbaren Unterweisungen Seiner Heiligkeit im September 2000 sind sämtlich in diesem Buch enthalten, mit dessen Veröffentlichung wir den zweiten Besuch Seiner Heiligkeit im Lerab Ling und die Einweihung seines Tempels und Klosters feiern. Der Tempel wurde genau an der Stelle errichtet, an dem 2000 das Drupchen stattgefunden hatte, und es lag sicher nicht zuletzt am Segen Seiner Heiligkeit, dass der Bau so schnell und Gutes versprechend vonstatten ging. Kyapjé Trulshik Rinpoche hat diesem Tempel nach dem Kupferfarbenen Berg mit seinem Palast des Lotoslichts, dem Himmel Padmasambhavas, den Namen Palri Pema Ösel Dargyé Ling gegeben. Hier im Lerab Ling werde ich meine Schüler beim 2006 beginnenden dreijährigen Retreat anleiten.

Das alles, den Tempel und unsere gesamte Arbeit, widme ich dem langen Leben und der Gesundheit Seiner Heiligkeit: Möge sich erfüllen, was er für Tibet und die Menschheit im Sinn hat, möge der Buddhadharma im Westen aufblühen. Und ich bete für alle, die dieses Buch lesen: Möge der Nektar der Unterweisungen seiner Heiligkeit ihren Geist-Strom durchdringen, sie mit neuem Verstehen und neuer Begeisterung erfüllen und sie unfehlbar den Weg der Erleuchtung weiterführen.

Sogyal Rinpoche
Lerab Ling
6. Juli 2006

Vorwort

»Können Sie uns etwas über Ihr außergewöhnliches Schicksal erzählen?«, fragte ein Journalist Seine Heiligkeit den Dalai Lama bei seiner Ankunft im Lerab Ling am 17. September 2000. Seine Heiligkeit sah ihn an und sagte: »Alle Menschen haben ein außergewöhnliches Schicksal! Manchmal bringt es uns Freude, ein andermal Traurigkeit. Aber diese Höhen und Tiefen gibt es in jedem Schicksal. In unserem Menschendasein, glaube ich, ist es das Wichtigste, dass wir etwas tun, wovon andere etwas haben. Die Haltung, die wir nötiger brauchen als alles andere ist Uneigennützigkeit – das ist es eigentlich, was dem Leben Sinn gibt. Der Umstand, dass ich als Dalai Lama anerkannt worden bin, gibt mir hier und da die Möglichkeit, ein wenig Gutes zu tun. Das ist der Weg, den ich zu gehen versuche, so gut ich eben kann.«

Diese wenigen Worte enthalten die ganze Botschaft, die den Dalai Lama in der Welt bekannt gemacht hat und die auch seinen Besuch im Languedoc-Roussillon im September 2000 so nachhaltig prägte. Es war der siebzehnte Frankreichbesuch Seiner Heiligkeit, und die Monate davor zeichneten sich durch drei Ereignisse aus, an denen die Bandbreite seines mitfühlenden Wirkens in der Welt abzulesen ist. Das erste war 1999 die Veröffentlichung von *Ethics for a New Millennium* (*Das Buch der Menschlichkeit: Die neue Ethik für unsere Zeit*). Darin destillierte der Dalai Lama sechzig Jahre Studium und Praxis des Buddhismus zu einer nicht religionsgebundenen, aber zutiefst spirituellen, das heißt auf Schulung des Geistes beruhenden Vision für den Einzelnen und die Gesellschaft. Er rief zu einer spirituellen und ethischen Revolution auf, zu »einer radikalen Neuorientierung weg von der gewohnten Selbstbezogenheit und hin zur Gemeinschaft der Lebewesen, die alle mit uns verbunden sind«. Es ist ein Handbuch für das Überleben der Menschheit, das ideenreich und stringent umgesetzt sein möchte, nämlich in ein praktisch ausgerichtetes Erziehungs- und Schulungsprogramm.

Das zweite Ereignis war im März 2000 die Begegnung Seiner Heiligkeit mit einer Gruppe von Neurowissenschaftlern, Psychologen, Philosophen und praktizierenden Buddhisten im indischen Dharamsala, das achte Treffen einer vom Mind and Life Institute organisierten Konferenzreihe. Diese bahnbrechenden Zusammenkünfte waren von Anfang an der ergiebigste und wichtigste Austausch, der je zwischen Buddhismus und Wissenschaft stattgefunden hat. Bei den Gesprächen des Jahres 2000 ging es um destruktive Emotionen, und hier schlossen sich unmittelbar einige weitreichende Forschungsvorhaben zur Frage der Wirkung und Anwendung der Meditation an. Im darauffolgenden Jahr schlossen sich Experimente in Madison, Wisconsin, an, bei denen die Auswirkungen der Meditation auf die Gehirnfunktion thematisiert waren. Für diese Forschungen, an denen meditationserfahrene tibetische Buddhisten teilnahmen, interessierte sich nicht nur die Weltpresse, sondern auch angesehene Wissenschaftsjournale berichteten davon. Viele Menschen begannen zu ahnen, welche weitreichenden Folgen es haben könnte, wenn der Wert buddhistischer Ansätze für die Umorientierung des Geistes zu Kontemplation und Mitgefühl allgemeine Anerkennung fänden. Die zukunftweisenden Gespräche des Jahres 2000 wirken bis heute nach; 2005 hielt Seine Heiligkeit eine Ansprache vor der Society for Neuroscience in Washington, und im gleichen Jahr erschien sein *The Universe in a Single Atom: The Convergence of Science and Spirituality (Die Welt in einem einzigen Atom: meine Reise durch Wissenschaft und Buddhismus)*, worin er gerade in dieser Begegnung zwischen Wissenschaft und Spiritualität große Chancen aufzeigt – »ein beträchtliches Potenzial, das die Menschheit für die vor uns liegenden Herausforderungen nutzen kann«.

Und schließlich reiste Seine Heiligkeit nach Besuchen in Polen, Deutschland, Norwegen, Dänemark und Schweden im Frühsommer 2000 und vor seinem Aufenthalt in Frankreich in die Vereinigten Staaten. In der Hauptstadt Washington nahm er an einem riesigen Volksfest teil, das unter dem Titel »Tibetan Culture Beyond the Land of Snows« stand. Hier hielt er am 2. Juli eine einstündige freie Ansprache vor 15 000 Menschen auf der National Mall, ein fulminantes Plädoyer für innere Werte, menschliche Grundeigenschaften und das mitfühlende Sorgen für andere. »Es scheint mir in dieser Zeit besonders wichtig, für menschliche Grundwerte einzutreten. Sonst wird es uns künftig vielleicht nur noch um materielle Entwicklung gehen, und die inneren Werte gelten gar nichts mehr. Aber dann würde sich die Menschheit erst recht vor viele Probleme gestellt sehen.«

Wer damals dabei war, wird sich vielleicht am ehesten an die sehr deutlichen Worte erinnern, mit denen Seine Heiligkeit die von reichen Ländern angerichteten Umweltschäden ansprach, die auch überall da auftreten, wo man amerikanischen Lifestyle und amerikanisches Konsumverhalten nachzuahmen versucht. Er warnte vor den langfristigen weltweiten Gefahren des derzeitigen wirtschaftlichen und sozialen Ungleichgewichts und kam eigens auf die Armen von Washington zu sprechen. Unter anschwellendem Applaus sagte er: »Das hier ist die Hauptstadt des reichsten Landes der Welt, aber in manchen Gesellschaftsbereichen sind die Menschen arm, sehr arm. Das ist nicht nur im moralischen Sinne falsch, sondern auch ganz praktisch ein Fehler ... Wir müssen die Kluft zwischen Reich und Arm schließen.«

Eine revolutionäre Formel für eine lebenswertere und friedlichere Welt, ein bahnbrechendes Zusammenwirken von Spiritualität und Wissenschaft, eine tiefe und unverblümt geäußerte Sorge um die Menschheit und die Erde – diese drei aufrüttelnden Beispiele für das leidenschaftliche Engagement Seiner Heiligkeit bilden gleichsam den Hintergrund seines Frankreichbesuchs im September 2000.

Der Rahmen der Unterweisungen Seiner Heiligkeit

Seit 1991 gibt Seine Heiligkeit der Dalai Lama regelmäßig Unterweisungen für einen Zusammenschluss von Zentren des tibetischen Buddhismus in Frankreich, und im Jahr 2000 waren die am Golfe du Lyon bei Montpellier gelegenen Zentren an der Reihe.[1] Die Ehre, für die Unterweisungen Seiner Heiligkeit alles zu arrangieren, fiel dem Lerab Ling zu, dem von Sogyal Rinpoche gegründeten internationalen Rigpa-Zentrum, das heute der Mittelpunkt seines Wirkens ist. Der Standort des Lerab Ling wurde von Kyapjé Dilgo Khyentse Rinpoche ausgewählt und gesegnet, 1991 folgte die Weihe des Zentrums durch Kyapjé Dodrupchen Rinpoche. Seit 1992 finden im Lerab Ling die Rigpa-Sommerretreats statt; viele hervorragende Meister des tibetischen Buddhismus wurden eingeladen, hier zu lehren, und Meditationsretreats werden ständig abgehalten. Der alte okzitanische Name des Ortes bedeutet »Ort der Quellen«; mit seinen bewaldeten Hängen und Bächen und Wiesen liegt er am Rande des weiten Larzacplateaus, das zum größten Teil Nationalpark ist.

Im September widmeten sich Mönche aus dem Kloster Namgyal unter Leitung von Khamtrul Rinpoche und ihrem Abt Jadho Rinpoche zwei Wochen lang einer intensiven Gruppenpraxis im Lerab Ling, dem Vajrakilaya-Drupchen, das sich an dem von Lerab Lingpa, Sogyal Rinpoches letzter Inkarnation, aufgefundenen Terma orientiert. Der Termin der Ankunft Seiner Heiligkeit war so gelegt, dass er den letzten Tag und Höhepunkt des Drupchen leiten und am folgenden Tag die Ermächtigung zu dieser Praxis erteilen konnte. Ebenfalls anwesend war Kyapjé Trulshik Rinpoche, von dem Seine Heiligkeit die Übertragung der *Drei Bücher vom Finden der Erquickung und Gemütsruhe* empfing. Dabei handelt es sich um ein bedeutendes Werk des großen Dzogchen-Meisters Longchen Rapjam (1308–64). Vor diesem Hintergrund hatte Seine Heiligkeit sich vorgenommen, einen dieser drei Texte zu kommentieren und zu erläutern, nämlich *Erquickung und Gemütsruhe in der Meditation über die Große Vollkommenheit finden*, auf Tibetisch *Samten Ngalso.*

Die Lehren der Großen Befreiung, des Dzogchen, sind in der Schule der »Alten« oder Nyingma-Tradition des tibetischen Buddhismus von ganz besonderer Bedeutung. Sie entstand im achten oder neunten Jahrhundert, nachdem der Buddhismus durch Guru Padmasambhava nach Tibet gelangt war und unter König Trisong Detsen und dem Gelehrten und Abt Shantarakshita Fuß fassen konnte. Die Dzogchen-Lehre wird auf den Ur-Buddha Samantabhadra zurückgeführt, von dem eine lebendige Weisheitstradition ausgeht, die in ununterbrochener Übermittlungslinie bis zum heutigen Tag vom Lehrer an den Schüler weitergegeben wurde. Dzogchen wird als »der Urzustand« beschrieben, »jener Zustand vollkommener Wachheit, der die Herz-Essenz aller Buddhas und spirituellen Wege und für den Einzelnen der Gipfel seiner spirituellen Entwicklung ist«.[2] Dzogchen wird als die höchste Form der Lehren angesehen und gilt wegen seiner Klarheit als besonders geeignete und wirksame Praxisform für die moderne Welt und die Bedürfnisse dieser Zeit.

Seine Heiligkeit teilte seine Unterweisungen in zwei Hauptabschnitte. Zuerst gab er eine Einführung in die Grundprinzipien des Buddhadharma. Und um dann zu zeigen, wie man die Lehren verinnerlicht und praktiziert, begann er den Wurzeltext *Erquickung und Gemütsruhe in der Meditation über die Große Vollkommenheit finden* auszulegen.

Mit der Auswahl eines Texts von Longchenpa wandte sich Seine Heiligkeit dem Kern der alten Nyingma-Tradition und seinen Dzogchen-Lehren zu. Der »all-erkennende« Longchen Rapjam war einer der größten Gelehrten und erleuchteten Meister Tibets; er sammelte alle Dzogchen-Überlieferungen Tibets und verschmolz sie zu einem Ganzen, und so gelang es ihm, durch Schriften wie *Die sieben Schätze, Die Drei Bücher vom Finden der Erquickung und Gemütsruhe, Die Drei Bücher von der natürlichen Freiheit* und *Die Drei inneren Essenzen*, ein lückenloses Fundament für Studium und Praxis des Dzogchen zu legen.[3] Der große Dzogchen-Meister Patrul Rinpoche (1808–87), auf den Seine Heiligkeit in seinen Unterweisungen häufig verweist, schrieb über Longchenpa:

> So offenbarte dieser all-erkennende Meister in seinen erhabenen Werken
> die Lehren der Siegreichen in ihrer ganzen Breite und Tiefe.
> Nie zuvor hatte einer der weisen Meister Indiens oder Tibets
> der Welt ein solches Vermächtnis hinterlassen.

Nyoshul Khenpo (1932–99), *die* Autorität für Longchenpa und seine Werke und von vielen seiner Schüler als Verkörperung des alten Meisters angesehen, schrieb: »Longchenpa erschien als ein zweiter Ur-Buddha Samantabhadra in dieser Welt und überbrachte mit Löwenstimme Lehren über die drei Arten des Dzogchen … Seine Werke sind von den Worten der Siegreichen nicht zu unterscheiden und stellen ein unausdenkliches Korpus der Geheimnisse dar. Das bloße Lesen bewirkt, dass sich im Geist die Verwirklichung des Weisheits-Geistes einstellt, der die wahre Natur der Wirklichkeit ist.«

Longchenpa verfasste *Die Drei Bücher vom Finden der Erquickung und Gemütsruhe* in seiner Einsiedelei Orgyen Dzong am Gangri Thökar südlich von Lhasa in Zentraltibet, wo er auch lehrte und andere Werke wie *Die sieben Schätze* schrieb. In seinem eigenen Katalog seiner Schriften, die er in äußere, innere und geheime Werke unterteilt, ordnet er *Die drei Bücher* den geheimen und eher allgemeinen Darstellungen zu, die »aufzeigen, inwiefern der Dzogchen-

Pfad und seine Erfüllung mit allen anderen Fahrzeugen übereinstimmt und sie in sich vereinigt, sodass man versteht, worum es bei diesen Fahrzeugen letztlich geht: dass sie einfach kluge und geschickte Vorbereitungswege für den Pfad des Dzogpachenpo sind.«[4]

Nyoshul Khenpo fasst Longchenpas Schriften über Dzogchen in drei Gruppen zusammen:

> Zuerst die Schriften, die ihre Gegenstände sehr eingehend nach Art des gelehrten Pandita erörtern, vor allem *Die sieben Schätze* und *Die drei Bücher von der natürlichen Freiheit*. Hierher gehören auch Kommentare, zum Beispiel zum Tantra (*Der all-erschaffende Monarch*), die den Teil seiner Schriften bilden, der sich der Kategorie des Geistes widmet. Zu den Schriften, die sich in dieser eingehenden und gelehrten Art der Kategorie des Raums widmen, gehört ein kurzer Text mit dem Titel *Die weite Anordnung des Raumes* samt Longchenpas Kommentar.
>
> In der zweiten Gruppe finden sich die Schriften des tiefgründigen Ansatzes; damit ist der auf das Wesentliche reduzierte Ansatz des Dzogchen-Yogi gemeint. Diese Gruppe besteht aus drei Yangtik-Zyklen: *Der innerste Herz-Tropfen des Guru (Lama Yangtik), Der innerste Herz-Tropfen der Dakini (Khandro Yangtik)* und *Der innerste Herz-Tropfen der Tiefgründigkeit (Zampo Yangtik)*. Diese Texte sind für das sehr einfache Leben eines Yogi oder in Klausur Meditierenden konzipiert.
>
> Die Schriften der dritten Gruppe enthalten die Lehren, die den Texten der ersten und zweiten Gruppe zugrunde liegen. Es sind Longchenpas Unterweisungen zum allmählichen Pfad oder *Lamrim*. Am bekanntesten sind hier *Die drei Bücher vom Finden der Erquickung und Gemüts-*

> *ruhe*, nämlich *Erquickung und Gemütsruhe in der Natur des Geistes finden (Semnyi Ngalso), Erquickung und Gemütsruhe in der Meditation über die Große Vollkommenheit finden (Samten Ngalso)* und *Erquickung und Gemütsruhe im (Wissen um den) illusorischen Charakter der Dinge finden (Gyuma Ngalso).*[5]

Longchenpa selbst sagt über die Abfolge der *Drei Bücher vom Finden der Erquickung und Gemütsruhe*:

> Ganz am Anfang, wenn wir uns auf den Weg machen, ist es wichtig, dass wir uns gute Grundlagen im Dharma schaffen. Deshalb bieten die dreizehn Kapitel von *Erquickung und Gemütsruhe in der Natur des Geistes finden* eine eingehende Darstellung der Grundlagen für die Anschauung, welche die beiden Extreme meidet, beginnend mit der Schwierigkeit, die Freiheiten und das Vorteilhafte zu finden. Sie erklären aber auch Einzelheiten und Stufen von Pfad und Erfüllung.
>
> Haben wir das Grundlegende verstanden, können wir mit der Meditation über den Pfad beginnen. Deshalb wird in den vier Kapiteln von *Erquickung und Gemütsruhe in der Meditation über die Große Vollkommenheit finden* Schritt für Schritt erklärt, welche Orte zur Meditation geeignet sind, welcher Menschentyp für die Praxis geeignet ist, welche Techniken wir beim Meditieren anwenden können und welche Arten der meditativen Sammlung wir erreichen können.
>
> Beim Üben dieses Weges sind Lehren über das Nicht-Haften und Nicht-Festhalten an den Phänomenen wichtig. Deshalb werden in den acht Kapiteln von *Erquickung und Gemütsruhe im illusorischen Charakter der Dinge*

finden zur Unterstützung die Stadien der Aktion klar und eingehend erläutert. Hier wird sehr genau und treffend aufgezeigt, wie man zu allen Phänomenen stehen sollte und wie man sie als die acht Gleichnisse des Illusorischen erfährt.[6]

Seine Heiligkeit greift bei seinen Unterweisungen über Dzogchen im Westen gern auf Longchenpas Werke zurück; 1989 in San Jose, Kalifornien, waren es Abschnitte aus *Der kostbare Schatz der Dharmadhatu*.[7] Als er im Dezember 2000 auf Einladung Seiner Eminenz des siebten Dzogchen Rinpoche das Dzogchen-Kloster in Südindien besuchte, gab er die Übertragung und Unterweisung zu *Erquickung und Gemütsruhe in der Natur des Geistes finden* und *Erquickung und Gemütsruhe in der Meditation über die Große Vollkommenheit finden*.

Der Ablauf der Unterweisungen

Die fünftägigen Unterweisungen unter der Überschrift »Der Weg zu Erleuchtung« fanden direkt beim Lerab Ling an einer Stelle statt, die den Namen Lerab Gar erhielt. Dort stand ein gewaltiges Lehrzelt, umringt von anderen, in denen Restaurants, Informationsdienste, ein Buchverkauf, eine Ausstellung zur Geschichte des Rigpa, sonstige Dienstleistungsangebote und die Presse untergebracht waren. Siebzig Prozent der über zehntausend Zuhörer kamen aus Frankreich, die übrigen aus einundzwanzig anderen Ländern. Außerdem nahmen über hundert Lamas, Geshes und Mönche aus den Klöstern Namgyal, Gomang und Gyutö teil, daneben zweihundert westliche Mönche und Nonnen sowie hundert Freunde Seiner Heiligkeit und Tibets.[8] Aus den umliegenden Dörfern waren zweihundert Leute eingeladen worden, die Unterweisungen einen Tag lang zu verfolgen. Sogyal Rinpoche sprach die Gefühle der Anwesenden in seinen Begrüßungsworten für Seine Heiligkeit aus:

> Hier in Frankreich werden Sie sich ohne Zweifel wie zu Hause und unter Freunden fühlen. Frankreich ist ein Land, das sich vom Dharma und seiner heilenden Botschaft hat berühren lassen und das seine Arme für Tibet und die Tibeter öffnet ... Menschen aus aller Welt sind hier zusammengekommen. Es ist ihnen bewusst, dass Sie einer der größten Kenner und Lehrer des Buddhismus in unserer Zeit sind und es daher ein kaum zu überbietender Glücksfall ist, die Lehren direkt aus Ihrem Mund zu hören. Es macht uns glücklich, dass diese Unterweisungen im Jahr der sechzigsten Wiederkehr Ihrer Inthronisation und im Jahr der Jahrtausendwende stattfinden. All das scheint uns an Ihre Bedeutung für die Welt, die Menschheit und unsere Zukunft erinnern zu wollen.

Als Seine Heiligkeit das Wort ergriff, entschuldigte er sich zunächst für den aufgrund der Wetterlage etwas verzögerten Beginn: »Wir haben an diesem ersten Tag der Unterweisungen ein wenig später angefangen. Das hat mit allerlei wetterbedingten Schwierigkeiten zu tun. Es tut mir sehr leid, obwohl ich selbst nichts dafür kann. Es ist für Sie offenbar ein wenig ungemütlich; ich habe es hier oben vermutlich ein wenig bequemer, aber sehr warm ist es hier auch nicht.« Tatsächlich hatte ein verheerender Sturm die französische Mittelmeerküste am Nachmittag des Vortags heimgesucht und in Montpellier Überflutungen und erhebliche Zerstörungen angerichtet. Heftige Regengüsse und Sturmböen hatten die kleineren Zelte beim Lerab Ling zusammenstürzen lassen, das große unter Wasser gesetzt und große Teile des Areals in einen Morast verwandelt. Aber die Zuhörer hatten keine Mühen gescheut und waren da, und die Unterweisungen konnten mit gerade einmal einer Stunde Verspätung beginnen.

Den Boden für seine Unterweisungen bereitend, sprach Seine Heiligkeit zunächst über die gemeinsamen Zielsetzungen der verschiedenen Religionen und das nach seiner Überzeugung wichtige Prinzip, der eigenen Tradition treu zu bleiben, dabei aber von anderen zu lernen. Er äußerte sich über persönliche Transformation, menschliche Intelligenz und Vernunft, die Bedeutung von Uneigennützigkeit und Liebe, und er zeigte mit all dem auf, dass der Geist in der Lage ist, wahres Glück zu finden. Immer wieder streute er persönliche Anmerkungen oder Anekdoten ein, während er beherzt und sehr direkt die Kernprinzipien des Buddhadharma auf eine für alle Zuhörer nachvollziehbare Weise darstellte. Dies waren die Gegenstände, die er erläuterte: Die vier edlen Wahrheiten, wechselseitige Abhängigkeit, absolute und relative Wahrheit, Shunyata, die Natur des Bewusstseins, die Kontinuität von Geist und Materie, die verstörenden Gefühlsregungen und die Erleuchtung. All das zusammen bildet den ersten Teil dieses Buches: Grundprinzipien des Buddhadharma.

Am dritten Tag begann Seine Heiligkeit Longchen Rapjams *Erquickung und Gemütsruhe in der Meditation über die Große Vollkommenheit finden* zu kommentieren, und seine Worte zu diesem Thema bilden den zweiten Teil. Er sprach zunächst über die Schulen des tibetischen Buddhismus und die großen Gelehrten und erleuchteten Meister der Nyingma-Tradition. Von da aus ging er zu den kennzeichnenden Zügen der Großen Vollkommenheit im Unterschied zu anderen Fahrzeugen über, und zur Unterscheidung des gewöhnlichen Bewusstseins vom reinen Rigpa-Gewahrsein, zitierte er den Großen Fünften Dalai Lama.

Longchenpas Text gliedert sich in drei Teile: geeignete Orte für die meditative Schulung, die Persönlichkeit des Meditierenden oder Praktizierenden und der Dharma, der geübt werden soll. Die ersten beiden Teile erörterte Seine Heiligkeit sehr eingehend. Seine Themen waren hier: Entsagung, einem spirituellen Lehrer folgen, negative Gefühlsregungen überwinden und wandeln, Achtsamkeit und Wachsamkeit, die verschiedenen Betrachtungsweisen der Ichlosigkeit, Zorn und Geduld, Vergänglichkeit und Tod. Danach kam er zum dritten Teil, der Hauptpraxis, und begann mit den vier Arten der Vorbereitung: Entsagung; Mitgefühl und Bodhichitta; reine Schau und Guru-Yoga.

Seine am nächsten Tag folgenden Ausführungen zu Mitgefühl und Bodhichitta wurden zunehmend persönlicher und anrührender, bis er sehr direkt vom Wert und Nutzen des Bodhichitta in seinem eigenen Leben sprach und ihm für einen Augenblick sogar die Tränen kamen. Dann nahm er im Rahmen einer an Asangas *Bodhisattva-Stufen* orientierten wunderschönen Zeremonie die Bodhisattva-Gelübde ab. Hier schuf Seine Heiligkeit im Abschnitt der Fragen und Antworten zwischen Meister und Schüler eine humorvolle Atmosphäre der Leichtigkeit, als er zum Vergnügen der Zuhörer allerlei spöttische, aber vermutlich zutreffende Antworten erfand. Thron und Tisch Seiner Heiligkeit waren mit Girlanden aus weißen und gelben Lilien geschmückt, und zum Abschluss der Gelübdezeremonie stellte er sich auf den Thron und warf den Buddhas und Bodhisattvas in alle Richtungen Blumen zu. Dazu legte er allen Anwesenden dringend nahe, in ihrem Streben nicht halbherzig zu sein, sondern sich von ganzem Herzen um Buddhaschaft zu bemühen – um ihrer selbst, aber auch um aller anderen willen.

Am Nachmittag gab Seine Heiligkeit im Anschluss an die Unterweisungen über reine Schau und Guru-Yoga als Vorbereitungen die Einweihung Padmasambhavas und seiner acht Manifestationen, die Ermächtigung zum Geist-Sadhana *Die Vereinigung aller innersten Essenzen* aus dem Zyklus der reinen Schauungen des Großen Fünften Dalai Lama (1617–82). Diese Ermächtigung hatte er bereits bei seinen Dzogchen-Unterweisungen 1982 in Paris und 1989 in San Jose gegeben. Seine Heiligkeit sprach über den Großen Fünften Dalai Lama und seine reinen Schauungen, die unter dem Titel *Das Siegel der Verschwiegenheit tragen* zusammengefasst sind. Die acht Manifestationen Guru Rinpoches, Pema Tötreng genannt, sind in der Ermächtigung so aufgeführt: der lotosgeborene Vidyadhara Padmakara, der Bhikshu Padmasambhava, der gelehrte Loden Choksé, der erhabene Padma Gyalpo, der Yogi Nyima Özer, der erleuchtete Shakya Sengé, der zornvolle Sengé Dradok und die Verkörperung der »verrückten Weisheit« Dorjé Drolö. Als Seine Heiligkeit 2004 in Dharamsala erklärte, wie wichtig die Anrufung Guru Rinpoches und die an ihn gerichteten Gebete sind, sprach er auch über die außerordentliche Inspiration, die der Große Fünfte Dalai Lama durch Guru Padmasambhava erhalten hatte:

> Der kostbare Guru Padmasambhava, Lopön Rinpoche, besaß nicht nur die Eigenschaften eines großen spirituellen Führers – Weisheit, Mitgefühl und grenzenlose Fähigkeiten –, sondern war auch ein großer Meister, der über

> ungewöhnliche Kräfte verfügte. Viele der bedeutenden historischen Gestalten Tibets, im spirituellen wie im weltlichen Bereich, haben sich in den barmherzigen Schutz des großen Meisters Padmasambhava begeben und seinen Segen empfangen. Der Große Fünfte Dalai Lama zum Beispiel hatte eine ganz besondere Beziehung zu Guru Rinpoche, und auch der dreizehnte Dalai Lama erfreute sich offenbar einer ungewöhnlichen Verbundenheit mit dem kostbaren Meister.[9]

Gleich nach der Ermächtigung kam Seine Heiligkeit zur Hauptpraxis aus dem dritten Teil von *Erquickung und Gemütsruhe in der Meditation über die Große Vollkommenheit finden*: der Dharma, der zu üben ist. Er ging ohne Umschweife auf die Große Vollkommenheit, das klare Licht und die ursprüngliche Natur des Geistes ein, führte in die *beiden höheren Wahrheiten* ein, benannte das klare Licht als den Kerngehalt sowohl des höchsten Yoga-Tantra als auch des Dzogchen und erklärte den Stellenwert der analytischen Meditation sowie schließlich den Mittleren Weg. An dieser Stelle zitierte er aus Longchen Rapjams *Sieben Schätze* und bezog sich auf Unterweisungen des dritten Dodrupchen Jikmé Tenpé Nyima (1865–1926), dessen Schriften Seine Heiligkeit zutiefst bewundert und aus denen er unweigerlich zitiert, wenn er über Dzogchen spricht. Dodrupchen Jikmé Tenpé Nyima war zu Beginn des zwanzigsten Jahrhunderts einer der herausragenden Meister der Nyingma-Schule und selbst ein Schüler legendärer Gestalten wie Patrul Rinpoche und Jamyang Khyentse Wangpo. Seine Heiligkeit schreibt über die Zeit, in der sich sein eigenes Verständnis von der tiefen Übereinstimmung zwischen höchstem Yoga-Tantra und Dzogchen formte: »Wenn ich

Dodrupchen las, war es, als würde er mir begütigend über den Kopf streichen, um zu bestätigen, dass meine Einsichten nicht unbegründet waren.«[10]

Am Morgen des letzten Tages der Unterweisungen fand unter Leitung von Kyapjé Trulshik Rinpoche eine Langes-Leben-Zeremonie für Seine Heiligkeit statt. Die Zeremonie bekam besonderes Gewicht dadurch, dass Kyapjé Trulshik Rinpoche jedes Jahr in der Maratika-Höhle in Nepal, in der Padmasambhava die Stufe des Vidyadhara des unsterblichen Lebens erreichte, ein Retreat für das lange Leben Seiner Heiligkeit abhält. Die Zeremonie trägt den Namen »Erhabene Nektar-Vase der Unsterblichkeit« und wurde von Trulshik Rinpoche selbst nach verschiedenen Quellen gestaltet. Diese Quellen sind: die Langes-Leben-Praxis *Licht der Unsterblichkeit*, ein Terma der nördlichen Terma-Tradition; Lhatsün Namkha Jikmés reine Schauungen; eine Traumoffenbarung, die Minling Terchen Gyurmé Dorjé zuteil wurde; und die Sangwa-Gyachen-Schauungen des Großen Fünften Dalai Lama. Die Zeremonie fand erstmals im Westen statt und wurde von den Mönchen des Klosters Namgyal mit so vollkommener Anmut ausgeführt wie daheim in Dharamsala. Zweierlei wurde dabei sehr deutlich, die beiderseitige Verehrung und der tiefe Einklang zwischen Trulshik Rinpoche und Seiner Heiligkeit und darüber hinaus das Gefühl von etwas vollständig und harmonisch Rundem, das gemeinsam von Seiner Heiligkeit, Trulshik Rinpoche, den Namgyal-Mönchen, den Begleitern Seiner Heiligkeit aus Dharamsala, den Freunden Tibets und der ganzen Schar der Versammelten geschaffen wurde. Es war die einzige Langes-Leben-Zeremonie dieses Ausmaßes im Westen, die zum sechzigsten Jahrestag der Inthronisation Seiner Heiligkeit abgehalten wurde.

Es war nun Wochenende, und als Seine Heiligkeit erfuhr, dass einige Leute gerade erst angereist waren, präsentierte er aus dem Stegreif eine glänzende Zusammenfassung der bis dahin gegebenen Unterweisungen, zum Beispiel über Glück und Leid, wechselseitige Abhängigkeit, Altruismus und Liebe, die Essenz der Religion, Weltsicht und Haltung des Buddhadharma, Umsicht auf dem spirituellen Weg und die Notwendigkeit, authentisch zu sein.

Danach vertiefte er seine Unterweisungen über Dzogchen und erklärte die Rigpa-Weisheit, die Einführung in die Natur des Geistes, die Dzogchen-Anschauung, Essenz, Natur, Mitgefühl und viele weitere Kernpunkte der Dzogchen-Praxis. Seine Heiligkeit zitierte Dodrupchen Jikmé Tenpé Nyima, las aber auch aus den Schriften von Tulku Tsullo oder Tsultrim Zangpo (1884–1957), der ein Schüler Dodrupchens und des Tertön Sogyal Lerab Lingpa gewesen war. Später, im Gespräch mit dem Studienleiter des Lerab Ling, als es um den Traditionen übergreifenden Rimé-Ansatz und seine praktische Umsetzung ging, sprach Seine Heiligkeit auch über Tulku Tsullo:

> Mir geht es so, wenn ich Texte von Nyingma-Meistern lese, die sich in der Terminologie anderer Schulen nicht auskennen, dann kann es sein, dass ich keine Klarheit gewinne. Oder wenn ich einen Geluk-Lama lese, der nur seine eigene Tradition kennt, dann hilft mir das nicht, ein tieferes Verständnis der anderen zu bekommen. Aber wie ich vorhin sagte, es gibt ein paar rühmliche Ausnahmen wie Dodrupchen Jikmé Tenpé Nyima und vor allem seinen Schüler Tsullo. Er kam eigentlich aus der Nyingma, kannte sich aber auch in der Geluk aus. Tsullo war mit Lama Tsongkhapas Darstellungsweise und Terminologie

vertraut, und so konnte er in seinen Schriften oft die Verbindung ziehen.

Es gibt noch einen Autor, der in den verschiedenen Traditionen bewandert ist. Ich bekam kürzlich aus Tibet ein Buch von Nyengön Tulku Sungrap. Er war ein Lama der Geluk-Tradition, erhielt aber auch Unterweisungen des vorigen Tertön Sogyal Rinpoche und anderer Nyingma-Lamas. Er besaß echte Erfahrung, und aufgrund dieser Erfahrung achtete und bewunderte er die Dzogchen-Tradition. Er arbeitet in seinem Werk die Übereinstimmungen heraus, und so wird alles klar.

Nehmen wir zum Beispiel an, dass jemand, der bereits mit den Nyingma- und Dzogchen-Lehren, insbesondere *Trekchö*, vertraut ist, solche vergleichenden Darstellungen studiert. Wenn er etwa auf Lama Tsongkhapas Erklärung der Leerheit oder des klaren Lichts stößt, wird er die Verbindungen ziehen und die Übereinstimmungen erkennen können. Ein solcher Schüler verfügt schon über ein gewisses Gesamtbild, und wenn er dann von einem Lehrer der Geluk-Schule unterwiesen wird, kann er auf dieses Vorverständnis zurückgreifen. Es werden – von einem Geluk- oder Sakya-Lama – weitere Erläuterungen etwa zur »Nicht-Verschiedenheit von Samsara und Nirvana« folgen. Der Lama selbst kennt die verschiedenen Traditionen vielleicht gar nicht so genau, aber der Schüler kann hier bereits auf seinem Grundwissen aufbauen, und mit der Unterstützung aller seiner Lehrer wird er dieses Wissen vertiefen. So, glaube ich, werden echte Rimé-Praktizierende herangebildet.

Seine Heiligkeit beendete seine Unterweisung mit den verbleibenden Teilen der Hauptpraxis und der abschließenden Praxis aus *Erquickung und Gemütsruhe in der Meditation über die Große Vollkommenheit finden.*

Während der gesamten fünf Tage machte Seine Heiligkeit den Eindruck eines Menschen, der von einem einzigen Anliegen durchdrungen ist, er räumte nicht einmal Zeit für Fragen ein. Er schloss mit den Worten: »Lassen Sie mich zusammenfassend sagen, dass es wohl vor allem anderen auf unser Bemühen, ganze Menschen zu sein, ankommt. Das gibt unserem gegenwärtigen Dasein Sinn, aber auch allen Leben, die noch kommen … Jedenfalls, wie schon der Buddha sagte, ist es an uns, den Weg zu gehen. Es liegt ganz in unserer Hand: Wir sind unser eigener Führer und Beschützer. Lassen Sie also nicht nach in Ihrer spirituellen Praxis.«

Zum Abschluss dankte Sogyal Rinpoche allen Anwesenden und formulierte die Widmung der gesamten Veranstaltung: »Bei der Wahrheit dieser Unterweisungen, mögen sich alle Bestrebungen und Hoffnungen Eurer Heiligkeit für das tibetische Volk erfüllen. Mögen die Menschen Freiheit finden, mögen ihre Leiden enden und möge der Dalai Lama bald nach Tibet zurückkehren.« Alle erhoben sich zu begeistertem Beifall für Seine Heiligkeit.

Beim Abschied Seiner Heiligkeit vom Lerab Ling drängte sich ein kleiner Trupp uniformierter Gendarmen von wuchtiger Statur zwischen die anderen, um ebenfalls auf ein Gruppenbild mit dem Dalai Lama zu kommen. Einer von ihnen, der einen mächtigen, eines Salvador Dalí oder Kaiser Wilhelm würdigen Schnurrbart trug, fiel Seiner Heiligkeit auf; er langte hin und zwirbelte das Prachtstück nach, ein verschmitztes Funkeln in den Augen.

Anschließend nahm Seine Heiligkeit an einer interreligiösen Zusammenkunft im Nachbarort Lodève teil. Die Veranstaltung, über die landesweit in den Zeitungen berichtet wurde, entwickelte sich zu einem wichtigen Impuls für die Verständigung unter den Glaubensgemeinschaften der Region. Seine Heiligkeit sprach über »Menschliche Werte, das Herz der Religion«.

Danach ging es weiter nach Montpellier, der Heimat einer der ältesten Universitäten Frankreichs, deren medizinische Fakultät sogar die älteste in Westeuropa ist. Heute ist Montpellier eine Stadt der neuen Industrien und der Informationstechnologie. Seine Heiligkeit hielt vor über fünftausend Zuhörern eine Ansprache über »Geistiger Friede, Quell des Glücks«. Eingeführt wurde er bei diesem Anlass durch Jean-Claude Carrière, den bekannten Drehbuchautor und Dramatiker, der auf der Grundlage von Gesprächen mit dem Dalai Lama ein Buch mit dem Titel *Die Kraft des Buddhismus* verfasst hat.[11] Wieder zeigte Seine Heiligkeit die Verbindung zwischen äußerem und innerem Frieden auf und betonte eindringlich die Notwendigkeit, die Emotionen im Zaum zu halten und die wahren menschlichen Qualitäten aufzubauen. Am Ende des Vortrags suchte er noch die angrenzende Halle auf, wo weitere gut Tausend Leute seine Worte als Videoübertragung verfolgt hatten. Auf dem Weg dorthin schritt er so beherzt aus, dass die Sicherheitsleute ihm nachsprinten mussten. In der Halle erklomm er ein Podest und brachte die Kerngedanken seiner Ansprache in zwei Minuten auf den Punkt. Die Menschen strahlten über diese Geste Seiner Heiligkeit, und beim Verlassen der Halle tauchte er immer wieder in wahre Menschentrauben ein und schüttelte Hände, als hinge er an jedem Einzelnen und könne sich kaum lösen – jedenfalls brachten ihn seine Schritte kaum weiter in Richtung Tür. In der Haupthalle war der Applaus begeistert gewesen, hier wurde er frenetisch.

Die Unterweisungen Seiner Heiligkeit vom 20. bis zum 24. September 2000 im Lerab Ling wurden von Matthieu Ricard live ins Französische übersetzt. Ane Samten Palmo übersetzte die Transkription der Aufzeichnungen ins Englische. Eine tibetische Transkription wurde unter Leitung von Geshe Lhakdor, der auch als Englischdolmetscher bei den Unterweisungen in Frankreich anwesend war, in Dharamsala erstellt. Auf der Grundlage dieser tibetischen Fassung wurde anschließend die englische Übersetzung durch Richard Barron (Lama Chökyi Nyima) und Adam Pearcey überarbeitet. Zur Abrundung und mit dem Segen Seiner Heiligkeit wurde die Übersetzung von Longchenpas *Erquickung und Gemütsruhe in der Meditation über die Große Vollkommenheit finden* in dieses Buch aufgenommen und an den Schluss der Unterweisungen Seiner Heiligkeit gestellt. Die englische Fassung stammt von Adam Pearcey, nach einer früheren Version, die er 2000 zusammen mit B. Alan Wallace erarbeitet hatte. Tulku Thondup Rinpoche, Ringu Tulku Rinpoche, Geshe Thupten Jinpa und Geshe Tashi Tsering waren so freundlich, etliche schwierige Stellen in den Unterweisungen beziehungsweise Quellen zu erläutern.

Der Anhang enthält die historische Perspektive und basiert auf den Erläuterungen Seiner Heiligkeit zur Geschichte und Bedeutung der Vajrayana-Praktiken, die während der Tage im Lerab Ling eine Rolle spielten: Ermächtigung, Drupchen und Mendrup.

Alles in allem übertrafen der Besuch Seiner Heiligkeit in Südfrankreich und seine Unterweisungen die Erwartungen aller und fand in verschiedensten Bereichen einen Widerhall. Für Frankreich bezeugte dieser Besuch Seiner Heiligkeit ein tiefer und reifer werdendes Interesse an den buddhistischen Lehren. Seiner Heiligkeit selbst und anderen fiel die vollkommene Aufmerksamkeit und dankbare Aufnahmebereitschaft der Zuhörer auf, die immer wieder applaudierten und am Schluss in einen regelrechten Begeisterungstaumel verfielen. Nachrichten von dieser größten Versammlung zu Unterweisungen Seiner Heiligkeit, die es je in Frankreich gegeben hatte, drangen bis nach Korea und Tibet. Für Europa und den ganzen Westen zeigt sich hier, wie hoch der Buddhismus inzwischen in unserer Zeit als Quelle der Weisheit geachtet ist, zumal er frei von Bekehrungsgedanken ist und einfach den Menschen nützen und sie noch näher an ihr wahres Wesen heranführen möchte.

ERSTER TEIL

Grundzüge des Buddhadharma

1 Einleitung

Zuerst einmal möchte ich Ihnen sagen, wie froh ich bin, dass ich diese Tage hier mit Ihnen, meinen Brüdern und Schwestern, verbringen und über den Dharma sprechen kann. Sie sind aus allen Ecken der Welt gekommen, und das war bestimmt nicht so einfach, da Sie ja sicherlich alle sehr beschäftigt sind und vielleicht allerlei Schwierigkeiten zu überwinden hatten, um hierherzukommen. Dann sind auch etliche da, die sich dafür eingesetzt haben, dass diese Zusammenkunft überhaupt stattfinden kann. Lassen Sie mich Ihnen allen danken und Sie herzlich willkommen heißen.

Eines möchte ich vorweg sagen. Sie sind gekommen, um mit mir zusammen zu sein, aber wenn Sie dabei die Vorstellung hatten, dass ich etwas ganz Erstaunliches von mir geben oder Ihnen einen Segen erteilen würde, der augenblicklich alle Ihre Leiden tilgt und Sie ins wahre Glück versetzt, dann muss ich Ihnen leider sagen, dass Sie einem Irrtum aufgesessen sind. Wir sind hier alle einfach Menschen und folglich gleich. Der Geist arbeitet bei allen ungefähr gleich, und unsere Gefühlsregungen sind von ähnlicher Art. Und noch etwas haben wir gemeinsam, und das sollte uns bewusst sein: Uns allen ist es gegeben, gute Menschen zu werden und unser Leben ein glückliches Leben sein zu lassen. Es liegt an uns. Wir können unser Leben auch unglücklich machen und nicht nur persönliches Missgeschick und persönlichen Kummer erleben, sondern Schmerz und

Leid auf die Menschen ringsum ausdehnen und anderen das Leben versauern. So gesehen ist kein Unterschied zwischen uns.

Was also habe *ich* zu bieten? Ich bin einfach einer, der den Buddhadharma praktiziert, ein einfacher buddhistischer Mönch. Ich bin inzwischen sechsundsechzig Jahre alt. Seit dem Alter von zehn oder fünfzehn Jahren interessiere ich mich für die Lehren des Buddha, sie haben es mir wirklich angetan. Ich habe all die Jahre nicht übermäßig viel praktizieren können, aber ich habe mich bemüht, die Praxis nicht zu vernachlässigen. Sie hat mich gelehrt, dass wir alle gleich sind: Wir wünschen uns Glück und möchten Leid vermeiden. Da wir glücklich sein und nicht leiden möchten, fragen wir uns natürlich mit besonderem Interesse, was uns in diesem Leben von größtem Nutzen sein kann. Wir fragen nach den Ursachen und Bedingungen eines glücklichen oder eben unglücklichen Lebens. Nun, darin habe ich ein klein wenig Erfahrung, und die möchte ich Ihnen hier mitteilen. Es kann sein, dass manche von Ihnen etwas von meinen Worten haben, und sollten Sie etwas Hilfreiches entdecken, dann beziehen Sie es bitte in Ihre Gedanken ein. Aber sollten Sie in meinen Worten nichts Brauchbares finden, dann vergessen Sie sie einfach. Dadurch entsteht ja kein Schaden, nicht wahr?

Das gemeinsame Anliegen aller Religionen

Im Laufe meines Lebens habe ich aufgrund meiner Schulung in den buddhistischen Lehren gewisse Einsichten aus meinen Erfahrungen geschöpft. Ich habe viel über diese

Dinge nachgedacht, und davon möchte ich Ihnen hier erzählen. Wenn ich meine Erfahrungen zu den buddhistischen Lehren in Beziehung setze, rühre ich damit nicht die Werbetrommel für den Buddhismus? Das ist nicht meine Absicht, nicht im Geringsten. Und dafür gibt es Gründe.

Erstens sind Mentalitäten und Interessen unter den Menschen breit gestreut, und in den letzten drei- oder viertausend Jahren hat die Welt das Aufblühen vieler großer religiöser und spiritueller Traditionen erlebt. Viele sind bis heute lebendig geblieben, und im Laufe ihrer Geschichte haben sie den spirituellen Bedürfnissen von Abermillionen Menschen gedient. Das gilt auch heute und wird sicher in Zukunft weiter so sein. Wenn es aufgrund unserer unterschiedlichen Anlagen und Neigungen alle diese Traditionen mit ihren ganz eigenen Anschauungen und Philosophien gibt, kann das für den Einzelnen nur ein großer Segen sein. Deswegen bin ich mir sicher, dass uns allen sehr gut gedient ist, wenn wir an der spirituellen Tradition unserer Eltern festhalten und dem Weltbild und der Philosophie dieser Tradition gemäß leben.

Und zweitens: Bei aller Verschiedenheit der spirituellen Traditionen – und in manchen Bereichen sind die Unterschiede wirklich beträchtlich – sind sie in ihrer ethischen Grundausrichtung doch relativ gleich. Wenn es zum Beispiel darum geht, Liebe, Mitgefühl, Geduld und Zufriedenheit zu üben, oder auch wenn es um Fragen der Selbstdisziplin und der ethischen Prinzipien geht, stellen wir große Übereinstimmung zwischen den verschiedenen Traditionen fest. Deshalb meine ich und bin überzeugt, dass die meisten Traditionen in ihrem Nutzen für die Menschen gleichwertig sind und alle dazu beitragen können, dass sie sich zu guten Menschen entwickeln. Und das ist ein guter

Grund, bei der Religion zu bleiben, die wir von unseren Eltern übernommen haben.

Das Wechseln der Religion ist eine ernste Sache und kann Schwierigkeiten mit sich bringen, mitunter große Schwierigkeiten. Wenn ich im Westen vor Menschen unterschiedlichster Religionszugehörigkeiten Vorträge halte und die buddhistischen Lehren erkläre, habe ich dabei nie so etwas wie Proselytenmacherei für den Buddhismus im Sinn. Es kommt sogar vor, dass ich ein leises Unbehagen über die Verbreitung buddhistischer Lehren im Westen verspüre. Warum? Weil es in diesen Ländern etablierte spirituelle Traditionen christlicher, jüdischer oder muslimischer Art gibt. Wenn jemand daherkommt und zum Beispiel über Buddhismus spricht, kann das bei manchen Menschen zu Zweifeln am eigenen Glauben führen, die sie früher nicht hatten. Deshalb fühle ich mich manchmal nicht ganz wohl dabei.

Wir können an den spirituellen und religiösen Traditionen der Welt zwei Grunddimensionen oder Hauptaspekte ausmachen. Auf der einen Seite haben wir die metaphysischen oder philosophischen Anschauungen, auf der anderen die Gebote oder Verhaltensrichtlinien, an die wir uns halten müssen, wenn wir unseren Glauben wirklich leben wollen. Damit verbunden ist regelmäßige geistige Schulung, Tag für Tag, zusammen mit dem entsprechenden sprachlichen und äußeren Verhalten. Soweit ich sehe, sind diese beiden Aspekte in den großen Glaubenstraditionen generell zu erkennen.

Sie werden sich vielleicht manchmal fragen: Wozu haben wir überhaupt diese Vielfalt an Philosophien und metaphysischen Anschauungen? Nun, sie zielen darauf, unseren Geist zu zähmen, und sie wollen uns helfen, gute Menschen zu werden. Was die Bildung des Geistes angeht, sind die spirituellen Traditionen mehr oder weniger gleich und gleich gut geeignet. Erst wenn wir nach den Grundüberzeugungen und Philosophien selbst fragen, werde die Unterschiede sehr deutlich.

Verschiedene Wege

Solange wir also nur die Ausbildung des Geistes betrachten, lässt sich aus meiner Sicht kaum sagen, die eine Religion sei besser oder schlechter oder stehe höher oder tiefer als eine andere. Sie sind da, um unseren unterschiedlichen Anlagen und Interessen zu entsprechen, und wegen dieser Unterschiede ist es richtig, wenn jemand sagt: Für mich persönliche ist diese spirituelle Tradition besonders tiefgründig und besonders gut geeignet. Aber ich glaube, man kann von keiner Religion sagen, sie werde sich für alle anderen Menschen der Welt als genauso tiefgründig – oder eben als ungeeignet – erweisen.

Sprechen wir jedoch über die philosophischen Anschauungen verschiedener religiöser Traditionen, so kann es meines Erachtens durchaus so sein, dass wir die eine als sehr umfassend und profund und eine andere als eher knapp und prägnant erleben. Unter diesem Gesichtspunkt wäre es also vertretbar, eine Art Hierarchie aufzustellen. Aber eine Philosophie mag noch so umfassend und profund sein, wenn es um ihre praktische Umsetzung geht und sie den geistigen Anlagen eines bestimmten Menschen nicht entspricht, wird sie diesen Menschen kaum zu tiefen Erfahrung führen – vielmehr: Sie wird ihm nicht viel nützen. Und wenn eine andere Philosophie, die man nicht zu den umfassenden und profunden zählt, einem Menschen geistige Entwicklung ermöglicht, dann ist sie, was diesen Menschen angeht, sicherlich profund.

Ich will Ihnen ein Beispiel geben. Selbst innerhalb des Buddhismus gibt es eine Vielzahl philosophischer Systeme. So finden wir in der Mahayana-Tradition zwei Hauptrichtungen, die Nur-Geist-Schule (Chittamatra) und die Schule des Mittleren Weges (Madhyamaka). In beiden Schulen ist die ursprüngliche Intention und Vision des Buddha präsent, beide berufen sich auf seine Worte. Aber auf den ersten Blick kann es trotzdem so aussehen, als stimmten sie überhaupt nicht überein. Die Nur-Geist-Schule sieht die Philosophie der Schule des Mittleren Weges zum Teil als eine Art Nihilismus, während letztere in der Philosophie der Nur-Geist-Schule eine Art Pendeln zwischen den Extremen des Materialismus und Nihilismus erkennt. Es scheint also große Differenzen, ja regelrechte Gegensätze zu geben. Aber die beiden Richtungen gehen auf den gleichen Lehrer zurück! Da fragt man sich natürlich: Wie reimt sich das zusammen, wie soll man sich das vorstellen?

Nun, als der Buddha den Dharma darlegte, erkannte er bei seinen Schülern die Unterschiede der Anlage und Neigung und wusste, dass er seine Unterweisungen entsprechend anpassen musste. Diese Notwendigkeit veranlasste ihn, unterschiedliche Betrachtungsweisen zu lehren, und so lassen sich die scheinbaren Widersprüche zwischen den Denktraditionen des Buddhismus erklären.

Eine Wahrheit, eine Religion

Das gleiche Prinzip können wir für eine weitere wichtige Betrachtung nutzen. Wer seine Religion praktiziert, muss glauben und darauf bauen können, dass seine Religion wirklich die höchste Wahrheit enthält und die einzige authentische Lehre darstellt. Er wird vielleicht sagen: »Für mich ist das die einzig wahre Wahrheit und nur diese Religion kommt für mich in Frage.« Da es jedoch die vielen spirituellen Traditionen und Philosophien nur aufgrund der verschiedenen Mentalitäten und Interessenslagen gibt, müssen sie alle irgendwie »wahr« sein. Aber kann es sein, dass es lauter authentische Religionen und Philosophien gibt und keine davon »Recht hat«? Es scheint, dass wir uns hier mit zwei parallelen Gedankengängen anfreunden müssen: dass alle Religionen gut sind, aber die eine, die wir praktizieren, die für uns authentische Religion ist.

Um nun auf die beiden genannten Schulen des Buddhismus zurückzukommen: Jemand, dem der Ansatz der Nur-Geist-Schule liegt, wird sich ihr anschließen und sie als beste, vielleicht als die einzig authentische Schule des Buddhismus sehen. Von den Anschauungen seiner Schule ausgehend, wird er beurteilen wollen, um was es in der Schule des Mittleren Weges letztlich geht, was sie also als Verwirklichung der Buddhaschaft ansieht, und er wird zu dem Schluss kommen, dass die Auslegung der Buddhaworte in dieser Schule nicht authentisch ist. Er wird zwangsläufig so denken, einfach weil die Nur-Geist-Schule besser seinen Anlagen und Neigungen entspricht. Dieser Ansatz liegt ihm nun mal, und er denkt: »Das hier geht wirklich in die Tiefe; meine Schule ist die beste. Unser Verständnis der Buddhaschaft ist das höchste und als einziges frei von Irrtümern.« Man kann in dieser Lage gar nicht anders denken, oder?

Jemand, der ganz unvoreingenommen ist, weiß natürlich, dass *alle* Anhänger des Buddha – gleich ob Vaibhashika, Sautrantika, Chittamatra oder Madhyamaka – ein und demselben Lehrer folgen und alle im Licht seiner Güte stehen. Deshalb wird dieser unvoreingenommene Mensch allen Angehörigen sämtlicher buddhistischer Schulen mit gleichem Vertrauen, gleichem Respekt und gleicher Ehrerbietung begegnen.

Deshalb können wir sagen, dass die Aussage, es gebe nur eine Wahrheit, für einen bestimmten Menschen von seinem persönlichen Standpunkt aus ganz richtig und angemessen sein kann. Aber aus der übergreifenden Perspektive, wenn wir Menschengruppen betrachten, müssen wir eine Vielfalt von Wahrheiten und authentischen Wegen konstatieren. So gesehen, denke ich, muss da kein Widerspruch bestehen. Noch einmal also: Aus der Perspektive des Einzelnen, wenn es um Ihre persönliche spirituelle Praxis geht, kann es »die eine Wahrheit« geben. Blicken wir jedoch auf das Ganze, gibt es viele Wahrheiten.

Die Religionen und Philosophien der Welt – Christentum, Judentum, Islam oder der Hinduismus mit seinen vielfältigen Verzweigungen – sind aus meiner Sicht alle von großem Nutzen und helfen vielen Menschen tatsächlich. Deshalb bewundere und achte ich sie alle. Andere Traditionen herabzusetzen oder zu bekritteln liegt mir nie im Sinn. Sicher, es kann vorkommen, dass ich es mit einem sehr einseitig denkenden und darin unbelehrbaren Menschen zu tun habe und seine Übertreibungen mir ein wenig auf die Nerven gehen, aber das sind wirklich Einzelfälle! Insgesamt weiß ich die verschiedenen Traditionen der Welt sehr zu schätzen und begegne ihnen mit echter Ehrerbietung. Und Sie, meine spirituellen Freunde, möchte ich einladen, es auch so zu halten. Wir sollten alle Religionen als wunderbar und für viele Menschen hilfreich sehen können. Und noch ein ganz wichtiger Punkt: Unsere anerkennende Wertschätzung für andere Religionen kommt auch uns selbst zugute.

Nun kann es natürlich sein, dass jemand, der mit der Religion seiner Eltern aufwuchs, irgendwann doch eine andere annehmen möchte. Nehmen wir als Beispiel jemanden aus einer christlichen Familie, der praktizierender Buddhist wird, weil er festgestellt hat, dass diese Religion seiner Mentalität und Neigung entspricht. Dieser Menschen wird vielleicht sogar Mönch oder Nonne werden wollen und den Weg der »Hauslosigkeit« dem des normalen Familienlebens vorziehen. Auch wenn jemand aus einer christlichen Familie stammt, bleibt natürlich zu berücksichtigen, dass es unter den Millionen von Christen in der Welt sehr unterschiedliche Begabungen und Neigungen geben muss. Auf jeden Fall jedoch sollte jemand, der die buddhistische Praxis aufnimmt, die Tradition der Eltern weiterhin in Ehren halten. Es wäre gar nicht gut, sich nach einem solchen Wechsel abfällig über die frühere Religion zu äußern oder so zu tun, als wäre sie nichts wert. Die ursprüngliche Religion gibt vielen auch nach einem Wechsel noch viel.

Von anderen spirituellen Traditionen lernen

Aus meiner Sicht liegt der Wert einer Auseinandersetzung mit anderen Religionen oder spirituellen Traditionen als der eigenen auf der Hand. Ist es nicht so, dass wir in anderen Religionen durchaus Inspirationen finden können, die uns den eigenen Glauben besser verstehen lassen? Manche meiner Freunde, die praktizierende Christen sind, erzählen mir, dass sie Anteile buddhistischer Meditationspraxis in ihr spirituelles Leben integrieren und damit ihre eigene Praxis vertiefen. In gleicher Weise, denke ich, kann die buddhistische Gemeinschaft, womit ich insbesondere den klösterlichen Buddhismus meine, von ihren christlichen Brüdern und Schwestern lernen – vor allem was den Dienst am Gemeinwesen im Erziehungs-, Gesundheits- und karitativen Bereich angeht. Hier wird wirklich hingebungsvoll und sehr engagiert gearbeitet. Das ist sicher ein Vorbild, an dem Buddhisten sich orientieren können, und ich halte diese Dinge für äußerst wichtig.

Wenn ich also in den nächsten Tagen ein wenig über die Lehren des Buddhismus sprechen werde, geschieht es vor diesem Hintergrund, dass wir uns bewusst machen, wie notwendig es ist, Harmonie zwischen den verschiedenen religiösen Traditionen walten zu lassen und uns um eine gute, positive Haltung ihnen gegenüber zu bemühen. Natürlich spreche ich dabei vom buddhistischen Standpunkt aus und werde philosophische Anschauungen darlegen, die sich von denen anderer Religionen deutlich unterscheiden – zum Beispiel vom Glauben an einen Schöpfer, der vom Buddhismus bekanntlich nicht geteilt wird. Dabei geht es mir aber nur um Verdeutlichung des Standpunkts der buddhistischen Philosophie; ich will weder Kontroversen in Gang setzen noch Anschauungen anderer Religionen widerlegen.

Einleitung der Unterweisungen

Wenn ich buddhistische Unterweisungen gebe, sitze ich normalerweise auf einem Stuhl, und das ist mir auch lieber so. In so einem Fall leitet man die Unterweisung auch nicht mit Gebeten ein. Nun, heute sitze ich auf einem Thron, wie Sie sehen. Das geschieht ausschließlich aus Respekt für die Worte des Buddha, für die unermesslichen und tiefgründigen Lehrreden, die er vor über zweieinhalb Jahrtausenden gab – und nicht weil ich das Gefühl hätte, ein bedeutender Mann zu sein. Sie haben vielleicht gesehen, dass ich mich vorher dreimal vor dem Thron niedergeworfen habe. Das war meine Geste der Ehrerbietung gegenüber den Worten des Buddha, die ich Ihnen darlegen möchte. Wenn ich jemand Bedeutendes wäre, müsste ich mich nicht niederwerfen, sondern würde mich einfach hier oben niederlassen und ein beeindruckendes Bild abgeben. Die Wahrheit ist, dass ich mich als einen ganz einfachen buddhistischen Mönch sehe, als einen Anhänger des Buddha, der seine Worte wiedergibt und auslegt.

Wenn ein Lehrer seinen Platz auf dem Thron einnimmt, um zu lehren, rezitiert er der Tradition gemäß die folgenden Verse aus den Sutras:

> Alle zusammengefügten Dinge sollst du so betrachten:
> wie Sterne, Einbildungen und flackernde Lampen,
> wie Trugbilder, Tautropfen und Blasen auf dem Wasser,
> wie Traumbilder, zuckende Blitze und Wolken.[12]

Der Lehrer besteigt den Thron, rezitiert diese Verse und schnalzt mit den Fingern. In diesem Augenblick erinnert er sich an die Vergänglichkeit aller Dinge; er vergegenwärtigt sich die Natur des Leidens und führt sich vor Augen, dass den Dingen keine Identität innewohnt. Wenn man sich ohne das auf den Thron setzt, besteht die Gefahr, dass man sich einbildet, jemand Bedeutendes zu sein. Der Geist eines, der die Lehren erläutern möchte, muss friedvoll, gezügelt und von allen Spuren der Arroganz und des Hochmuts frei sein.

Es kann natürlich sein, dass sich einige von Ihnen so beharrlich und aufrichtig der spirituellen Praxis gewidmet haben und nach und nach durch alle Ebenen zur spirituellen Verwirklichung aufgestiegen sind. In dem Fall wären Sie viel weiter als ich und ich sollte derjenige sein, der *Ihren* Segen empfängt!

Der wichtigste Punkt für jeden Einzelnen von uns ist der, dass wir unseren Geist zähmen und schulen und die Lehren praktisch umsetzen. So gesehen wäre es verheerend, wenn ich mich auf einen Thron setzen und für etwas Besonderes halten würde. Bei der Gelegenheit möchte ich hinzufügen, dass ich mich mit all den aufwendigen Zeremonien, an denen wir so hängen, nicht ganz wohlfühle. Ich glaube sogar, wir würden ohne sie viel besser fahren. Vor langer Zeit, als der Buddha zur vollkommenen Erleuchtung erwacht war und das Rad des Dharma zu drehen begann, gab er sich mit seltenen besonderen Ausnahmen nie irgendwelchem Zeremoniell hin. Er war barfuß unterwegs und trug seine Almosenschale; er ging hierhin und dorthin und lehrte den Dharma. Nirgendwo wird berichtet, er sei in einem prunkvollen Wagen mit Chauffeur unterwegs gewesen.

Nicht anders war es bei Nagarjuna, den man den zweiten Buddha genannt hat, und bei seinem spirituellen Sohn Aryadeva und bei Asanga und seinem Bruder Vasubandhu.

Sie alle waren Mönche mit voller Ordination und immer mit ihrer Schale unterwegs zum Almosengang. Ansonsten sieht es nicht so aus, als hätten sie viel Sinn für Aufwand und Zeremoniell gehabt. Ich stichle gern ein wenig, dass man so gar nichts vom Businessmanager oder Kämmerer oder Privatsekretär des erhabenen Beschützers Arya Nagarjuna hört. Höchstwahrscheinlich hatte er solche Leute nicht. In Tibet dagegen hat sich im Laufe der Geschichte eine Verschmelzung von spirituellen und politischen Funktionen entwickelt, sodass jemand gleichzeitig Lama und Sippen- oder Stammesführer sein konnte. Dadurch entstand all das Spektakel und prunkvolle Zeremoniell. Natürlich gab es trotzdem in allen Schulen des tibetischen Buddhismus – Sakya, Geluk, Kagyü und Nyingma – gelehrte und hoch entwickelte Meister, die das Siegesbanner des Dharma auf untadelige Weise hochhielten. Im Allgemeinen haben sich diese Meister ganz normal verhalten und ein schlichtes, geradliniges Mönchsleben geführt. Umso mehr Grund, denke ich, haben wir, uns nicht allzu viel aus Zeremonie und Prunk zu machen, sondern behutsame Zurückhaltung zu üben.

Den Schriften zufolge hat der Dharma – oder Spiritualität überhaupt – nicht in erster Linie mit äußeren Formen wie rituellen Gewändern oder besonderem Auftreten oder mit stimmlichem Ausdruck in Form von Rezitationen und Gesängen zu tun, sondern wird vor allem anderen geistig erfahren. Der Dharma, heißt es da, braucht keine bestimmten äußeren Erscheinungsformen, sondern besteht in erster Linie aus besonderen Methoden, nach denen der Geist betrachtet und analysiert werden kann, um ihn zu wandeln.

Und es stimmt, dass die in den buddhistischen Lehren dargestellten Methoden nicht in erster Linie auf stimmliche Ausdrucksformen wie Gebete oder Mantra-Rezitationen oder auf körperliche Ausdrucksformen wie Prostrationen und dergleichen ausgerichtet sind. Vielmehr ist der Geist das, womit die Lehren praktiziert werden. Das macht die Sache ein wenig schwieriger. In einem Text heißt es: »Deshalb ist die Tradition des Buddha ein subtiler Weg.« Sie werden jetzt wohl nach dem Grund fragen. Nun, man kann sich nach außen hin immer wie jemand geben, der einer spirituellen Praxis nachgeht, während man insgeheim Gedanken denkt, die sich mit spiritueller Praxis nicht gut vertragen. So kann man auch Gebete und Mantras noch und noch rezitieren, während der Geist ein Sumpf destruktiver Gedanken bleibt. Praktizieren wir jedoch geistig etwas Positives – gläubiges Vertrauen oder Mitgefühl zum Beispiel –, so können wir uns nicht gleichzeitig einer abträglichen Geistesverfassung hingeben. Entsprechend gilt, dass neben einer bereits vorhandenen negativen Geistesverfassung keine positive Platz hat. Das ist demnach hier der wichtige Punkt: Was auch immer wir erreichen, es kann alles nur vom Geist ausgehen.

Jetzt möchte ich zunächst einige traditionelle Gebete rezitieren: Worte der Huldigung an Körper, Rede und Geist des Buddha; eine Rezitation aus den Sutras und eine Widmung. Das sind die »drei regelmäßigen Gebete«, die einer Unterweisung vorausgehen. Dann rezitiere ich das *Herz-Sutra* in tibetischer Übersetzung, die Huldigung aus *Der Schmuck der klaren Verwirklichung*, nämlich das Gebet zum Lobpreis der »Mutter Prajnaparamita«, und ein Lobgebet aus *Die Wurzelverse über die Weisheit* zu Ehren unseres unübertrefflichen Lehrers, des Buddha, der uns die Wahrheit vom Entstehen in Abhängigkeit offenbarte. Auch die Buddhisten unter Ihnen sind sich der Rezitation vielleicht nicht sicher genug, um einzustimmen, aber es genügt völlig, wenn sie sich die Eigenschaften von Körper, Rede und Geist unseres großen Meisters, des Buddha, gegenwärtig halten und den Geist für einen Moment in einem möglichst lebendigen Gefühl der Inspiration ruhen lassen. Und wenn sie nicht Buddhist oder Buddhistin sind, dann nutzen Sie diese kurze Zeit einfach zur Entspannung.

> Ehrerbietung dem Lehrer, dem Überwinder, dem Tathagata, dem Arhat, dem vollkommenen Buddha, dem Glorreichen und Siegreichen, dem Weisen der Shakya.

> *Huldigung der Prajnaparamita*
> Durch All-Erkenntnis leitest du die Frieden suchenden Hörer zum vollkommenen Frieden;
> durch Erkenntnis des Weges erlaubst du denen, die den Lebewesen Gutes tun, das Wohl der Welt zu erwirken;
> da sie mit dir begabt sind, können die alles erkennenden Weisen auf verschiedenste Arten lehren –
> Preis sei dir, Mutter der Buddhas und aller Hörer und Bodhisattvas.[13]

> *Huldigung des Buddha*
> Er lehrte das Entstehen in Abhängigkeit –
> kein Aufhören und kein Entspringen,
> keine Auslöschung und keine Dauerhaftigkeit,
> kein Kommen und kein Gehen,
> weder verschieden noch gleich –
> durch tiefe Befriedung begrifflicher Verwicklungen:
> Dir huldige ich, dem höchsten Sprecher
> unter allen voll erleuchteten Buddhas.[14]

Zuflucht nehmen und Bodhichitta erzeugen

Wer den Dharma lehrt sollte es mit gänzlich reinen Motiven tun, und wer der Belehrung zuhört, sollte es ebenfalls mit gänzlich reinen Motiven tun. Wenn die Lehren auf diese authentische Weise dargelegt und gehört werden, können sie Ihrem Geist nützliche Anleitung geben, aber ohne die reine Motivation wird sich kein Nutzen einstellen. Deshalb wollen wir jetzt zusammen, Lehrer und Schüler, das folgende Gebet dreimal rezitieren:

> Zum Buddha, zum Dharma und zur erhabenen Versammlung
> nehme ich Zuflucht, bis ich Erleuchtung finde.
> Möge ich durch das Verdienst der von mir geübten Gebefreudigkeit und der übrigen Tugenden
> zum Wohl aller Lebewesen Buddhaschaft erlangen.

Mit diesem Gebet nehmen wir Zuflucht und erzeugen Bodhichitta. Ohne Zuflucht zu den Drei Kostbarkeiten könnte das hier nicht als buddhistische Unterweisung bezeichnet werden; und ohne die Erzeugung von Bodhichitta, dem altruistischen Streben nach Erleuchtung um aller Lebewesen willen, wäre das hier keine Mahayana-Unterweisung. Am Beginn meiner Erläuterungen und Ihres Zuhörens rezitieren wir deshalb dieses Gebet, um Zuflucht zu nehmen und Bodhichitta zu wecken.

2 Transformation des Geistes

Die Unterweisungen der kommenden Tage werden zwei Hauptteile haben: eine allgemeine Einführung in die buddhistischen Lehren, gefolgt von Erläuterungen zu der Frage, wie man die Lehren tief in sich aufnimmt und praktiziert.

Die Drei Kostbarkeiten

Wie gesagt, ohne Zufluchtnahme können diese Unterweisungen gar nicht buddhistisch genannt werden. Deshalb ist es für uns wichtig, genau zu verstehen, was es mit diesen »drei Zufluchten« – Buddha, Dharma und Sangha – auf sich hat. Der Buddha, heißt es, war ein sehr besonderer und heiliger Mensch, der vor etwa zweieinhalb Jahrtausenden in Indien auftrat. Nun können wir unsere Definition dessen, was »Buddha« ist, nicht einfach auf eine herausragende historische Gestalt beschränken. Um »die Kostbarkeit des Buddha« zu verstehen, müssen wir zuerst ein wenig über die Kostbarkeit des Dharma wissen. Wenn wir verstehen, wofür die Kostbarkeit des Dharma steht, wird uns klar, dass der Buddha jemand ist, der das Juwel des Dharma praktizierte und ein Heiliger mit all den vollendeten Qualitäten des Dharma wurde, die aus Entsagung und Verwirklichung erwachsen. Es ist sogar so, dass erst ein Verständnis der Dharma-Kostbarkeit uns erschließt, was mit den Drei Kostbarkeiten eigentlich gemeint ist.

Um »die Kostbarkeit des Dharma« zu verstehen, müssen wir zunächst einmal wissen, dass Dharma zweierlei sein kann: der Dharma der Schriften und der Überlieferung und der Dharma der Verwirklichung oder Erfahrung. Wichtiger ist der Dharma der Verwirklichung oder Erfahrung. Wir können auch sagen, dass mit der Kostbarkeit des Dharma zwei der vier edlen Wahrheiten angesprochen sind: die Wahrheit vom Aufhören des Leidens und die Wahrheit vom Weg zu diesem Aufhören. Ein Verständnis dieser beiden Wahrheiten schafft demnach einen natürlichen Ausgangspunkt für die Darlegung dessen, was mit der Kostbarkeit des Dharma gemeint ist.

Wenn wir davon ausgehen, dass der Dharma sowohl das Aufhören als auch den Weg dazu umfasst, wird es gut sein, uns zuerst das Aufhören des Leidens anzusehen. Der Ausdruck »Aufhören des Leidens« bezieht sich zunächst ganz wörtlich auf Fälle, in denen irgendetwas Unerfreuliches durch Anwendung eines Gegenmittels bereinigt wird. Folglich müssen wir feststellen, was da bereinigt oder beseitigt werden soll, welches Gegenmittel wir anwenden können, um uns zu befreien, und welche Methode uns zur Freiheit führen wird. Um uns zu diesen Einsichten zu verhelfen, drehte der Buddha das Dharma-Rad an und lehrte zuerst die vier edlen Wahrheiten.

Die vier edlen Wahrheiten sind der Grundstein und das Fundament der buddhistischen Lehren. Sie lauten: die Wahrheit vom Leiden, die Wahrheit vom Ursprung des Leidens, die Wahrheit von der Beendigung des Leidens und die Wahrheit vom Weg zur Beendigung des Leidens. Wenn wir das verstehen wollen, benötigen wir eine systematische

Präsentation der Wahrheiten. Da ich die vier edlen Wahrheiten eingehend betrachten möchte, werde ich zunächst die zwölf Glieder des bedingten Entstehens vorstellen.

Das erste dieser zwölf Glieder wird Grund-Unwissenheit genannt. Was bedeutet dieser Ausdruck »Grund-Unwissenheit«? Unwissenheit bezeichnet in diesem Zusammenhang nicht einfach dumpfe Verwirrung oder Mangel an Kenntnissen. Unwissenheit kann natürlich viele Bedeutungsnuancen haben, aber in diesem Zusammenhang ist die Unwissenheit gemeint, die zur Grund-Ursache des bedingten Daseins wird und eine durch Irrtum und Entstellung gekennzeichnete Geistesverfassung meint. Ob eine Geisteshaltung falsch ist oder nicht, hängt davon ab, ob das, was sie für wahr hält, tatsächlich zutrifft oder nicht. Nach diesem Kriterium kann man irrige Anschauungen von zutreffenden und Hilfreiches von Schädlichem unterscheiden.

Wenn Unwissenheit also eine Fehleinschätzung des wahren Wesens der Dinge ist, so ergibt sich daraus, dass wir feststellen müssen, worin dieses wahre Wesen tatsächlich besteht. Deshalb nehmen wir uns alle Phänomene vor, seien es äußere oder innere, und stellen uns diese Fragen: »Sind sie wirklich so, wie sie erscheinen? Sind diese beiden Aspekte – wie die Dinge wirklich sind und wie sie erscheinen – identisch oder nicht?« Und wie man es auch dreht und wendet, es besteh ein deutlicher Unterschied zwischen dem, was die Dinge wirklich sind, und dem, was sie zu sein scheinen. Und deshalb gibt es zwei Wahrheiten: relative oder auf Übereinkunft beruhende Wahrheit und absolute oder höchste Wahrheit.

Es gibt mehrere Möglichkeiten zu erklären, was unter diesen beiden Wahrheiten zu verstehen ist, aber ich möchte mich hier überwiegend an den Ansatz der Madhyamaka oder Schule des Mittleren Weges halten. Dort wird gesagt, dass wir verstehen müssen, was die eigentliche Natur oder der Grund der Wirklichkeit ist. Von da aus können wir dann die Geistesverfassung, die das wahre Wesen der Dinge verkennt und falsch sieht, als Unwissenheit bestimmen. Verdeutlichen wir uns also erst einmal, in welchem Verhältnis die beiden Wahrheiten, die relative und die absolute, zueinander stehen; von da aus werden wir die Anordnung der vier edlen Wahrheiten leichter verstehen.

Wandlung des Geistes: Das Spiel der Gegensätze

Ich möchte jetzt noch aus einer anderen Richtung an unseren Gegenstand herangehen. Es geht in den buddhistischen Lehren um Wandlung des Geistes. Wie kann denn unser Geist gewandelt werden? Wenn wir im Äußeren etwas ändern oder verwandeln wollen, stellen wir erst einmal fest, was für unvereinbare Dinge da gegeneinander am Werk sind. Wenn wir auf irgendeinen Stand der Dinge oder ein Resultat aus sind, versuchen wir das zurückzudrängen oder auszuschalten, was ihm entgegensteht. Oder wenn irgendetwas nicht benötigt wird, kann man seinen Einfluss ausschalten, indem man sein Gegenteil stärker macht.

Nehmen wir als Beispiel eine Krankheit. Im Körper finden sich alle möglichen Substanzen und Mikroorganismen; manche davon sind dem Körper zuträglich, andere schaden ihm. Wenn wir wissen, um welche Substanzen und Organismen es sich handelt und wie sie miteinander reagieren oder sich gegenseitig behindern, können wir weitere Substanzen einsetzen, die den krank machenden oder

Schmerz verursachenden entgegenwirken und ihre Kraft aufheben. In solchen Fällen wissen wir, dass es nichts nützt, lediglich zu rezitieren: »Mögen die Zellen, die mein Leiden verursachen, vernichtet werden!« Sie verschwinden dadurch nicht, so intensiv wir uns das auch wünschen mögen. Wir müssen ein Gegenmittel finden und es sehr beherzt einsetzen, damit die Kraft der Krankheit gebrochen wird.

Geistige Transformation läuft ganz ähnlich, nämlich indem man das Gegenmittel im eigenen Geist sucht. Da Geist nichts direkt Fassbares ist, werden Sie sich fragen, was das für ein »Gegenmittel« sein könnte. Es besteht letzten Endes darin, dass man die Dinge anders wahrnimmt, also in einer anderen Haltung, einer geänderten geistigen Ausrichtung. Das lässt sich an alltäglichen Dingen verdeutlichen. Wenn wir etwas sehen oder hören, können wir es als wunderbar oder grässlich wahrnehmen, je nachdem, wie wir an diesem Tag geistig gestimmt sind. Die beiden Geistesverfassungen gehören zum selben Bewusstsein und beziehen sich auf denselben Gegenstand – und doch sind die Wahrnehmungen vollkommen gegensätzlich.

Wenn jetzt ein bestimmter Geisteszustand gedämpft oder geschwächt werden soll, muss man eine entgegengesetzte Geistesverfassung ausfindig machen. Nehmen wir zum Beispiel Zorn, Begehrlichkeit oder Böswilligkeit. Sobald Ihnen die Nachteile solcher Geistesverfassungen deutlich geworden sind, wollen Sie sie unbedingt loswerden, und dazu müssen Sie das Gegenteil in sich stärker werden lassen, nämlich Liebe und Zuneigung. Habgier und Böswilligkeit sind ja Zustände, in denen Sie anderen Schlechtes wünschen und ihnen gegenüber Aggressionen empfinden. Das »Gegengift« besteht nun darin, dass Sie sich diese anderen vergegenwärtigen und das echte Gefühl in sich wach werden lassen, dass es diesen anderen gut gehen möge. Mögen sie glücklich sein, mögen sie voller Freude sein! Diese Haltung ist etwas ganz anderes als Zorn oder Übelwollen und wird diese folglich aushebeln.

So ist es in der Regel: Wenn Sie zwei Einstellungen haben, die sich nicht vertragen, wird die eine die andere schwächen. Je stärker Zorn und Übelwollen sind, desto mehr werden Zuneigung und Liebe zurückgedrängt. Aber wenn Zuneigung und Liebe stärker gemacht werden, kann man damit eine negative Geistesverfassung schwächen. Wie wir also im Äußeren wirksame Gegenmittel gegen Unerwünschtes finden können, so können wir auch unseren Geist wandeln, indem wir in uns selbst nach Gegenmitteln forschen.

Wie man Problemen vorbeugt

Das kann zum Beispiel so vor sich gehen, dass wir rechtzeitig einen Ansatz bevorzugen, durch den wir auf etwas aufmerksam werden und es unterbinden können, bevor es überhaupt eintritt. Niemand möchte leiden, aber wenn es einmal so weit gekommen ist, kann man froh sein, wenn man über etwas verfügt, womit man das Leiden lindern kann. Wirksamer ist es aber, wenn man schon vor dem Einsetzen des Leidens aktiv wird und damit erreichen kann, dass es gar nicht erst dazu kommt. Ob wir über Probleme in der Welt ringsum oder über unsere eigenen psychischen oder seelischen Schwierigkeiten sprechen, wir können ihnen vorbeugen, wir können verhindern, dass sie entstehen, und damit etwas ausschließen, was wir nicht wollen.

Sehen wir uns das einmal an. Wir können über äußere oder innere Dinge sprechen, in allen Fällen gilt, dass *nichts* vollständig unabhängig existiert, also nicht auf Ursachen oder Bedingungen beruht. Es mag um innere Erfahrungen oder äußere materielle Dinge gehen, sie alle existieren nur aufgrund von Ursachen und Bedingungen. Wenn das so ist, müssen wir, um irgendein Problem oder Leiden zu beheben, zuerst die Ursachen und Bedingungen ermitteln und dann dafür sorgen, dass sie nicht zum Vollbild eines Problems ausreifen können. Mit diesem Vorgehen lässt sich ein Ergebnis verhindern, das sonst unausweichlich ist.

Aber genauso, wie nichts im Äußeren oder in der inneren Erfahrung ohne Ursachen und Bedingungen ist, so hängt andererseits auch nichts von einer einzigen Ursache oder Bedingung ab. Es kommen in jedem Fall Ursachen und Bedingungen von großer Zahl zusammen. Wenn wir also Leiden lindern oder Glück finden wollen, müssen wir fragen: »Worin besteht die Natur des Leidens? Was ist die Natur des Glücks? Worin liegen ihre Ursachen und Bedingungen?« Wir müssen diese Ursachen und Bedingungen ergründen und im Falle des Leidens anhalten, bevor wirklich Leid entsteht. Wenn wir nicht einschreiten und Vorbeugendes unternehmen, bevor etwas passiert, werden die Auswirkungen unweigerlich weiter reifen, und wenn sie einmal reif sind, haben wir nichts mehr, womit wir das Leiden noch lindern könnten.

So also wirken die buddhistischen Lehren. Glück und Leid sind natürlich in erster Linie Gefühlsregungen, die wir in unserem Bewusstsein erfahren. In gewissem Umfang wirken äußere Dinge, die wir zum Beispiel sehen, als Bedingungen, die Glück oder Leid mit verursachen. Alles in allem sind Glück oder Leid jedoch Bewusstseinsphänomene. Darum ist es so wichtig, ihre Ursachen und Bedingungen und überhaupt das Wesen solcher Gefühlsregungen zu erkennen. Mit der systematischen Erforschung unseres Geistes können wir hier eine ganze Menge Einzelheiten ans Licht bringen.

Haben wir dann die oben erwähnten Gegenmittel gefunden, können wir sie als Heilmittel anwenden und damit Anteile unseres Geistes stärker machen, bei denen das wünschenswert erscheint. Und so verwandeln wir den Geist.

Was zur Transformation des Geistes notwendig ist

Damit das geschehen kann, müssen wir uns gezielt bemühen. Unser Geist wird sich kaum ändern, wenn wir einfach dasitzen und darauf warten. Wenn wir uns die negativen Elemente unseres Geistes vergegenwärtigt haben, stellen wir fest, dass sie von dreierlei Art sind: Begierde, Aversion und Unwissenheit. Das sind die sogenannten drei Gifte oder Verschmutzungen. Unser Geist hat sich über lange Zeit an diese Gifte gewöhnt und ist gegen sie abgehärtet, sie sind jetzt tief verwurzelt. So viel wir auch über »keine Wünsche haben« oder »keine Abneigungen haben« oder »ohne Unwissenheit sein«, also über Freiheit von den drei Giften reden mögen – bis jetzt haben wir so etwas so gut wie noch nie erlebt. Wir haben im Grunde keine Ahnung, wie das sein könnte. Wir sind noch nicht mit dem Gegenmittel vertraut, das wir stärker machen müssen, wenn unser Geist sich ändern soll, und so kann es jetzt nur um ein entschlossenes Bemühen unsererseits gehen. Ohne das wird die Wandlung nicht ohne Weiteres oder aus purem Zufall geschehen können.

Bemühen beinhaltet, dass wir Eifer und Ausdauer benötigen. Um jedoch diesen Eifer aufbringen zu können, müssen wir entschlossen und begeistert all unseren Willen zusammennehmen und uns sagen: »Das ist etwas, was ich unbedingt erreichen muss.« Wer diesen Antrieb tief im Herzen hat, wird unbedingt weiterkommen wollen und sich von Schwierigkeiten nicht abschrecken lassen. Wer die Gefahren eines nicht gewandelten Geistes und die Stärken eines gewandelten Geistes erkannt hat, dem wird es nicht mehr an Gründen für begeisterten Eifer fehlen. Umso wichtiger ist es, einerseits die negativen Anteile unseres Geistes zu verstehen, die uns nur Unglück und Leid eintragen, zugleich aber auch zu sehen, welchen Nutzen wir von den positiven Seiten unseres Geistes haben können.

Wenn geistige Wandlung voraussetzt, dass wir uns darum bemühen, so ist für das Bemühen erforderlich, dass wir uns interessieren und engagieren. Und wenn dieses Engagement stark genug sein soll, muss der Antrieb aus der Tiefe Ihres Herzens kommen. Wenn Sie diesen Antrieb nicht selbst haben, wird es äußeren Umständen oder anderen Menschen kaum gelingen, Sie zur Wandlung Ihres Geistes zu bewegen. Versuche dieser Art können sogar dazu führen, dass alles nur noch schlimmer wird. Wirklich, dieser Geist ist ein seltsam' Ding. Es kann sein, dass irgendeine Kleinigkeit ihn völlig umstimmt. Aber wenn jemand von außen etwas zu erzwingen versucht, kann er sich noch so anstrengen, unser Geist wird sich nur immer noch entschlossener dagegen wehren. Ganz anders ist es, wenn unser Herz und unser Geist von eigener Motivation erfüllt sind: Dann sind wir in der Lage, uns schier unermüdlich immer weiter durchzubeißen, wir achten nicht groß auf Schwierigkeiten.

Motivation, Denken und Glaube

Da unsere Motivation das ist, was uns antreibt und inspiriert, müssen wir uns einmal die Überlegungen oder Gedanken genauer ansehen, auf denen sie beruht. Das bedeutet, dass wir die Vor- und Nachteile unserer Motivation beziehungsweise ihres Gegenteils und die möglichen kurz- und langfristigen Auswirkungen gegeneinander abwägen müssen, wobei unser besonderes Augenmerk dem möglichen langfristigen Schaden gelten soll. Auf jeden Fall hat unser Geist die Neigung, sich an das zu halten, was ihm vertraut ist. Wenn er Gründe sieht, irgendetwas als gesichert vorauszusetzen, müssen wir uns überlegen und immer wieder überprüfen, worin diese Gründe bestehen. So wird der Geist sich zunehmend stärker und in seiner Ausrichtung sicherer fühlen. Gibt es jedoch in irgendeinem Fall keine guten Gründe für unser Vertrauen, dann handelt es sich einfach um ein ungeprüftes Für-wahr-Halten. Wir gehen einfach davon aus, dass etwas so oder so ist, aber wir haben eigentlich keine Gewissheit, wie wir sie nur haben können, wenn wir die tieferen Gründe wirklich bedacht haben. Ich frage also, wie wir uns versichern können, dass hinter unserem Handeln wirklich gute Gründe stehen.

Der Schlüssel zu dieser Gewissheit liegt im Wissen um das wahre Wesen der Dinge. Vom höchsten ebenso wie vom relativen Standpunkt aus müssen wir verstanden haben, in welcher Weise etwas ist, was es ist. Ohne dieses Verständnis können unsere Annahmen, dass »dieses oder jenes wohl so ist«, kaum die Realität abbilden.

Unsere Überzeugungen, ob sie nun auf zutreffenden Überlegungen beruhen oder nicht, haben eine Tendenz, umso stärker und überzeugender zu werden, je länger wir sie hegen. Aber es ist natürlich schwierig, einen bestimmten Glaubenssatz durch bloße Gewöhnung und Vertrautheit zu einer Überzeugung werden zu lassen, wenn keine guten Gründe dahinter zu erkennen sind. Alles steht und fällt damit, dass wir erkennen, wie die Dinge in Wirklichkeit sind.

Die Kraft der Vernunft

Wenn wir fragen, was uns angenehm oder unangenehm ist, lässt sich nicht bestreiten, dass wir alle, jeder Einzelne, immer nur glücklich sein und nicht leiden möchten. Das gilt nicht nur für die jetzt lebenden Menschen. Seit es Menschen gibt und bis heute hat sich ausnahmslos jeder Glück gewünscht und Leid zu vermeiden gesucht. Auch jedes andere Lebewesen, das Lust und Schmerz empfinden kann, möchte glücklich und frei von Leiden sein.

Es gibt nun eine Form von Glück oder Leid, die überwiegend unserem Sinnesbewusstsein entspringt, also etwa dem, was wir sehen oder hören. Diese Art Lust und Schmerz haben wir mit den Tieren gemein. Je nachdem, was wir sehen, hören, riechen, schmecken oder berühren, können wir alle möglichen unerfreulichen Erfahrungen machen, die wir von uns fernzuhalten versuchen. Oder es sind eben angenehme und willkommene Erfahrungen, die uns Befriedigung verschaffen. Diese Befriedigung gehört zu den Antrieben, denen alle Tiere folgen. Der Genuss am Essen und Trinken oder sexuelle Lust oder auch angenehme und unangenehme Empfindungen aufgrund der Umgebungstemperatur – all das sind Dinge, die wir Menschen ebenso erfahren wie die Tiere.

Fragen wir nun nach dem Unterschied zwischen Menschen und Tieren, so scheint er in der Kraft des Denkens zu liegen. Unser Vermögen, zu denken und zu überlegen, ist sehr hoch entwickelt, und damit verbunden ist ein ebenfalls hoch entwickeltes Langzeitgedächtnis. Wir können uns nicht nur an manchmal viele Jahre zurückliegende Erfahrungen in diesem persönlichen Leben erinnern, sondern auch die Geschichte der Menschheit über viele Generationen zurückverfolgen und begreifen. Wir können sogar die Zukunft bis zu einem gewissen Grade vorhersehen. Wir sind nicht auf das Bewusstsein dieses gegenwärtigen Augenblicks beschränkt. In gewissem Umfang können sich natürlich auch Tiere an Vergangenes erinnern und die Zukunft in ihr gegenwärtiges Verhalten einbeziehen. Bei der Aufzucht der Jungen zum Beispiel scheinen manche für Monate im Voraus zu wissen, was notwendig sein wird. Das ist allerhand, oder? Aber sie sind eben doch nicht wie Menschen. Sich die Bedeutung vieler Jahre oder ganzer Generationen vor Augen zu führen, das scheint dem Menschen vorbehalten zu sein. Was ihn aber gänzlich von anderen Lebensformen abhebt, scheint die Fähigkeit zu intelligentem Denken zu sein.

Betrachten wir die Dinge also unter dem Gesichtspunkt dieser kritischen Intelligenz. Welche Ironie, dass gerade diese enorme Intelligenz für viele unserer Leiden verantwortlich ist. Tiere leben im Augenblick, was sie an Lust und Schmerz erfahren, stammt ganz überwiegend aus ihrem Sinnesbewusstsein. Wir Menschen dagegen denken ständig über tausenderlei Vorstellungen nach, haben verstörende Erinnerungen an Vergangenes und befrachten die Zukunft mit Erwartungen und Befürchtungen, die uns nicht loslassen und ängstigen. Ein Augenblick der Besinnung wird jedem klarmachen, dass es wirklich so ist. Nur so ist zu erklären, dass manche Menschen, die alles haben, was man im Leben so braucht, und bei denen alles wunderbar funktioniert, trotzdem ohne geistige Klarheit sind und sich dabei deprimiert und elend fühlen.

So verfügen wir Menschen also einerseits über diese Befähigung zu intelligentem Denken, doch eben dieses Denken kann uns in alle möglichen Leiden stürzen und uns geistig aus dem Gleichgewicht bringen. Leiden, die mit den fünf Sinnen verbunden sind, lassen sich handhaben und relativ leicht beseitigen. Aber das Unglück, das aus all den Gedanken und Vorstellungen des menschlichen Verstandes stammt, ist nur durch Zügelung eben dieses Denkvermögens in den Griff zu bekommen. Wenn Sie unglücklich sind, weil geistiger Aufruhr in Ihnen herrscht, werden Sie dieses Unglück kaum durch körperlich angenehme Sinnesempfindungen wie etwa schöne Klangerlebnisse überwinden können. Deshalb kann es sein, dass ein sehr wohlhabender Mensch, der alles besitzt, was man sich nur denken kann, dazu eine perfekte Familie und wunderbare Freunde, trotzdem unglücklich ist. Psychisches und seelisches Leiden, das von tief innen kommt und vom Denken verursacht ist, lässt sich nicht durch die Glücksgefühle beseitigen, die mit äußeren Dingen verbunden sein können.

Dennoch ist Umkehr möglich. Wenn es gelingt, das Behagen, die Erfüllung und die Zufriedenheit *in unserem eigenen Geist* zu entdecken, werden wir innerlich in Frieden sein, auch wenn die Umstände vielleicht nicht ideal sind und uns auf der Ebene der Sinne durchaus zu schaffen machen können.

Nehmen wir als Beispiel eine körperliche Krankheit. Mit einer körperlichen Störung werden wir viel leichter fertig, wenn wir uns sagen können, dass sie uns vor Schlimmerem schützen wird. So kann eine Pockenimpfung vorübergehend unangenehme Begleiterscheinungen haben, aber wenn wir wissen, dass wir dadurch gegen diese furchtbare Krankheit selbst und die mit ihr verbundenen Leiden gefeit sind, werden wir uns einfach nur erleichtert und einverstanden fühlen. Aus dem gleichen Grund kann ein Soldat stolz auf seine Kriegsverletzung sein, zeugt sie doch von seiner Tapferkeit vor dem Feind. Auch wer einer spirituellen Praxis nachgeht, kann es zeitweilig schwer haben, aber seine Entschlossenheit wächst in dem Wissen, dass solche Nöte alles schädliche Handeln läutern können. Mit Ihrer geistigen Einstellung körperlichen Schmerzen gegenüber sind Sie in der Lage, eine gewisse Unbequemlichkeit in Kauf zu nehmen und sich zu sagen, dass es sich trotzdem lohnt, weil es einem höheren Zweck dient. Deshalb ist es in Ordnung. Klar ist, dass Lust und Schmerz geistiger Art stärker sein können als Lust und Schmerz in Verbindung mit unseren Sinnen. Lust und Schmerz, die der begriffliche, denkende Geist empfindet, sind demnach folgenreicher und können uns – im Guten wie im Schlechten – stärker beeinflussen.

Die Fixierung auf Fortschritt im materiellen Sinne

Lust und Schmerz im Zusammenhang mit unseren Sinnen haben sehr viel mit materiellem Fortschritt zu tun. Schon der bis heute erzielte Fortschritt ist immens, und die Zukunft wird noch viel mehr davon bringen. Da sinnliche Lust und sinnlicher Schmerz unser Leben sehr stark bestimmen, kann man die Entwicklung im materiellen Bereich nur äußerst nützlich und konstruktiv finden. Daneben bleibt jedoch einzuräumen, dass uns geistiges Wohlbefinden und geistige Nöte, die aus unserem Denken erwachsen, ebenfalls sehr stark positiv oder negativ beeinflussen und es kaum möglich ist, einen leidgeplagten Geist mit äußeren Maßnahmen zu erleichtern.

Innerer Frieden ist ja nichts, was man kaufen oder aus materiellen Zutaten herstellen könnte. Auch mit medizinischen Mitteln ist es schwierig, Glück und Frieden des Geistes zu fördern. Freilich, wenn uns der Kopf nur noch schwirrt vor lauter Gedanken, greifen wir manchmal zu Beruhigungsmitteln, um unserem Verstand ein wenig Rast zu gönnen und das ewige Wiederkäuen zu unterbrechen. Und dann, in der Tat, entspannen wir uns, sind frei von Gedanken, und wenig unterscheidet uns von einem in der Suhle dösenden Borstenvieh. Unser Geist erfährt hier ein gewisses Maß an Gelöstheit und Ruhe, aber dass wir mit äußeren Mitteln zu Frieden und Glück des Geistes kommen, ist höchst unwahrscheinlich.

Wichtig ist dies: Von allem, was uns Menschen an Lust und Schmerz bewegt, hat das, was aus dem Geist kommt, das meiste Gewicht. Äußerer materieller Fortschritt lindert beziehungsweise sichert vor allem das, was wir über unsere Sinne an Schmerz beziehungsweise Lust erfahren. Aber wie könnte solcher Fortschritt wirklich etwas gegen die Leiden ausrichten oder die Freuden herbeiführen, die mit unseren geistigen Prozessen zu tun haben?

Die Gesellschaft versucht uns glauben zu machen, alle unsere Wünsche seien mit äußeren, materiellen Dingen zu erfüllen. Wenn wir Zuflucht und Schutz suchen, halten wir uns vor allem an Geld und Besitztümer. Aber Glück und Leid sind individuelle Gefühle und Erfahrungen, die sehr viel mit unserer Art zu denken zu tun haben. Es sieht jedoch nicht so aus, als würden wir das wirklich berücksichtigen. Stattdessen setzen wir unsere Hoffnungen so gut wie immer auf äußere Dinge und flüchten uns in diese Äußerlichkeiten, als könnten sie unsere Leiden lindern und unser Glück sichern. Wir bauen ganz und gar auf materielle Dinge, was unweigerlich dazu führt, dass wir uns ganz auf sie fixieren und zäh an ihnen haften.

Diese Gewohnheit, unser Leben ganz auf materielle Dinge abzustellen, muss dazu führen, dass uns jegliches Gefühl von Genügen und Zufriedenheit verloren geht. Wenn wir blind so weitermachen und nie bedenken, was wir da tun, wird unser Geist niemals Befriedigung verspüren, mit wie vielen materiellen Besitztümern wir uns auch umgeben mögen. Eine Folge dieser Unzufriedenheit auf gesellschaftlicher Ebene liegt in dem ungeheuren Schaden, den wir unserer Umwelt zufügen.

Die Bedeutung von Zuneigung und Liebe

In einer menschlichen Gesellschaft ist es so, dass wir alle voneinander abhängen. Wir sind »soziale Tiere«, wir leben miteinander und haben Umgang miteinander. Es scheint aber, dass uns das Gefühl grundsätzlicher Zuneigung verloren gegangen ist, dieses Gefühl, mit anderen verbunden und ihnen nahe zu sein. Unsere Gesellschaft legt nicht viel Wert auf den Gedanken der Liebe, sie zeigt wenig Interesse daran. Da materielle Dinge über alles andere gestellt werden, fällt kaum noch ein Wort über die Bedeutung der Liebe zu unseren Mitmenschen. Und da wir diese Liebe nicht mehr spüren, stecken wir alle Energie in das Bestreben, immer noch mehr Geld zu verdienen. Wenn es nur noch darum geht, andere auszubeuten und ihnen unseren Willen aufzuzwingen, zu raffen und sich durchzusetzen, wo immer das möglich ist, wird es schließlich nur noch darum gehen, wie wir aus jeder Situation für uns persönlich den größten Vorteil schlagen. Unter solchen Bedingungen kann das Prinzip der Nächstenliebe natürlich überhaupt keinen Marktwert mehr haben. Aber wie soll es ohne Zuneigung Glück in der Familie oder in Paarbeziehungen oder zwischen Eltern und Kindern geben? Da mögen wir zu Abermillionen auf engstem Raum leben, im Herzen werden wir uns alle vereinzelt und einsam fühlen.

Was ist dann mit Freude in der Gesellschaft anderer? Wer wird uns dann noch am Herzen liegen, wen werden wir als Freund empfinden? Wie soll es in unserem Umgang mit anderen dann noch Vertrauen und Verlässlichkeit geben? Die Beziehungen kühlen ab, oder? Da fehlt etwas, nicht wahr?

Aber die Wirklichkeit sieht so aus, dass wir alle auf diesem kleinen Planeten zusammenleben und es in dieser Zeit mehr denn je darauf ankommt, dass wir uns aufeinander verlassen können, weil wir aufeinander angewiesen sind. Die Umstände zwingen uns, an das Wohl der Erde und der gesamten Menschheit zu denken. Nur stecken wir leider immer noch in unseren beschränkten persönlichen Anschauungen fest, in denen sich alles um »mich« und »uns« dreht. Das führt im schlimmsten Fall zu offenen Konflikten. Es kommt uns anscheinend nicht mehr in den Sinn, alle an einem Strang zu ziehen – und das ist ein ganz narrensicheres Rezept für Katastrophen aller Art. Angesichts der heutigen Bevölkerungsdichte ist klar, dass uns echte Probleme ins Haus stehen.

Kennzeichen eines guten Menschen

So scheint mir, dass es für uns als Menschen in erster Linie darauf ankommt, in unserem eigenen Geist nach Möglichkeiten zu suchen, wie wir Leid vermeiden und Glück finden können. Stellen Sie sich vor, wie es wäre, wenn wir neben Fortschritt und Entwicklung auf materiellem Gebiet auch deutliche innere, geistige Fortschritte machen würden. Das, glaube ich, würde unserem Leben als Menschen wirklich Sinn geben und sich natürlich auch positiv auf die Gesellschaft insgesamt auswirken.

Ich habe in meinem eigenen Leben viel an Freude und Kummer erlebt und hatte mit vielen Schwierigkeiten zu kämpfen. Aber wenn ich an die schwierigen Zeiten denke, sehe ich heute, dass es immer eine Sache gab, aus der ich unter allen Umständen Hoffnung schöpfen konnte. Wenn ich mein Leben jetzt von ganzem Herzen als sinnvoll und lohnend erlebe, dann liegt es vor allem daran, dass ich den Wunsch, anderen zu helfen, als Grundlage gewählt habe. Ich weiß ohne jeden Zweifel, dass mir dies mein Leben lang eine große Hilfe gewesen ist. Diese Haltung hat mir in allen Lebenslagen Mut gemacht und das Gefühl gegeben, dass die Hoffnung nie ganz verloren geht, dass man mit Härten zurechtkommen kann und es sich lohnt, sie durchzustehen. Damit ist für mich eine gewisse Befriedigung verbunden, die mir auf ganz natürliche Weise ein wenig Gelassenheit beschert – inneren Frieden und sogar Glück. Auch mein körperliches Wohlbefinden hat das ohne Zweifel gefördert.

Nun sind Zuneigung und Liebe, um dieses Thema wieder aufzugreifen, eine der wichtigsten Bedingungen, die für die Gelöstheit des Geistes erfüllt sein müssen. Zuneigung und Liebe sind nichts, was in unserer menschlichen Natur fehlte, sie sind nichts grundsätzlich Neues, was von anderswo herkommen müsste. So sagt man ja, dass Kinder schon im Mutterleib die Stimme ihrer Mutter erkennen können. Diese Fähigkeit, den unverwechselbaren Klang dieser Stimme zu erkennen, scheint von Natur aus gegeben und zum Überleben notwendig zu sein. Und weil das Kind eine natürliche Nähe zu seiner Mutter empfindet, kann es die Stimme von Anfang an ausmachen.

Oder ein anderes Beispiel. Das erste Wort, das ein Kind hervorbringt, ist »Mama«, einerlei welche Sprache später seine Muttersprache sein wird. Es ist einfach ein Wort, das sehr leicht zu sprechen ist. Diese Silbe »ma«, Mutter, scheint für sich allein ein Gefühl von Nähe auszulösen. Da muss nicht viel gesagt werden; eine Silbe stellt die Verbindung her.

Jedenfalls lebt zwischen Mutter und Kind eine natürliche beiderseitige Liebe. Das Kind wird in diese Liebe zwischen Mutter und Kind hineingeboren, es wächst darin auf, und das ist der Anfang eines guten und glücklichen Lebens.

Wir können also sagen, dass wir alle Zuneigung und Liebe kennen, weil sie von Natur aus zu uns gehören, weil sie angeboren sind. Jetzt müssen wir sie wachsen lassen, anstatt sie so lange nicht zu beachten, bis sie verschwunden sind. Kaum etwas anderes könnte wichtiger sein, denn diese Liebe gehört zu den Wesenszügen unseres Geistes, sie ist kostbar und unverzichtbar. Haben wir einmal erkannt, wie entscheidend wichtig sie ist, werden wir sie als entsprechend wertvoll empfinden und uns wünschen, dass sie wächst. Aber das Potenzial dazu ist bereits in uns, es ist unsere Natur.

Wenn ein Mensch diese Haltung der Liebe und Zuneigung verkörpert, wird er ein bewundernswertes Leben führen, das Leben eines »wahren Menschen«, wie wir auch sagen. Das ist es, was einen guten Menschen kennzeichnet – nicht ob er einer spirituellen Praxis nachgeht oder nicht. Es ist auch die Grundlage einer in Glück und Frieden lebenden Gesellschaft. Es ist demnach entscheidend wichtig, dass wir dies erkennen und uns nach Kräften um diese Haltung der fürsorglichen Liebe anderen gegenüber bemühen.

Da Menschen diese Zuneigung und Liebe von Natur aus haben, sehe ich es als die Aufgabe der Religionen dieser Welt, das angelegte Potenzial zu entwickeln und diesen wunderbaren Eigenschaften ein Umfeld zu bieten, in dem sie wachsen können. Haben sich nicht gerade deswegen so viele spirituelle Weltbilder und Philosophien entwickelt – damit wir diese wunderbaren natürlichen Anlagen immer weiter entfalten können? Im Kern ist das eigentlich der Grund dafür, dass wir eine spirituelle Praxis aufnehmen: um ein guter Mensch zu werden, jemand, der geduldig, tolerant, altruistisch, mitfühlend, zufrieden und diszipliniert ist. Wir praktizieren, weil wir solch ein Mensch werden wollen.

3 Anschein und Realität

Im Falle der buddhistischen Lehren muss man sich, wie ich bereits sagte, vor allem an das Denkvermögen und die Fähigkeit der analytischen Betrachtung halten. Wenn es das wahre Wesen der Wirklichkeit zu erkennen gilt, brauchen wir einen Geist, der nicht mir Irrtümern und Verzerrungen behaftet ist. Das ist ein Geist, der sich nicht täuscht, dessen Wahrnehmungen mit der Wirklichkeit übereinstimmen. Wir nennen das »rechte Erkenntnis«. In den buddhistischen Lehren, vor allem aber in den Mahayana-Schriften, in denen es um den Pfad des Bodhisattva geht, wird dieser rechten oder zutreffenden Erkenntnis große Bedeutung beigemessen. Alles, worauf wir aus sind – höhere Wiedergeburt, Befreiung und All-Erkenntnis[15] –, kommt durch zutreffende Erkenntnis zustande. In der Logik und Erkenntnislehre sprechen wir von indirekten und direkten Früchten der zutreffenden Erkenntnis.[16] Als indirekte Früchte der zutreffenden Erkenntnis bezeichnen wir das Erreichen der höheren Bereiche, die Befreiung und die All-Erkenntnis. Hier gilt es festzuhalten, dass wir nur mit einem von Irrtum freien Geist die Stufen der Befreiung und der All-Erkenntnis erreichen können.

Um zu einer definitiven Schlussfolgerung über die Natur der Wirklichkeit zu gelangen – ob es um das wahre Wesen der Dinge oder um ihre große Vielfalt geht –, müssen wir herausfinden, was die Dinge in sich selbst sind, worin ihr Wesen besteht. Das zu wissen ist außerordentlich wichtig, weil unser Geist in seiner normalen Verfassung voller Irrtümer und Verblendung ist. Unsere Wahrnehmung der Dinge ist voller Irrtümer und Entstellungen, was immer wieder zu Patzern und Fehlschlägen führt. Stellen Sie sich vor, jemand versucht Sie hereinzulegen. Wenn Sie von vornherein wissen, dass an dem, was er sagt, nicht viel dran ist, hat er nicht die geringste Chance, Sie zu täuschen. Der Schein entspricht erkennbar nicht der Wirklichkeit, da mag er sich noch so sehr um Glaubwürdigkeit bemühen. Wenn es nun so ist, dass zwischen dem wahren Sein der Dinge und unserer Wahrnehmung ein krasses Missverhältnis besteht, werden wir immer die Getäuschten sein, solange wir dem Anschein Glauben schenken. Wenn es jemandem gelingt, uns Tag für Tag hinters Licht zu führen, muss es daran liegen, dass wir alles, was er sagt, einfach so hinnehmen und glauben, wie er es sagt. Und so ist es mit allem: Anstatt die Dinge einfach so zu nehmen, wie sie auf den ersten Blick zu sein scheinen, müssen wir sie ausloten, um zu ergründen, was sie wirklich sind.

Subtile und offensichtliche Vergänglichkeit

Eine unserer tief eingefleischten Denkgewohnheiten besteht in der Annahme, dass die Dinge sich nicht verändern. Nehmen Sie als Beispiel einen Gebirgszug. Die Berge stehen seit Millionen Jahren da. Wir glauben, dass die Berge heute dieselben sind wie gestern und vorgestern. Das scheint instinktiv zu geschehen; wir meinen, die Dinge seien zu verschiedenen Zeitpunkten gleich. Und wenn wir nur den groben äußeren Anschein nehmen, ist es ja auch so. Die Berge, die wir heute sehen, stehen nachweislich seit

Jahrhunderten da. Aber was, wenn wir ihre wahre Wirklichkeit ergründen, jenseits des äußeren Anscheins von Kontinuität? Eine Felswand zum Beispiel ändert sich auf der subatomaren Ebene ständig, ein stetiges Fließen. Es gibt nie einen Augenblick, in dem sich nichts ändert. Und wie viele Millionen Jahre sie auch da gestanden haben mögen, irgendwann werden sie gänzlich zerfallen sein. Die Berge von gestern sind noch da, halten den Anschein ihrer Kontinuität aufrecht, aber wenn wir näher hinsehen, hat sich auf der subatomaren Ebene seit gestern einiges geändert. Würden die Dinge sich nicht ständig im Kleinen ändern, könnte es nicht zu den sichtbaren Veränderungen ringsum kommen. Es könnte auch nichts endgültig zerfallen und enden. Scheinbar sind die Dinge jetzt noch so, wie sie früher schon waren; betrachtet man sie jedoch vom höchsten Standpunkt aus, verändern sie sich unaufhörlich von Augenblick zu Augenblick.

Daran wird deutlich, dass unsere Wahrnehmung die Realität nicht genauso erfasst, wie sie tatsächlich ist; die Dinge *erscheinen* nicht so, wie sie wirklich *sind*. Betrachten wir ein weiteres Beispiel. Wir könnten eine Erfahrung wählen, die wir geistig machen, oder auch etwas wie diese Blume, die ich hier vor mir sehe. Ob es sich jedoch um eine geistige Erfahrung oder einen konkreten Gegenstand in der Außenwelt handelt, beides wird sich früher oder später auflösen und nicht mehr sein. Das ist ein Faktum, das wir nicht erst mittels der Kräfte unseres Verstandes beweisen müssen. Diese Blume wird welken, vertrocknen und absterben. Dabei kann man zusehen. Und das ist der kontinuierliche Zerfallsprozess, den wir als »offensichtliche Vergänglichkeit« bezeichnen, weil wir ihn unmittelbar mit unseren Augen verfolgen können. Dahinter stehen Veränderungen, die sich

Augenblick für Augenblick abspielen und schließlich in der Zerstörung des betrachteten Objekts enden. Etwas, das sich nicht Augenblick für Augenblick ändert, würde niemals aufhören zu sein.

Abhängiges Entstehen

Was ist nun der Kern dieser Veränderungsprozesse? Wenn wir von kontinuierlicher Veränderung sprechen, ist damit kein Zerfall von Augenblick zu Augenblick in der Weise gemeint, dass irgendein Objekt jetzt auf eine Ursache des Zerfalls trifft, die es im nächsten Augenblick zerfallen lässt. Gemeint ist vielmehr, dass die Ursache, die das Objekt überhaupt erst entstehen lässt, dafür sorgt, dass es als etwas ins Sein tritt, was seiner Natur nach wieder vergehen wird. Die Dinge sind ihrer Natur nach vergänglich. Um es noch einmal anders zu sagen: Die Dinge werden nicht durch eine Ursache erzeugt, um dann später auf eine andere Ursache zu treffen, die ihren Zerfall bewirkt. Die Ursache ihres Entstehens ist *in sich selbst* die Ursache ihres Vergehens. Schon wenn sie ins Sein treten, haben sie diesen Charakter, vergänglich zu sein. Und das bedeutet: Die Ursache ihres Entstehens verwandelt sich Augenblick für Augenblick in die Ursache ihres Vergehens.

Alles, was aufgrund von Ursachen entsteht, ist von diesen Ursachen abhängig. Existierten die Dinge aus sich selbst, einfach so, dann existierten sie eigenständig, ihr Sein läge ausschließlich in ihnen selbst. Und nur etwas unabhängig und aus sich selbst Existierendes könnte unwandelbar sein. Wir sehen aber, dass die Dinge dem Wandel unterliegen, wir sehen, dass sie von außerhalb ihrer selbst liegenden Ursachen und Bedingungen abhängen. Was auch immer wir als Beispiel heranziehen, sei es von tastbarer Gestalt oder eine innere Erfahrung, es ist nur aufgrund von außerhalb seiner selbst liegenden Gründen vorhanden.

Und das ist noch nicht alles. Wenn wir über irgendetwas tiefer nachdenken, eine Blume zum Beispiel, finden wir viele Aspekte – Form, Farbe, Duft, Geschmack und so weiter. Wenn wir das als Eigenschaften des betrachteten Gegenstands sehen, haben wir in diesem Fall die Form der Blume, die Farbe der Blume, den Duft der Blume, den Geschmack der Blume. Wir sehen die Blume gleichsam als Träger dieser Eigenschaften und ordnen ihr spezifische Merkmale wie Form, Farbe, Geruch und Geschmack zu. Sie besitzt diese Eigenschaften. Das ist Fakt. Bestimmte Eigenschaften lassen sich nur einem Träger dieser Eigenschaften zuordnen, es muss irgendeine Basis geben, an der man die Eigenschaften festmachen kann. Es sieht so aus, als wären diese Basis und die Eigenschaften zweierlei. Aber gehen wir noch einen Schritt weiter und versuchen wir die Eigenschaften – Form und so weiter – von dem Ding wegzunehmen. Wenn wir jetzt nach dem Ding selbst Ausschau halten, der Basis oder dem Träger der Eigenschaften, dann finden wir es nicht.

Was ist Zeit?

Wir haben in der Vergangenheit Erfahrungen gesammelt, und aufgrund dieser Erfahrungen versuchen wir in unserer Gegenwart neue Einstellungen und Vorgehensweisen zu finden. Was sich früher einmal ereignet hat, erweist sich als nützlich für unser gegenwärtiges Handeln. Eben jetzt ist die Vergangenheit jedoch nicht mehr als ein Gedanke, der uns nur gerade so durch den Sinn geht. Such man die Vergangenheit selbst, stellt man fest, dass sie schon nicht mehr ist. Es ist nichts zu finden, nichts, worauf man den Finger legen könnte.

Gleiches gilt für alles, was in der Zukunft geschehen wird. Unser gegenwärtiges Handeln, das auf in der Vergangenheit gemachten Erfahrungen beruht, wird sich auf die Zukunft auswirken. Es wird uns nützen oder schaden. Dennoch ist das, was in Zukunft geschehen wird, gegenwärtig nur ein Gedanke, der in uns Gestalt annimmt, ein Gedanke über etwas, das erst noch eintreten muss. Wenn wir den Finger auf ein »Etwas« zu legen versuchen, das in Zukunft sein wird, finden wir wieder nur Gegenwart.

So handelt es sich also bei allem, was wir als »vergangen« oder »zukünftig« einstufen, einfach um Gedanken von bereits Geschehenem oder Dingen, die vielleicht eintreten werden. Wir benutzen Ausdrücke wie »Vergangenheit« und »Zukunft« um überhaupt über diese Dinge sprechen zu können, und in diesem Sinne können sie uns positiv oder negativ beeinflussen, aber tatsächlich ist es kaum möglich, etwas Vergangenes oder Zukünftiges zu finden, auf das man direkt zeigen könnte. Wenn wir in der Gegenwart von etwas Vergangenem sprechen, handelt es sich einfach um eine Erinnerung. Und wenn wir von Künftigem sprechen, handelt es sich um einen gedanklichen Vorgriff auf Ereignisse, die vielleicht eintreten werden. Vergangenheit und Zukunft existieren nicht als solche, sondern nur als das, was wir über sie sagen.

Die Gegenwart schließlich scheint für uns durchaus greifbar zu sein, aber wenn wir den sogenannten gegenwärtigen

Augenblick einmal von seinem Verlauf her betrachten und frühere und spätere Phasen an ihm ausmachen, müssen wir auch hier schließlich sagen, dass wohl Vergangenes und Kommendes zu erkennen ist, aber eine Gegenwart eigentlich nicht existiert. Wenn wir alles in Jahre, Monate, Tage, Stunden, Minuten und Sekunden einteilen, bildet alles bis zu dieser Sekunde die Vergangenheit und alles von dieser Sekunde an die Zukunft. Also gibt es keine Gegenwart, oder? Sie ist nicht zu finden, nicht einzugrenzen.

Und das trifft auf so viele unserer Vorstellungen von der Welt und unsere Wahrnehmung der Welt zu. Die Kategorien, die wir ersinnen, sind keine Wesenszüge der Dinge selbst, sondern einfach Benennungen, zu denen wir durch Konsens kommen. Es sind sprachliche Konventionen, entstanden aus unseren Gedanken über das, was geschehen ist, und das, was möglicherweise geschehen wird. So kommen wir übrigens zu allen unseren Konventionen. Wie viele von ihnen würden wohl bestehen bleiben, wenn sie immanente Eigenschaften der Dinge sein müssten oder unabhängig von irgendetwas anderem bestehen müssten?

Deshalb sagt der Buddha in den Sutras, dass alle Dinge kraft ihrer Namen, ihrer konventionellen Bezeichnungen existieren. Sie sind am Ende nicht mehr, sagt er, als Namen und Symbole.

Absolute und relative Wahrheit

Als der Buddha erstmals das Dharma-Rad andrehte und die vier edlen Wahrheiten lehrte, sprach er vom Leiden, seinen Ursachen, seinem Aufhören und dem Weg zu diesem Aufhören. Wie sollen wir uns nun diesen Wahrheiten gegenüber verhalten? Das Leiden muss verstanden werden; sein Ursprung muss beseitigt werden; sein Aufhören muss bewirkt werden; und der Weg zum Aufhören muss geübt werden. So sollen wir mit den Wahrheiten umgehen – aber, könnte man jetzt fragen, sind diese Wahrheiten überhaupt in sich selbst etwas? Nein, sie sind es nicht. Das Leiden muss verstanden werden, aber wenn wir nach ihm forschen und über es nachdenken, gibt es gar kein »zu verstehendes Leiden«. Der Ursprung des Leidens muss beseitigt werden, aber wenn wir einen »zu beseitigenden Ursprung« suchen oder ihn uns gedanklich vergegenwärtigen wollen, ist nichts dergleichen zu finden. Zu den vier edlen Wahrheiten lehrt der Buddha also einerseits, dass es hier etwas zu beseitigen und etwas umzusetzen gilt, aber er sagt auch, dass da eigentlich nichts zu beseitigen oder umzusetzen ist.

Ein ähnliches Bild zeigt sich, wenn wir die Skandhas oder körperlich-geistigen »Anhäufungen« betrachten, die aus Karma oder verstörenden Gemütsregungen erwachsen. Wenn die Anhäufungen in dieser Weise abhängig sind, müssen sie vergänglich sein; sie haben keine wahre Identität, sie erzeugen Leid und sie sind unrein. Wenn wir sie so betrachten, erfassen wir sie irrtumsfrei und zutreffend. Betrachten wir diese von Karma und verstörenden Regungen abhängigen Anhäufungen jedoch als dauerhaft, wirklich existierend, Lust erzeugend und rein, so beruht unsere Auffassung auf Irrtum. Wir könnten die Anhäufungen auch genau untersuchen und hinter den Benennungen etwas Letztgültiges aufzuspüren versuchen. Auf der höchsten Ebene sind beide Betrachtungsweisen – irrtümlich und zutreffend – vollkommen transzendiert und keine von beiden existiert mehr.

Wir haben demnach immer zu unterscheiden zwischen dem Erscheinen der Dinge und dem, was sie wirklich sind. Wo es um das Erscheinen der Dinge geht, haben wir zahllose Kategorien, mit deren Hilfe wir sie klassifizieren: Berge, Zäune, Gebäude, Blumen und so weiter. Diese Dinge und ihre Wirkungen beruhen auf Ursachen und Bedingungen. Sie können auch bewirken, dass wir Lust oder Schmerz empfinden, denn ihre Beziehung zu uns kann fördernd oder schädlich sein. Alles hat seinen »Samen« oder »Keim« und erzeugt daher »Früchte«, die uns nützen oder schaden.

Worin besteht nun das eigentliche Sein dieser nützlichen oder schädlichen Phänomene? Wenn wir uns nicht mit der bloßen Erscheinung der Dinge zufriedengeben, sondern tiefer blicken, stellen wir fest, dass da nichts zu finden ist. Je mehr wir das wahre Sein der Dinge unter ihrem oberflächlichen Erscheinungsbild zu ergründen versuchen, desto klarer wird diese Tatsache. Es ist ungefähr so wie bei diesen Luftspiegelungen in der Wüste. Wäre die Fata Morgana wirklich ein See, müsste er umso deutlicher in seinen Einzelheiten hervortreten, je näher wir kommen. Aber dann nähern wir uns dem Ort, und nichts wird klarer, sondern die Erscheinung weicht immer weiter zurück und schwindet, bis nichts mehr zu sehen ist.

Das Gleiche gilt für alle Phänomene, die alle gleichermaßen Ursachen und Bedingungen darstellen und sich zu erfreulichen oder unangenehmen Ergebnissen verbinden. Wenn wir uns also nicht mit der Erscheinung zufriedengeben, sondern das wahre Wesen oder absolute Sein der Dinge zu ergründen versuchen, ihre grundlegende, nicht bedingte Natur, so stellt sich heraus, dass keine Definition möglich ist. Die Erscheinungsweise der Dinge kann demnach nicht ihrer wahren Natur entsprechen.

Eben das ist mit den »beiden Ebenen der Wahrheit« gemeint: wie die Dinge erscheinen und wie sie wirklich sind. Für einen Geist, der nicht nach der wahren Natur der Dinge fragt, kann es so aussehen, als gäbe es ein erkennbares Wesen der Dinge. Begnügen wir uns aber nicht mit dem oberflächlichen Erscheinungsbild, sondern forschen in der Tiefe nach der ursprünglichen nicht bedingten Natur von etwas, so entdecken wir das, was höchste Wirklichkeit oder die innerste uranfängliche Natur genannt wird. Es sind folglich an jedem Phänomen zwei Aspekte zu unterscheiden: die erscheinende Wirklichkeit, die im Sinne der getroffenen Übereinkünfte gültig ist, und die wesenhafte Natur, die im höchsten Sinne wahr ist. Deshalb können wir von zwei Ebenen der Wahrheit sprechen.

Wenn wir bei irgendeinem erscheinenden oder auch nur möglichen Ding oder Ereignis unter der Oberfläche nach der wahren Identität forschten und es möglich wäre, dort eine deutlich unterscheidbare individuelle Essenz auszumachen, könnten wir sagen, dass dieses Ding *wirklich* oder *im höchsten Sinne* existiert. Wenn etwas tatsächlich so wäre, wie es zu sein scheint, würden Anschein und Realität übereinstimmen, und man müsste sagen, das Ding existiere tatsächlich so, wie es erscheint. So ist es jedoch nicht. Die Dinge sind nicht so, wie sie erscheinen, und deshalb existieren sie nicht wirklich. Ihr Erscheinungsbild und ihr wahres Wesen stimmen nicht überein. Diese Diskrepanz beruht darauf, dass die Dinge sich anders darstellen, als sie sind. Würden sie sich authentisch darstellen, könnte keine Diskrepanz bestehen.

In diesem Sinne werden die Dinge als »unwahr«, »unecht« oder »vorgetäuscht« bezeichnet: Man kann nicht sagen, dass sie wirklich existieren. Damit wird ausgesprochen, dass es ihr wahres Sein in Wirklichkeit nie gegeben hat. Es liegt in der Natur der Dinge, dass sie zwar da sind, ihr Sein oder ihre Existenz sich jedoch nicht darstellen lässt. Es ist aber nicht so, dass sie existieren, solange wir sie nicht erforschen, und erst nicht existent werden, wenn wir sie unter die Lupe nehmen!

Ein Vers in Maitreyas *Schmuck der klaren Erkenntnis* lautet: »Hier gibt es nichts, was wegzunehmen wäre.«[17] Das bedeutet: Was hier widerlegt wird, nämlich das wahre Sein, ist nicht etwa zunächst vorhanden, um dann irgendwie der gedanklichen Zergliederung zum Opfer zu fallen. Es bedeutet vielmehr, dass alle Phänomene von Natur aus abhängig sind und immer waren, weshalb sie von Anfang an »leer« von eigenständigem, unabhängigem Sein sind. Wären die Dinge nicht in diesem Sinne leer, ohne eigenständiges Sein, könnten sie gar nicht erst entstehen und ins Sein treten. Phänomene können nur in Abhängigkeit von anderen Phänomenen entstehen und ins Sein treten, sie brauchen Bedingungen. Nur autonome Wesenheiten würden nicht von Bedingungen abhängen.

Wahres Sein kann also nicht etwas sein, das zuerst existiert und später eliminiert wird. Da die Dinge leer von wahrem Sein sind, ist das, was wir »Leerheit« oder »höchsten Aspekt« nennen, nicht etwas Neues, das erst vom Geist hinzugefügt wird.

Das eben angeführte Zitat geht weiter: »... und nicht das Geringste, was hinzuzufügen wäre«. Damit ist gesagt, dass die beiden Wirklichkeitsebenen – die relative oder konventionelle Wahrheit oder Seinsweise und die absolute oder höchste Seinsweise – nicht durch das erleuchtete Wirken des Buddha oder das Karma gewöhnlicher Wesen zustande kommen. Die Dinge sind einfach von Natur aus so.

Ein Geist, der nach dem wahren Sein der Dinge fragt und sich nicht mit der oberflächlichen Erscheinung zufriedengibt, ist ein Geist, der auf der höchsten Ebene forscht. Wir können ihn als »höchsten Geist« bezeichnen. Und was solch ein Geist herausfindet, wird »höchste Wahrheit« genannt.

Wenn der gewöhnliche, das heißt nicht forschende und nicht analysierende Geist die Phänomene betrachtet und in dieser äußerlichen Betrachtungsweise etwas für wahr befindet, sprechen wir von »relativer Wahrheit«. Der Ausdruck »relativ« bezieht sich auch auf die Faktoren, die uns die Wirklichkeit verdunkeln oder verbergen. »Relativ« meint hier die Unwissenheit, die unsere Wahrnehmung der höchsten, ursprünglichen Natur der Wirklichkeit trübt. Was sich dieser relativen, unsere Wahrnehmung der höchsten Wirklichkeit verschleiernden Unwissenheit als wahr darstellt, wird »relative Wahrheit« genannt.

Leerheit

Alles, was erscheinen kann oder möglich ist, sei es im Samsara oder im Nirvana, sieht für uns so aus, als existiere es aufgrund seiner eigenen Essenz, als sei es wahrhaft existierend. Aber wenn es wirklich so existierte, wie es uns erscheint, müsste eine natürliche Basis für seinen Namen oder seine Bezeichnung erkennbar sein. Die Erscheinungsweise der Dinge müsste in diesem Fall mit ihrem wahren Sein übereinstimmen – und das ist nicht der Fall. Untersucht man die Dinge nämlich genauer, erweist sich, dass sie nicht so sind, wie sie zu sein scheinen, und das zeigt, dass sie trotz ihres Vorhandenseins leer von eigenständigem Sein sind.

Leer bedeutet demnach »leer von innewohnendem essenziellem Sein«; wenn man dergleichen in den Dingen sucht, findet man es nicht. Das Suffix *-heit* von »Leerheit« (beziehungsweise das Suffix des entsprechenden Sanskritwortes *Shunyata*) lässt einfach ein »nur das« anklingen, es bekräftigt. Dies alles vorausgesetzt, können wir die letzte, höchste Wahrheit als Leerheit oder Leere bezeichnen.

Was wir wahrnehmen, erscheint uns so, als existierte es aus sich selbst und für sich. Es mag sich um innere Erfahrungen oder um Objekte in der Außenwelt handeln, in buchstäblich jedem einzelnen Fall sieht es für uns so aus, als existierten sie tatsächlich gemäß der konventionellen Beschreibung. Existierten die Dinge jedoch wirklich so, wie wir sie wahrnehmen, dann sollte man doch annehmen, dass sie uns umso klarer werden, je eingehender wir sie betrachten. Aber sie werden bei eingehender Betrachtung keineswegs klarer, ja eigentlich ist es so, dass wir gar nichts finden. Das zeigt deutlich, dass die Dinge nicht so existieren, wie sie uns erscheinen.

Deshalb sind die Dinge leer von dem, was wir ihnen an Existenz zuschreiben, leer von irgendetwas an wahrem Sein, leer von in ihnen selbst liegendem Sein. Und wenn in allen äußeren und inneren Phänomenen kein wahres Sein zu finden ist, sagt man, sie seien »leer von innewohnendem Sein«.

Im *Sutra vom Herabsteigen nach Lanka (Lankavatara-Sutra)* sagt der Buddha, dass jedes Ding in sieben verschiedenen Hinsichten als leer betrachtet werden kann. Der siebte Gesichtspunkt lautet, dass ein Ding leer von etwas anderem ist. Als Beispiel wird ein Tempel genannt, der leer von Mönchen ist. Die Leerheit des Tempels ist etwas anderes als das, was hier eben nicht ist: die Anwesenheit von

Mönchen. Der Buddha bezeichnet dies als einen nicht so gewichtigen Fall von Leerheit.

Wir verwenden »leer« hier nicht in diesem Sinne, dass irgendetwas, zum Beispiel ein Podest, von etwas anderem, zum Beispiel einer Vase, leer ist. Das Podest ist vielmehr als solches leer, das heißt ohne in ihm selbst liegendes Sein. Dafür wird stellenweise der Ausdruck »selbst-leer«, tibetisch *rang tong* verwendet. Selbst-leer besagt also, dass etwas leer von innewohnendem Sein ist, nicht leer von irgendetwas anderem. Natürlich bedeutet selbst-leer nicht, dass etwas »leer von sich selbst« ist. Wenn wir von einer Blume sagen, sie sei leer von innewohnendem Sein, heißt das nicht, dass wir das Vorhandensein dieser Blume leugnen. Existierte die Blume überhaupt nicht, gäbe es stattdessen nur ein Nichtvorhandensein: kein Same, der keimen und wachsen könnte, um schließlich Knospen, Blüten und Früchte zu bilden, und folglich nichts, was beim Anblick der Blüte, beim Riechen des Dufts, beim Stechen der Dornen in den Fingern Gefühle der Freude oder Abneigung aufkommen lassen könnte.

Selbst-leer heißt im Hinblick auf die Blume, dass sie leer von innewohnendem Sein ist. Sagten wir, die Blume sei »leer von sich selbst«, so wäre das nicht Leerheit, sondern Nichts, und damit wären wir in das Extrem des Nihilismus abgeglitten. Machen wir uns also klar, dass jedes Ding in Abhängigkeit von bestimmten Bedingungen entsteht und folglich in dem Sinne leer ist, dass es kein in ihm selbst liegendes Sein besitzt. Daher selbst-leer.

Es gibt also bei allem, was wir wahrnehmen, sei es ein Gefühl oder ein äußeres Objekt, immer diesen Unterschied: wie die Dinge uns erscheinen und wie sie tatsächlich sind. Wenn wir untersuchen, ob etwas wirklich so ist, wie es uns erscheint, stellt sich heraus, dass es nicht so ist. Was wir auch untersuchen, nie stoßen wir auf eine Kern-Identität, von der wir sagen könnten: Das ist dieses Ding. Wir können suchen bis hinunter zur subatomaren Ebene – da ist nichts zu finden. Unsere Aussagen scheinen sich also mit der generellen Position der modernen Quantenphysik zu decken: Wir können irgendein Objekt tiefer und immer tiefer erforschen, letztlich ist da nichts zu finden.

Wie die Dinge existieren

Aber heißt das, dass die Dinge einfach nicht existent sind? Nein, in gewissem Sinne existieren sie. Sie üben eine nützliche oder schädliche Wirkung auf uns aus. Wie also existieren sie? Auf der konventionellen Ebene existiert alles in dem Sinne, dass es irgendeine positive oder negative Funktion erfüllt. Es besitzt seine Kennzeichen, und offensichtlich ist etwas vorhanden, dem wir einen Namen geben können. Es existiert, aber nicht aufgrund einer letzten, in ihm selbst liegenden Existenz. Eben das bezeichnet der Ausdruck »selbst-leer«: Die Dinge haben keine absolute, innewohnende Existenz.

Selbst-leer heißt also nicht, dass die Dinge nicht existierten; sie existieren in dem Sinne, dass sie ihre ganz charakteristischen Merkmale besitzen. Die ganze Diskussion, ob die Dinge aus sich selbst existieren oder nicht, dreht sich um diese Tatsache, dass sie Eigenschaften besitzen. Besäßen sie keine Unterscheidungsmerkmale, könnten wir die Frage, ob sie von ihnen selbst innewohnender Existenz sind, gar nicht erörtern. Aber die unbestreitbare Identität der Dinge besagt nicht, dass sie in und aus sich selbst existieren.

Na gut, werden Sie jetzt sagen, aber wie existieren sie denn? Sie existieren nur aufgrund von Bedingungen, die außerhalb ihrer selbst liegen. Sie existieren dadurch, dass sie in ihrer Abhängigkeitsbeziehung zu anderen Dingen benannt oder bezeichnet werden. Sie werden von anderen Faktoren hervorgebracht und sind von ihnen abhängig. Deshalb hören wir den Buddha in vielen Sutras und Tantras sagen, die Dinge existierten nur in Abhängigkeit von außerhalb ihrer selbst liegenden Ursachen und Bedingungen. Und da sie nicht eigenständig, das heißt unabhängig von diesen Bedingungen existieren, lehrte der Buddha, dass alle Dinge in Abhängigkeit entstehen und ihrer Natur nach leer sind.

Nichts im ganzen Universum entsteht aus sich selbst oder besitzt innewohnendes Sein, und da jedes noch so kleine Ding ausschließlich durch seine Beziehung zu anderen Phänomenen vorhanden ist, kann es nur so sein, dass nichts außerhalb dieses Spiels von Ursachen und Bedingungen steht. Die Ursachen und Bedingungen können sich positiv oder negativ auf die Dinge auswirken. Würden die Dinge aus sich selbst existieren, könnten Ursachen und Bedingungen sich weder so noch so auf sie auswirken. Da die Phänomene jedoch ohne innewohnende Existenz sind, können sie nur in Abhängigkeit von Ursachen und Bedingungen entstehen und sein.

Nach den buddhistischen Lehren also stellen sich alle Dinge, die uns positiv oder negativ beeinflussen und von Natur aus wandelbar sind, in Abhängigkeit von Ursachen und Bedingungen ein. Das gilt für alles, was sich in uns und um uns herum abspielt, es gilt für absolut alles. Auch alle

Veränderungen und Umgestaltungen beruhen einfach auf Ursachen und Bedingungen. Die Dinge erscheinen weder ohne Ursache noch aufgrund irgendeiner ewigen Ursache, die vollkommen von ihnen verschieden ist. So legen die buddhistischen Lehren die Dinge dar und führen folglich zu der Position, dass es keinen Schöpfer der Welt gibt.

Die Lehren erläutern, dass wir die durch Ursachen und Bedingungen gegebene Wandelbarkeit der Dinge nach einem »vierfache Überlegung« genannten Denkansatz untersuchen müssen.[18] Dadurch gelangen wir zur Grundqualität oder tieferen Natur jedes aus Materie oder Bewusstsein geformten Phänomens.

Bitte beachten Sie, dass wir hier jetzt nicht über Leerheit sprechen. Ich will das Gemeinte an einem Beispiel verdeutlichen. Das Element Erde ist hart und fest, das Element Luft leicht und beweglich. Jedes der beiden Phänomene hat eine individuelle Grundnatur, eine charakteristische Gruppe von Merkmalen, die dem anderen fehlen. Kommen diese kennzeichnenden Grundeigenschaften jedoch zusammen, so werden Veränderungen in Gang gesetzt, und diese fasst man als Resultat einer Wechselwirkung auf.

So besitzt jede materielle Substanz ihr ganz individuelles Potenzial, und wenn mehrere auf diese oder jene Art zusammenkommen, kann das Veränderungen in Gang setzen, eine Funktion erfüllen oder neue Potenziale hervorbringen, die wieder nützliche oder schädliche Wechselwirkungen auslösen. Erde ist hart und fest, und da sie ihrer Natur nach so ist, darf man bestimmte Wirkungen von ihr erwarten. Und wie die Erde haben alle anderen Elemente ihre besonderen Eigenschaften, wodurch sie unterschiedliche Wirkungen ausüben und zu bestimmten Funktionen taugen. Wenn Dinge von unterschiedlichem Funktionspotenzial zusammenkommen, werden sich neue Potenziale herausbilden.

Wenn wir nun irgendein Phänomen in uns oder in unserer Umgebung untersuchen und erforschen, sollten wir uns seiner besonderen Eigenschaft von vornherein bewusst sein. Wir sollten auch seine bestimmte Funktionsweise kennen und wissen, zu was für Veränderungen es durch Wechselwirkung mit anderen Phänomen kommen kann.

Unter diesen Voraussetzungen können wir uns Dinge sichern, die von Natur aus gut für uns sind; und wenn etwas seiner Natur nach eher schädlich für uns ist, können wir Schritte unternehmen, um es von uns fernzuhalten. Wir müssen uns das nur unter diesen Gesichtspunkten überlegen. Das führt uns nun unmittelbar zu unserer Diskussion über Glück und Leid zurück.

Es liegt in unserer Natur, dass wir glücklich sein und nicht leiden möchten. Und natürlich steht es uns allen zu, nach Glück zu streben und Leid zu vermeiden. Das ist nur vernünftig, schließlich ist der Wunsch nach Glück absolut legitim.

4 Die Frage des Bewusstseins

Empfindungen und Wahrnehmungen

Wenn wir von Glück und Leid sprechen, meinen wir in erster Linie lustvolle und schmerzhafte Empfindungen. Neben den lustvollen oder schmerzhaften Empfindungen haben wir außerdem die Faktoren zu betrachten, die sie verursachen. Betrachten wir jetzt also Empfindungen und Wahrnehmungen. Empfindungen entstehen meist aus materiellen Zusammenhängen. Irgendetwas löst eine Empfindung aus, sei sie lustvoll, schmerzhaft oder neutral. Wir sagen, dieser Auslöser sei für die Empfindung verantwortlich, aber das bedeutet nicht, dass sich auf diesen bestimmten Auslöser hin zwangsläufig eine Empfindung einstellt. Es müssen weitere Bedingungen hinzukommen, und wenn eine von ihnen fehlt, stellt sich die Empfindung nicht ein. Jedenfalls scheint es so, dass Empfindungen irgendeine konkrete handgreifliche Grundlage brauchen.

Wenn wir über Empfindungen, aber auch Wahrnehmungen sprechen, ist eigentlich von Bewusstsein die Rede – Bewusstsein im Sinne eines Gewahrseins von Objekten. »Gewahrsein« bedeutet hier nicht dasselbe wie im Zusammenhang mit Rigpa, wo das Wort zur Unterscheidung vom gewöhnlichen Bewusstsein verwendet wird; darauf werden wir an späterer Stelle ausführlicher eingehen.[19] Es handelt sich einfach um ein Gewahrsein von Objekten. Und dieses Bewusstsein erfährt Empfindungen. Wir kommen in

Kontakt mit einem Objekt, wir werden seiner gewahr, und dann folgt eine angenehme oder schmerzhafte Empfindung. Wenn wir der Dinge gewahr geworden sind, haben wir auch Ideen über sie: Dies ist so und so. Das bezeichnen wir als Wahrnehmung.

Empfindungen können von unterschiedlicher Art sein. So gibt es alltägliche Empfindungen angenehmer oder unangenehmer Art, die nicht durch unser Denken bedingt sind. Angenommen, ich stoße versehentlich mit der Hand gegen den Tisch. Das löst ein Schmerzgefühl aus, und ich denke: »Autsch, ich habe mir die Hand gestoßen!« Das Anstoßen und der Schmerz lösen anschließend Gedanken aus. Das ist also die eine Art von Empfindungen, die durch irgendwelche äußeren Umstände herbeigeführt werden.

Dann gibt es eine zweite Kategorie von Empfindungen, die nicht über solche Objektkontakte durch die fünf Sinne vermittelt sind, sondern durch Veränderungen im Bewusstsein selbst bewirkt werden, etwa durch Erinnerungen an Vergangenes oder Gedanken an die Zukunft. Solche Veränderungen auf der Ebene des Bewusstseins oder Gewahrseins können körperliche Empfindungen hervorrufen. Daraus ergibt sich die Frage: Muss zuerst eine Idee, ein Gedanke, eine Erinnerung vorhanden sein, woraus sich dann irgendeine körperliche Veränderung ergibt, etwa die Aktivierung von Neuronen oder eine chemoelektrische Reaktion im Gehirn? Oder sind Ideen und Erinnerungen, also Veränderungen in unserem Bewusstsein, immer das Resultat subtiler Veränderungen auf der körperlichen oder neurologischen Ebene? Das scheint mir eine Frage zu sein, der wir wirklich auf den Grund gehen müssen.

Bewusstsein, heißt es, entsteht aus unseren Sinnesvermögen. Nun gibt es diese Abhängigkeitsbeziehung tatsächlich, aber wenn es überhaupt kein von den Körpersinnen unabhängiges Bewusstsein gäbe, wären etliche Dinge, die uns jeden Tag begegnen, sehr schwer zu erklären – insbesondere die erstaunlichen körperlichen Veränderungen, zu denen es durch Meditationspraxis kommen kann. Diese Veränderungen werden ja nicht auf chemischem oder medizinischem Wege herbeigeführt. Hier kommt es durch Veränderungen im Bewusstsein selbst zu körperlichen Umstellungsprozessen. Erscheinungen dieser Art sind viel einfacher und eleganter zu erklären, wenn wir annehmen, dass Bewusstsein zwar in erster Linie von körperlichen Vorgängen abhängig ist, aber auch selbst solche Veränderungen bewirken kann. Viele Phänomene sind jedenfalls schwer zu erklären, wenn wir dem Bewusstsein diesen Stellenwert nicht beimessen.

Was ist Bewusstsein?

Wenn von Empfindungen und Wahrnehmungen die Rede ist, sprechen wir natürlich ausschließlich über empfindungsfähige Lebensformen. Sicher sind Blumen und andere Pflanzen auch Lebewesen, ihr chemischer Haushalt ist dem anderer Lebensformen durchaus vergleichbar, und auch sie unterliegen Zyklen von Entstehung, Wachstum, Tod und Zerfall. Die Zellen sind zweifellos lebendig, aber Pflanzen haben keine Empfindungen und Wahrnehmungen. Wenn wir also über Empfindungsfähigkeit und Bewusstsein sprechen, so scheint mir, gibt es ein Grundcharakteristikum aller empfindungsfähigen Lebensformen, und das ist die Bewegung. Noch bei den kleinsten Insekten finden wir dieses Kennzeichen. Sie setzen körperliche

Kräfte ein, um sich von einer Stelle zur anderen zu bewegen. Auch das Wachsen einer Pflanze und ihr Wiegen im Wind sind Bewegungen, aber sie kann sich nicht aufgrund einer Intention von der Stelle bewegen. Wenn wir also von *empfindungsfähigen* Lebewesen sprechen, muss zusätzlich zu den allen Pflanzen und Tieren gemeinsamen Kennzeichen des Lebendigen die Fähigkeit zu willentlicher Ortsveränderung gegeben sein. Die Definition eines empfindungsfähigen Lebewesens muss Bewusstsein einschließen. Was ohne Bewusstsein ist, wird als nicht empfindungsfähiges Leben oder als unbelebte Materie bezeichnet.

Bewusstsein wird von seiner Funktion her definiert: Es erkennt Dinge, es nimmt Kenntnis von ihnen. Es wird deshalb »klar und erkennend« oder »leuchtend und wissend« genannt. Wie ist das gemeint? »Klar« bedeutet in diesem Zusammenhang, dass sich die Erscheinungen klar dem Bewusstsein darstellen, und dabei spielt es keine Rolle, ob die Wahrnehmungen mit der wahren Natur der Dinge übereinstimmen oder nicht. Eine bestimmte Erscheinung stellt sich dem Bewusstsein dar, das auch seine Aspekte oder Züge erfasst. Es ist ein Erscheinen, das immer ganz direkt und richtig wahrgenommen wird. Das also ist mit »klar« gemeint: Die Erscheinung wird klar widergespiegelt. Und ist die Erscheinung einmal klar, kommt es zu einem Erkennen, zu einem Gewahren der Erscheinung samt ihrer Aspekte.

So kommen selbst in unseren Träumen alle möglichen Wahrnehmungen vor – wir sehen, hören, riechen, schmecken und berühren. Unser Traumbewusstsein ist all der Erscheinungen und ihrer Aspekte gewahr. Sie alle stellen sich dem Bewusstsein in seiner Befähigung zu Klarheit und Erkenntnis dar, und wir nehmen jede mit ihren jeweiligen Zügen wahr.

Wir gehen jeden Tag durch verschiedene Bewusstseinsebenen: vom gröberen Niveau der gewöhnlichen sinnlichen Erfahrung zur subtileren Form des von den Sinnesvermögen unabhängigen Bewusstseins im Traum bis schließlich zum noch subtileren Bewusstsein des Tiefschlafs.

Wenn wir als Beispiel für die gröbere Bewusstseinsebene einen visuellen Eindruck nehmen, ist es so, dass die bloße Wechselwirkung des Sehvermögens mit irgendetwas Sichtbaren nicht unbedingt ein visuelles Gewahrsein erzeugt. Es muss darüber hinaus eine *unmittelbare Bedingung* gegeben sein, und die besteht darin, dass der Geist nicht durch Gedanken an etwas anderes abgelenkt ist. In einem gedankenverlorenen Geist führt der Kontakt zwischen dem Sehvermögen und einer Form nicht zwangsläufig zu einer visuellen Wahrnehmung. Deshalb sagen wir: Wenn es zu einem klaren Gewahrsein kommen soll, in dem äußere Formen deutlich erkannt werden, muss dieser dritte Faktor, die unmittelbare Bedingung, gegeben sein.

Jedenfalls muss jeder Erkenntnis- oder Bewusstseinsakt subtiler oder grober Art einen kontinuierlichen Strom von subtilstem Bewusstsein zur Grundlage haben, das seiner Natur nach Klarheit und Erkenntnis ist – das, was wir mit Gewahrsein meinen.

Die Kontinuität der Materie

Wenn wir die Welt ringsum betrachten, sind ständig Veränderungen zu beobachten, die auf Ursachen und Bedingungen beruhen. Dennoch scheint es unter all dem Wandel so etwas wie eine Kontinuität der Materie zu geben. Wir können als Beispiel eine Blume oder den Körper irgendeines Lebewesens betrachten. Die Materie, aus der diese Blume oder unser Körper besteht, ist in eine Kontinuität eingebunden, in der alles eben jetzt Bestehende auf etwas beruht, was vorher war und dann wieder davor und davor – bis zurück zur Geburt des Universums. Die Anlage zu dieser Blume, muss schon am Beginn des Universums gegeben gewesen sein.

Die buddhistische Kosmologie spricht von vier Perioden oder Zeitaltern in der Geschichte irgendeines Universums: Der Phase der Bildung folgt die Phase des Bestehens und danach die Phase der Zerstörung und schließlich eine Phase der Leere bis zur Bildung eines neuen Universums. In der Phase der Leere, so heißt es weiter, bleiben »Raum-Partikel« bestehen. Sie sind als Bausteine anzusehen, aus denen die gesamte Materie des neuen Universums gebildet wird, natürlich auch die Körper der Lebewesen. Was stofflich ist, muss von etwas herrühren, das ähnlicher Natur ist; ihm muss also etwas vorausgehen, das ebenfalls stofflicher Natur ist.

Wenn wir jetzt unser Bewusstsein betrachten, ist es immateriell und besitzt keine Form, Farbe oder Gestalt – es ist einfach die Befähigung, Erfahrungen zu machen. Aber auch dem Bewusstsein muss etwas vorausgehen, das von ähnlicher Natur ist. Das Bewusstsein ändert sich an der Oberfläche, aber unter all den Veränderungen finden wir etwas Gleichbleibendes, eine Kontinuität: die grundsätzliche Befähigung zu Klarheit und Erkenntnis, die auf früheren Fällen beruht, in denen sich diese Befähigung bekundete.

Betrachten wir noch einmal die Kontinuität der Materie. Und nehmen wir als einfaches Beispiel diese Blume hier vor mir. Sie entstand aus einem Samen. Der Same kam von einer anderen Blume, die wieder aus einem Samen entstand, und so weiter. Wir könnten fast von den früheren »Inkarnationen« dieser Blume sprechen. Auf der subtilen Ebene gibt es nur *eine* Kontinuität, aber sie zieht sich natürlich durch Manifestationen aller Art. Den jeweiligen Ursachen und Bedingungen entsprechend ändert sich das Erscheinungsbild von einer »Inkarnation« zur nächsten – Farbe, Wuchsform, Größe. Aber wenn wir die »Ahnenreihe« zurückverfolgen könnten, würden wir die Kontinuität dieser Blumenart finden. So evolviert alle Materie durch immer neue Zyklen, in denen jede Manifestation auf ähnlichen vorausgehenden Manifestationen beruht.

Aber diese materielle Kontinuität kann unser Bewusstsein nicht erklären, unsere Empfindungs- und Wahrnehmungsfähigkeit. Der Körper, den wir jetzt haben und der das Bewusstsein trägt, hängt von vorausgehenden Manifestationen ähnlicher Art ab und steht in einer stofflichen Kontinuität, die seit dem Beginn des Universums besteht. Doch obwohl unser Bewusstsein von diesem grobstofflichen Körper abhängig ist, können wir kaum sagen, es entstamme dem gleichen materiellen Kontinuum. Viel näher liegt, wie ich schon sagte, die Annahme, dass unser Bewusstsein zu einem subtilen Bewusstseinskontinuum gehört.[20]

Grade des Bewusstseins

Wie subtil ein Bewusstsein ist, hängt vom Grad der Subtilität seines »Trägers« ab. Je subtiler der Träger, desto subtiler das von ihm geprägte Bewusstsein. Das normale Tagesbewusstsein ist relativ grob, weil seine Funktionen von einer gröberen Art von Wind-Energie oder *Prana* bestimmt werden. Das Traumbewusstsein ist schon etwas subtiler, weil die Bewegungen der Wind-Energie in diesem Zustand subtiler sind. Während einer Ohnmacht bewegt sich die Wind-Energie nur noch minimal. Deshalb kann man die Grade des Bewusstseins anhand der Unterschiedlichkeit ihrer Träger erklären.

Wenn wir nun zur subtilsten Form des Bewusstseins kommen, ist es zwar immer noch in gewissem Umfang an den Körper gebunden, aber in sich selbst von ganz eigenständiger Art. Die Erfahrungen, die manche beim Meditieren machen, lassen das erkennen. Ich muss allerdings sagen, dass nicht unbedingt alles, was wir darüber hören, auch wahr sein muss. Es gibt vielleicht erfundene oder übertriebene Berichte, aber manche beschreiben überzeugend, dass sie einen »Traumkörper« erfahren, der von ihrem physischen Körper gänzlich verschieden ist. Ich kenne jemanden, dessen Mutter so etwas erlebt hat. Sie machte über mehrere Tage eine »außerkörperliche« Erfahrung, die sie anschließend sehr klar schildern konnte. So etwas gibt es. Die Leute sind außerhalb ihrer Körpers unterwegs und können von Dingen berichten, die sich von der Stelle entfernt abspielen, an der ihr Körper liegt. Offenbar ist der Geist also die meiste Zeit an den Körper gebunden, aber nicht unbedingt immer. Es gibt eine Ebene, auf der er für sich allein agieren kann, nämlich wenn wir auf die subtilste Bewusstseinsebene gelangen. Hier scheint der Geist vom grobstofflichen Körper unabhängig zu sein.

Die Kontinuität des Bewusstseins

Wir haben also einerseits das Kontinuum der Materie, und wenn wir von Lebewesen sprechen, ist eine Kontinuität der Körpersubstanz zu erkennen. Das Bewusstsein jedoch, das sich mit einem bestimmten Körper verbindet, muss anders erklärt werden. Wäre dem nicht so, müssten wir ungefähr das gleiche Bewusstsein haben wie unsere Eltern. Unser Körper hat sich aus Eizelle und Samenzelle unserer Eltern gebildet, aus den Körpern von Mutter und Vater also. Hätte sich unser Bewusstsein ebenso aus dieser physischen Substanz gebildet, müsste es dem unserer Eltern ähnlich sein. Unsere Erfahrung könnte nicht sehr von der unserer Eltern verschieden sein. Aber so ist es nicht.

Für unseren Körper, so können wir sagen, gilt das, was für Materie überhaupt gilt: Er steht in einer materiellen Kontinuität, die so weit zurückreicht wie die Materie selbst. Aber mit dem an diesen Körper gebundenen Bewusstsein hat es eine andere Bewandtnis.

Den genauen Beginn dieser stofflichen Kontinuität zu bestimmen ist extrem schwierig. Genauso schwierig ist es, den Beginn des Bewusstseins – als Klarheit und Erkenntnis, das Grundvermögen der Erfahrung – zu bestimmen. Wenn wir für die Materie oder das Bewusstsein einen Anfang postulieren wollen, würde das wahrscheinlich zur Annahme eines Ursprungs von ganz anderer Natur führen; oder zur Annahme der Entstehung ohne eine Ursache. Beide Möglichkeiten sind unbefriedigend und würden einer logischen Untersuchung kaum standhalten.

Wenn wir von »Lebewesen« sprechen, haben wir vor allem das Bewusstsein im Blick. Die Ausdrücke »Mensch« und »Tier« können sich ganz einfach auf körperliche Unterschiede beziehen, aber wenn wir »Lebewesen« oder »Person« sagen, meinen wir, dass das so Angesprochene Lust und Schmerz erfahren kann. Unsere Vorstellung von einem Ich, einer Person, bezieht sich in erster Linie auf unseren Bewusstseinsstrom. Wäre das Ich lediglich durch den Körper und nichts anderes bestimmt, könnten wir auch unbelebte Dinge als Lebewesen bezeichnen. Die Fähigkeit zu fühlen und wahrzunehmen ist demnach das, was Lebewesen von unbelebter Materie abhebt. Da liegt der Unterschied.

Beim Menschen ist das Ich-Gefühl an den Bewusstseinsstrom gekoppelt, und da wir für den Bewusstseinsstrom keinen Anfang angeben können, lässt sich auch für das Ich oder Individuum kein Anfang postulieren. Und da nichts den Bewusstseinsstrom unterbinden kann, hat er auch kein Ende. Der Bewusstseinsstrom ist anfangslos und endlos. Deshalb muss das mit diesem Bewusstseinsstrom identifizierte Ich oder Individuum ebenfalls anfangs- und endlos sein.

Dieses Kontinuum lässt jedoch Spielraum für Transformation. Es gibt Kontinuität, aber sie wandelt sich beständig, das ist das Prinzip. Nehmen Sie als Beispiel den Körper, den wir in diesem Leben haben. Es gibt hier offenbar eine Kontinuität, da es unabhängig vom Alter immer mehr oder weniger der gleiche Körper ist. Aber es findet auch Veränderung statt. Wir sagen von jemandem, er sei jung, und wenn der Körper gealtert ist und ein anderes Erscheinungsbild angenommen hat, sagen wir, er sei alt. Es gibt demnach Merkmale, die sich ändern, zugleich besteht jedoch eine Kontinuität, die uns die verschiedenen Stadien eines Lebens zu einem Ganzen zu verknüpfen erlaubt. Wir haben demnach beides zugleich: Kontinuität und Transformation.

Auch im Bewusstseinsstrom gibt es diese Kontinuität von der Jugend bis ins Alter. Im ersten Lebensstadium wissen wir noch nicht viel und haben noch nichts gelernt; danach wird das Stadium der Schulbildung kommen, in dem der Bewusstseinsstrom mit Kenntnissen und Erfahrungen angereichert wird. Wir können also Phasen und Stadien im Bewusstseinsstrom ausmachen. Wenn wir den Blickwinkel etwas erweitern, können wir nicht nur Stadien der Unwissenheit und des Wissens unterscheiden, sondern auch sagen, dass Bewusstsein an einen menschlichen Träger, in manchen Fällen aber auch an andere Arten von körperlicher Form gebunden sein kann. Dann können wir auch von Unterschieden der Qualität dieses Bewusstseinsstroms sprechen: Er kann mehr oder weniger verdunkelt und mehr oder weniger stark mit verstörenden Gefühlsregungen besetzt sein. Dann kann es im Bewusstsein – sei es menschlich, tierisch oder von anderer Art – Stadien geben, in denen destruktive geistige Faktoren schwächer werden und verschwinden, während sich positive und konstruktive Qualitäten immer stärker durchsetzen. So zeigt sich, dass wir von einem Stadium in ein anderes gelangen können, von der für Lebewesen der bedingten Welt typischen Unwissenheit und Verwirrung zur allmählichen Annäherung an die Erleuchtung und schließlich zur Erleuchtung selbst, jener vollkommenen Erkenntnis, die das Merkmal der Buddhaschaft ist. Auch unser Bewusstsein trägt diesen doppelten Charakter der Kontinuität und Transformation.

5 Die Ursachen des Leidens überwinden

Die vier edlen Wahrheiten

Aus allem, was wir bis hierher besprochen haben, lässt sich zweierlei ableiten:

- Zwischen unserer Wahrnehmung und der Wirklichkeit besteht insofern eine Diskrepanz, als die Dinge leer von innewohnendem Sein sind und sich trotzdem »abhängig«, das heißt nach dem Gesetz der Kausalität manifestieren.
- Es gibt ein Ich oder Individuum, das mit dem Bewusstseinsstrom identifiziert ist und Lust und Schmerz erfährt.

Diese beiden Feststellungen führen uns ganz zwanglos zu den vom Buddha gelehrten vier edlen Wahrheiten. Das mit dem Bewusstseinsstrom identifizierte Ich besitzt die Fähigkeit, Empfindungen zu haben, und damit verbinden sich ganz natürlich eine Abneigung gegen unangenehme Empfindungen und der Wunsch nach angenehmen Empfindungen. Es genügt aber nicht, Schmerz und Leid nicht zu mögen; wir müssen sie aktiv überwinden und uns dadurch dauerhaftes Glück schaffen. Die vier edlen Wahrheiten besagen nun, dass wir das tatsächlich bewerkstelligen können.

- Die Wahrheit vom Leiden spricht alle unsere unerwünschten Schmerzen und Leiden an, die aus Ursachen und Bedingungen hervorgehen und von ihnen abhängig sind. Worin bestehen diese Ursachen und Bedingungen?

- Sie bilden das, was wir den »Ursprung des Leidens« nennen. An diesem Ursprung ist zweierlei zu unterscheiden, nämlich erstens das Karma und zweitens die geistigen Plagen oder verstörenden Emotionen. *Karma* bedeutet »Tat« oder »Handeln«; verstörende Emotionen sind Geisteszustände, die unser Handeln leiten, uns plagen und uns keinen inneren Frieden finden lassen.

- Wenn wir dieses Leiden gänzlich überwinden, finden wir in diesem Aufhören des Leidens wahres und dauerhaftes Glück.

- Echtes, dauerhaftes Glück, erreicht durch Beseitigung von allem, was beseitigt werden muss, kommt nicht von selbst. Vielmehr müssen die richtigen Ursachen und Bedingungen dafür geschaffen werden; anders gesagt: Wir müssen uns bemühen. Weil hier nur durch unser Bemühen etwas zu erreichen ist, sprechen wir von der »Wahrheit des Pfades«.

So werden die vier Wahrheiten erklärt. Da sie abhängiges Entstehen beschreiben, sind sie auch mit dem Gesetz der Kausalität verknüpft: Wenn wir Glück suchen, müssen wir die Ursachen des Glücks ausfindig machen; wenn wir frei von Leid sein wollen, müssen wir die Ursachen für sein Verschwinden kennen. Wenn wir Leid als ein Resultat ansehen, muss es einen Ursprung haben und dieser Ursprung ist seine Ursache. Es unterliegt demnach wie alles dem Gesetz des abhängigen Entstehens. Alles geht aus Ursachen und Bedingungen hervor.

Die Wahrheit vom Ursprung des Leidens hat zwei Aspekte: Karma und verstörende Gemütsregungen. Karma, »Handeln«, bezieht sich auf alles, was mit einer Motivation getan wird. Wo ein Ich ist, das sich mit einem Bewusstseinsstrom identifiziert, sind auch Wahrnehmungen und Ideen vorhanden, und aus den Ideen entstehen Handlungsantriebe oder Motivationen. Motivationen schaffen wiederum ihre eigenen Ursachen und Bedingungen, und Handlungen, die einer bestimmten Intention folgen, erzeugen wiederum neue Bedingungen – und all das geht in den übergreifenden Gesamtprozess der Kausalität ein. Der wichtige Punkt besteht nun darin, dass Handlungen mit einer bestimmten Motivation den Kausalitätsprozess entsprechend modifizieren; und da jeder Handlungsantrieb eine Ursache von ganz eigener Art ist, führen verschiedene Motivationen zu unterschiedlichen Resultaten.

Hinter allem Handeln, das zu leidvollen Erfahrungen führt, stehen immer die sogenannten Plagen oder Heimsuchungen des Geistes.

Drei Arten des Leidens

Mit Leiden im Sinne der Wahrheit vom Leiden sind nicht nur Schmerzempfindungen gemeint. Schmerzempfindungen werden als »offensichtliches Leiden« oder »Leiden des Leidens« bezeichnet. Aber auch unser gewöhnliches, mit

Makeln behaftetes Lust- und Glücksempfinden ist seiner Natur nach leidvoll. Es wird als »das Leiden des Wandels« bezeichnet. Woher kommen diesen beiden Formen des Leidens? Sie entstehen aus Karma und verstörenden Emotionen und unterliegenden deren Herrschaft und Kontrolle. Unsere sklavische Bindung an Karma und verstörende Emotionen wird als das durchgängige Leiden der Bedingtheit bezeichnet.

Alle Leiden dieser Art verdanken sich positivem oder negativem samsarischen Handeln. Es gibt auch ein nicht mit Makeln behaftetes Handeln, das das samsarische Dasein nicht verlängert, aber diese Handlungen bilden eine eigene Kategorie. Wir befassen uns hier im Moment mit dem gewöhnlichen samsarischen Handeln, das von dreierlei Art sein kann: nicht verdienstvoll, verdienstvoll und »unübertragbar«.[21] Handlungen dieser drei Arten werden zu Ursachen und Bedingungen, deren Art von der Motivation hinter den Handlungen abhängt.

Die Motivation besteht hier in dem, was den Ursprung allen Leidens ausmacht, in den drei Plagen des Haftens, der Abneigung und der Unwissenheit. Diese Unwissenheit bildet auch den Kern des ersten der zwölf Glieder des abhängigen Entstehens; es ist »die Unwissenheit, die keine Klarheit über die Natur der Wirklichkeit« besitzt. Sie ist der Ausgangspunkt, und sie gibt Anlass zu einer weiteren Form der Unwissenheit, der »Unwissenheit, die keine Klarheit über die Kausalität besitzt«, also den Zusammenhang von Ursache und Wirkung nicht einzuschätzen vermag. Sie verleitet uns zu untugendhaftem Handeln, wodurch wir uns das Leiden des Leidens zuziehen und schließlich in den niederen Bereichen wiedergeboren werden, wo diese Form des Leidens ihr schrecklichstes Ausmaß annimmt.

Selbst wenn wir ein gewisses Verständnis von Ursache und Wirkung haben und daher dieser zusätzlichen Verblendung hinsichtlich der Kausalität nicht unterliegen, bleiben wir doch im Einflussbereich der grundlegenden Unwissenheit über die Natur der Wirklichkeit selbst. In dem Fall können wir durch verdienstvolles und nicht übertragbares Handeln Karma ansammeln, das irgendwann zur Wiedergeburt in den höheren Daseinsbereichen führen wird. Solches Handeln würde also die wunderbaren Daseinsumstände der höheren Bereiche mit sich bringen. All das würde sich aber immer noch in der Domäne dessen abspielen, was wir als Leiden des Wandels und vor allem das Leiden der Bedingtheit bezeichnet haben.

Unwissenheit, die ohne Klarheit über die Natur der Wirklichkeit ist

Hinter allem steht letztlich Unwissenheit oder Verblendung: die grundlegende Unwissenheit, die keine Klarheit über die Natur der Wirklichkeit besitzt. Das Wesen der Wirklichkeit, auch Soheit genannt, ist das, was wir weiter oben als höchste Wirklichkeit bezeichnet haben. Wir hatten zwei Ebenen der Wahrheit ausgemacht: wie die Dinge erscheinen und wie sie wirklich sind. Wir wollen an dieser Stelle nicht über das Erscheinen der Dinge, sondern über ihr wahres, absolutes Wesen sprechen. Was also ist die wahre Natur oder das Wesen der Dinge? Sie sind leer von ihnen selbst innewohnendem Sein. Aber so erscheinen sie uns nicht, so nehmen wir sie nicht wahr. Innere Erfahrungen oder Phänomene der Außenwelt – uns erscheint alles so, als existierte es irgendwie unabhängig und aus sich selbst. Und diesen Geist, der sie dem ersten Anschein entsprechend auffasst, als besäßen sie ein eigenes, von nichts anderem herrührendes Sein, bezeichnen wir als die Unwissenheit, die keine Klarheit über die Natur der Wirklichkeit besitzt.

Dieser Irrglaube an die wahre Existenz der Dinge entspricht einer verblendeten Geistesverfassung und ist das, was allen geistigen Plagen zugrunde liegt. Wie der Geist die Dinge wahrnimmt, sind sie nicht wirklich. Hier handelt es sich jedoch um mehr als ein bloßes Verkennen der Dinge. Die Dinge sind in Wirklichkeit leer, ohne innewohnendes Sein, aber das gewöhnliche Bewusstsein nimmt sie so wahr, als wären sie von in ihnen selbst liegender Realität. Es handelt sich demnach um eine Betrachtungsweise, die einem ganz grundsätzlichen Irrtum unterliegt.

Es ist kaum ein größerer Gegensatz denkbar als der zwischen einem verzerrt wahrnehmenden Geist, der sich an die Dinge klammert, als besäßen sie eine in ihnen selbst liegende Realität, und dem Geist, der das Nichtvorhandensein dieser innewohnenden Wirklichkeit wahrnimmt. Es sind zwei vollkommen gegensätzliche Arten der Wahrnehmung. Unser Hang, die Dinge falsch wahrzunehmen, ist durch lange Gewöhnung sehr stark geworden, er hat für uns geradezu etwas Instinktives, also Natürliches bekommen. Wenn wir etwas sehen, meinen wir auch gleich: »Das ist wirklich da, es existiert tatsächlich.« Aber es ist eben nur eine Annahme. Wenn man nämlich ernsthaft über die Natur der Dinge nachdenkt, erweisen sich diese selbstverständlichen Annahmen als immer weniger plausibel. Und je intensiver wir die Dinge betrachten, desto mehr verliert diese Fehlwahrnehmung an Kraft.

Es ist ja so, dass wir gleichsam reflexartig reagieren und uns sagen: »Aber natürlich ist das hier wirklich. Es ist ja da! Ich kann es nutzbringend anwenden. Es kann mir auch schaden. Es funktioniert.« Wir nehmen die Dinge einfach so, wie sie sich uns darstellen, und gehen davon aus, dass sie wirklich so sind. Aber wenn das die zutreffende Wahrnehmung der Dinge wäre, müsste ihre Realität umso klarer hervortreten, je eingehender wir sie erforschen. So ist es jedoch nicht. Unsere Wahrnehmung der Dinge als real oder aus sich selbst existierend wird durch nichts anderes gestützt, als dass sie uns so vertraut ist; sie hält nicht stand, sobald wir sie einmal ernsthaft auf den Prüfstand stellen. Sie gewährt uns immer nur einen Anschein von Gewissheit, nie eine tiefe und echte Überzeugung.

Ein Geist, der das Nichtvorhandensein von echter Realität in den Dingen wahrnimmt, stimmt nicht mit ihrem äußeren Anschein überein; ein Geist, der die Dinge als real nimmt, befindet sich in Übereinstimmung mit ihrem Erscheinungsbild. Doch obwohl eine Wahrnehmung der ersten Art ganz offenbar nicht mit dem Erscheinungsbild übereinstimmt, kann die nähere Betrachtung unter dem Gesichtspunkt der Frage nach dem wahren Sein der Dinge zu echter Gewissheit führen. Die beiden Wahrnehmungsweisen sind also überhaupt nicht miteinander zu vereinbaren. Hinter der einen stehen stichhaltige Überlegungen, hinter der anderen nicht. Und was auf stichhaltigen Überlegungen beruht, wird umso stärker werden, je mehr wir uns mit dieser Art der Betrachtung vertraut machen.

Zwei Arten von Plagen, zwei Arten von Gegenmitteln

Betrachten wir jetzt das, was wir im Buddhismus als Plagen oder Heimsuchungen bezeichnen, die verstörenden Emotionen. Zwei Arten lassen sich unterscheiden:

- mit verfehlten Anschauungen verbundene Plagen
- nicht mit verfehlten Anschauungen oder Überzeugungen verbundene Plagen

Zorn und Begierde beispielsweise gehören zu den Plagen, die nicht durch verfehlte Anschauungen bedingt sind. Die »Anschauung der vorübergehenden Ansammlung« sowie extreme Anschauungen und falsche Anschauungen dagegen sind mit verfehlten Anschauungen verbundene Plagen.[22] Man bezeichnet sie auch zusammen als »wahnhafte Intelligenz«, weil sie den Anschein von Gewissheit zu erzeugen vermögen.

Wenn wir zwei Arten von Plagen haben – die mit falschen Anschauungen verbundenen und die nicht direkt aus Überzeugungen erwachsenden –, dürfen wir auch mit zwei Arten von Gegenmitteln oder »Gegengiften« rechnen. Das Mittel gegen Zorn beispielsweise ist die Güte-Meditation und das Mittel gegen Begierde die Ekel-Meditation. Sie wirken als Gegenmittel, weil es sich um Bewusstseinszustände handelt, die der jeweiligen verstörenden Gemütsregung entgegengesetzt sind – wir nennen sie »Konfrontation suchende Gegenmittel«. Wenn wir gegen unseren Zorn über Liebe meditieren, »unterwerfen« wir den Zorn durch Liebe. So kann man einer Gemütsregung begegnen, aber es ist nicht das Gegenmittel, das die Emotion gänzlich eliminiert.

Deswegen unterscheiden wir zwei Arten von Gegenmitteln: die der ersten Art wirken gegen die Emotion, die der zweiten Art beseitigen sie. Liebe kann unseren Zorn mehr oder weniger stark besänftigen, ist also ein Konfrontation suchendes Gegenmittel. Aber die eigentliche Wurzel des Zorn besteht aus Unwissenheit und dem Festhalten an der Idee des innewohnenden Seins, die zusammen die wahnhafte Intelligenz bilden. Und um diese Entstellung unserer Intelligenz zu bereinigen, müssen wir das Gegenmittel der Weisheit anwenden, nämlich das Wissen um die Ichlosigkeit.

Weder Güte (als der Wunsch, dass die Lebewesen glücklich sein mögen) noch Mitgefühl (als der Wunsch, dass sie frei von Leiden sein mögen) beruhen auf der Erkenntnis der Ichlosigkeit. Deshalb können sie Plagen, die mit verzerrten Anschauungen zu tun haben, nicht vollständig beseitigen.

Das grenzenlose Potenzial des Geistes

Hier gilt es jedoch noch eine weitere Dimension zu bedenken. Liebe, Mitgefühl und die Erkenntnis der Ichlosigkeit sind geistiger Natur. Ihre Grundlage ist der Geist. Sie sind demnach etwas anderes als Sportlichkeit, Körperkraft und andere Vermögen körperlicher Art. Oder denken wir an das Erhitzen von Wasser, wo die zugeführte Wärme wieder grobstoffliche Elemente zur Grundlage hat. Die Eigenschaften des Geistes dagegen sind nicht von grobstofflicher Materie abgeleitet. Es gibt hier also einen ganz entscheidenden Unterschied. Alles von Materie Abgeleitete wie etwa die Hitze des Wassers oder Körperkräfte kann sich nicht endlos entwickeln, sondern ist an die Begrenzungen seiner stofflichen Grundlage gebunden. Wird das Wasser von der Wärmequelle genommen, kühlt es wieder ab; seine Wärme schwindet und nimmt nicht weiter zu. Eigenschaften des Bewusstseins andererseits können endlos weiterentwickelt werden, denn das, worauf sie beruhen, kann nicht abnehmen – es ist anfangs- und endlos. Wenn wir uns also bemühen, bestimmte Eigenschaften unseres Geistes zu entwickeln, sind dem keine Grenzen gesetzt und das Erreichte bleibt bestehen.

Was wir in unserer Praxis an positiven Erfahrungen machen, wird natürlich nur ein paar Tage, Wochen oder Monate halten, wenn wir nicht durch weiteres Bemühen damit vertraut werden und es stabilisieren. Das ist genauso wie mit unseren Körperkräften, wenn wir nicht weitertrainieren, oder wie mit dem abkühlenden Wasser, wenn wir es nicht weiter erhitzen. Aber wenn wir es zu einer gewissen Stabilität gebracht haben, werden die in unserer Schulung entwickelten Qualitäten zu natürlichen Eigenschaften des Geistes, die auch dann bleiben, wenn wir uns nicht speziell bemühen. Das ist mit der vollen Entwicklung einer Qualität gemeint: Es wird ein Punkt erreicht, von dem an etwas so sehr in Fleisch und Blut übergegangen ist, dass es einfach bleibt, ohne dass wir uns weiter anstrengen.

Unser Körper altert und büßt seine Kraft ein. All die Anti-Aging-Cremes und Pillen und Verjüngungskuren verhindern nicht, dass sich langsam Falten in unserem Gesicht ausbreiten und das Haar grau wird. Wie gut wir unseren Körper auch versorgen und pflegen mögen, er wird doch alt, und das lässt sich nicht verhindern. Wenn wir die Seite des Bewusstseins betrachten, treffen wir bestimmte Geistesverfassungen an, die uns im Laufe der Jahre so vertraut geworden sind, dass sie auch im Alter oder in Zeiten der Krankheit bestehen bleiben. Wer immer fröhlich und gelassen war, der wird auch im Alter fröhlich und gelassen sein. Die Eigenschaften des Körpers schwinden irgendwann, was auch immer wir zu ihrer Erhaltung tun mögen; die Eigenschaften des Geistes jedoch bleiben so lange bestehen wie der Geist selbst, sofern wir sie ernsthaft geschult und uns zu eigen gemacht haben. Deshalb sagen wir, die Eigenschaften des Geistes seien endlos und grenzenlos zu entwickeln.

Unwissenheit und Plagen können geläutert werden

Das Bewusstsein an sich, definiert als »reine Klarheit und Erkenntnis«, ist ohne jeglichen Fehler oder Makel. Mit dem diskursiven Denken stellen sich bei Dingen, die wir als gut oder schlecht empfinden, Anhaftung oder Aversion ein. Solche Gedanken entspringen einem Geist, der die Dinge für so real hält, wie sie erscheinen. Da liegt der Fehler.

Das Haften an den Dingen, als seien sie real, ist jedoch kein Wesenszug des Geistes selbst. Wäre es so, dann könnte der Geist niemals von Anhaftung, Abneigung und Unwissenheit frei sein. Es ist jedoch nicht so. Die Essenz des Geistes, seine Befähigung zu Erkenntnis und Gewahrsein, wird von solchen Makeln nicht berührt. Denn wie es heißt: »Die Natur des Geistes ist klares Licht.«[23]

Halten wir also zwei Dinge fest:

- Die Natur des Geistes ist klares Licht
- und Makel sind nur vorübergehend

»Vorübergehend« bedeutet nun nicht, dass diese Makel erst nicht da sind und dann plötzlich auftauchen. Es bedeutet, dass sie durch wirksame Gegenmittel beseitigt werden können und dass sie das Bewusstsein in seiner Essenz, das heißt in der Befähigung zu Erkenntnis und Gewahrsein in keiner Weise berühren oder färben.

Der entscheidende Punkt ist hier, dass die fundamentale Unwissenheit bereinigt werden kann. Wir können ihr ein Ende setzen. Und wenn wir der Ursache, dem Ursprung, ein Ende setzen, geht zwangsläufig auch das Resultat zu Ende, das Leiden. Wir sagen also, dass grundlegende Unwissenheit durch die Anwendung starker Gegenmittel bereinigt werden kann und damit alles von ihr verursachte Leid ebenfalls beendet wird. Dieses starke Gegenmittel gegen die Unwissenheit, aus der Karma und die Plagen und alles wiederum aus ihnen Hervorgehende entstehen, ist die Weisheit, welche die Ichlosigkeit erkennt.

Die Auswirkungen, die etwas haben kann, sind von geringerem Gewicht, wenn wir über hochwirksame Mittel gegen die Ursachen verfügen, denn wo die Ursachen bekämpft werden, können keine Folgen mehr eintreten. Wirkungen kann es nur in Abhängigkeit von einer Ursache geben. Mit der Anwendung eines wirksamen Gegenmittels schalten wir die Ursache aus, und sobald das der Fall ist, müssen auch die von dieser Ursache ausgehenden Wirkungen aufhören. Deshalb kann hier von der »Wahrheit des Aufhörens« gesprochen werden.

Allgemein gesprochen ist die Wahrheit vom Aufhören etwas in unserem Geist-Strom; im Besonderen spricht sie von dieser wunderbaren Freiheit, die sich einstellt, wenn wir Plagen und verstörende Emotionen abgestellt haben. Schließlich wollen wir nicht leiden, und wenn wir ein Gegenmittel anwenden und die Ursachen des Leidens bereinigen können, ist die so gewonnene Freiheit wirklich wunderbar. Sie ist sehr kostbar, wie wenn wir uns etwas gänzlich Unerwünschten entledigt haben. Sie ist ein gutes Zeichen. Vielleicht ist sie nicht direkt das, was wir als Lustempfindung bezeichnen würden, aber sie ist wahres und dauerhaftes Glück.

Freiheit und Verwirklichung

Wie wir bereits gesagt haben, bilden das Aufhören und der Pfad, der es bewirkt, »die Kostbarkeit des Dharma«. Wir entledigen uns nach und nach über viele Stufen aller Verdunkelungen, angefangen von den gröbsten und sinnfälligsten, wobei wir immer wirksamere Gegenmittel anwenden. Zuerst richten wir die Gegenmittel auf Makel des Geistes, sodass sie schließlich nicht mehr auftreten. Danach befreien wir uns auch von lediglich latenten Tendenzen zu diesen Plagen. So erwirken wir nach und nach unsere Freiheit von diesen Verdunkelungen und ihrer Saat. Und wir müssen uns auf immer höheren Pfaden schulen, bis wir die Eigenschaften von Menschen besitzen, die sich aller Plagen und alles Unerwünschten entledigt haben.

Es gibt demnach ein Stadium der Schulung und schließlich ein Stadium, in dem keine weitere Schulung mehr notwendig ist, weil wir alles Ungute beseitigt und irgendeine Form des Erwachsens verwirklicht haben, womit jegliche Schulung beendet ist. Wenn wir endgültig Freiheit von verstörenden Emotionen gefunden haben und auch die von diesen Emotionen hinterlassenen subtilen geistigen Verdunkelungen und angewöhnten Neigungen überwunden sind, haben wir aus Sicht des Mahayana die Ebene der Buddhaschaft erlangt. Bis zu dieser Stufe müssen wir das Aufheben von Verdunkelungen praktizieren, und das beginnt mit den gröbsten und sichtbarsten, sodass sich die Freiheit von Verdunkelungen aus bescheidenen Anfängen zu immer größerer Freiheit entwickelt. Und von dem Augenblick an, in dem man die Wahrheit des Pfades zum ersten Mal umsetzen kann und eine bestimmte Schwäche tatsächlich überwindet, wird man als Mitglied der »Sangha-Gemeinschaft der sich Schulenden« angesehen.

Um nun diese beiden Stränge zu verbinden: Die Kostbarkeit des Sangha (als Gemeinschaft der sich Schulenden) und die Kostbarkeit der Buddhas (derer, die über die Schulung hinausgewachsen sind) gehen beide vom Dharma aus – der Lehre vom Aufhören und vom Weg zu diesem Aufhören. Wenn wir von der Kostbarkeit des Sangha und der Kostbarkeit der Buddhas sprechen, sind nicht verschiedene Grade des glanzvollen Erscheinungsbildes oder verschieden hohe Throne oder prachtvolle Hüte angesprochen. Die Kostbarkeit des Sangha und die Kostbarkeit der Buddhas beziehen sich vielmehr auf die Makellosigkeit der im Geist-Strom manifestierten Züge. Deswegen ist die Kostbarkeit des Dharma letzten Endes die wichtigste der drei. Denn nur wenn die Kostbarkeit des Dharma gegeben ist, kann es die Kostbarkeit eines Sangha der sich Schulenden geben, und nur wo es den Sangha der sich Schulenden gibt, kann ein Sangha derer existieren, die über die Schulung hinausgegangen sind.

Bei genauer Betrachtung erschließt sich uns die Einsicht, dass die Kostbarkeit des Buddha nicht einfach auf eine große historische Gestalt verweist, sondern im Sinne bestimmter Eigenschaften zu verstehen ist, nämlich Freiheit von allen Plagen des Geistes und Verwirklichung. Das ist entscheidend für das Verständnis. Und so betrachtet wird es uns einleuchten, dass der Dharma die wichtigste der Drei Kostbarkeiten ist. Weil der Dharma da ist, kann ein Sangha entstehen, und wenn die Schulung mit dem Erreichen der vollkommenen Freiheit ihren Abschluss findet, haben wir die Kostbarkeit eines Sangha derer, die sich nicht mehr schulen, mit anderen Worten: die Kostbarkeit der Buddhas.

Wenn wir auf das erhabene Erscheinungsbild des Buddha blicken, ist in der Tat zu sagen, dass er diese Protuberanz im Bereich des Kronen- oder Scheitelchakras hatte – die uns fehlt. Ansonsten war Buddha Shakyamuni ein einfacher Mönche wie nach ihm Nagarjuna und Aryadeva und seine Nachfolger. Sie würden sich neben manchen der heutigen Lamas, die wirklich sehr glanzvoll auftreten, eher bescheiden ausnehmen. Ich mache mich gern ein wenig darüber lustig, dass die Menschen in Tibet ihre Lamas und Tulkus in neuerer Zeit eher nach der Anzahl der Pferde und Bediensteten in ihrem Tross beurteilt haben. Kam irgendwo ein Lama mit großem Gefolge an, dachten die Leute gleich, es müsse wohl ein bedeutender Meister oder eine hohe Inkarnation sein, und entsprechend hoher Aufwand wurde dann getrieben mit Räucherwerk und anderen Gaben. Tauchte jedoch ein einfacher Pilger auf, mochte er auch gelehrt und hoch entwickelt sein wie Dza Patrul Rinpoche[24], bekam er bestenfalls etwas geröstetes Gerstenmehl vorgesetzt, und ansonsten nahm niemand Notiz von ihm. Aber wenn er sich wieder auf den Weg machte und irgendetwas fehlte, dann sagten sie gleich: »Oh, dieser Pilger muss es mitgenommen haben!« Er konnte sehr verschlagen aussehen.

Die Kennzeichen des Dharma

Wenn wir von den Drei Kostbarkeiten oder drei Orten der Zuflucht sprechen, werden sie in dieser Reihenfolge benannt: Buddha, Dharma und Sangha. Das entspricht der chronologischen Reihenfolge ihres Erscheinens. Der Buddha erschien als der Meister der Lehren zuerst. Nach seiner Erleuchtung drehte er das Rad des Dharma an, und es erschien der Dharma der Weitergabe. Seine Schüler praktizierten die Lehren des Meisters und riefen den Dharma der Verwirklichung ins Leben. Während sie sich nach und nach die Wahrheit des Weges der Erhabenen oder *Aryas*[25] erarbeiteten, bildete sich die Kostbarkeit des Sangha. Deshalb sagen wir Buddha, Dharma und Sangha.

Wenn wir vom Dharma, der Lehre des Buddha, sprechen, haben wir vor Augen, dass es darin in erster Linie um Nirvana oder Erleuchtung geht. Nirvana, könnte man sagen, ist der kennzeichnende Zug des Buddhadharma. Beschrieben wird Nirvana als »der Friede jenseits des Kummers« und »vollkommene Freiheit von Leidenschaften«. Auch die drei höheren Schulungen in Disziplin, Meditation und Weisheit, durch die wir Nirvana erlangen, gehören zum Buddhadharma, aber unser allerhöchstes Ziel ist das Erlangen der Freiheit und des sogenannten endgültigen Gutseins. Darum geht es letzten Endes, doch um dorthin zu gelangen, streben wir auch die Wiedergeburt in den höheren Daseinsbereichen an.[26] Das sind einstweilige Zielvorstellungen, mit denen wir die Vorbedingungen für das höchste Ziel des endgültigen Gutseins schaffen möchten.

Diese höheren Zustände sind notwendige Zwischenschritte auf dem Weg, und deshalb sind die Methoden, mit denen man sie erreicht, Bestandteil der Lehren des Buddha. Ich sehe sie jedoch nicht als das eigentlich Kennzeichnende des Buddhismus. Erstens findet man auch in anderen Religionen ähnliche Lehren der geistigen Evolution. Nehmen wir etwa das Gebot, nicht zu töten, das in den buddhistischen Lehren bei den zehn negativen und daher zu meidenden Handlungen genannt ist. Es heißt dort, dass wir nicht töten sollen, dass wir nichts nehmen sollen, was nicht gegeben wird, dass wir sexuelles Fehlverhalten meiden sollen und so weiter. Aber nicht zu töten ist für sich genommen noch nicht unbedingt buddhistische Praxis. Die Anweisung, nicht zu töten, finden wir in vielen Religionen und natürlich im weltlichen Strafrecht, das überhaupt keine religiöse oder spirituelle Ausrichtung hat. Erinnern Sie sich bitte, dass es im Buddhadharma grundsätzlich und vorrangig um vollkommene Befreiung geht. Wenn Sie die zehn negativen Handlungen meiden, um zu einer günstigen Wiedergeburt zu kommen, Ihr eigentliches Ziel dabei jedoch die Befreiung ist – dann erst ist es Buddhadharma. Deshalb sage ich, dass es im Buddhadharma in erster Linie um Nirvana geht.

Was also ist Nirvana? Im Nirvana, sagen wir, lassen wir den Jammer der Welt hinter uns, wir transzendieren ihn, und das bedeutet vor allem, dass wir die Ursachen des Leidens überwinden, die Plagen. Wie wir gesehen haben, sind alle Phänomene ohne wahre Existenz; und das Haften an ihnen, als seien sie real, ist die Grund-Unwissenheit, die Samsara in Gang hält und uns in den Kreisläufen des zyklischen Daseins festhält. Vollkommene Befreiung vom Samsara ist möglich, weil es ein »natürliches Nirvana« gibt. Es liegt in der Tatsache, dass alle Phänomene von Natur aus ohne innewohnendes Sein sind. Wir können das Nirvana erlangen, weil es mit dem wahren Wesen der Dinge – dem natürlichen Nirvana – übereinstimmt. Wir können vom Zyklus des samsarischen Daseins vollkommen frei werden, denn wir sind ohnehin nur hier, weil wir nicht um das wahre Wesen der Dinge wissen.

Nur wegen des natürlichen Nirvana kann es die anderen Formen des Nirvana überhaupt geben: das kleinere Nirvana, das wir in den beiden Formen »Nirvana mit Rest« und »Nirvana ohne Rest« kennen, und das größere oder »nicht verweilende Nirvana«, in dem sowohl das samsarische Dasein als auch die begrenzte Ruhe des geringeren Nirvana transzendiert sind.[27]

Da wir uns von den Plagen durch die Anwendung von Gegenmitteln befreien können, ist das gleiche Vorgehen auch bei den von den Plagen hinterlassenen Gewohnheitstendenzen möglich.

Nirvana kann auch »Sieg über die vier *Maras* oder hemmenden Kräfte« genannt werden. Das sind: die Plagen, die Anhäufungen, der Tod und das Begehren.[28] Wir nennen den Buddha auch *Bhagavan*, auf Tibetisch *Chomdendé*; damit ist gesagt, dass er »die Vier bezwungen (*chom*) hat und im Besitz (*den*) der Sechs ist«[29]. Das Wichtigste daran ist, dass er die vier hemmenden Kräfte überwunden hat, und zwar in ihrer groben ebenso wie in ihrer subtilen Form. Die *Arhats* dagegen haben die vier Maras nur in ihrer groben Form überwunden. Die Plagen, wie gesagt, gehören zu diesen Kräften und sind bei weitem die größte Herausforderung. Letztlich sind die Plagen der Grund dafür, dass die hemmende Kraft des Todes uns in ihrer Gewalt hat.

Die Plagen als unseren wirklichen Feind zu erkennen, geeignete Gegenmittel anzuwenden und sie als etwas zu sehen, dem man sich nicht hingibt, sondern das man zu überwinden trachtet – das ist es, was den Buddhadharma eigentlich ausmacht. Das ist Buddhismus. Wer die Plagen nicht als den Gegner sieht, sondern sich ihnen ergibt, kann nicht als ein Mensch gesehen werden, der den Buddhadharma praktiziert.

In allen Fahrzeugen der Lehre – »die vom Ursprung her führenden Fahrzeuge«, die »Fahrzeuge der vedischen Askese« und die »Fahrzeuge der höchsten und mächtigsten Transformationsmethoden«[30] – gibt es Mittel gegen die Plagen. Diese Gegenmittel werden unterschiedlich angewendet: Entweder man geht direkt gegen die Emotionen an oder sie werden durch Anwendung geschickter Mittel zum Wohl anderer transformiert, oder sie werden durch Einsicht in ihr wahres Wesen »befreit«. Aber so verschieden die Ansätze auch sein mögen, sie stimmen darin überein, dass sie die Plagen als etwas sehen, was durch Gegenmittel überwunden werden muss.

Im Buddhadharma geht es also vor allem darum, die Plagen als unseren wahren Feind zu sehen und sie mit Gegenmitteln zu bekämpfen. Wenn wir nämlich sagen, im Buddhadharma gehe es darum, Nirvana zu erlangen – was ist es dann, das uns daran hindert? Es sind die Plagen. Sie müssen unterworfen und überwunden werden. Sobald wir sagen, es gehe letztlich um Nirvana, müssen wir die Plagen nicht nur als das erkennen, was uns am Erlangen des Nirvana hindert, sondern wir müssen ihre Wirkungsweise so genau wie möglich erfassen. Dann können wir dieses neue Wissen anwenden, um zu vermeiden, dass wir ihnen erliegen oder auch nur im Geringsten nachgeben.

Wie wir die Plagen überwinden können

Wie man sich hierin auf dem Pfad schult, hat Aryadeva, Nagarjunas Hauptschüler, in seinen *Vierhundert Versen vom Mittleren Weg* dargelegt:

> Am Anfang wende dich von der Untugend ab,
> in der Mitte lege falsche Vorstellungen vom Ich ab,
> am Ende geh über alle Anschauungen hinaus –
> einer, der das versteht, ist wahrhaft weise.[31]

1. Sich von der Untugend abwenden

Endgültiges Gutsein zu erlangen ist uns wichtiger als alles andere, und die emotionalen Verdunkelungen sind das, was uns daran hindert. Aber wir können nicht gleich am Anfang damit rechnen, dass wir einfach nur die Gegenmittel anwenden, und schon sind wir sie los. Wir müssen Inkarnation für Inkarnation üben, um gänzlich von ihnen frei zu werden. Darum ist es so wichtig, für eine positive Wiedergeburt als Grundlage für unsere Praxis zu üben. Wir fangen also damit an, uns im Vermeiden der zehn schädlichen Handlungen zu üben. So nähern wir uns den höheren Daseinsstufen an. Der hier gebrauchte Ausdruck »Untugend« meint eben diese zehn negativen oder abträglichen Handlungen. Wir müssen uns von allem unguten Tun lossagen, und damit ist alles Verhalten gemeint, hinter dem die Plagen als Antrieb stehen. Dann werden wir auf höheren Daseinsstufen wiedergeboren. Das also ist der erste Schritt.

2. Alle Ich-Vorstellungen ausräumen

Da Befreiung durch Anwendung von Gegenmitteln gegen die Plagen erwirkt wird, geht es auf der zweiten Stufe um den geschickten Umgang mit diesen Plagen. Es gibt natürlich Plagen unterschiedlichster Art, und wir könnten jede Einzelne mit ihrem spezifischen Gegengift behandeln. Wir haben bereits von Gegenmitteln gesprochen, die frontal gegen die Emotionen angehen oder sie völlig übertönen oder sie für einige Zeit dämpfen, aber wir werden die Plagen auf diese Art nicht gänzlich loswerden. Aber wenn wir den tieferen Grund einer Plage herausfinden und hier an der Wurzel das Gegengift applizieren und sie zerstören, wird sich herausstellen, dass ein und dasselbe Mittel sämtliche Plagen beseitigt, seien sie grober oder subtiler Art. Und da diese Wurzel aller Plagen in unserem verblendeten Festhalten an der Vorstellung eines innewohnenden wahren Seins besteht, heißt es im zitierten Text: »In der Mitte lege falsche Vorstellungen vom Ich ab.« Und wir heben unser Festhalten am Ich auf, indem wir über die »Ichlosigkeit erkennende Weisheit« meditieren.

3. Über alle Anschauungen hinausgehen

Aryadevas dritte Zeile, »Am Ende gehe über alle Anschauungen hinaus«, lässt darauf schließen, dass wir uns nicht nur von den Plagen, sondern auch von den durch sie geschaffenen angewöhnten Neigungen befreien müssen. Die Beseitigung der Plagen genügt zwar, um das »Befreiung« genannte Stadium des endgültigen Gutseins zu erreichen, aber für das Stadium des »All-Erkenntnis« genannten endgültigen Gutseins ist noch mehr erforderlich. Für All-Erkenntnis müssen wir jeden letzten Rest von Verdunkelung beseitigen, der noch die Erkenntnis von allem Erkennbaren behindert. Daher »über alle Anschauungen hinaus«. Gegen die Verdunkelungen unserer Erkenntnis müssen wir eine große Menge Verdienst ansammeln und zur Schau der Leerheit kommen. Wir müssen alle falschen Anschauungen mitsamt der Tendenz dazu vollkommen überwunden haben. Wer seine Praxis so aufbaut, ist »wahrhaft weise«, wie Aryadeva sagt.

Größere Fahrzeuge, kleinere Fahrzeuge

Es gibt demnach zwei Arten von Verdunkelungen, die wir bereinigen müssen: emotionale und kognitive. Wir sprechen vom »Kleineren Fahrzeug«, wenn es nur darum geht, die emotionalen Verdunkelungen aufzuheben und die Stufe der persönlichen Befreiung, also die Stufe des Arhat – das heißt der Shravakas und Pratyekabuddhas – zu erreichen. Auf diesem Weg, Hinayana genannt, strebt man ausschließlich die eigene Befreiung an.

Es gibt einen zweiten Ansatz, der den ersten als Grundlage nimmt, dann aber weitergeht und das Gegenmittel auf die kognitiven Verdunkelungen anwendet, zu denen auch die von den emotionalen Verdunkelungen hinterlassenen angewöhnten Neigungen gehören. Hier geht es um das höchste Ziel der All-Erkenntnis und der Buddhaschaft, und deshalb nennt man es Mahayana oder »Großes Fahrzeug«. »Fahrzeug« oder *Yana* meint in beiden Begriffen das, was uns auf dem Weg vorankommen lässt.

Wenn wir von größeren und kleineren Fahrzeugen sprechen, geht es um die Bandbreite der Motive, den Umfang der Praxis im Hinblick auf das Verhalten und um das, was an Resultaten zu erzielen ist. Der Ausdruck »Kleineres« Fahrzeug kommt in den Lehren des Kleineren Fahrzeugs selbst nicht vor; wir finden ihn nur in den Lehren des Bodhisattva-Fahrzeugs, und zwar eben wegen der gewaltigen Unterschiede, was die Motivation, die Schulung von Verhaltensqualitäten wie Gebefreudigkeit und die möglichen Resultate angeht. Im Kleineren Fahrzeug wird einfach weniger angestrebt, und deshalb heißt es so.

Der Ausdruck »kleiner« ist jedoch in keiner Weise mit Geringschätzung verbunden. Es kann mitunter so aussehen, als würden wir, die wir im Größeren Fahrzeug reisen, uns überlegen fühlen und auf das Kleinere Fahrzeug herabblicken. Es gibt sogar Leute, die sich über die Theravada-Schule entsprechend äußern. Aber ganz zu Unrecht. Die »Schule der Alten«, Theravada, leitet sich von der Sthaviravada ab, und das ist eine der Hauptgruppen, denen die achtzehn frühen Schulen des Buddhismus zuzuordnen sind.[32] Es wäre ein schwerer Fehler, diese Schule als in irgendeiner Weise minderwertig zu betrachten. Der in den Schriften des Grund-Fahrzeugs dargelegte Weg ist nämlich die Grundlage für den Pfad, den die Texte des Bodhisattva-Fahrzeugs beschreiben. Das Mahayana *beruht* auf den Lehren der Shravakas und ist keineswegs etwas ganz anderes.

Im Buddhismus wird vielfach von drei Fahrzeugen gesprochen: dem der Shravakas, dem der Pratyekabuddhas und dem der Bodhisattvas. Wir können aber auch einfach eine Zweiteilung in Grund-Fahrzeug (Hinayana) und Mahayana vornehmen. Innerhalb des Mahayana gibt es das Ursachen-Fahrzeug der transzendenten Vollkommenheiten und das daraus entstehende Vajra-Fahrzeug des geheimen Mantras, das Vajrayana. In Tibet, dem Schneeland, kam das gesamte Spektrum der Lehren des Buddha vor: Grund-Fahrzeug, Mahayana und Vajrayana.

Wie der Wurzeltext des *Guhyasamaja-Tantra* sagt:

> Äußerlich wahre die Disziplin der Shravakas,
> während du dich innerlich der Praxis des Guhyasamaja hingibst.

Wie dieses Zitat andeutet, gibt es eine Tradition, sich im äußeren Verhalten an die Regeln des Vinaya zu halten, während man innerlich den Bodhisattva-Pfad geht und im Verschwiegenen das Vajrayana praktiziert. So kann der Einzelne alle drei Fahrzeuge zugleich üben, Grund-Fahrzeug, Mahayana und Vajrayana.

Die drei Weisheiten

Wie wir die drei Stufen der Lehren in ihrer Zusammengehörigkeit betrachtet haben, müssen wir jetzt auch im Einzelnen Studium und Praxis auf einen Nenner bringen. So heißt es etwa:

> Gelehrsamkeit macht noch keinen Heiligen,
> und Heiligkeit heißt nicht, dass einer gelehrt ist.

Deshalb stehen Studien am Anfang, damit wir die Züge des Pfades kennen, den wir praktizieren möchten. Wir werden auf mögliche Fallstricke aufmerksam gemacht und gewinnen ein gründliches Verständnis von allem, was dazugehört. Dazu studieren wir Texte, wir erhalten Unterweisungen und Erläuterungen von unseren Lehrern und Dharma-Freunden, und so erarbeiten wir uns die »aus Studien geborene Weisheit«. Jetzt können wir unsere Einsicht oder Intelligenz einsetzen und über das Gelernte nachdenken. Hören wir dazu Tsongkhapa:

> Indem ich bei Tag und bei Nacht gründlich
> mit der vierfachen Überlegung die Bedeutung des Gehörten überdenke,
> möge ich jeden Zweifel mit dem aus solcher Betrachtung gewonnenen scharfen Urteilsvermögen bannen.[33]

Wenn wir über das, was wir gehört haben, tief und forschend nachdenken, werden uns die Hauptpunkte der Lehren nach einiger Zeit verständlich, und wir gewinnen das Vertrauen, dass sie wahr und treffend sind. Dieses Zutrauen beruht auf unseren eigenen Überlegungen und dem, was wir für uns selbst verstanden haben. Das ist etwas ganz anderes als theoretische Kenntnisse und blindes Für-wahr-Halten dessen, was in den Texten und Lehren gesagt wird. Es geht darum, dass wir uns schließlich sagen können: »Ah, das ist wirklich wahr. So ist es tatsächlich.« Das ist die »aus Überlegung geborene Weisheit«.

Wenn wir nur die aus Studien gewonnene Weisheit besitzen, werden wir wohl manches verstehen, aber diesem Verstehen fehlt es an Sicherheit. Wenn wir dann nämlich etwas hören, was wir noch nie gehört haben, werden wir nichts damit anzufangen wissen. Sobald sich jedoch die Weisheit der Studien zu Weisheit aus Überlegung entwickelt hat, gewinnen wir Selbstvertrauen und Sicherheit, weil wir die Dinge selbst gründlich durchdacht haben.

Wenn wir jetzt etwas für uns völlig Neues hören, werden wir darüber nachdenken und es mit unseren eigenen Erkenntnissen vergleichen können. Wir geraten nicht in Verwirrung und beginnen an dem bisher Gehörten zu zweifeln. Wenn wir über die Hauptpunkte der Lehren tief nachgedacht und ein gewisses Verständnis gewonnen haben, können wir von diesem Verständnis her über alles nachdenken, was uns begegnen mag. Wir werden alles, was wir hören, abklopfen können und dann wissen, ob es zutrifft oder nicht. Und wir können es uns zutrauen. Das ist die aus Überlegung geborene Weisheit.

Mehr und mehr meditieren wir nun über diese Gegenstände unserer Überlegungen, die wir als wahr erkannt haben, und unser Verständnis wird immer klarer, bis es sich schließlich zu unerschütterlichem Zutrauen, zur Gewissheit entwickelt. Das ist die »aus Meditation geborene Weisheit«.

Wir sehen hier, wie wichtig es ist, Studium, Reflexion und Meditation miteinander zu verbinden. Zuerst müssen wir die Texte studieren, das ist ganz entscheidend. Dann müssen wir tief über all das nachdenken, was wir uns angeeignet haben. Und schließlich müssen wir das so Verstandene durch Praxis zu unserer Erfahrung machen, damit es uns auch wirklich berührt und tief greifend wirkt. Das ist die Tradition, die früher in Tibet praktiziert wurde.

Tiefer werdende Erfahrung

Wir können diesen Ablauf auch unter dem Gesichtspunkt der sich vertiefenden Erfahrung betrachten. Zuerst denken wir immer wieder über das nach, was wir uns durch unsere Studien angeeignet haben. Wenn wir durch Überlegung einiges Zutrauen zu unserer Auffassung der Dinge gewonnen haben, wird uns irgendwann deutlich, dass wir uns das Verstandene durch Meditation noch näher bringen und vertrauter machen und auf diesem Wege unseren Geist wandeln können. Oder anders gesagt: Uns wird bewusst, dass wir uns durch Meditation die Züge der Verwirklichung erarbeiten können, die in den Schriften beschrieben werden. Das wird »die Erfahrung beherrschen« genannt.

Wenn wir bei diesem Verfahren bleiben und uns das Verstandene immer mehr in Fleisch und Blut übergehen lassen, erreichen wir eine Stufe, von der an es uns bei guter Praxis jederzeit möglich ist, unseren Geist zu wandeln, sodass die Aussagen der Texte wirklich unsere eigene Erfahrung werden. Aber wir müssen die Praxis wirklich gezielt anwenden, sonst bleibt dieser Effekt aus. Wir sprechen hier vom Stadium der »Erfahrung durch Bemühung«.

Wir bleiben dabei, unser Verständnis durch eifrige Praxis und immer noch tiefere Gedanken abzurunden, und kommen schließlich an einen Punkt, von dem an unser Geist in allen Situationen, seien sie gut oder schlecht, automatisch transformiert wird. Es wird uns das zuteil, was wir »mühelose Erfahrung« nennen.

Falsche Anschauungen zerstreuen

Schließlich können wir diesen Entwicklungsweg auch noch unter dem Geschichtspunkt des allmählichen Abbaus falscher Anschauungen betrachten. Am Anfang sind wir ganz selbstverständlich von etwas überzeugt, was sich dann als Irrtum und Verblendung erweist. Wir stellen es nicht einmal infrage. Wir gehen schlicht davon aus, dass die Dinge nun einmal so sind. Haben wir unseren Standpunkt jedoch einmal infrage gestellt, sind wir nicht mehr gar so überzeugt, sondern beginnen zu zweifeln. Wir unterscheiden drei Arten von Zweifel: unrichtiger Zweifel, unsicherer Zweifel und richtiger Zweifel. Zweifel der ersten Art beinhaltet, dass man über die Wahrheit nachzudenken beginnt, aber noch an ihrem Wahrheitsgehalt zweifelt. Bei Zweifel der zweiten Art ist schon mehr Offenheit gegeben, aber man bleibt noch unsicher, was denn nun zutrifft und was nicht. Zweifel der dritten Art, nämlich forschendes Fragen, markiert den Beginn unseres Glaubens an die Wahrheit.

Das nächste Stadium nach dem Zweifel erreichen wir durch Analyse und Überprüfung, die unser Verständnis weiter vertiefen. Hier beginnt unser begründeter Glaube an die Wahrheit, aber ihm fehlt noch die Sicherheit, die aus streng logischer Betrachtung erwächst. Nach und nach jedoch führen uns die logischen Überlegungen zu gültigen Erkenntnissen durch das, was wir »treffendes Schlussfolgern« nennen. Dazu kommt es, wenn wir die Dinge aus jedem nur denkbaren Blickwinkel betrachtet und alle vorstellbaren Alternativen ausgeschlossen haben und zu der sicheren Überzeugung kommen: »Dies ist die einzige Möglichkeit.« Jetzt sind wir uns der Gültigkeit unserer Schlussfolgerung vollkommen sicher. Wenn wir jetzt weiter darüber meditieren, wird aus dem Verstehen ein klares Erleben jenseits des denkenden Verstandes. Das nennen wir »treffende unmittelbare Wahrnehmung«.

ZWEITER TEIL

Erquickung und Gemütsruhe in der Meditation über die Große Vollkommenheit finden

6 Die alte Tradition der Nyingmapas

In Tibet war das ganze Spektrum der buddhistischen Lehren vertreten, Grund-Fahrzeug, Mahayana und Vajrayana. Aufgrund historischer und geografischer Umstände entstanden im Laufe der Zeit verschiedene Traditionen. Die Meister dieser Traditionen gaben die Lehren des Buddha vollständig weiter, aber die sich ausbreitenden Traditionen setzten unterschiedliche Schwerpunkte. Nach der Reihenfolge ihres Auftretens sprechen wir von früheren (nyingma) und späteren (sarma) Traditionen. Zu den jüngeren Traditionen gehören etliche Schulen des tibetischen Buddhismus: die alten Kadampas, die Sakyapas, die Kagyüpas, die Jonangpas und die Neuen Kadampas, die meist Gelukpas genannt werden. In jeder dieser Schulen sind die Lehren des Grund-Fahzeugs, des Mahayana und des Vajrayana vollständig vertreten. Sie gleichen sich auch darin, dass sie den Sutra- und den Tantra-Ansatz in sich vereinigen und der philosophischen Tradition des Mittleren Weges oder Madhyamaka folgen.

Der Text, dem wir uns jetzt annähern und widmen möchten, gehört zur »Schule der alten Übersetzung«, die in der Nyingma beheimatet ist. Ich hatte ursprünglich nicht vorgehabt, meine Vorträge an einer Textgrundlage zu orientieren; ich dachte, es sei besser, eher allgemein über Dzogchen und Mahamudra zu sprechen. Als ich darüber nachdachte, kam ich dann aber doch zu dem Schluss, dass es besser und in sich geschlossener wäre, wenn ich mich an einem Text orientieren würde. Ich habe mich für einen Text entschieden, den der all-erkennende Longchen Rapjam verfasst hat. Er war ein ausgesprochen produktiver Autor, und unter seinen vielen Schriften finden wir sehr ins Detail gehende und sehr knappe Darstellungen. *Erquickung und Gemütsruhe in der Meditation über die Große Vollkommenheit finden*, eines der *Drei Bücher vom Finden der Erquickung und Gemütsruhe*, gehört zu seinen eher prägnanten Werken. Mein Plan ist, im Laufe des kommenden Winters von Kyapjé Trulshik Rinpoche alle Übertragungen zu Longchen Rapjams *Die sieben Schätze* zu bekommen, aber zur Zeit besitze ich erst die Übertragung zu *Erquickung und Gemütsruhe in der Meditation über die Große Vollkommenheit finden* und dachte, es sei vielleicht angebracht, Ihnen meine Auffassung dieses Texts darzulegen.

Da Gelehrsamkeit, wie ich schon sagte, keine Garantie für Heiligkeit ist und ein Heiliger nicht unbedingt gelehrt sein muss, gilt in allen Schulen des tibetischen Buddhismus – Sakya, Geluk, Kagyü und Nyingma –, dass zu einem heiligen Leben Gelehrsamkeit, Disziplin und Freundlichkeit gehören.[34] Während der gesamten Geschichte Tibets war es immer so, dass die großen Meister, Heiligen und Gelehrten aller Schulen – Menschen, die den Lehren in ganz besonderer Weise dienten – Gelehrsamkeit und hohe spirituelle Verwirklichung in sich vereinigten. In der Nyingma kann Rongzom Chökyi Zangpo als gutes Beispiel dienen, ein Meister von unvergleichlicher Gelehrsamkeit. Er wuchs in der Zeit auf, in der Atisha nach Tibet kam.[35] Ich habe die Übertragung für seinen Kommentar zum *Tantra der geheimen Essenz* erhalten, der den Titel *Juwelen-Kommentar* trägt. Er verfasste auch einen berühmten Text mit dem Titel *Zugang zum Weg des Mahayana*. Rongzom Chökyi Zangpo war solch ein Meister von außerordentlicher Gelehrsamkeit und hoher spiritueller Verwirklichung.

So war auch der all-erkennende Longchen Rapjam, der vor Tsongkhapa und zur gleichen Zeit wie Butön Rinchen Drup[36] lebte, überaus gelehrt, wie man schon an seinen *Sieben Schätzen* erkennt. Dieses Werk zeugt von einer ungewöhnlichen Weite des Horizonts, in dem alle Aspekte der Lehre repräsentiert sind, vom Sutrayana und ganz gewöhnlichen Wissensgebieten bis zu den höchsten Tantra-Ebenen. Ein paar Jahrhunderte später kam der all-erkennende Jikmé Lingpa, bei dem die formellen Studien allem Anschein nach nicht so breit angelegt waren, der aber mit sehr edlen natürlichen Anlagen gesegnet war und durch hingebungsvolle Praxis seine angeborene Weisheit und Intelligenz zu schönster Blüte entfaltete. Er verfasste *Das Schatzhaus kostbarer Eigenschaften* und zwei Kommentare dazu, die »zwei Kutschen«: *Die Kutsche der All-Erkenntnis* und *Die Kutsche der zwei Wahrheiten*; hier finden sich zahllose Verweise auf die klassischen Texte.

So hat es in der Nyingma-Tradition viele gelehrte Meister gegeben, und in neuerer Zeit sind vor allem in Osttibet einige wirklich herausragende Lehrer aufgetreten. Mipham Choklé Namgyal[37] kennt natürlich jeder, aber der Lehrer, den ich selbst ganz besonders schätze, ist Dodrup Jikmé Tenpé Nyima. Ich finde seine Werke einfach erstaunlich. Wirklich unglaublich. Sie füllen nicht viele Bände, sind aber von außerordentlich hohem Niveau. Nach meinem Eindruck sind sie vielleicht sogar größer als die Schriften des all-erkennenden Mipham, so eingängig legen sie die Feinheiten der Lehre und die besonders schwierigen Punkte dar. Dodrup Jikmé Tenpé Nyima war einfach großartig!

Unter seinen Schülern war ein großer Lehrer namens Tulku Tsullo, auch Tsultrim Tsangpo genannt, ein voll ordinierter Mönch und ausgezeichneter Gelehrter. Er schrieb einen umfangreichen und wirklich außergewöhnlichen Kommentar zu Ngari Panchen Pema Wangyals *Bestimmung der drei Gelübde*, aber auch Anleitungen zum Dzogchen und einen Kommentar zu *Kuntuzangpos Gebet des Strebens.*[38] Es scheint, dass viele seiner Schriften noch ihrer Vollendung entgegensahen, als die schweren Zeiten in Tibet begannen. Es wurden zwar Druckstöcke angefertigt, aber die waren dann zunächst nicht mehr aufzufinden. Erst unlängst erhielt ich eine Sammlung der bislang wieder aufgefundenen Schriften Tulku Tsullos.[39] Es ist also nicht zu bestreiten, dass es in Tibet in der Nyingma-Schule der alten Übersetzungen viele Meister von hoher Gelehrsamkeit gab.

Studium und Praxis im Gleichgewicht halten

Mitunter entsteht der Eindruck, die Mahamudra-Praktizierenden der Kagyü und die Dzogpachenpo-Praktizierenden der Nyingma brauchten die großen klassischen Abhandlungen nicht zu studieren. Es gibt die Anschauung, das sei mehr die Domäne der Sakyapas und Gelukpas. Viele meinen, die Mahamudra- und Dzogchen-Praxis bestehe hauptsächlich darin, dass man einfach meditierend dasitzt und nach den Worten des Großen Fünften Dalai Lama das Bild einer leblosen Statue abgibt. Das stimmt aber nicht. Falsch wäre auch zu denken, in Sakya und Geluk gehe es um nichts anderes als Studium. Studium allein genügt nicht; alles Gelernte muss unbedingt durch praktische Anwendung integriert werden. Ansonsten besteht, wie ich gern scherzhaft anmerke, die Gefahr, dass man wie der Geshe in der bekannten Geschichte endet. Er war im Disput sehr versiert, ließ aber die Lehren nicht wirklich tief in sich eindringen. Am Ende wurde er als Geist mit Eselskopf wiedergeboren! Der scholastische Ansatz genügt wahrlich nicht; wir müssen uns auch den Sinn des Gelernten erschließen.

Wie Gungthang Tsang sagte:

> Gelehrt durch das Studium vieler Lehren und durch genaue, ins Einzelne gehende Betrachtung;
> Ehrwürdig durch Anwendung des Gelernten auf deinen Geist-Strom;
> Gütig dadurch, dass all dies den Lehren und den Lebewesen gewidmet wird.[40]

Nach diesen Worten ist es wichtig, die drei Qualitäten Gelehrsamkeit, Disziplin und Güte zu verbinden. Und Tsongkhapa schreibt:

> Des Dharma nicht teilhaftig, obgleich du viele Unterweisungen erhalten hast:
> Das ist der Fehler, sich die Lehren nicht als persönlichen Rat zu Herzen genommen zu haben.[41]

Es ist also ratsam, sich mit vollem Eifer der Praxis zu widmen und alle Lehren als persönlichen Rat anzusehen – und die Dinge nicht auf einer theoretischen und letztlich akademischen Ebene zu belassen.

Die Geschichte weiß von großen Meistern zu berichten, die einfach nur Mahamudra und Dzogchen praktizierten und überhaupt nicht die klassischen Texte studierten und trotzdem zu hoher spiritueller Verwirklichung kamen, weil sie sich überaus hingebungsvoll der Meditationspraxis widmeten und »das Siegesbanner der spirituellen Praxis hochhielten«. Ja, es hat solche herausragenden Gestalten tatsächlich gegeben, Meister wie den großen Yogi Milarepa. Aber es waren Einzelne, und sie müssen sich in früheren Leben gründlich geschult haben, sodass ihre karmischen Anlagen irgendwann erwachen konnten. Sie sind nicht wie wir, die bisher eigentlich so gut wie noch nichts getan haben! Wenn wir uns vornehmen würden, wie sie zu meditieren und die gleichen Fortschritte zu machen, ohne, wie es heißt, »die Lampe der Studien zu entzünden«, dann wäre das sicher außerordentlich schwierig.

Der allgemeine und der individuelle Ansatz

Was die Unterweisung in den buddhistischen Lehren angeht, gibt es zwei Ansätze: Der eine strebt eine umfassende Einführung an, im anderen wird die Unterweisung mehr auf den jeweiligen Einzelnen zugeschnitten. Unter dem eher allgemeinen Gesichtspunkt ist es besonders wichtig, die Lehren in ihrer Gesamtheit zu erfassen, etwa durch das Studium der Werke von Meistern wie den »Sechs Schmuckstücken« und den »Zwei Erhabenen«.[42] Als Beispiel für die Unterweisung bestimmter einzelner Schüler können wir an Milarepa denken. Er unterwies seine Schüler, die schon einen hohen Entwicklungsstand erreicht hatten, mit wenigen Worten, die das in ihnen Angelegte wachriefen. Für einen Meister wie Milarepa, der die Geistesverfassung seines Gegenübers genau erkennt, besteht keine Notwendigkeit zu allgemeinen Darstellungen der Dinge. Er kann gleich die Anleitungen geben, die spezifisch auf die jeweilige Person zugeschnitten sind. Auch viele seiner Lieder der Verwirklichung sind so; sie fangen das Angesprochene in wenigen Worten ein und geben die Erfahrung selbst unmittelbar wieder, ohne dass detaillierte Erklärungen notwendig wären.

Wo gemäß den besonderen Bedürfnissen eines Schülers solche direkten, schnörkellosen Worte fallen, kann es beim Angesprochenen zu echten Erfahrungen und tiefen Einsichten kommen. Auch Saraha und viele der großen Siddhas Indiens lehrten so durch »Lieder der Verwirklichung« oder *Dohas*. Solche Lieder fallen mehr in die Kategorie der Unterweisung bestimmter Einzelner, während andere – ich nenne hier nur Nagarjuna, Aryadeva, Asanga, Vasubandhu, Shantideva, Dignaga und Dharmakirti – eher Darstellungen der Lehren in ihrer Gesamtheit gaben, um ein allgemeines Verständnis zu ermöglichen.

Dieses Prinzip finden wir auch in den vier Hauptschulen des tibetischen Buddhismus wieder. Jede bietet eher allgemeine, die Lehren insgesamt darstellende Lehrmethoden, aber auch andere, die genau auf die Person des Einzelnen abgestimmt sind. Wenn wir die Kadam-Schule als Beispiel nehmen, finden wir drei Lehrtraditionen: das an den Schriften orientierte Vorgehen, das abgestufte Vorgehen und das Vorgehen nach Kern-Unterweisungen. Ich denke, man kann sagen, dass die Lehrmethode der Kern-Unterweisungen eher dem spezifischen Ansatz für den Einzelnen entspricht, während die nach den Schriften, also nach den klassischen Texten vorgehende Lehrweise eine Form des allgemeinen Ansatzes darstellt.

Diese Unterschiede sind wichtig, und wir müssen sie gut verstehen. Sonst sind wir vielleicht versucht zu sagen: »Ich bin ein Kagyüpa, ich bin ein Nyingmapa, ich muss nicht so viel studieren, ich strebe einfach ganz direkt die Früchte der Praxis an, die Siddhis.« Sicher, es ist nicht ausgeschlossen, dass jemand mit dieser Einstellung zum Ziel kommt, aber wir müssen hier größtmögliche Sorgfalt walten lassen. Sonst besteht die Gefahr, dass man nicht weiß, wie diese Zeichen der Verwirklichung herbeizuführen sind.

Auch das Gegenteil ist möglich, dass wir uns völlig in das Studium der klassischen Texte verlieren und dann eigentlich keinen echten Nutzen aus ihnen ziehen, sondern lediglich stolz auf unsere Kenntnisse sind und uns mit anderen zu messen versuchen. Aber wenn wir selbst über kaum mehr als bloßes Buchwissen verfügen, dürfte es kaum angebracht sein, uns mit anderen zu messen oder uns wichtig vorzukommen. Erst wenn wir etwas wirklich *wissen*, haben wir Anlass, ein wenig stolz auf uns zu sein. Ohne dieses Wissen ist das alles reine Einbildung. Aber so etwas kommt nun mal vor. Leute, die meinen, sie wüssten etwas, können sehr von sich eingenommen sein. Man nennt das »Götter auf die Ebene von Dämonen herunterziehen«[43] oder »Medizin in Gift verwandeln«.

Noch einmal also: Gelehrsamkeit bietet keine Gewähr für Heiligkeit, und ein Heiliger muss nicht unbedingt gelehrt sein. Setzen wir uns also das Ziel, Studium, Disziplin und Freundlichkeit miteinander zu verbinden.

7 Das Besondere der Großen Vollkommenheit

Erquickung und Gemütsruhe in der Meditation über die Große Vollkommenheit finden

Kommen wir jetzt zu der Abhandlung *Erquickung und Gemütsruhe in der Meditation über die Große Vollkommenheit finden* des all-erkennenden Longchen Rapjam. Traditionell heißt es, es habe in Tibet drei Emanationen Manjushris, des Buddha der Weisheit, gegeben: Longchen Rapjam, Sakya Pandita und Tsongkhapa. Anfang der sechziger Jahre, als erst wenige Klöster in Indien neu errichtet worden waren, baute Drakyap Rinpoche im südindischen Bylakuppe einen kleinen Tempel.[44] Er erzählte mir, dass er im Tempel Statuen dieser drei Emanationen Manjushris aufgestellt hatte. Ich fand das ganz wunderbar, denn Longchen Rapjam, Sakya Pandita und Tsongkhapa werden allenthalben zu den größten Gelehrten der tibetischen Tradition gezählt.

Der Titel unseres Textes lautet *Erquickung und Gemütsruhe in der Meditation über die Große Vollkommenheit finden*. Dieser Titel erscheint zuerst auf Sanskrit: *Mahasandhi Dhyana Vishranta Nama*. Natürlich stammt der Text nicht aus Indien, sondern wurde von Longchen Rapjam in Tibet verfasst. Mit dem Voranstellen des Sanskrittitels möchte er andeuten, dass seine Abhandlung den Sutras und Tantras und den Lehren der großen indischen Meister der Vergangenheit entspringt.

Die im Titel genannte Große Vollkommenheit, Dzogpachenpo, lässt sich auf unterschiedlichste Weisen verdeutlichen. Zum Beispiel unter dem Gesichtspunkt von Grund, Pfad und Frucht des Dzogpachenpo. Die wichtigste Auslegung dieses Begriffs steht jedoch unter dem Gesichtspunkt von »Essenz, Natur und mitfühlender Energie«. »Essenz« ist hier die uranfängliche Reinheit, und »Natur« meint spontane Präsenz. Das bedeutet, ganz einfach ausgedrückt, dass alle Phänomene in Samsara und Nirvana und der Pfad in ihrem Wesenskern das Rigpa-Gewahrsein sind, das der Ur-Buddha Samantabhadra ist: Sie sind niemals außerhalb des ursprünglichen Feldes der Buddhaschaft. Das Rigpa-Gewahrsein, Samantabhadra, ist der grundlegende, von Natur aus gegebene Geist des klaren Lichts.

Der Pfad der ursprünglichen Weisheit

In der Nyingmapa-Tradition werden neun Fahrzeuge gelehrt, in Dreiergruppen zusammengefasst: der Weg der Shravakas, der Pratyejabuddhas und der Bodhisattvas; die drei äußeren Tantras Kriya-Tantra, Upa-Tantra und Yoga-Tantra; und die drei inneren Tantras Mahayoga, Anuyoga und Atiyoga. Bei den ersten acht Fahrzeugen (bis einschließlich Anuyoga) handelt es sich um Lehrsysteme, die vom gewöhnlichen Bewusstsein ausgehen. Man sagt hier: Sie nehmen den gewöhnlichen Geist als den Weg. Das neunte Fahrzeug, Atiyoga, entspriche Dzogpachenpo und nimmt die uranfängliche Weisheit als Weg.

»Uranfängliche Weisheit« kann auf vielerlei Weise erklärt werden, zum Beispiel als »die makellose Weisheit der

Aryas«.[45] Wenn wir jedoch hier davon sprechen, »die uranfängliche Weisheit als den Pfad zu nehmen«, meinen wir das unwandelbare Rigpa-Gewahrsein, »das nachher dasselbe ist wie vorher«.[46] Dieses unwandelbare Rigpa ist Samantabhadra, der Ur-Buddha. Auch wenn wir noch im Samsara sind, wird dieser Urgrund, unser ursprüngliches Wesen, nie von den flüchtigen Spuren des diskursiven Denkens gefärbt. Kein Samsara-Phänomen oder dessen Ursachen – die karmischen Winde und gewöhnlichen Denkmuster – haben je die Reinheit des Rigpa befleckt oder auch nur getönt.

Wir wünschen uns vielleicht, mit unserem gewöhnlichen Bewusstsein Erleuchtung zu erlangen, aber wer einmal intensiv darüber nachdenkt, dem wird klar sein, dass sich unser grobes, gewöhnliches Bewusstsein nicht bis zur Buddhaschaft fortsetzen kann. Auf der Ebene der All-Erkenntnis ist nur noch der ursprüngliche Geist des klaren Lichts vorhanden, und was wir im Dzogchen als Rigpa-Gewahrsein, als den Ur-Buddha Samantabhadra, bezeichnen, muss als eben dieser ursprüngliche Geist des klaren Lichts aufgefasst werden. Er ist der Grund, aus dem Samsara und Nirvana auftauchen; er ist ursprünglich frei und kann nie etwas anderes sein. Das ist die Urweisheit, die Dzogpachenpo als Weg nimmt.

Unser Text, *Erquickung und Gemütsruhe in der Meditation über die Große Vollkommenheit finden*, beginnt mit den Worten:

> Preis dem glorreichen Samantabhadra!

Wir haben gesagt, dass die ersten acht Fahrzeuge auf dem gewöhnlichen Geist basieren, aber für das siebte und achte – Mahayoga und Anuyoga – gilt, dass sie mit dem ursprünglichen angeborenen Geist des klaren Lichts arbeiten. Dies aber nur indirekt, nämlich durch die Anwendung von Techniken, die das klare Licht manifest machen sollen, etwa durch den Gottheiten-Yoga der Erzeugungsphase oder den Yoga der Kanäle, Wind-Energien und Essenzen. So finden wir im *Guhyasamaja-Tantra*, das in der Tradition der neuen Übersetzung eine große Rolle spielt, beschrieben, wie man mit der Wind-Energie oder Prana arbeiten kann, damit sich der ursprüngliche angeborene Geist des klaren Lichts einstellen kann. Das *Kalachakra-Tantra* lehrt, wie man sich auf die Kanäle, Wind-Energien und Essenzen sammelt, um »die zugleich erscheinende Weisheit der unwandelbaren großen Glückseligkeit« zu manifestieren. Für das *Chakrasamvara-Tantra* gilt ähnliches. Die höchsten Yoga-Tantras in der Tradition der neuen Übersetzung folgen alle diesem Prinzip. Sie nehmen den ursprünglichen angeborenen Geist des klaren Lichts als den Weg, wenden jedoch, um diesen Geist des klaren Lichts zu manifestieren, Techniken an, die vom gewöhnlichen Bewusstsein geprägt sind. Dzogpachenpo dagegen verwendet nichts anderes als den ursprünglichen angeborenen Geist des klaren Lichts, der von Anfang an und bis zur Buddhaschaft präsent ist. Der gewöhnliche grobe, auf alle Zufälligkeiten reagierende Geist spielt hier überhaupt keine Rolle.

Dieser gewöhnliche grobe Zufallsgeist bleibt wirksam, bis die drei Erscheinungen des Erscheinens, des Zunehmens und des Erlangens sich auflösen. Er kann nicht bis zur Erleuchtung bestehen bleiben. Nach der Darstellung des *Guhyasamaja-Tantra* ist es so, dass die drei Erscheinungen sich nie wieder einstellen können, wenn man die drei Erscheinungen des Auflösungsstadiums und die drei Erscheinungen der Umkehr hinter sich gelassen hat und das klare Licht realisiert. Dazu die Erläuterung, die der Meister Nagabodhi in seinem Werk *Analyse des Handelns*[47] gibt: Solange die drei Erscheinungen nicht geläutert sind, ist es unmöglich, Erleuchtung zu finden, selbst wenn wir noch so viel Gebefreudigkeit üben und sogar unsere Gliedmaßen, ja unseren Kopf hergeben, selbst wenn wir uns mit größtem Eifer in der Disziplin üben oder sonst irgendeiner Praxis nachgehen. Sind diese drei jedoch geläutert, werden wir ohne Zweifel die Buddhaschaft erreichen. Wenn die groben, vom Zufall bestimmten Geisteszustände aufhören – und sie dauern so lange an wie die drei Erscheinungen –, tritt die Weisheit der All-Erkenntnis hervor. Demnach kann die Bewusstseinsebene, die sich bis zum Eintritt der All-Erkenntnis durchzieht, nur der ursprüngliche angeborene Geist des klaren Lichts sein.

Auf den meisten Wegen geht es grundsätzlich darum, das Auftreten dieser drei Erscheinungen rückgängig zu machen, aber das Einzigartige des Dzogchen besteht darin, dass hier nichts anderes als der ursprüngliche, angeborene Geist des klaren Lichts eine Rolle spielt. Die Dzogchen-Lehren bedienen sich außerdem einer sehr präzisen Rigpa-Terminologie, die subtile Differenzierungen erlaubt. Sie sprechen vom »essenziellen Rigpa«, vom »Rigpa des Grundes«, vom »Rigpa der allumfangenden spontanen Präsenz, dem Zustand der endgültigen Freiheit« und vom »strahlend glänzenden Rigpa«. Es wird zwischen dem Grund des Seins und dem Erscheinen dieses Grundes unterschieden. Das strahlend glänzende, in allen aus dem Grund hervorgehenden Erscheinungen präsente Rigpa ist nicht mit dem essenziellen Rigpa identisch.[48] Alle Spielarten des Rigpa gleichen sich jedoch darin, dass sie im Kern von allen zufälligen Gedanken unberührt bleiben.

Um nun den ursprünglichen angeborenen Geist des klaren Lichts manifest werden zu lassen, muss man über das strahlend glänzende Rigpa – das im Wesentlichen mit dem Rigpa des Grundes übereinstimmt – zum essenziellen Rigpa kommen. Das ist möglich, weil in allen Bewusstseinsformen, sogar im gewöhnlichen verwirrten Geist, ein Aspekt des Rigpa oder klaren Lichts gegenwärtig ist, auf den uns ein erfahrener Meister, dem wir vertrauen und dem wir ergeben sind, hinweisen kann. Wenn sich die Umstände so fügen und wir die Natur des Rigpa tatsächlich erkennen, können wir Rigpa zur alleinigen Grundlage unserer Praxis und das höchste Rigpa des Grundes zu unserem Weg machen. Das meint der Ausdruck »die uranfängliche Weisheit als den Weg nehmen«.

Wir sind also nicht auf den gewöhnlichen groben und verblendeten Geist angewiesen, und dies ist kein Ansatz, der vom gewöhnlichen Bewusstsein ausgeht, um den ursprünglichen angeborenen Geist des klaren Lichts zu realisieren. Vielmehr gehen wir hier von der Erfahrung eines Aspekts des ursprünglichen angeborenen Geistes des klaren Lichts selbst aus, um das klare Licht des Grundes deutlicher und deutlicher werden zu lassen. Deshalb ist dieser Ansatz noch tiefer als Mahayoga und Anuyoga.

Um den ursprünglichen angeborenen Geist des klaren Lichts manifest werden zu lassen, müssen die gewöhnlichen Denkmuster zum Erliegen kommen, das gilt für die Tantras der Tradition der neuen Übersetzung ebenso wie für Mahayoga und Anuyoga. Solange die Erfahrung des ursprünglichen angeborenen Geistes des klaren Lichts anhält, ruht das gewöhnliche Denken; und solange das gewöhnliche Denken vorherrscht, ruht der ursprüngliche angeborene Geist des klaren Lichts. Im Dzogchen jedoch können wir selbst mitten im Drunter und Drüber der Gedanken und Gefühle immer noch das strahlend glänzende Rigpa erkennen, selbst wenn das Rigpa des Grundes in diesem Sinne ruhen mag. Voraussetzung ist natürlich, dass wir genügend Erfahrung besitzen und Rigpa unter solchen Umständen erkennen können. Es ist möglich, unser Rigpa so offenbar werden zu lassen, dass es von unseren gewöhnlichen Gedanken nicht mehr verdeckt werden kann. Kurz gesagt: Wenn wir das Haften meiden und unser Bewusstsein nicht den Gegenständen des Denkens nachjagen lassen, können wir unser Rigpa aufdecken oder entblößen und zu seiner Stabilität finden lassen. Das meinen wir mit »die uranfängliche Weisheit des Rigpa als Weg nehmen«. Und das ist das Besondere am Dzogchen, sein tiefer Wesenszug.

Die »Körper« der Buddhaschaft

Der Raum, einfach gesagt, in dem die drei *Kayas* oder die vier Kayas der Buddhaschaft[49] verwirklicht werden, ist der ursprüngliche angeborene Geist des klaren Lichts. Dzogchen lässt diesen ursprünglichen angeborenen Geist des klaren Lichts manifest werden und stimmt darin mit anderen Ansätzen überein. Aber es geht dabei nicht vom gewöhnlichen groben Bewusstsein aus, sondern vom Gewahrseinsaspekt des ursprünglichen angeborenen Geistes des klaren Lichts. Das ist das Besondere und Tiefgründige am Dzogchen, das es so einzigartig macht.

Der Große Fünfte Dalai Lama schreibt in seinem Werk *Worte der Vidyadharas*[50]:

Die leeren Behauptungen dünkelhafter Gelehrter,
die auf Buddhaschaft außerhalb ihrer selbst hoffen,
sind wie Rituale im Westen, mit denen man Dämonen im Osten auszutreiben versucht.
Und so ist das große Geheimnis der Läuterung der verunreinigten Anhäufungen zum Lichtkörper
ein besonderer Zug der alten Tradition.[51]

Die Kanäle, Wind-Energien und Essenzen des Körpers existieren in grober, subtiler und höchst subtiler Form. Wenn wir uns vollkommen auf diese höchst subtilen Kanäle, Wind-Energien und Essenzen sammeln und dadurch in sie eingehen, können wir erreichen, dass unser grobstofflicher Körper aus Fleisch und Blut sich vollkommen auflöst und nichts zurückbleibt.

Das sind nicht einfach alte Geschichten. Erst vor zwei Jahren hat es sich in der osttibetischen Provinz Nyarong bei einem großen Meister namens Khenpo Achung so ereignet. Er war in jungen Jahren nach Lhasa gekommen und hatte sich etliche Jahre im Kloster Sera aufgehalten und dort von Trijang Rinpoche Unterweisungen über die Vajrayogini erhalten. Seine Hauptpraxis war jedoch seit seiner Jugend Dzogchen gewesen. Er praktizierte auch Vajrakilaya und galt als einer der Hüter von Dudjom Rinpoches Vajrakilaya-Lehren. Während der späteren Wirren in Tibet scheint seine Praxis einfach in der Rezitation von Mani-Mantras bestanden zu haben. Vor zwei Jahren ist er an seinem Wohnort in Nyarong verstorben. Kurz zuvor hüllte er sich in seine Gewänder ein und wies die Vertrauten in seiner Umgebung an, seinen Leichnam in den sieben Tagen nach seinem Tod nicht zu berühren. Die Woche verging, und als sie nachsahen, fanden sie nichts als seine Kleider vor. Sogar Haar und Nägel waren verschwunden. Das ist wirklich passiert. Einer seiner Schüler hat mich in Indien besucht und mir die Ereignisse genau geschildert. Sein Dharma-Freund – ich glaube, er heißt Nyarong Lama Drimé Özer – bestätigte den Bericht.[52]

Das ist also nicht einfach Historie, und es sind nicht einfach Erzählungen. Das hier haben Menschen mit eigenen Augen gesehen. Aber leicht ist es wahrlich nicht. Man muss sich ein Leben lang vollkommen auf die Praxis ausgerichtet und alle gewöhnlichen Belange, alle weltlichen Dinge außer Acht gelassen haben. Bitte glauben Sie keinen Augenblick, man könne Erleuchtung im Regenbogenkörper der Großen Vollkommenheit einfach so erlangen. Es ist außerordentlich schwierig.

Der Fünfte Dalai Lama fährt fort:

> Dies ist kein Versuch, Erleuchtung durch Irreführung zu bewirken
> und schlau ausgedachte Erklärungen nach bloß oberflächlicher Kenntnisnahme der Texte zu liefern,
> als gebe man vor, aus einem leeren Gefäß etwas in ein anderes zu gießen.
> Ich besitze nämlich ein gewisses Maß an Selbstvertrauen und Erfahrung,
> nachdem ich die nackten Anweisungen direkt auf meinen Geist angewendet habe.
> Dies wurde nicht unter weltlichen Gesichtspunkten von einem mit Plagen behafteten Geist verfasst,
> sondern mit hehrer Absicht, rein wie der Herbstmond –
> mit dem Wunsch, diese tiefen Unterweisungen mögen solange andauern wie der Buddhadharma,
> um den Glücklichen zu nutzen, die Vertrauen haben wie ich.[53]

Ich blicke wirklich mit dankbarer Wertschätzung und Freude auf die Leistungen des Fünften Dalai Lama und all der großen Meister in ganz Tibet, die die Lehren verschiedener Traditionen ohne jede Voreingenommenheit in ihrem ursprünglichen Geist fortführten, bewahrten und verbreiteten. Auch wenn wir uns vielleicht nicht zutrauen, das Vermächtnis in gleicher Weise fortzuführen, können wir uns doch sagen, dass wir uns alle Mühe geben, in ihre Fußstapfen zu treten.

Er spricht in diesem Text auch über die uranfängliche Reinheit und spontane Vollkommenheit. »Uranfänglich rein« bedeutet nach seinen Worten, dass es nie einen Makel gegeben hat; und »spontane Vollkommenheit« bedeutet, dass die Erleuchtungsqualitäten immer schon vollzählig gegeben sind.[54]

Die nach den Worten des Großen Fünften Dalai Lama »niemals mit Makeln behaftete« uranfängliche Reinheit ist auf zwei Arten zu verstehen. Die erste orientiert sich an den Anschauungen des in Sutra und Tantra vertretenen Mittleren Weges und beinhaltet hier Freiheit von allen gedanklichen Konstruktionen wie etwa den acht Extremen.[55] Nach der zweiten Deutung beziehen sich diese Worte auf den ursprünglichen angeborenen Geist des klaren Lichts, der nie von gewöhnlichen, zufälligen Gedanken getönt wird.

Wenn der Text die spontane Vollkommenheit so erklärt, dass »die Erleuchtungsqualitäten immer schon vollzählig gegeben sind«, so ist damit angedeutet, dass das Potenzial zur Verwirklichung der vier Kayas vollständig im ursprünglichen angeborenen Geist des klaren Lichts angelegt ist, ähnlich wie das Potenzial zur Erkenntnis von Objekten immer schon im »klaren und erkennenden« gewöhnlichen Geist angelegt ist. Das ist einfach seine Natur. Rigpa wird noch da sein, wenn die vier Kayas verwirklicht sind und die mit den drei Erscheinungen verbundenen samsarischen Gewohnheitsmuster aufgehört haben. Das also beinhaltet die Aussage, dass »die Erleuchtungsqualitäten immer schon vollzählig gegeben sind«.

Die vier Kayas werden sich demnach manifestieren, wenn das bereits vorhandene Potenzial voll verwirklicht worden ist. Sie werden nicht erst erschaffen. Das heißt aber nicht, dass die vier Kayas jetzt schon in unserem Geist vorhanden wären. Sie sind, wie man sagt, Qualitäten des »grundlegenden Raumes« im Unterschied zu den Qualitäten der Ausreifungsphase. Das Potenzial zu den vier Kayas, im Buddha-Wesen oder *Sugatagarbha* vollständig gegeben, entspricht den sogenannten Qualitäten des grundlegenden Raumes. Wenn diese Qualitäten zur Vollendung entwickelt worden sind, werden sie die Qualitäten der Ausreifungsphase. Daher also sind »die Erleuchtungsqualitäten immer schon vollzählig gegeben«.

Hören wir den Großen Fünften Dalai Lama weiter:

> Da alle Phänomene des Samsara und Nirvana in diesem Fahrzeug der natürlichen spontanen Vollkommenheit vollkommen sind, sprechen wir von der natürlichen Großen Vollkommenheit. Auf diese natürliche Verfassung, die nie von Gedanken oder Gefühlsregungen verunreinigt worden ist, wird unmittelbar hingedeutet. Ein ganz entscheidender und einzigartiger Zug der Großen Vollkommenheit – nicht in den Traditionen der inneren Leerheit und der äußeren Leerheit innerhalb der Madhyamaka[56] und nicht in der Mahamudra und anderswo zu finden – besteht in der geheimen Terminologie, die, wo es um unmittelbare und nackte Erkenntnis geht, klar

und deutlich unterscheidet und den gewöhnlichen Geist nicht mit Rigpa verwechselt. Und das ist mehr als ein grundlegender, entscheidender Punkt; wenn du wirklich gründlich verstanden hast, wirst du sehen, dass es auch das tiefste Anliegen der Tantras der neuen Übersetzung ist.

Hier schwingt mit, dass Rigpa eine Geistesverfassung ist, die sich einstellt, wenn man der Tantra-Tradition der neuen Übersetzung folgt und dadurch alle mit den drei Erscheinungen verbundenen gewöhnlichen und unreinen karmischen Winde der groben, subtilen und höchst subtilen Art anhalten kann.

Hier zitiert der Fünfte Dalai Lama aus dem *Kalachakra-Tantra*:

> Den ganzen Raum durchdringend, weilt der Vajra des Raumes, der kein Objekt ist und keine Züge besitzt,
> auch in der Mitte des Körpers.

Und danach aus dem *Hevajra-Tantra*:

> Höchste Weisheit wohnt im Körper.
> Die von Unwissenheit Verdunkelten glauben,
> Buddhaschaft sei irgendwo außerhalb des Körpers,
> aber sie wohnt dem Körper inne, wenn sie auch nicht von ihm herbeigeführt wird.

Leerheit – mit allen erhabenen Qualitäten versehen

Im Text des Fünften Dalai Lama ist von der »innewohnenden Leerheit« die Rede, und dieser Ausdruck will richtig verstanden sein. Um es zu wiederholen: Wenn wir von den Phänomenen sagen, sie seien leer, bedeutet das nicht, dass sie etwas anderes nicht beinhalten, wie wir von diesem sagen können, es sei nichts von jenem darin enthalten; es bedeutet vielmehr, dass sie leer von in ihrer Natur liegenden wahren Existenz sind. Der glorreiche Chandrakirti zitiert in seinen Schriften aus dem *Sutra der Anhäufung von Kostbarkeiten*:

> Leerheit macht die Phänomene nicht leer. Die Phänomene sind als solche leer.[57]

Es ist also nicht so gemeint, dass etwas leer von etwas anderem ist, sondern die Dinge sind von Natur aus leer. Hier geht es mit anderen Worten nicht um das Nichtvorhandensein von etwas Verneintem, das zur Verneinung von seiner Basis gesondert wird, sondern um die Tatsache, dass das Objekt der Verneinung gar nicht erst in der Basis zu finden ist. Wenn wir das sorgfältig erwägen, sehen wir, dass die zutreffende Sicht der innewohnenden Leerheit – die Anschauung des Mittleren Weges also, die wir in Sutra und Tantra finden – das direkte Gegenmittel ist, das im Grund-Fahrzeug ebenso wie im Mahayana die Verdunkelungen beseitigt.

Wenn wir jedoch zur Stufe der verwirklichten All-Erkenntnis kommen, wird die Leerheit wie in diesem Zitat aus dem *Kalachakra-Tantra* umschrieben:

> Die Anhäufungen, wenn man sie analysiert, werden als leer erkannt,
> ohne Substanz, einem hohlen Pisangbaum gleich.
> Doch diese Form der Leerheit ist nicht
> die mit allen erhabenen Attributen ausgestattete Leerheit.[58]

Die ersten beiden Zeilen lassen sich unterschiedlich auslegen, aber nach den Worten von Khedrup Norzang Gyatso[59] beziehen sie sich auf die Analyse der Anhäufungen mit logischen Argumenten wie »weder eins noch viele« und das Erkennen einer Leerheit, die lediglich die Verneinung von wahrem innewohnendem Sein ist. Wenn wir darüber meditieren, kann das ein Mittel gegen unsere Wahrnehmung der Dinge als real sein und uns helfen, unser Haften an der Wirklichkeit zu überwinden.

Doch diese Leerheit-Meditation allein beschert uns nicht die höchste Frucht der All-Erkenntnis. Dazu bedarf es der »mit allen erhabenen Eigenschaften ausgestatteten Leerheit«. Nach den Worten des *Kalachakra-Tantra* ist das so aufzufassen, dass der über Leerheit meditierende Geist von »unwandelbarer Seligkeit« durchdrungen sein muss. Und nicht nur das, sondern wir müssen außerdem auch noch über die »Leerheit mit Eigenschaften« meditieren. »Leerheit ohne Züge« genügt für sich allein nicht. Um zur All-Erkenntnis zu kommen, müssen wir Leerheit mit Zügen und Leerheit ohne Züge miteinander verbinden.

Wenn im Text also von »innewohnender Leerheit« die Rede ist, bleibt zu beachten, dass selbst die echte Schau der innewohnenden Leerheit nicht ausreicht, um die All-Erkenntnis zu erreichen. Hören wir zum Schluss noch einmal die Worte des Fünften Dalai Lama:

Ein ganz entscheidender und einzigartiger Zug der Großen Vollkommenheit – nicht in den Traditionen der inneren Leerheit und der äußeren Leerheit innerhalb der Madhyamaka und nicht in der Mahamudra und anderswo zu finden – besteht in der geheimen Terminologie, die, wo es um unmittelbare und nackte Erkenntnis geht, klar und deutlich unterscheidet und den gewöhnlichen Geist nicht mit Rigpa verwechselt.

Huldigung der uranfänglichen Natur

In *Erquickung und Gemütsruhe in der Meditation über die Große Vollkommenheit finden* schließen sich diese Verse der Huldigung an:

> Preis der uranfänglichen Natur, der dem Raum gleichen Sphäre der Reinheit,
> dem erhabenen Dharma, nicht schwankend und vollkommen frei von gedanklichen Verwicklungen,
> der Klares-Licht-Natur des Geistes, Essenz des Erwachens,
> dem vollkommenen Grund ohne Wechsel oder Wandel.

Mit dem Ausdruck »uranfängliche Natur« ist hier gemeint, dass der ursprüngliche angeborene Geist des klaren Lichts nichts Neuerschaffenes, sondern unsere ursprüngliche Natur ist. »Dem Raum gleichen Sphäre der Reinheit« bezieht sich auf den Aspekt der leeren Essenz, der Basis für das Auftreten aller Dinge in Samsara und Nirvana. Der Vergleich mit dem Raum wird gezogen, weil Raum gleichsam das Urelement ist, das Element, aus dem alle anderen hervorgehen. Raum kommt zuerst, dann Wind, dann Feuer, Wasser und Erde. Wenn sich die Elemente auflösen, geschieht es in umgekehrter Reihenfolge: Erde, Wasser, Feuer, Wind und zuletzt Raum. Das Gleichnis vom Raum als der Grundlage für das Erscheinen der anderen Elemente besagt wohl, dass diese »Sphäre der Reinheit« die Basis für das Erscheinen aller Phänomene in Samsara und Nirvana ist. Wir sprechen von der »Sphäre der Reinheit«, weil ihre Essenz stets makellos bleibt, auch in Anwesenheit unreiner Phänomene.

»Nicht schwankend« bedeutet, dass Veränderungen nicht bis hierher reichen. Das ist jedoch nicht ganz dasselbe wie dauerhaft. Der ursprüngliche angeborene Geist des klaren Lichts wird manchmal »nicht zusammengesetzt« genannt. »Nicht zusammengesetztes klares Licht« bedeutet nach übereinstimmender Auffassung von Dodrupchen Jikmé Tenpé Nyima und vielen anderen, dass damit nichts durch das Zusammenkommen von Ursachen und Wirkungen neu Geschaffenes gemeint ist. Nicht zusammengesetzt besagt also nicht, dass etwas dauerhaft und statisch ist, sondern dass es nicht durch das Zusammenwirken von Ursachen und Bedingungen neu entstanden ist. Dennoch ist es dauerhaft in dem Sinne, dass es eine seit anfangsloser Zeit bestehende Kontinuität darstellt. Deshalb verwenden wir »dauerhaft« für das erleuchtete Wirken der Buddhas, denn auch darin finden wir diese immerwährende Kontinuität.[60]

Der Ausdruck »vollkommen frei von gedanklichen Verwicklungen« bezeichnet zunächst die Freiheit von gedanklichen Verwicklungen, die zu negieren sind. Wenn wir von der »Einheit von Gewahrsein und Leerheit« sprechen, ist damit gemeint, dass die Rigpa-Weisheit ihrer Natur nach leer ist. Und als etwas seiner Natur nach Leeres ist sie jenseits aller gedanklichen Verwicklungen und aller Mutmaßungen des Verstandes, die zu verneinen sind. Wir könnten aber auch sagen: Wenn der ursprüngliche angeborene Geist des klaren Lichts realisiert ist und das Rigpa des Grundes sich manifestiert, kommen alle gedanklichen Verwicklungen, also Ausgestaltungen »des aus dem Grund Erscheinenden« ganz natürlich zur Ruhe.

Dieses klare Licht ist die Natur des Geistes und seine Essenz wird von keinem Makel berührt. Kurzum, der Grund selbst tritt in den Vordergrund und wird offenbar, wenn sich alle gedanklichen Verwicklungen der Erscheinungen des Grundes legen. Und wenn das Alaya[61] auf diese Weise vollkommen geläutert ist, werden beide Wahrheiten auf einmal verstanden und die Zustände während der Meditation und nach der Meditation verschmelzen.

Das ist, wie der Vers sagt, das »klare Licht«, und es ist »die Natur des Geistes«, der Grund, auf dem alle zufälligen Zustände des Geistes erscheinen. Sie wird »Essenz des Erwachens« genannt, weil der Ausdruck »Erwachen« letztlich den ursprünglichen angeborenen Geist des klaren Lichts meint. Es ist »der vollkommene Grund ohne Wechsel oder Wandel«.

Die Weisheit des selbst-erkennenden Gewahrseins

An die Huldigung schließen sich Verse an, in denen die Intention des Autors und seine Gründe für die Niederschrift dargelegt werden:

> Damit du die Weisheit deines selbst-erkennenden Gewahrseins verwirklichen kannst,

den überaus wunderbaren Weisheitsgeist aller Siegreichen,
habe ich hier die Quintessenz der Tantras, der mündlichen Übermittlung und der Kern-Unterweisungen zusammengetragen
und lege sie gemäß der Art ihrer Praxis vor. Gib also gut acht!

Den Ausdruck »Weisheit deines selbst-erkennenden Gewahrseins« finden wir sowohl in den Sutras als auch in den Tantras, aber es scheint in den verschiedenen Texten kleine Auslegungsunterschiede zu geben. In Sutra und Tantra finden wir den Ausdruck für den Geist der Buddhas verwendet, für die Weisheit, welche die Natur der Wirklichkeit unmittelbar erfasst. Das besagen die Worte »überaus wunderbarer Weisheitsgeist aller Siegreichen«. Die nicht überall anzutreffende Auslegung des Ausdrucks »Weisheit deines selbst-erkennenden Gewahrseins«, die für die inneren Tantras charakteristisch ist, besagt, dass der höchste Dzogchen-Zustand gemeint ist, der ursprüngliche angeborene Geist des klaren Lichts. Longchenpa sagt, dass er die Quintessenz der Tantras, der mündlichen Übermittlung und der Kern-Unterweisungen zusammengetragen hat, damit wir die Weisheit unseres selbst-erkennenden Gewahrseins verwirklichen können. Er legt uns also das Wesentliche von Mahayoga, Anuyoga und Atiyoga vor. Und das, so fährt er fort, soll keine Übung in Theorie, sondern Anleitung zur praktischen Anwendung sein. Er legt hier nicht nur dar, weshalb er diese Schrift verfasst hat, sondern redet den für diesen Weg geeigneten Schülern zu, diese Lehren zu studieren.

Wir können die Weisheit unseres selbst-erkennenden Gewahrseins, wie sie in Sutra und Tantra dargestellt wird, als Ausdruck für die »transzendente vollkommene Weisheit« oder *Prajnaparamita* auffassen. Prajnaparamita ist die »Mutter«, die erhabene Wesen von viererlei Art zur Welt bringt: Shravakas, Pratyekabuddhas, Bodhisattvas und Buddhas. So hören wir es etwa in dem Werk *Der Schmuck der klaren Erkenntnis*:

> Dir huldige ich, Mutter der Buddhas und aller Hörer und Bodhisattvas.

Selbst für das Erwachen eines Shravaka oder Pratyekabuddha braucht man die Schau der Leerheit und muss die Weisheit seines selbst-erkennenden Gewahrseins erkannt haben. Was wir Befreiung nennen, ist Freiheit von den Fesseln der verstörenden Emotionen. Allen verstörenden Emotionen liegt der Wahn des Festhaltens an für real gehaltenen Dingen zu Grunde. Und das direkte Gegenmittel dafür liegt darin, dass man im eigenen Geist die Weisheit weckt, die die Leere erkennt. Wenn diese die Leerheit erkennende Weisheit voll entwickelt ist, wird sie zum Gegenmittel für alle Formen des Festhaltens an einem Ich.

So also stellt es sich aus der Sicht des Mittleren Weges auf der Stufe von Sutra und Tantra dar. Das Bisherige reicht jedoch nicht aus, um auch den subtilsten Verdunkelungen der Erkenntnis entgegenzuwirken. Aus der Sicht der höchsten Yoga-Tantra-Lehren kann selbst die mit allen erhabenen Attributen – den geschickten Mitteln der von Bodhichitta beflügelten sechs transzendenten Vollkommenheiten – versehene Weisheit, die die Leerheit erkennt, nicht den subtilsten Verdunkelungen der Erkenntnis entgegenwirken. Um diese subtilsten Verdunkelungen der Erkenntnis oder den zur Gewohnheit gewordenen Hang zur Übertragung der drei Erscheinungen zu überwinden, muss der ursprüngliche angeborene Geist des klaren Lichts, der die drei Erscheinungen transzendiert, realisiert worden sein. Das klare Licht ist das einzige, was den subtilsten Verdunkelungen der Erkenntnis entgegenwirken kann. Um also die Weisheit der All-Erkenntnis zu erlangen, müssen wir das Rigpa, das Samantabhadra ist, manifest werden lassen, den ursprünglichen angeborenen Geist des klaren Lichts. So wird es anscheinend in der gesamten alten und neuen Tantra-Tradition dargestellt.

Longchenpa fährt fort:

> Auf Berggipfeln, in der Waldeinsamkeit, auf Inseln und an ähnlichen Orten,
> die dem Geist angenehm und der Jahreszeit angemessen sind,
> da übe den stillen Samadhi, ganz und gar auf einen Punkt gesammelt und nicht schwankend –
> klares Licht, frei von jeder kleinsten gedanklichen Verwicklung.
>
> Das geschieht wie von selbst, wenn drei reine Dinge zusammenkommen:
> der ideale Platz, der Einzelne und der zu übende Dharma.

Und das sind auch die drei Hauptabschnitte von *Erquickung und Gemütsruhe in der Meditation über die Große Vollkommenheit finden*:

- der Ort, an dem man der Praxis nachgeht,
- der Mensch, der hier übt,
- und der Dharma, der geübt wird.

8 Ort und Umgebung für die Meditation

Wenn wir eine Meditationspraxis beginnen, können unser Umfeld und die Menschen, mit denen wir meditieren, von erheblicher Bedeutung sein und unsere Praxis fördern oder behindern. Erst wenn wir in die Praxis hineingewachsen sind und eine gewisse Stabilität und Selbstsicherheit gewonnen haben, werden wir unabhängig von den äußeren Umständen. Und weil das Umfeld anfangs so wichtig ist, wird hier ziemlich ausführlich darüber gesprochen.

Deshalb erklärt Longchenpa zunächst, wie der Ort für die Praxis aussehen soll:

> Der Ort soll vor allem abgeschieden und angenehm sein
> und in den verschiedenen Jahreszeiten die spirituelle Praxis fördern.

Dann erklärt er, was für die einzelnen Jahreszeiten geeignet ist:

> Meditiere im Sommer in luftigen Unterkünften an kühleren Orten,
> in der Nähe von Gletschern, auf Berggipfeln und an ähnlichen Stellen
> in einfachen Unterkünften aus Ried, Bambus oder Stroh.
>
> Im Herbst ändere deine Ernährung, deine Kleidung, deine Lebensweise entsprechend
> und halte dich in Gegenden und Unterkünften von gemäßigter Temperatur auf,
> etwa in Wäldern, an Berghängen oder in steinernen Gebäuden.

> Im Winter bleibe in tiefer gelegenen Gegenden, wo es wärmer ist,
> etwa im Wald, in Fels- oder Erdhöhlen,
> und richte deine Ernährung, deine Kleidung, dein Nachtlager und alles Weitere entsprechend ein.
>
> Halte dich im Frühjahr in den Bergen oder am Waldrand auf,
> oder auf einsamen Inseln oder in Gebäuden von milder, gleichmäßiger Temperatur,
> wobei Ernährung, Kleidung und Lebensweise wieder entsprechend anzupassen sind – dies ist entscheidend wichtig.

Bestimmte Orte können besonders förderlich sein:

> Es besteht ein wichtiger Zusammenhang zwischen außen und innen,
> halte dich also an inspirierende und abgelegene Orte, die du als aufbauend empfindest.

Hier erinnern wir uns an die allgemeine Empfehlung eines »guten Ortes mit guten Gefährten«. Man braucht also eine ansprechende und angenehme Stelle, fern von allen Ablenkungen, wo die Umgebung Gelassenheit und Wohlgefühl vermittelt.

> Hoch oben in den Bergen wird der Geist klar und weit,
> der beste Ort, um ihn zu erfrischen, wenn er dumpf ist, und um die Erzeugungsphase zu üben.

Dass der Geist hoch oben in den Bergen klar und weit wird, kann jeder selbst auf einem Gipfel erleben, wo er den großen Überblick hat. Hier wird der Geist ganz entschieden weit, offen und klar. So gut es ist, auf Gipfeln zu meditieren, gehen Sie nicht zu hoch hinaus, sonst könnten Kopfschmerzen oder sogar Höhenkrankheit die Folge sein.

Die Meditation in der Höhe ist besonders dann zu empfehlen, wenn man sich dumpf und schwer fühlt, wenn es also an Klarheit und Begeisterung fehlt. Es gibt natürlich gröbere und subtilere Formen dieser dumpfen Verfassung. Manchmal entspricht sie einer gewissen Entmutigung. Es kann die Form eines Mangels an Begeisterung oder Inspiration annehmen, ein antriebsloser und lethargischer Zustand, dem es an Frische und Wachheit mangelt. Auf Bergen sagt man, wird solche Dumpfheit schneller vertrieben.

Im Text heißt es weiter:

> Schneeregionen machen den Samadhi klar, das Gewahrsein leuchtend und licht,
> sie sind ideal für die Übung des Vipashyana und immer dann, wenn wenig Hindernisse vorliegen.
>
> Wälder geben uns Stille des Geistes und fördern die geistige Stetigkeit,
> weshalb sie bestens geeignet sind, um ohne große Mühe Shamatha zu üben.
> Am Fuße von Felswänden kommt uns ein lebhaftes Gefühl von Vergänglichkeit und Entzauberung an
> und hilft uns, klar und inspiriert, zur Vereinigung von Shamatha und Vipashyana.
>
> An Flussufern wird unsere Aufmerksamkeit ganz gesammelt,
> und der Wunsch, dem Samsara zu entkommen, stellt sich schnell und immer wieder frisch ein.
>
> Bestattungsorte besitzen große Kraft für schnelles Vorankommen,
> es heißt, sie seien besonders gut für die Erzeugungs- oder Vollendungsphase geeignet.

Beinstätten und Bestattungsorte haben ihre besondere Kraft deshalb, weil wir dort bang und furchtsam werden, und dieses Gefühl können wir uns zunutze machen, um die Natur des Geistes besser zu verstehen. Das kann so etwas wie ein Katalysator für den Fortschritt in unserer Praxis sein.

> Dörfer, Märkte, leere Häuser, einzeln stehende Bäume und dergleichen,
> wo sich häufig Menschen, aber auch Dämonen aufhalten,[62]
> sind für den Anfänger zu ablenkend und können Hindernisse mit sich bringen.
> Doch dem, der in seiner Praxis gefestigt ist, sind sie eine Stütze und gelten als besonders förderlich.

Für Anfänger sind allzu stark frequentierte oder unheimliche Orte ablenkend und deshalb eher hinderlich. Wenn jemand aber schon sicher in seiner Praxis geworden ist, können solche Orte eine willkommene Herausforderung darstellen und allerlei in Bewegung bringen, was die Erfahrung vertieft und die Verwirklichung vorantreibt.

> Tempel und Schreine, die von Gyalpo- und Gongpo-Geistern bewohnt werden,
> können den Geist aufrühren und Gedanken von Zorn und Aversion aufkommen lassen.

> Von Senmo-Dämoninnen heimgesuchte Erdhöhlen und dergleichen
> lassen leidenschaftliche Begierde und übermäßige Trägheit ebenso wie Unruhe entstehen.

Von Mamos und Dakinis bewohnte einzeln stehende Bäume und ähnliches,
aber auch Felsen und Vorsprünge, wo Mutsen und Theu'rang zu Hause sind,
tragen, so sagt man, zu innerer Aufgewühltheit bei und sind mit Hindernissen aller Art verbunden.

Die Heimat der Ausgestoßenen, Nagas, Nyen, und der örtlichen Geister an Seen, auf Wiesen, in Wäldern und andernorts,
wo schöne Blumen blühen und Pflanzen und Bäume wachsen,
können anfangs ganz erfreulich sein, erweisen sich jedoch später als störend.

Kurzum, alle Gegenden und Aufenthaltsorte, die erst ganz angenehm erscheinen,
doch dann immer weniger, je besser du sie kennen lernst, sind Orte, an denen man nicht so viel erreicht.
Andere dagegen, die zuerst erschreckend und abstoßend wirken,
dann aber umso erfreulicher werden, je besser du sie kennst,
sind von großer Verwandlungskraft und bringen großen Fortschritt ohne Hindernisse.
Alles dazwischen ist neutral, weder fördernd noch hinderlich.

Da der Ort, an dem wir uns aufhalten, auf unseren Geist einwirkt,
kann unsere Praxis dadurch stärker oder schwächer werden.
Deshalb heißt es, es sei entscheidend wichtig, den Ort genau zu erkunden.

Das ist auch der Hauptgrund dafür, dass wir Pilgerreisen unternehmen. Orte, die das erleuchtete Wirken unseres gütigen Lehrers, des Buddha, erlebt haben, oder an denen die großen erleuchteten, gelehrten, vollendeten Meister der

Vergangenheit gelebt und praktiziert haben, sind durch dieses Wirken geweiht und gesegnet. *Der Schmuck der klaren Verwirklichung* gebraucht hier den Ausdruck:

> Das Erwachen und verehrungswürdige Stätten.[63]

Gemeint ist, dass ein Ort zu einem geweihten Ort wird, wenn an ihm ein Bodhisattva gelebt hat, der auf der Stufe des Pfades der Meditation war. Man sagt »der Mensch überträgt einem Ort Segenskraft«, und diese Segenskraft kann von dem Ort wieder auf Menschen übergehen. Zuerst wird ein Ort von einem spirituell verwirklichten Menschen durch Übertragung seiner oder ihrer Segenskraft zu einem heiligen Ort gemacht, und wenn Anfänger wie wir später diesen Ort aufsuchen, können wir diesen Segen empfangen. Und weil der Ort mit dieser Kraft aufgeladen ist, wird alles Gute und Nutzbringende, was wir dort tun, noch wirkungsvoller.

> Darüber hinaus gibt es vier Arten von Orten, die sich durch die Art ihrer Kraft oder Wirkung unterscheiden:
> Friedvolle Orte, an denen der Geist wie von selbst gesammelt und still wird;
> Orte der Weitung, die den Geist entzücken, so staunenswert und inspirierend sind sie;
> Magnetische Orte, an denen sich der Geist eingefangen fühlt und Anhaftungen entwickelt;
> Und zornvolle Orte, wo der Geist von Furcht und Grauen aufgewühlt ist.

Dies ist im Zusammenhang mit der Aktivität oder Dynamik zu sehen, die für uns selbst auf unserem Weg gerade ansteht: friedvoll, weitend, magnetisierend oder zornvoll.

Wenn wir uns dazu an den jeweils entsprechenden Orten aufhalten, vergrößert sich die Chance, dass wir unser Ziel erreichen.

> Weitere Unterscheidungen ohne Zahl und Grenze sind möglich,
> doch für unser Vorhaben, Samadhi, eignen sich friedvolle Orte am besten,
> und da ich nicht zu viele Worte machen möchte, werde ich nicht weiter differenzieren.

Im Weiteren ist jetzt von der Art der Unterkunft oder der Meditationshütte die Rede, in der man sich aufhalten soll.

> An solch friedvollem Ort soll die Meditationsunterkunft für sich allein stehen,
> denn das wird die Entwicklung geistiger Konzentration fördern.
> Am besten geeignet ist eine nach allen Seiten offene Unterkunft mit freiem Blick.

Als Nächstes unterscheidet Longchenpa zwischen tagsüber und nachts geübter Meditation; mit der letzteren kann auch ein Retreat bei vollkommener Dunkelheit gemeint sein.

> Übe den Yoga der Nacht in einem runden »Dunkelhaus«
> an einem hoch gelegenen Ort und in der Mitte der mittleren Kammer,
> das Kissen nach Norden und in der Nirvana-Haltung liegend.

Dieser dunkle Meditationsraum wird auch in den Lehren zu den sechs Yogas erwähnt, die mit dem *Kalachakra-Tantra* in Zusammenhang stehen. Der Raum soll vollkommen dunkel sein, zugleich ist aber für gute Belüftung zu sorgen, weil sonst die Gesundheit leiden könnte. In diesem Vers wird auch noch das Haus selbst beschrieben und schließlich die Haltung für die Übung des Schlaf-Yoga angegeben. Weiter heißt es dann:

> Der Platz für die Praxis des Licht-Yoga am Tage
> soll von milder Temperatur sein und einen Eingang haben,
> der einen weiten, freien Blick über Gletscher, Wasserfälle, Wälder und Täler
> und in den weiten, offenen Himmel gewährt, sodass der Geist klar und licht wird.
>
> Wenn du Shamatha übst, ist eine einsame, von einem Zaun umgebene Hütte
> der beste Platz, an dem sich Stille des Geistes natürlich einstellt.
> Für Vipashyana ist es wichtig, einen klaren, inspirierenden Ausblick zu haben
> und immer fröhlich und auf die Jahreszeiten eingestimmt zu sein.
>
> Niedrig liegendes und schattiges Gelände wie in Wäldern und Schluchten
> eignet sich sehr für die Shamatha-Praxis, während die Höhen,
> zwischen Schneegipfeln zum Beispiel, für Vipashyana am besten sind.
> Es ist wichtig, diese Merkmale zu kennen.
>
> Einfach ausgedrückt: Jede Umgebung und jedes Haus für die abgeschiedene Meditation,
> wo sich Entsagung und Entzauberung einstellen, wo die Aufmerksamkeit ganz gesammelt ist
> und der Samadhi an Kraft zunimmt – jeder Ort des rechten Wirkens also
> gleicht, so sagt man, dem Ort, an dem die Essenz der Erleuchtung erlangt wurde.

Dagegen gilt ein Ort, an dem die Tugenden nachlassen, die geistigen Plagen zunehmen
und man von diesseitigen Dingen abgelenkt wird,
als von Dämonen heimgesuchter Ort des bösen Wirkens, dem nur die Weisen entgehen.

Da all dies von Padmasambhava gelehrt wurde,
sollten es sich alle einprägen, die auf Befreiung aus sind.

Mit dieser Darstellung der für die Vertiefung des Samadhi geeigneten Orte endet der erste Abschnitt *von Erquickung und Gemütsruhe in der Meditation über die Große Vollkommenheit finden.*

Für uns gilt natürlich, dass wir uns da in der Meditation üben, wo wir leben und wohnen, und es ist nicht entscheidend wichtig, ein »Meditationshaus« aufzusuchen, um unserer Praxis nachzugehen. Wichtig sind diese Betrachtungen jedoch für alle, die ernsthaft »das Siegesbanner der Praxis hochhalten«. Wir übrigen sind durch unsere Arbeit und andere Verpflichtungen an bestimmte Orte gebunden, und daran ist nicht viel zu ändern. Und ehrlich gesagt glaube ich auch, dass es am besten ist, in unserem Lebensumfeld zu bleiben und einer dem Dharma nicht widersprechenden, das heißt nicht mit negativem, schädlichem Handeln verbundenen Betätigung nachzugehen. Wunderbar wäre es, wenn wir unseren Lebensunterhalt mit etwas verdienen könnten, was wirklich dem Gemeinwesen dient, etwa als Lehrer oder im Gesundheitswesen – und es gibt noch so viele andere Betätigungsmöglichkeiten, von denen alle etwas haben. So kann man anderen ganz direkt helfen. Wer so lebt, mit ethischer Verantwortung und immer den

Dharma im Bewusstsein, dessen Leben wird wahrhaft dem Wohl der Gesellschaft dienen. Für mein Gefühl ist das sehr wichtig.

Mit dem Dharma ist es wie mit jedem wirklich lohnenden Vorhaben: Wenn wir es auf die bestmögliche Art tun können, ist das wunderbar. Aber wenn wir feststellen müssen, dass wir dazu nicht in der Lage sind, sollten wir es nicht einfach aufgeben und gar nichts tun. Sicher, es wäre ideal, unser ganzes Leben der Dharma-Praxis widmen zu können, und wer die Möglichkeit hat, sollte es einfach tun; aber wenn unsere Lebensumstände das nicht zulassen, wäre es ein Fehler, das Ganze einfach abzuschreiben und gar nichts zu tun. Bei allem, was wir erreichen möchten, gilt immer: Am besten ist es, dies hundertprozentig zu tun. Aber wenn uns das nicht möglich ist, wird selbst ein Prozent uns in der richtigen Richtung voranbringen.

Es gibt Fälle, wo alle Ursachen wie Karma und geeignete Gebete richtig zusammenkommen und jemand plötzliche große Fortschritte auf seinem Weg macht. Für die Übrigen bleibt es ein allmählicher Fortschritt, bei dem man Schritt für Schritt die zehn Stufen und die fünf Pfade abschreitet. Demnach müssen wir die Verdunkelungen des Geistes, mit den gröberen beginnend, nach und nach beseitigen, und wir müssen die als Gegenmittel für diese Verdunkelungen wirkenden Geistesverfassungen nach und nach aus bescheidenen Anfängen entwickeln, bis sie stärker und wirksamer werden.

Für unsere Dharma-Praxis ist es nicht notwendig, unser äußeres Erscheinungsbild zu ändern. Wie es in den Lojong-Lehren heißt: »Ändere deine Einstellung, aber bleibe natürlich.«[64] Das ist wichtig. Wir müssen alle Tage die Kraft unseres Geistes entwickeln und stärker machen, aber es ist besser, wenn wir an unserer Kleidung und unserem äußeren Erscheinungsbild nichts ändern. Würden wir nämlich unser Aussehen drastisch verändern, könnte es sein, dass wir uns allzu sehr mit den acht weltlichen Belangen abgeben.[65] Wir denken ja immer an diese acht weltlichen Belange, und so lange das grundsätzlich die Lage ist, in der wir uns befinden, ändern wir an unserem Aussehen besser nichts. Halten wir uns lieber an das Übliche, kümmern wir uns intensiv darum, unseren Geist nach und nach im Laufe der Monate und Jahre zu wandeln und insgesamt immer positiver, fröhlicher und gelassener zu werden.

Und das ist ein Leben lang zu tun, vor allem in unseren späteren Jahren. Wenn wir uns aus dem Berufsleben zurückziehen, sollten wir nicht einfach herumsitzen und auf den Tod warten. Jetzt ist eigentlich die Zeit, uns mehr und mehr auf die Praxis zu konzentrieren. Ich kenne so viele Menschen, die im Alter zu glauben scheinen, ihr Leben liege nun hinter ihnen und es gebe nichts mehr für sie zu tun. Das kommt mir ein wenig töricht vor, denn nach dem Ausscheiden aus dem Arbeitsleben ist man ja nicht gleich tot! Diese Menschen haben nur das erste Ausscheiden erreicht und nicht das zweite, das große Ausscheiden, nach dem es wirklich zu spät ist. Sie können es als »bleibendes Ausscheiden« bezeichnen. Aber zwischen dem ersten und zweiten Ausscheiden besteht eine echte Chance zur Praxis, denn wie schon gesagt: Wenn wir die geistigen Vermögen entwickelt haben, werden Klarheit und Weisheit bestehen bleiben, auch wenn der Körper altert, und uns tiefe, umfassende Praxis ermöglichen.

9 Die Person des Meditierenden

Im zweiten Abschnitt von Longchenpas Text geht es um den Meditierenden selbst. Zuerst wird erklärt, dass wir dem Pfad von Stufe zu Stufe folgen müssen, um unseren Geist zu läutern.

> Zweitens musst du als einer, der mit der Praxis beginnt,
> Vertrauen, Ausdauer, Entsagung und ein Gefühl von Ernüchterung haben.

Glaube und Ausdauer sind Eigenschaften von entscheidender Bedeutung. Entsagung verdankt sich der Erkenntnis, dass wir nie etwas wahrhaft Bedeutsames oder Positives erreichen werden, solange wir die Plagen nicht abgeschüttelt haben. Wenn uns klar wird, wie leer solch ein Leben sein kann, wenn wir den Drang spüren, diese Sinnlosigkeit endgültig hinter uns zu lassen – das ist die Verfassung, die wir »Entsagung« nennen. Sobald wir uns für Freiheit entschieden haben, wird uns immer bewusst sein, dass jeder Komfort und Luxus in unserem Leben irgendwann doch zu Ende sein werden. Sie sind, wie wir dann wissen, nicht das, was echtes Glück schafft, denn sie unterliegen dem Karma und den geistigen Plagen. Wir denken darüber nach, und wir werden der Dinge müde, wir können zusehen, wie sie ihren Zauber verlieren.

Wir brauchen also Vertrauen und Entsagung und dieses Gefühl von Desillusionierung.

> Du musst des Samsara müde und überdrüssig geworden und auf Freiheit aus sein.
> Auf die Dinge dieses Lebens verzichtend und zur Erleuchtung strebend,
> musst du Ablenkungen und alle Geschäftigkeit weit hinter dir lassen und zusehen, dass kaum geistige Plagen da sind.

Wenn es uns ernst ist und wir Leben für Leben nach dem höchsten Ziel der Befreiung und All-Erkenntnis streben, werden wir Ablenkungen und Geschäftigkeit meiden wollen und sie möglichst weit hinter uns lassen. Außerdem werden wir den Plagen des Geistes nicht länger Raum geben. Wenn sie uns heimsuchen, weil wir nicht über die Gegenmittel verfügen, gestatten wir uns nicht, sie noch zu nähren oder uns von ihnen mitreißen zu lassen. Je entschlossener wir uns in Erinnerung rufen, dass all unseren Leiden verstörende Emotionen, das heißt Plagen zugrunde liegen, desto eher werden wir die innere Stärke aufbringen, ihnen nicht nachzugeben. Wenn wir den verstörenden Emotionen nicht erliegen, werden sie nicht mehr so leicht erscheinen, nicht einmal unter Umständen, durch die sie normalerweise ausgelöst werden. Und treten sie doch einmal auf, werden sie nicht mehr so viel Macht besitzen. Das meint der Text mit »zusehen, dass kaum geistige Plagen da sind«.

> Sei gelassen und tolerant, habe reine Wahrnehmung und große Hingabe …

Dann werden wir auf ganz natürliche Weise gelassener und entspannter, denn wir betrachten alles auf sehr lange Sicht. Wir denken nicht an die flüchtigen Freuden und Kümmernisse dieses gegenwärtigen Lebens, sondern schauen voraus, weit voraus. Das macht uns automatisch weniger engstirnig und dafür im guten Sinne wählerischer. Wir wissen jetzt, dass wir wahres Glück nicht finden können, solange wir dem Karma und unseren verstörenden Gemütsregungen unterliegen, und heften unseren Blick einzig und allein auf Freiheit. Wir schauen sogar noch weiter, nämlich auf den Zustand der vollkommenen Erleuchtung und das Wohl all der unendlich vielen Lebewesen. Wenn wir so denken, stellen sich beinahe zwangsläufig Mut und auch Freude ein.

Jeden Tag denken wir an die anderen und wie wir ihrem Wohl dienen können, und das verleiht unserem Leben tiefen Sinn. Es wird ein nützliches Leben, und wir können anderen dienen. Mit der Zeit nehmen unsere Gedanken ganz von selbst diese Richtung: anderen nützen. Wie es auch heißt:

> Im Allgemeinen meditiere über die Güte aller Lebewesen. Im Besonderen übe dich in der reinen Wahrnehmung aller, die den Dharma praktizieren.[66]

Wenn wir all den unzähligen Lebewesen im Universum von Herzen zugewandt sind, wenn sie uns lieb und kostbar sind, so scheint mir, werden uns reine Wahrnehmung und Hingabe auf natürliche Weise zuwachsen.

Der nächste Vers lautet:

> … und dazu geistige Stabilität und größte Hochachtung vor den Lehren –
> wer so übt, wird die höchste Freiheit erlangen!

Als Meditierende brauchen wir diese Qualitäten als Grundlage, aber es genügt nicht, sie lediglich zu besitzen. Wir müssen sie entwickeln, und das verlangt vollen Einsatz. Der Buddha, unser gütiger Lehrer, und all die großen Meister Indiens und Tibets, die ihm folgten, haben diesen bedingungslosen Einsatz erbracht. Sie eiferten ihren Lehrern nach, sie bemühten sich rückhaltlos und ausdauernd. So konnten sie ihre Einsicht und Erkenntnis immer weiter vertiefen und die Pfade gehen und die Stufen eine nach der anderen erklimmen. So müssen wir es auch machen. Vielleicht reichen unsere Fähigkeiten jetzt noch nicht weit, aber wenn wir schon wissen, was wir uns langfristig zu eigen machen und was abzulegen ist, werden wir – auch wenn unsere Praxis jetzt vielleicht noch schwächlich ist – schon ein klares, langfristiges Ziel im Blick haben und daher wissen, wohin wir unterwegs sind und wie wir dorthin kommen können. In unserer Praxis *jetzt* geht es darum, wie wir geeignete Ursachen und Bedingungen für dieses langfristige Ziel schaffen können.

Daran also erkennen wir, wer als »Träger« für die Praxis geeignet ist.

Einem spirituellen Lehrer folgen

Du musst auf die bestmögliche Weise einem edlen Lehrer dienen.

Die Frage, wie man einem spirituellen Lehrer folgt, ist für den Weg zur Erleuchtung eine Kernfrage. Für jede Schulung oder Ausbildung, selbst wenn es nur um Fähigkeiten und Kenntnisse für dieses eine Leben geht, ist die Anleitung durch einen Lehrer entscheidend. Der Lehrer leitet uns an, wir stürzen uns mit Eifer in die Studien, und so lernen wir. So brauchen wir auch auf dem Pfad zur Befreiung und All-Erkenntnis einen Lehrer, der uns den Weg weist. Und wir selbst müssen interessiert sein und bereit, uns der Sache zu widmen. Wenn der Text also sagt: »Du musst auf die bestmögliche Weise einem edlen Lehrer dienen«, hebt er damit hervor, wie sehr wir auf Lehrer angewiesen sind; und »edel« ist ein Lehrer dann zu nennen, wenn er oder sie wahrhaft für diese Aufgabe qualifiziert ist.

In dem Werk *Schmuck der Mahayana-Sutras* werden zehn Eigenschaften eines Meisters genannt:

> So soll der spirituelle Lehrer sein, dem man folgt: diszipliniert, friedvoll, von heiterer Gelassenheit,
> mit besonderen Eigenschaften begabt, eifrig, von reicher Kenntnis der Schriften,
> hoch entwickelt, was die Natur der Wirklichkeit angeht, redegewandt,
> die Verkörperung der Liebe und unermüdlich.[67]

Tsongkhapa erläutert diesen Vers in seinem Werk *Große Abhandlung über die Stufen des Pfades*[68] und sagt, dass jemand, der den eigenen Geist nicht unter Kontrolle gebracht hat, auch andere nicht anleiten kann. Wer also andere anleiten möchte, muss zuerst den eigenen Geist schulen. Da genügt es aber nicht, wie Tsongkhapa anmerkt, dass man ein, zwei gute Eigenschaften entwickelt und sie dann als echte Qualitäten der Verwirklichung ausgibt. Der Geist muss vielmehr in Übereinstimmung mit den Lehren des Buddha diszipliniert werden. Und der Ansatz, der mit den Lehren des Buddha übereinstimmt, besteht in den drei höheren Schulungen: Disziplin, Meditation und Weisheit. Das spricht der zitierte Vers an, indem er einen echten Lehrer als »diszipliniert, friedvoll und von heiterer Gelassenheit« charakterisiert.[69]

Die dreifache Schulung stellt als solche aber noch keine ausreichende Qualifikation für die Anleitung anderer dar. Ein echter Lehrer muss sich auch gut in den verschiedenen Kategorien der Lehre auskennen. Daher heißt es »von reicher Kenntnis der Schriften«, und das setzt intensive Studien voraus.

Ein Lehrer sollte sich anderen gegenüber liebevoll zeigen und wirklich um ihr Wohl bemüht sein. Solange ein Lehrer nicht diese liebevolle und fürsorgliche Haltung hat, ist es ziemlich einerlei, ob er sehr gebildet ist oder die Lehren auf tiefschürfende Art zu erläutern vermag. Ohne Mitgefühl und den tiefen Drang zu selbstlosem Handeln wird er oder sie wenig Eindruck auf den Geist anderer machen und insgesamt nicht viel ausrichten können. Mitgefühl ist entscheidend. Natürlich muss es von Weisheit begleitet sein, wir sprechen hier nicht von Mitgefühl ohne Augenmaß. Es muss ein Mitgefühl sein, hinter dem unmittelbare Einsicht in die Natur der Wirklichkeit oder zumindest deren klare intellektuelle Durchdringung steht. Aus echtem Verstehen erwachsendes Mitgefühl vermag sehr viel, wenn es um Befreiung oder All-Erkenntnis geht. Ein Lehrer muss jedoch nicht nur hoch entwickelt und mitfühlend, sondern auch »redegewandt« sein. Mit »unermüdlich« ist gemeint, dass er mit klugem Augenmaß lehrt und deshalb nicht die Geduld verliert und ermüdet. Echte spirituelle Lehrer müssen alle diese Qualitäten besitzen.

Der Buddha sah die Person, die uns lehrt, was abzulegen und was anzunehmen ist, als außerordentlich wichtig an und äußerte sich deshalb sehr detailliert über die Qualitäten, die solche Menschen brauchen. Das geht von den grundlegenden Qualitäten eines Lehrers, wie sie im Vinaya, dem Regelwerk für Mönche, niedergelegt sind, bis zum Vajrayana und den Qualitäten, die ein Vajra-Meister besitzen muss, um zu einer Praxis ermächtigen zu können. Die Ausführlichkeit, mit der sich der Buddha in Sutra- und Tantra-Lehren diesem Gegenstand widmete, zeugt von der immensen Bedeutung eines Lehrers für uns.

Es kommt also darauf an, sich Lehrern anzuschließen, die die genannten Eigenschaften tatsächlich vorweisen können. Es ist unsere Sache, einen Lehrer genau zu betrachten, um zu sehen, ob er diese Eigenschaften besitzt oder nicht. Jedenfalls sollten wir niemanden sofort als unseren Lehrer betrachten und Unterweisungen empfangen – erst müssen wir uns vergewissern, ob es wirklich der richtige ist. Wir sollten uns auch mit den Lehren des Buddha schon ein wenig auskennen, um selbst beurteilen zu können, worin die Qualitäten eines echten Lehrers bestehen. Wenn wir dann jemanden finden, den wir uns als Lehrer vorstellen können, sollten wir uns diese Person sehr genau ansehen, um herauszufinden, ob die Qualitäten wirklich gegeben sind.

Ich sage manchmal halb im Scherz, dass wir den Lehrer ausspionieren müssen. Wir betrachten ihn von vorne, von hinten, von oben, von unten. Es wäre ein Fehler, das zu unterlassen. Dann kann es nämlich sein, dass wir anfangs großes Vertrauen haben, dieses Vertrauen aber später, wenn irgendetwas schief geht, verlieren und nur noch »O nein!« denken. In dem Fall liegt der Fehler aber bei mir, denn der Lehrer hat sich eigentlich nicht geändert. Wenn etwas mit ihm nicht stimmt, war das vorher schon so und ist jetzt noch so. Wir haben es versäumt, ihn genau zu betrachten, und so liegt der Fehler bei uns. Wir müssen überprüfen, ob der Ansatz, den dieser Lehrer gewählt hat, überhaupt den

Lehren des Buddha entspricht. Haben wir das getan und darüber nachgedacht und sind zu dem Schluss gelangt, dass dieser Lehrer echt ist, dann sollten wir ihm folgen.

Betrachten wir einen Lehrer also zunächst einfach als einen Dharma-Freund, und hören wir uns an, was er lehrt. Daran ist wirklich nichts auszusetzen. Wenn wir dann zu dem Schluss kommen, dass wir uns doch lieber wieder von ihm trennen, ist es keine so ernste Sache. Wenn wir dagegen jemanden sofort als unseren Lehrer sehen und später das Vertrauen verlieren, dann ist das bitter. Sorgen wir also vor, damit es gar nicht erst dazu kommt.

In den Lehren über die Wahl eines spirituellen Lehrers heißt es, man solle seinem Lehrer ergeben sein und alles, was er tut, positiv sehen. Wir sprechen hier über eine echte spirituelle Beziehung zwischen einem authentischen Lehrer und jemandem, der wirklich sein Schüler sein möchte. Besonders wichtig ist das auf dem Vajrayana-Pfad des geheimen Mantras, wo die Praxis des Guru-Yoga großes Gewicht bekommt. Unbeirrbare Ergebenheit gegenüber unserem Lehrer spielt in der Dzogchen- und Mahamudra-Praxis eine große Rolle, wenn es darum geht, die Erkenntnis zu vertiefen und den ursprünglichen angeborenen Geist des klaren Lichts zu unserer Erfahrung zu machen. Hier steht und fällt alles mit unserer Hingabe an den Lehrer. Wenn wir das schon als Anfänger üben können, ist das natürlich wunderbar, aber es ist nicht unbedingt notwendig.

Vom Vinaya an macht der Buddha in seinen Lehren immer wieder deutlich, wie wir einem Lehrer folgen sollen. Wenn der Lehrer, so heißt es im Vinaya, etwas von uns verlangt, was nicht dem Dharma entspricht, sollen wir uns weigern.[70] Selbst wenn wir also jemanden als unseren Lehrer gewählt haben, werden wir ihm nicht folgen, wenn seine Worte den Lehren widersprechen. Beachten Sie, dass nicht gesagt wird, wir sollten ausnahmslos alles, was ein Lehrer tut, als positiv sehen. Auch in den Mahayana-Sutras heißt es, dass wir den Worten des Lehrers Folge leisten sollen, solange sie gut und richtig sind; sagt oder verlangt er jedoch etwas Ungutes, so folgen wir ihm darin nicht. Wenn der Lehrer, der uns auf dem Weg anleitet, etwas mit den Lehren Übereinstimmendes sagt, setzen wir es in die Praxis um. Sagt er jedoch etwas, was nicht mit den Lehren übereinstimmt, nehmen wir es auch nicht in unsere Praxis auf. Alle Anweisungen, die in diesem Sinne in Ordnung sind, befolgen wir; was abwegig und ungut klingt, befolgen wir nicht. Selbst auf der Ebene der höchsten Tantras gilt:

> Wenn du nicht guten Gewissens tun kannst, wozu der Guru dich anhält,
> dann entschuldige dich mit höflichen und respektvollen Worten.[71]

Wir müssen demnach immer selbst entscheiden, was recht ist und was nicht. Denken Sie nicht, hier sei kein Platz für eigenes Ermessen; benutzen Sie Ihren Verstand und Ihr Urteilsvermögen, um zu bestimmen, was richtig und was falsch ist. Ich halte das für einen ganz wichtigen Punkt, deshalb betone ich es so.

Die Taten mancher der legendären Meister der Vergangenheit – denken wir an Tilopa und Naropa oder Marpa und Milarepa – waren mitunter ein wenig unkonventionell, aber es handelte sich um Meister von außerordentlich hohem Entwicklungsstand. Und ihre Schüler besaßen alle Qualitäten eines echten Schülers. Ich persönlich finde es sehr schwierig, heutige Gurus und Schüler mit den großen Meistern und Schülern der Vergangenheit zu vergleichen.

Aus diesen Gründen jedenfalls äußerte sich der Buddha so eingehend und präzise zu diesem Thema. Fassen wir zusammen: Zu Beginn müssen wir einen Lehrer sehr genau betrachten, um zu sehen, ob er wirklich alle Qualifikationen vorweisen kann. Haben wir schließlich jemanden gewählt, müssen wir immer noch darauf achten, ob irgendetwas den Lehren des Buddha widerspricht – und wenn das der Fall ist, sollten wir es als Irrtum ansehen.

Unser Text sagt also, um es zu wiederholen:

> Du musst auf die bestmögliche Weise einem edlen Lehrer dienen …

Es gibt drei Möglichkeiten, einem qualifizierten Lehrer zu dienen und ihm Freude zu bereiten. Die erste besteht in materiellen Opfergaben, die zweite darin, dass man ihm dient und zugewiesene Aufgaben übernimmt, und die dritte Möglichkeit ist die, dass man seine Anleitungen in die eigene Praxis integriert. Am wichtigsten ist natürlich die dritte Möglichkeit, nämlich die Unterweisungen des Lehrers zu praktizieren. Hierfür ist es besonders wichtig, dass es sich um einen authentischen Lehrer handelt, der über alle Qualitäten der drei höheren Schulungen verfügt und bereits All-Erkenntnis erlangt hat oder zumindest auf dem Weg zu All-Erkenntnis und Buddhaschaft weit genug vorangeschritten ist. Solch ein Meister wird uns anleiten, nicht den geistigen Plagen zu verfallen, sondern uns ganz auf Befreiung und All-Erkenntnis zu sammeln – und wenn wir das entschlossen und von ganzem Herzen in die Praxis umsetzen, machen wir ihm die größte Freude. Es ist auch das schönste Geschenk, das wir den Buddhas und Bodhisattvas machen können. Es gibt keine bessere Möglichkeit, Verdienst anzusammeln und Verdunkelungen zu bereinigen, und es gibt für dieses Leben und alle künftigen keine bessere Praxis.

Meditation: Die Kraft der Gewöhnung

… und deinen Geist durch Studium, Reflexion und Meditation läutern.

Wenn Meditation wie hier im Zusammenhang mit Studium und Reflexion genannt wird, schwingt immer das allmähliche Vertrautwerden mit Lehre und Übung mit. Die Schulung muss uns vertraut werden, sie muss uns in Fleisch und Blut übergehen. Derzeit sind wir noch dem gewöhnlichen Geist ausgeliefert, und der gewöhnliche Geist ist mit Plagen behaftet. Wir wünschen uns Glück, aber wir tun nicht das, was Glück verspricht. Wir möchten nicht leiden, aber gerade die Ursachen des Leidens, die geistigen Plagen, überwältigen uns und beherrschen unser Bewusstsein. Wir müssen herausfinden, wie wir unseren Geist selbst in die Hand bekommen können.

Vielleicht sehen wir nur zu gut, wie die Plagen uns schaden, und trotzdem fallen wir ihnen immer wieder zum Opfer. Wir merken wohl, dass etwas nicht recht ist, und trotzdem handeln, sprechen und denken wir so. Es muss uns also irgendwie gelingen, unseren Geist zu beherrschen. Dafür gibt es zum Glück viele Techniken, aber welche wir auch wählen mögen, immer wird es darum gehen, dass wir unseren Geist auf den richtigen Weg lenken und vom falschen abhalten. Um das zu erreichen, müssen wir die im

Moment vielleicht noch recht schwache Tendenz zum Tauglichen in unserem Geist vergrößern, und das kann durch Schulung unseres Geistes geschehen, die ihm diese Richtung immer vertrauter macht. Das ist der einzige Ansatz, es gibt nur diesen Weg. Was zur Gewohnheit wird, darin wird man auch immer geschickter.

Was uns vertraut wird, gewinnt an Kraft. Die Plagen flackern deshalb je nach Situation so schnell und so heftig in uns auf, weil wir es so gewohnt sind. Und so können wir auch die Kraft der geeigneten Gegenmittel für die verstörenden Emotionen nur dadurch aufbauen, dass wir unseren Geist mit ihnen vertraut machen und uns mehr und mehr an sie gewöhnen.

Meditation bedeutet demnach eigentlich, dass wir unseren Geist mit etwas Positivem vertraut machen, um einen Wandel zu bewirken und dadurch ein jeweiliges oder auch ein langfristiges Ziel erreichen. Wenn wir hier wirklich etwas bewegen wollen, müssen wir uns, wie ich schon sagte, zuerst klarmachen, worauf wir aus sind, und dann für uns entscheiden, dass es sich um etwas wirklich Wertvolles und Lohnendes handelt. Für diese Entscheidung bedarf es der *Reflexion* und Kontemplation. Zuvor jedoch brauchen wir eine klare Vorstellung, um was es sich handelt, was dazugehört und was nicht, welche Vor- und Nachteile damit verbunden sein könnten und so weiter – kurz, wir müssen *studiert* haben. Es liegt demnach auf der Hand, dass die drei Arten von Weisheit – aus Studium, aus Überlegung und aus Meditation geborene Weisheit – in der richtigen Reihenfolge entwickelt werden müssen.

Der Text sagt, wir sollten unseren Geist durch Studium, Reflexion und Meditation »läutern«. Wir benutzen den Ausdruck »läutern« in anderen Zusammenhängen auch für das

Bereinigen von Unreinheiten, von Negativität, von Verdunkelungen. In solchen Fällen ist gemeint, dass etwas gänzlich ausgeräumt und beseitigt wird und dann nicht mehr existiert. Hier reden wir natürlich nicht von der Beseitigung des Geistes. Wir wollen den Geist vielmehr schulen und läutern, damit er sich nicht mehr undiszipliniert zeigt und unserer Kontrolle entzieht, sondern diszipliniert und beherrschbar wird. Wir kennen auch den Ausdruck »das innewohnende Wesen der Wirklichkeit selbst läutern und klären«; damit ist gemeint, dass wir deutlich hervortreten lassen, was bis dahin nicht erkennbar war.

Unser Text fährt fort:

> Insbesondere verbringe deine Tage und Nächte damit,
> dass du dich eifrig den essenziellen Anleitungen der mündlichen Übermittlungslinie widmest.

Wir haben gesagt, dass der Geist durch Studium, Reflexion und Meditation geläutert werden muss. Im höchsten Sinne geschieht dies, wenn Studium, Reflexion und Meditation den Kern-Unterweisungen der mündlichen Übermittlungslinie gelten, die uns durch unsere Schulung nach und nach sehr vertraut werden. Hier ist die Praxis des Dzogpachenpo gemeint, wo zwischen dem gewöhnlichen Bewusstsein und Rigpa klar unterschieden wird.

> Ohne dich von gewöhnlichen Belangen auch nur für einen Augenblick ablenken zu lassen,
> widme dich mit größtem Eifer der tiefen innersten Bedeutung.

Mit »gewöhnlichen Belangen« kann vieles gemeint sein: die Belange dieses Lebens, die Belange des nächsten Lebens, ausschließliches Denken an das eigene Wohlergehen, das Haften an der Realität der Dinge und so weiter. Wir stoßen je nach Zusammenhang in den Sutras und Tantras auf alle möglichen Bedeutungsnuancen. Jedenfalls sagt der Vers, dass wir uns voll und ganz auf die Praxis konzentrieren sollen, ohne uns auch nur für einen Augenblick von gewöhnlichen, weltlichen Belangen ablenken zu lassen.

Alle Aspekte der Lehre vereinigen

Dann geht es in unserer Praxis darum, wie wir alle Ebenen der Lehren zusammenführen und zu einem Ganzen fügen können:

> Ohne je gegen die Gebote der Shravakas, Bodhisattvas und Vidyadharas zu verstoßen
> und den eigenen Geist beherrschend, hilf anderen auf jede dir mögliche Art,
> und nimm alles, was du erfährst, auf den Weg zur Befreiung mit.

Hier sind wir an einem ganz wichtigen Punkt. Dieser Vers teilt in denkbar verdichteter Form mit, dass die Lehren des Buddha mit allen ihren Aspekten und Ebenen in unsere Praxis eingehen sollen. Die Gebote der Shravakas sind die Pratimoksha-Gelübde, die Gelübde der individuellen Befreiung. Diesen Gelübden müssen wir ebenso treu bleiben wie den Bodhisattva-Gelübden und den Vajrayana-Gelübden der Vidyadharas. Wir sollen, kurz gesagt, das sein, was man »Vidyadhara mit der dreifachen Verpflichtung« nennt.

Wenn wir von den »neun Fahrzeugen« sprechen, sind das nicht einfach abstrakte Lehrkategorien. Es ist wichtig, dass wir sie verstehen und praktisch anwenden. In manchen Büchern der Unterweisung wird es so erklärt, dass wir diese neun Fahrzeuge, die meist als aufeinander aufbauend dargestellt werden, in unserer Praxis alle zugleich berücksichtigen müssen. Es ist also für einen einzelnen Menschen möglich, alle neun Yanas *zusammen* zu praktizieren – nicht zuerst das Shravaka-Fahrzeug, dann das Pratyekabuddha-Fahrzeug und so weiter. Vielmehr heißt es in diesen Anleitungsbüchern, dass wir einen Weg gehen sollen, auf dem bestimmte Züge des Shravaka-Fahrzeugs und des Pratyekabuddha-Fahrzeugs verwirklicht sind. Wenn es zum Beispiel um die Praxis der grundlegenden Dinge des Shravaka-Pfades geht, dann sind damit die vier edlen Wahrheiten und ihre sechzehn Aspekte, zum Beispiel Vergänglichkeit, sowie die siebenunddreißig Aspekte der Erleuchtung gemeint. Für den Pratyekabuddha-Pfad wären hier die zwölf Glieder des abhängigen Entstehens in aufsteigender und absteigender Folge zu nennen.[72] Weiterhin üben wir auch das, was im Bodhisattva-Fahrzeug gelehrt wird, nämlich Bodhichitta mit seinen beiden Wurzeln Güte und Mitgefühl sowie die sechs transzendenten Vollkommenheiten. Dazu gehört, wenn wir die transzendente Vollkommenheit der Weisheit praktizieren, die Schau der Leerheit, Shunyata. Und so ist es bei der Praxis der niederen Tantras auch: Wir praktizieren sie nicht einzeln. Wir berücksichtigen alle wichtigen Elemente aller Tantras und integrieren sie in unsere Praxis.

In der Dzogchen-Praxis ist die Weisheit unser Pfad; er ist mühelos und transzendiert alle vom gewöhnlichen Geist ausgehenden Ansätze. Dennoch müssen alle wirklich wichtigen Aspekte aller grundlegenden Ansätze in der Dzogchen-Praxis voll berücksichtigt sein. Alle Kernpunkte der verschiedenen Ebenen der Lehre müssen im Dzogchen ungeschmälert repräsentiert sein – und das, wenn es wirklich gegeben ist, macht das Besondere am Dzogchen aus, seine Tiefe und Kraft.

Es versteht sich von selbst, dass wir die verschiedenen Ebenen der Lehren kennen und einigermaßen verstehen müssen, wenn wir sie alle zugleich in unsere Praxis einbeziehen wollen.

> Für dich als Anfänger ist es wichtig, dass du für dein Wohlergehen sorgst,
> indem du im Alleinsein deinen Geist wohl hütest, Ablenkung und Geschäftigkeit meidest,
> unerfreulichen Situationen ausweichst und die geistigen Plagen mit geeigneten Gegenmitteln im Zaum hältst.
> Sorge dafür, dass deine Anschauungen und deine Lebensweise übereinstimmen, und widme dich mit Begeisterung der Meditation.
> Sobald sich irgendeines der gewöhnlichen fünf Gifte zeigt, fange es augenblicklich
> mit Achtsamkeit ab und wende unbeirrbar die Gegenmittel an.

Wir erzeugen zwar immer die Bodhichitta-Motivation und geloben, uns für das Wohlergehen aller Lebewesen im Universum einzusetzen, aber als Anfänger müssen wir uns bei unserer Praxis erst einmal auf uns selbst konzentrieren und alles daransetzen, dass wir mit Körper, Rede und Geist ein einwandfreies Leben führen und unseren Geist zu Frieden und Beherrschung erziehen.

Deshalb müssen wir uns, um »die Plagen des Geistes zu bezwingen«, vor Ablenkungen und Geschäftigkeit hüten und von allem Abträglichen fernhalten. Wir versuchen

Umstände zu meiden, die erfahrungsgemäß Plagen auslösen, und wenn wir doch einmal in eine solche Lage geraten, dürfen wir uns zumindest nicht von den Plagen mitreißen lassen.

Anschauung und Lebensweise müssen übereinstimmen, wie es im Text heißt. Unter »Anschauung« können wir die in Sutra und Tantra vertretene Philosophie des Mittleren Weges, aber auch die Anschauung, dass reines Gewahrsein und Leerheit eins sind, verstehen. In beiden Fällen gilt vom absoluten Standpunkt aus betrachtet, dass uns die Erscheinungen in ihrer Vielzahl und Vielfalt weder nützen noch schaden. Dennoch müssen wir jederzeit auf tadelloses Handeln bedacht sein, und unser Verhalten sollte stets von unserer Anschauung geleitet sein. Wenn wir die entscheidenden Punkte des wie gesagt in Sutra und Tantra vertretenen Mittleren Weges wirklich verstanden haben, hat diese Anschauung sehr viel mit der Lehre vom abhängigen Entstehen zu tun. Leerheit impliziert Kausalität. Unser Verständnis der Anschauung sollte uns demnach nur umso mehr auf einwandfreies Verhalten bedacht sein lassen.

Die im Text erwähnten »gewöhnlichen fünf Gifte« sind Unwissenheit, Anhaftung, Zorn, Hochmut und Missgunst,[73] wie sie alltäglich vorkommen. Unter dem Einfluss der Anschauung oder der Praxis des Gottheiten-Yoga können verstörende Emotionen in Weisheit verwandelt werden. Eine nicht in diesem Sinne transformierte Emotion wird »gewöhnlich« genannt.

Eine verstörende Emotion oder geistige Plage ist eine Geistesverfassung, die den Geist heimsucht und aufrührt und keinen inneren Frieden zulässt. Sie schwächt und zermürbt uns, sie macht uns elend und unzufrieden. Das ist in groben Zügen die Definition der geistigen Plagen. Wo sie sich breitmachen, sorgen sie dafür, dass uns aller innerer Frieden verloren geht.

Dann werden noch bestimmte Typen von Plagen unterschieden, zum Beispiel die fünf geistigen Gifte. Für den Fall, dass eines dieser Gifte in unserem Geist aktiv wird, rät uns der Text, wie auf eine feindliche Invasion zu reagieren und ohne auch nur einen Augenblick zu zögern ein Gegenmittel anzuwenden oder Gegenmaßnahmen zu ergreifen.

Im Dzogchen werden auch die fünf Gifte als Weisheit gesehen, und das ist vielleicht die klarste Anschauung überhaupt. Wir haben es hier mit einem durchaus schwierigen Thema zu tun, aber gemeint ist einfach Folgendes: Auch die fünf Gifte sind in ihrem tiefsten Wesen von Gewahrsein oder klarem Licht durchdrungen. Wenn wir nun frei von allem Klammern und Haften sind und durch den Gewahrseins-Aspekt des klaren Lichts die wahre, tiefste Natur einer Emotion erkennen, wird sie sich als Weisheit offenbaren. Das gibt uns sicher einiges zu denken.

Achtsamkeit, Wachsamkeit, Gewissenhaftigkeit

> Bringe deinen Geist durch Gewissenhaftigkeit, wachsame Innenschau, Selbstbeherrschung und ein Gefühl von Würde unter Kontrolle.

Um sicherzustellen, dass unser Verhalten durch Körper, Rede und Geist kontrolliert und diszipliniert bleibt und nichts zu wünschen übrig lässt, haben wir als wichtigste Instrumente die Achtsamkeit und die wachsame Innenschau. Diese beiden ruhen auf einer Basis von Gewissenhaftigkeit. Ohne Gewissenhaftigkeit werden wir kaum je Achtsamkeit oder wachsame Innenschau ausbilden.

Nehmen wir als Beispiel einen guten Mönch. Selbst im Traum wird er sich als Mönch sehen, und mit der Gewissenhaftigkeit, die in dieser vollkommenen Sicherheit liegt, wird er sich angesichts der Möglichkeit unrechten Handelns sagen: »Oh, das ist unrecht.« Seine Achtsamkeit wird ihn rechtzeitig warnen. Anschließend wird er sich wachsam im Auge behalten, um solche Gefahren auszuschließen. Deshalb ist Gewissenhaftigkeit so ungemein wichtig.

Wachsamkeit wacht und prüft und stellt fest, ob unsere Handlungen durch Körper, Rede und Geist zuträglich oder abträglich sind. Nehmen wir an, es entstehe jetzt eine Situation, die zu unangemessenem Handeln verleiten könnte. Plötzlich wird uns klar, dass es falsch wäre, und aus persönlicher ethischer Verantwortung unterlassen wir es. Das nennt unser Text »Selbstbeherrschung«. Wenn wir dagegen etwas als falsch erkennen und aus Rücksicht auf *andere* unterlassen, ist das »ein Gefühl von Würde«. Wenn wir diese beiden, Selbstbeherrschung und moralische Würde, über Monate und Jahre in unsere Praxis einbeziehen, lernen wir Disziplin und bekommen unseren Geist unter Kontrolle.

Die acht weltlichen Anliegen

> Sieh die Gleichheit von Lob und Tadel, Zustimmung und Missbilligung, gutem und schlechtem Ruf,
> denn sie sind wie Trugbilder oder Träume und existieren nicht wirklich.

In diesem Vers ist von den acht weltlichen Anliegen die Rede: Man wünscht sich Lob und möchte nicht kritisiert werden, man wünscht sich Glück und möchte von Leid verschont bleiben, man wünscht sich Gewinn, aber keinen Verlust, man wünscht sich Ruhm und Beifall, aber nicht Ablehnung und Schande. Wir kennen das, nicht wahr? Sogar Tieren scheint es nicht gänzlich fremd zu sein.

Ich glaube, wir alle sind ganz besonders um unseren guten Ruf besorgt. Mir zum Beispiel, wenn ich hier oben auf diesem Thron sitze und lehre, regt sich von Zeit zu Zeit irgendwo in meinem Hinterkopf der Gedanke: Mache ich eine gute Figur? Wie werden die Leute das aufnehmen? Werden sie mich mit lobenden Worten bedenken? Vielleicht nicht … oje! Das lief nicht so gut. Werden sie mich kritisieren? Immer wenn das passiert, muss ich mich dabei erwischen und mir sagen: Schau mal, wenn du hier auf diesem Thron sitzt und die Dharma-Lehren darlegst, solltest du dich nicht so von den acht weltlichen Anliegen mitreißen lassen.

Wir werden jedoch immer wieder feststellen, dass uns Hoffnungen, Befürchtungen und diskursive Gedanken jeder Art in den Sinn kommen. Auch sehr reinen Mönchen kommt vielleicht manchmal ganz im Hintergrund der Gedanke, ob die Leute wohl ein paar anerkennende Worte für sie übrig haben werden. Es kann sogar vorkommen, dass sie andere zu beeindrucken versuchen, um Opfergaben zu bekommen oder zu Ritualen gerufen zu werden. Solche Gedanken können wirklich heimtückisch sein. Die acht weltlichen Belange lauern ständig, schleichen sich heimlich ein, und selbst wenn wir etwas wirklich Gutes tun, suchen sie noch die kleine Lücke, durch die sie schlüpfen können.

Lob und Reputation tragen, wie es in *Der Weg des Bodhisattva* heißt, nichts zur Verlängerung unseres Lebens oder zur Verbesserung unserer Gesundheit bei.[74] Gut, wenn viele Leute Lobendes über uns sagen, werden wir vielleicht ein wenig reicher. Aber ansonsten leben wir von Lob nicht länger oder gesünder oder in irgendeiner Weise besser. Und wenn man uns kritisiert, werden wir davon nicht krank und sterben nicht früher. Kurz, es hat überhaupt keine bedeutenden Auswirkungen auf uns.

Wenn wir einmal innehalten und wirklich über Lob und Tadel nachdenken, wird uns klar werden, dass sie überhaupt kein Gewicht haben. Ob wir gelobt oder kritisiert werden, es ist einerlei. Wichtig ist einzig und allein, dass wir eine reine Motivation haben und das Gesetz von Ursache und Wirkung unseren Zeugen sein lassen. Wenn wir ehrlich sind, bleibt uns nicht verborgen, dass es keine Rolle spielt, ob man uns applaudiert oder nicht. Die ganze Welt mag uns ein Loblied singen, aber wenn wir etwas Unrechtes getan haben, werden wir die Folgen selbst tragen müssen und ihnen nicht entgehen. Und wenn wir mit reiner Motivation handeln, können alle Wesen der drei Bereiche noch so viel an uns auszusetzen finden – dadurch wird uns kein Leid geschehen. Nach dem Karma-Gesetz hat jeder Einzelne von uns selbst für seine Taten geradezustehen.

Und so können wir Gedanken dieser Art gänzlich ausschalten: Wir erkennen, dass sie vollkommen substanzlos sind wie Träume oder magische Vorspiegelungen. Wenn wir gelobt werden und vor Wonne glühen, steckt der Gedanke dahinter, dass Lob uns irgendwie nützt. Aber genauso gut könnte man annehmen, ein Regenbogen oder ein Traum sei etwas Substanzielles. Lob und Hochrufe haben keinen Gebrauchswert, sie nützen überhaupt nichts. So überzeugend sie auf uns wirken mögen, sie sind so unwirklich wie das, was ein Zauberkünstler uns vortäuscht. Deshalb gibt Longchenpa uns den Rat:

> Nimm sie gleichmütig hin, als wären sie bloßes Echo . .

Ebenso gilt: Wenn jemand etwas Unerfreuliches oder Verletzendes zu uns sagt, müssen wir uns in Geduld und Langmut üben und uns in Erinnerung rufen, dass die Worte wie Echoschall sind – genauso substanzlos und unwirklich.

10 Ich und Ichlosigkeit

Zur Wurzel von Anhaftung und Abneigung vordringen

Im nächsten Vers heißt es:

> … und durchtrenne an der Wurzel den Geist, der an einem »Ich« festhält.

Wir müssen unseren Glauben an ein Ich durchtrennen, und hier bekommt die tiefe Einsicht in die Leerheit ihre besondere Bedeutung. Die Wurzel aller geistigen Plagen und der Probleme, die sie mit sich bringen, ist, wie ich bereits gesagt habe, unser verbissenes Festhalten an einem »Ich«. Chandrakirti sagt in seiner *Einführung in den Mittleren Weg*:

> Da der Yogi sieht, dass alle Plagen und Fehler
> aus der Anschauung der vergänglichen Ansammlung entstehen
> und das Ich der Gegenstand dieser Anschauung ist,
> macht er sich daran, das Ich zu widerlegen.[75]

Alle unsere Schwächen kommen daher, dass wir an der Realität des Ich festhalten. Sehen wir uns einmal an, wie Anhaftung oder Abneigung entstehen. Im Fall der Anhaftung blicken wir auf etwas Angenehmes und wünschen uns, es zu besitzen und nie wieder zu verlieren. Bei der Abneigung oder Aversion geht es um etwas, das wir loswerden möchten. Und immer wenn wir Anhaftung oder Abneigung empfinden, schreiben wir das den Eigenschaften der Dinge selbst zu und denken nicht an die Rolle, die unsere eigene Wahrnehmung dabei spielt. Wir denken also, der Gegenstand unseres Haftens oder unserer Abneigung sei in sich selbst gut beziehungsweise schlecht. So muss sich die Überzeugung bilden, die so betrachteten Dinge seien ein für alle Mal so, wie wir sie sehen. Wenn wir beispielsweise einen Menschen oder irgendeinen Umstand heute als richtig schlecht, aber schon morgen als gut erleben, können wir es selbst kaum glauben. Eigentlich halten wir das für unmöglich. Nach unserer anfänglichen Reaktion des Haftens oder der Abneigung glauben wir nämlich, dass wir auf in den Dingen selbst liegende, durch nichts anderes bedingte Eigenschaften reagieren. Eine wirklich autonome, für sich selbst stehende Eigenschaft könnte sich aber niemals ändern. Wenn etwas in und aus sich selbst gut wäre, würde es gut bleiben müssen und sich nie ändern. Und wenn etwas schlecht wäre, würde es immer so bleiben. So aber nehmen wir die Dinge meist wahr, und deshalb empfinden wir ein Haften bei Dingen, die wir gut finden, und Abneigung bei allem, was wir schlecht finden.

Über diesen Glauben hinaus, dass die Gegenstände unseres Haftens und unserer Abneigung in sich selbst gut oder schlecht seien, kann es noch sein, dass wir etwas für gut halten, weil es *uns* nützen wird, oder etwas für schlecht halten, weil es *uns* schaden wird – und das ist noch schlimmer. Hier ist nämlich das Gefühl eines Ich, dem das als gut Angesehene nützen und das als schlecht Angesehene schaden wird, extrem stark.

Wir glauben also nicht nur, die Objekte unseres Mögens und Nichtmögens seien real und in sich selbst gut oder schlecht, sondern darüber hinaus glauben wir auch noch, das Ich – das also, was Anhaftung und Abneigung empfindet und Nutzen oder Schaden erfährt – sei ebenfalls real. Deshalb trennen wir zwischen »Ich« und »Anderem«, und dann haften wir an unserem Ich und allem, was wir als auf unserer Seite wahrnehmen, während wir gegenüber allem »anderen«, was uns und unseren Interessen entgegensteht, Abneigung empfinden.

Wir können unser Mögen und Nichtmögen dadurch reduzieren, dass wir die unerfreulichen Aspekte der Objekte unseres Begehrens und die positiven Züge der Objekte unserer Ablehnung betrachten. Wir können auch die Nachteile unseres Zorns und unserer Aversion betrachten und sehen, wie sie uns schaden. Das wird uns anregen, Geduld und Nachsicht zu üben. Das sind Techniken, mit denen wir unserem Haften und unserer Aversion entgegenwirken können. Doch bei genauerer Betrachtung liegt dem Hang zu solchen Gefühlen der Glaube zugrunde, die Dinge seien wirklich so, wie wir sie wahrnehmen, und es gebe ein reales Ich, für das diese Dinge Nutzen oder Schaden bedeuten. Dieser starke Glaube, die Dinge und das Ich seien real, ist das, was als Reaktion unser Mögen und Nichtmögen auslöst.

Das Ich-Gefühl

Sehen wir uns jedoch die Dinge genauer an, die Anhaftung und Abneigung bei uns auslösen, so wird sich zeigen, dass sie gar nicht so real sind, wie wir zuerst annehmen. Und wenn wir über das Ich nachdenken, dem die Dinge nützen oder schaden, stellt sich heraus, dass dieses Ich gar nicht zu finden ist. Wenn uns die Dinge und das Ich nicht mehr so real und fest gefügt erscheinen wie bisher, wird unserer Anhaftung und Abneigung der Boden entzogen sein. Was bisher so unerschütterlich sicher schien, wird Risse bekommen und sich schließlich als substanzlos und bloß eingebildet erweisen.

Wir sollten uns wirklich Zeit nehmen, darüber nachzudenken. Wir sollten uns klarmachen, was uns eigentlich durch den Sinn geht, wenn wir etwas mögen oder nicht mögen. Als erstes werden wir herausfinden, dass da ein starkes Gefühl von unserem eigenen Ich besteht, ein Gefühl, dass »ich existiere«. Und dieses Gefühl besagt darüber hinaus, dass ich unabhängig von allem anderen existiere.

In der philosophischen Tradition des Buddhadharma sprechen wir von den »vier Siegeln, die das Kennzeichen der Lehren des Buddha sind«:

> Alle zusammengesetzten Phänomene sind vergänglich.
> Alles [mit Unwissenheit] Behaftete leidet.
> Alle Phänomene sind leer und ohne ein Ich oder Selbst.
> Nirvana ist wahrer Friede.

- Wie wir bereits gesehen haben, sind alle Dinge vergänglich, weil sie von Ursachen und Bedingungen abhängen. Die Anhäufungen beruhen wie alles Bedingte auf bestimmten Ursachen, und das bedeutet, dass sie ebenfalls vergänglich sind.

- Die Hauptursache für das Entstehen der Anhäufungen ist die Unwissenheit. Und da sie durch Ursachen bedingt sind, müssen sie ihrer Natur nach leidvoll sein. Alles, was aufgrund von Unwissenheit entsteht, wird »behaftet« genannt und ist von Natur aus leidvoll.

- Das dritte der vier Siegel lautet: »Alle Phänomene sind leer und ohne ein Ich oder Selbst.« Alles Behaftete leidet, sagten wir. Aber es ist möglich, von diesem Leid frei zu werden, und zwar aus folgenden Grund: Wir leiden, weil wir unwissend sind, aber die Unwissenheit, die uns leiden lässt, ist im Grunde nur eine Fehlwahrnehmung der Dinge. Wir halten die Dinge für real, aber in Wirklichkeit sind sie es nicht. Tatsächlich sind alle Phänomene leer, das heißt ohne ein ihnen selbst innewohnendes Sein, ohne ein Ich oder Selbst. Wenn wir uns an die in allen Schulen des Buddhismus gebräuchliche Darstellung halten, bezieht sich »ohne ein Selbst« vor allem auf das Fehlen einer konkreten persönlichen Identität. Das »ich« und »mein«, das wir den Phänomenen zuschreiben, ist in Wirklichkeit in den Phänomenen selbst nicht vorhanden. Dieser Irrtum nun lässt sich aufklären, und so kann die allen Plagen zugrunde liegende Unwissenheit bereinigt werden.

- Wenn die Unwissenheit beseitigt ist, wird sich ein Frieden einstellen, der echtes und dauerhaftes Glück bedeutet. Das bedeutet der Satz: »Nirvana ist wahrer Friede.«

In allen Schulen des Buddhismus also ist diese Lehre der Ichlosigkeit gültig. Sie sagen übereinstimmend, dass die Grundursache aller unserer Leiden und Plagen in diesem Festhalten an der Existenz eines Ich liegt. Ganz einfach ausgedrückt heißt das: Es gibt kein Ich oder Individuum, das losgelöst oder unabhängig von den Anhäufungen existiert. Wenn wir darüber gründlich nachdenken, kann unser starkes Haften an solch einem Ich, das unabhängig von den Anhäufungen existiert und sie sogar beherrscht, nach und nach unterwandert und abgebaut werden. Der bloße Gedanke, dass es solch ein unabhängiges Ich gar nicht gibt, kann schon der Neigung, an dieses Ich zu glauben, entgegenwirken.

Wenn wir an die philosophischen Schulen des alten Indien denken, gibt es eine einfache Unterscheidung zwischen Buddhisten und Nichtbuddhisten: Alle, die an solch ein Ich glauben, sind Nichtbuddhisten, und alle die diesen Glauben zu widerlegen trachten, sind Buddhisten. Und so heißt es in den buddhistischen Lehren auch: »Verneinung oder Bejahung der Basis für den Ich-Gedanken ist das, was zwischen Anhängern des Buddha und anderen unterscheidet.«[76]

Das Begehren oder Haften

Verdeutlichen wir uns das Begehren oder Haften an einem alltäglichen Beispiel: Wir gehen einkaufen und sehen etwas, das wir kaufen möchten. Der nächste Schritt besteht eigentlich aus zwei Schritten. Nachdem der Gegenstand uns ins Auge gefallen ist, nehmen wir ihn einfach als etwas Gutes wahr. Bis dahin besteht noch keine Anhaftung. Das Gefühl, dass es sich um ein reales Objekt handelt, ist vorhanden, aber wir haben uns noch nicht daran festgeklammert. Aber jetzt fangen wir an, über diesen Gegenstand nachzudenken.

Wir sagen uns: »Mmm, das gefällt mir. So etwas fehlt mir gerade noch. Es passt auch zu mir.« Und das ist der Augenblick, in dem unser Geist geradezu von diesem Objekt aufgesaugt wird. Das ist es, was wir mit Anhaftung meinen. Im nächsten Schritt, von diesem Begehren und Haften geleitet, kaufen wir den Gegenstand. Nach dem Kauf finden wir unsere Neuerwerbung noch anziehender. Es ist immer noch derselbe Gegenstand, aber jetzt gehört er uns und ist dadurch stärker mit unserer Person verbunden – und wird dadurch scheinbar noch kostbarer und begehrenswerter.

Und jetzt stellen Sie sich vor, Sie gehen in einen Laden und sehen etwas Schönes, und im selben Moment fällt es aus irgendeinem Grund auf den Boden und geht in Stücke. Sie sind erschrocken und vielleicht auch ein bisschen enttäuscht, aber vermutlich wird es Sie nicht gar so sehr bewegen. Hätten Sie diesen Gegenstand jedoch schon gekauft und bezahlt und müssten dann erleben, wie er ihnen entgleitet und in Stücke geht – das wäre etwas ganz anderes, ein Schock. Wenn wir also zu etwas eine Beziehung aufgenommen haben und es als etwas eng mit uns und unserem Ich-Gefühl Verbundenes wahrnehmen, hängen wir auch sehr viel mehr daran.

Vergegenwärtigen Sie sich die Situation und der Zusammenhang wird ganz klar sein. Zuerst sieht der Geist die Dinge einfach als gut oder schlecht, aber sobald wir unser Ich-Gefühl mit irgendetwas verbinden, kommen Anhaftung oder Aversion auf. Und hat sich erst ein Haften eingestellt, kommt auch sehr leicht und im gleichen Maße Aggression auf. Mit dem Begehren kommt der Zorn. Wenn wir an uns selbst und unserem Eigeninteresse haften, sind auch gleich Aversion und Feindseligkeit da, sobald wir unsere Interessen gefährdet sehen.

Zorn und Hass und was sie anrichten

Aber was uns tatsächlich schadet, ist unser Zorn. Den wirklichen Schaden, die wirkliche Gewalt, tut uns der eigene Zorn an. Kaum werden wir ärgerlich, schon kommt unser Geist in Wallung und fühlt sich höchst unwohl. Und das Unbehagen, das der Zorn in uns auslöst, verwandelt sogar unser gesamtes äußeres Erscheinungsbild. Unser Gesicht sieht plötzlich wild und hässlich aus. Der Atem geht stockend und keuchend. Plötzlich sprechen wir anders, wir bellen Unfreundliches und Hässliches. Das ist eigentlich die Gewalttätigkeit, die wir uns mit unserem Zorn selbst zufügen. Und dann fühlen wir uns ganz elend und gehen auf andere los und fügen ihnen Schaden zu. Aber der »Missetäter« ist eigentlich unser Zorn.

Gegen solchen Zorn wirkt unser Begehren eher sanft und harmlos, wenn nicht freundlich, aber in Wirklichkeit ist unser Begehren das, woraus Zorn und Aversion entstehen.

Es versteht sich von selbst, dass unser Mögen und Nichtmögen nicht nur unter spirituellen Gesichtspunkten ein Problem darstellt. Es macht uns als Einzelnen, aber auch der Gesellschaft insgesamt eine Menge Ärger. Und dabei spielt es keine Rolle, wo die Menschen leben, im kleinsten Dorf oder in der Großstadt, im Westen oder im Osten – und es spielt keine Rolle, ob sie reich oder arm sind. Wenn Sie zwei Menschen vergleichen, von denen einer ständig in seinen Begehrlichkeiten und Abneigungen lebt, während der andere kaum oder wenig davon berührt wird, können Sie ganz sicher sein, dass der zweite entspannter und glücklicher ist. Einer, der ständig etwas haben will oder gegen etwas ist, kommt nie zur Ruhe und ist nie richtig gelöst. Sie sehen die Auswirkungen zum Beispiel in der Familie.

Wenn jemand eher entspannt ist, geht es in der ganzen Familie gelassener zu, es gibt kaum Meinungsverschiedenheiten und Streit. Aber wenn jemand sehr reizbar ist und sich von seinem Mögen und Nichtmögen einfach mitreißen lässt, teilt sich das allen Familienmitgliedern mit, und es wird ständig Probleme und Streit geben. All das beobachten wir alle in unserem Zusammenleben mit anderen.

Denken Sie einmal gut darüber nach, und Sie werden sehen, dass es einfach nicht möglich ist, all die Wünsche zu erfüllen, die unserem Mögen und Nichtmögen entspringen. Dieses Begehren ist unersättlich. Ärger zum Beispiel. Wenn wir wütend werden, können wir nicht einfach alles kurz und klein schlagen, was uns aufregt, oder alle umbringen, die uns gegen den Strich gehen. Irgendein Insekt, das uns auf die Nerven geht, können wir natürlich erschlagen und uns damit vielleicht abreagieren oder einen kleinen Triumph erringen – aber es gibt einfach so viel, was uns aufregt und ärgert! Und wir können ja nicht die ganze Welt in Schutt und Asche legen. Nein, das hat noch niemand geschafft: alle Impulse auszuleben, die aus unserem Mögen und Nichtmögen entstehen.

Solange Sie also von übermäßiger Anhaftung und Ablehnung beherrscht werden, können Sie unmöglich glücklich sein. Aber das Wort »Glück« besitzt außer Freude und Wohlbefinden noch eine weitere Bedeutung: Zufriedenheit. Wenn wir zufrieden sind, können wir uns entspannen und wohlfühlen. Solange wir unzufrieden sind, bleibt Glück unerreichbar. Und was verhindert Zufriedenheit? Unser Mögen und Nichtmögen. Je mehr Raum sie in unserem Leben einnehmen, desto schwerer werden wir irgendwo ein Genügen finden. Wenn Sie das ganz persönlich betrachten, kann Ihnen nicht entgehen, dass Anhaftung und Abneigung uns am meisten schaden. Und wenn wir uns umschauen, sehen wir auch bei anderen, dass eigentlich das Begehren und der Hass – nicht die Menschen selbst – jeden Konflikt und jeden Streit verursachen. Wir müssen also unbedingt zwischen den Menschen einerseits und ihren Anhaftungen und Aversionen andererseits unterscheiden.

Wie wir schon gesehen haben, bringen die Plagen unseren Geist in Aufruhr. Das wiederum wirkt sich auf den Körper aus, es kommt leichter zu gesundheitlichen Störungen. Das ist deutlich zu erkennen und sogar wissenschaftlich belegt. Ich ziehe gern die psychologischen Forschungsergebnisse heran, nach denen sehr selbstbezogene Menschen, die häufig die Worte »ich«, »mich« und »mein« gebrauchen, eine erhöhte Bereitschaft zu Herzkrankheiten zeigen.[77] Ein sehr bezeichnender Befund.

Wenn wir von Begierde und Aversion getrieben sind, quälen wir uns eigentlich selbst. Denken Sie etwa an den Feierabend: Wir sind fertig mit der Arbeit und gehen heim. Dort angekommen spannen wir erst einmal aus und gönnen uns eine Pause. So haben wir die Chance, uns zu erholen. Aber wenn unser Geist nicht zur Ruhe kommt, werden wir keine Entspannung und Erholung finden, selbst wenn wir behaglich daheim sitzen und niemand uns stört. Nachts wälzen wir uns im Bett hin und her und finden keinen Schlaf. Irgendwann halten wir es nicht mehr aus und greifen zu Schlaf- und Beruhigungsmitteln. Und wenn der Erfolg ausbleibt, machen wir auch vor destruktiven Mitteln wie Alkohol und Drogen nicht mehr halt, obwohl wir wissen, dass sie uns schaden. Wenn der Geist zum Spielball seiner Begierden und Aversionen wird, kann er uns das Leben zur Hölle machen.

Ich erzähle dazu gern eine Geschichte, die zum Teil scherzhaft, aber durchaus auch ernst gemeint ist. Stellen wir uns vor, wir hätten einen Nachbarn, der uns aus irgendeinem Grund nicht mag und immer Anlass zu Streitigkeiten sucht oder uns eins auswischen möchte. Wenn wir uns dazu verleiten lassen, ihm sein Verhalten übel zu nehmen, hat er nicht den geringsten Schaden davon. Wir schon, denn solche Gefühle rauben uns den inneren Frieden. Nach einer Weile können wir an gar nichts anderes mehr denken. Wir verlieren den Appetit, und wenn wir doch etwas essen, schmeckt es uns nicht. Wir bekommen Schlafstörungen. Wenn uns ein Freund besucht, werden wir diese Stimmung trotzdem nicht los und fühlen uns jetzt sogar noch von unserem Freund gestört. Bald macht die Nachricht in unserem Freundeskreis die Runde, und alle fragen sich erstaunt, wie es kommt, dass wir uns so verändert haben und das Zusammensein gar keinen Spaß mehr macht. Immer seltener kommt jemand vorbei, und bald versiegen die Besuche ganz. So sitzen wir jetzt allein da und gehen unseren finsteren Gedanken nach. Selbst im Garten haben wir keine Freude mehr an den Blumen. Wir vergraben uns im Haus, brüten unaufhörlich über unseren Hassgedanken, werden depressiv, verlieren alle Lebenslust, lassen uns buchstäblich graue Haare wachsen und altern vor der Zeit.

Nur einer wird davon ganz begeistert sein: unser Nachbar. Er wollte uns schaden, und wir liefern ihm genau das, was er sich wünschte. Wenn er sieht, wie einsam, traurig und deprimiert wir geworden sind, wird er sich die Hände reiben und sich zu seinem Erfolg gratulieren.

Was aber, wenn der Nachbar alles daran setzt, uns auf die Palme zu bringen, und wir trotzdem weiterhin ganz ruhig und gelassen bleiben, mit Appetit essen, wohlig schlafen, unsere Freunde empfangen und die Freuden des Lebens genießen? Das wird ihn ganz schön Nerven kosten. Wir bleiben gesund und munter, und seine Versuche, uns zu schaden, prallen einfach ab.

Wir können mit unserem Zorn immer nur uns selbst schaden, nie unserem Gegner.

Es ist ja auch so schrecklich unproduktiv, sich in Wut bringen zu lassen. Stellen Sie sich folgende komische Szene vor: Sie sind extrem aufgebracht, Sie sind außer sich vor Wut, und Sie haben einen Stock in der Hand und wollen sich irgendwie Luft machen. Sie schlagen wahllos um sich mit Ihrem Stock, es ist Ihnen egal, was Sie treffen, es könnte sogar Ihr eigenes Bein sein. Wenn Sie in diesem Augenblick aber ganz gefasst wären, vielleicht sogar mit dem Anflug eines Lächelns im Gesicht, würden Sie sorgfältig Maß nehmen und einen Schlag landen, der sitzt.

Anhaftung und Aversion – die Auswirkungen auf das Ganze

Jegliche Art von Anhaftung oder Feindseligkeit ist einfach schädlich und sonst nichts, da kann es keinen Zweifel geben. Trotzdem glauben viele Menschen, gerade diese machtvollen Emotionen, Begierde und Hass, machten die Würze und Farbigkeit des Lebens aus. Ohne sie, so der weit verbreitete Glaube, wäre unser Leben fad, blass und ohne echte Vitalität. Manchmal bewundern wir Menschen, die starke Wünsche haben und aggressiv sind, weil wir uns einbilden, sie seien stark und fähig, sie wüssten, wie man die eigenen Leute versorgt und sich Gegnern entgegenstellt. Doch bei näherer Betrachtung ist es doch eher so, wie Nagarjuna sagt:

> Es kann wohltuend sein zu kratzen, wenn es juckt,
> aber noch wohltuender ist es, keinen Juckreiz zu haben.
> Aus weltlichem Begehren kann Lust kommen,
> aber Freiheit vom Begehren ist noch größere Lust.[78]

So ist es in der Tat, und das muss gar nichts mit Religion zu tun haben. Es ist einfach eine Tatsache des Lebens. Die Plagen, vor allem Anhaftung und Abneigung, machen uns das Leben sauer. Sie halten uns in Atem, sie sorgen für Schwierigkeiten aller Art.

In der heutigen Gesellschaft sind wir uns alle einig, dass Wissensmangel ein großer Nachteil ist. Deshalb setzen wir alles daran, unseren Kindern eine gute Ausbildung zu ermöglichen. Niemand zweifelt daran, dass es für Kinder wichtig ist, in die Schule zu gehen, und in den entwickelten Ländern bleiben ungebildeten Menschen viele Möglichkeiten versagt. Bildungsmangel macht einem das Leben schwer, Armut und Elend sind vor allem durch mangelnde Kenntnisse bedingt. Deshalb bemühen wir uns mit so viel Aufwand um unser Schulwesen. Aber Anhaftung und Aversion verursachen genauso viel Elend wie fehlende Bildung – weshalb also gehen wir nicht genauso gegen sie vor wie gegen Unwissenheit und Bildungsmangel? Ich glaube, darüber sollte man sich wirklich einmal ernsthaft Gedanken machen.

Man könnte sich natürlich auf den Standpunkt stellen, Begehren und Hass seien einfach natürlich und jeder Mensch werde damit geboren. Richtig, aber das ist mit der Unwissenheit auch so. Wir können nicht lesen und schreiben, wenn wir auf die Welt kommen. Da besteht keinerlei Unterschied. Andere Spezies sind seit Millionen von Jahren ungefähr gleich geblieben, aber die Menschheit hat Unwissenheit als Mangel erkannt und alles darangesetzt, diesen Mangel zu beheben. In manchen Bereichen hat das unser Leben komplizierter gemacht, weil es so viel mehr zu bedenken gilt; auch Bildung hat also ihre Vor- und Nachteile, aber es ist sicher richtig, dass fehlende Bildung schwere Nachteile birgt. Wir müssen etwas gegen Wissensmangel und schlechte Bildungschancen unternehmen. Und wie Unwissenheit viele Probleme mit sich bringen kann, sind auch Anhaftung und Aversion für sehr viel Leid verantwortlich – es wird Zeit, dass die Gesellschaft sich dazu etwas einfallen lässt. Wie gesagt, ich rede hier nicht von Religion und Spiritualität; es ist etwas, das die Gesellschaft insgesamt angeht.

Wahre Geduld und Nachsicht

Wenn wir jemandem böse sind, dann meist deshalb, weil uns Schaden zugefügt wurde. In solch einer Lage ist es wirklich hilfreich, klar zwischen der Tat und der Person zu unterscheiden, und auf diesem Wege entwickeln wir Geduld und Nachsicht. Die mit weitem Abstand wichtigste Eigenschaft, die uns davor bewahren kann, jemandem böse zu sein, der uns schlecht behandelt, ist Geduld.

Geduld heißt natürlich nicht, dass wir schlechte Behandlung einfach hinnehmen und nichts dagegen unternehmen. Machen wir uns klar, wie das zusammenhängt. Wie ich schon sagte, glauben viele, dass Leute, die sehr gut wissen, was sie wollen, und darin auch aggressiv werden können, besonders stark und fähig sind, weil sie sich durchzusetzen wissen. Und jetzt könnten Sie vielleicht denken, jemand, der sich von Anhaftung und Zorn befreit und anderen gegenüber Mitgefühl und Geduld übt, solle sich einfach mit verbalen und tätlichen Übergriffen abfinden. So ist es aber nicht. Schlechte Behandlung durch wen auch immer ist keineswegs zu dulden. Wir beziehen vielmehr Stellung dagegen und tun geeignete Schritte, um dergleichen zu unterbinden. Dabei sollten wir aber gegenüber der Person, die uns schlecht behandelt, weder Ärger noch Gehässigkeit empfinden.

Es gibt gute Gründe, diese Person mitfühlend zu betrachten. Lassen Sie uns ein wenig darüber nachdenken. Immer wenn wir etwas tun, was nicht in Ordnung ist, und es später bereuen und uns dafür entschuldigen, unterscheiden wir zwischen dem Fehler selbst und uns als dem, der ihn begangen hat. Aber wenn sich jemand anderes uns gegenüber falsch verhält, sind wir nicht so schnell bereit, diese Unterscheidung zu treffen. Wir nehmen den Fehler des anderen als Anlass, ihm als Person böse zu sein. Besser wäre es, ihm die gleiche Unterscheidung zuzugestehen, die wir bei uns selbst machen.

Und wie wir unseren eigenen Fehler einfach als Patzer sehen, sollten wir auch beim anderen erkennen, dass er ebenfalls ein Opfer verstörender Emotionen wie Begierde und Zorn ist und folglich genauso Fehler macht wie wir. Deshalb ist hier Mitgefühl angebracht. Aus eigener Erfahrung wissen wir, wie es ist und wie schrecklich es sich anfühlt, wenn zwanghafte Gefühle wie Anhaftung und Feindseligkeit über uns herfallen. Wenn wir uns bewusst machen, dass der andere das Gleiche erlebt, wird sich Mitgefühl auf ganz natürliche Weise einstellen. Das ist wahre Geduld und Nachsicht. Trotzdem müssen wir uns gegen das Handeln eines anderen, das nicht in Ordnung und nicht zu rechtfertigen ist, wehren, indem wir ihn zur Rede stellen und dieses Verhalten zu unterbinden versuchen.

Die Ichlosigkeit der Person

In den Lehren des Buddha werden wir angehalten, Anhaftung und Abneigung nicht nur als Fehler zu sehen und zeitweilig auszuschalten, sondern an die Wurzel des Problems zu gehen, die im Festhalten an der Vorstellung eines Ich besteht. Gemeint ist die Vorstellung, es gebe tatsächlich ein konkretes Ding namens »Ich«, das irgendwie eigenständig und von den psychischen Anhäufungen unabhängig ist, sie jedoch beherrscht. So *erscheint* uns das Ich, und der Glaube, dass es wirklich so sei, wird »Festhalten am Ich« genannt.

Wir müssen also zunächst einmal feststellen, dass das, woran wir uns klammern, gar nicht als eigenständige Entität existiert. Wir denken über diese Tatsache immer wieder gründlich nach, bis sie uns immer mehr einleuchtet. Auch wenn diese Ich-Vorstellung immer wieder hochkommt, weil wir uns so lange an sie gewöhnt haben, irgendwann werden wir uns aus eigener Anschauung davon überzeugen, dass dieses Ich nirgendwo aufzufinden ist, auch wenn wir uns immer wieder von Kopf bis Fuß danach absuchen. Gäbe es ein eigenständiges, die Anhäufungen beherrschendes Ich, dann müssten wir es ja irgendwo finden können, und wenn nicht im Körper, dann im Geist, irgendwo zwischen all den groben oder subtilen Zuständen unseres Bewusstseins. Aber wir finden es nicht. Und wenn klar wird, dass es dieses scheinbare eigenständige Ich in Wahrheit nicht gibt, wird sich das auf unser Festhalten am Ich auswirken und es fragwürdig machen und damit schwächen.

In zwei Schulen buddhistischen Denkens, bei den Vaibhashikas und Sautrantikas, wird Ichlosigkeit nur unter persönlichen Gesichtspunkten als Leerheit des Ich betrachtet. Dass *alle* Phänomene ohne ein »Ich« oder Selbst-Wesen sind, spielt hier keine Rolle. Der Gedanke der Ichlosigkeit der Person schwächt, wie ich schon sagte, unser Festhalten an der Ich-Vorstellung, aber er vermindert auch alles mit diesem Ich-Gefühl verbundene Mögen und Nichtmögen, weil dieses Ich jetzt nicht mehr alles auf sich beziehen und als gut oder schlecht einstufen muss. Hier werden Anhaftung und Abneigung also nicht von dem Gedanken her ausgehebelt, dass auch die Gegenstände unserer Anhaftung und Abneigung kein ihnen selbst innewohnendes Sein besitzen.

Die »Ichlosigkeit« der Phänomene aus der Sicht der Nur-Geist-Philosophie

In der Nur-Geist-Schule und der Schule des Mittleren Weges ist über die Ichlosigkeit der Person hinaus außerdem von der »Ichlosigkeit aller Phänomene« die Rede. Hier geht man davon aus, dass selbst die Phänomene unserer Erfahrung nicht in dem Sinne real und fest gefügt sind, wie sie uns erscheinen. An dem Weg zu dieser Schlussfolgerung lassen sich Stadien und Schichten erkennen. In der Nur-Geist-Schule werden die Phänomene unserer täglichen Erfahrung wie zum Beispiel die psychophysischen Anhäufungen analysiert und in immer feinere Bestandteile zerlegt, bis sich zeigt, dass nirgendwo etwas zu finden ist. Das untergräbt unsere selbstverständliche Annahme, die Dinge seien real, handfest und substanziell. Wir beginnen also die Annahme infrage zu stellen, dass äußere Dinge und Erscheinungen eine in ihnen selbst liegende und in diesem Sinne eigene, das heißt von unseren subjektiven Projektionen unabhängige Realität besitzen. Das führt zu dem Schluss, dass diese Phänomene von der gleichen Natur und Substanz sind wie der Geist, der sie wahrnimmt.

Damit wird auch die Annahme brüchig, dass die Dinge in sich selbst, also unabhängig von den Projektionen unseres Geistes gut oder schlecht seien – und im gleichen Maße sind wir in der Lage, Anhaftung und Aversion in uns zu überwinden. Hier stellt sich die Frage: Wenn die Dinge nicht in und aus sich selbst real sind, wie existieren sie dann? Die Antwort lautet, dass sie aus Gewohnheitstendenzen unseres Bewusstseins hervorgehen. Das ist ein wenig schwierig zu verstehen.

Es werden vier Arten von Gewohnheitstendenzen genannt: die Gewohnheitstendenzen des Ausdrucks, die Gewohnheitstendenzen der Ähnlichkeit, die Gewohnheitstendenzen der Ich-Anschauung und die Gewohnheitstendenzen des bedingten Daseins und seiner Glieder.[79]

Betrachten wir die Gewohnheitstendenzen anhand unserer Wahrnehmung der Blume, die hier vor mir steht. Bei einer Analyse der Blume würden wir feststellen, dass sie nichts in ihr selbst Liegendes besitzt. Das führt uns zu der

Frage, was sie denn eigentlich ist. Im Rahmen dieser Darstellung gehen der Geist, der die Blume wahrnimmt, und die vom Geist wahrgenommene Blume beide aus Gewohnheitstendenzen hervor, die im Grund-Bewusstsein wurzeln. Wir haben schon früher ähnliche Blumen wahrgenommen, und diese Wahrnehmungen werden zu Gewohnheitstendenzen im Grund-Bewusstsein. Unter entsprechenden Bedingungen – hier also beim Anblick einer Blume – werden diese Gewohnheitstendenzen aktiviert, und zwar teils als Aspekt des wahrgenommenen Objekts und teils als Aspekt des wahrnehmenden Geistes. Das wahrgenommene Objekt und der wahrnehmende Geist sind von gleicher Substanz: Sie gehen beide aus einer sich fortsetzenden Ursache, aus dem gleichen Keim hervor. Und weil sowohl der objektive als auch der subjektive Aspekt der Wahrnehmung aus demselben Keim hervorgehen, sagen wir, sie seien von gleicher Identität. So kommt Wahrnehmung durch die »Gewohnheitstendenz der Ähnlichkeit« zustande.

Die »Gewohnheitstendenz des Ausdrucks« sorgt dafür, dass wir dieses Objekt als Blume bezeichnen. Hier kann es ein bisschen kompliziert werden, weil eine Benennung ja eigentlich voraussetzt, dass da wirklich etwas ist und eigenständig existiert. Sagen wir also: Die Benennung hat sicherlich irgendeine Grundlage, aber nicht in etwas, das – wie es uns erscheint – von sich aus existiert. Unser Haften an der Vorstellung, es sei wirklich so, wie es uns erscheint, ist »die Gewohnheitstendenz der Ich-Anschauung«. Es ist auch »die Gewohnheitstendenz der Glieder der bedingten Existenz«, vor allem jedoch die Gewohnheitstendenz der Ich-Anschauung. Die Erklärung lautet hier also, dass sich in jedem Erkenntnisakt Anteile der verschiedenen Gewohnheitstendenzen mischen.

So beruht der Umstand, dass diese Blume uns als Blume erscheint, auf der Gewohnheitstendenz der Ähnlichkeit. Dass wir diese Blume als Blume bezeichnen, beruht auf der Gewohnheitstendenz des Ausdrucks. Der Eindruck, dass dieses Etwas, das wir »Blume« nennen, aus sich selbst existiert, kommt von der Gewohnheitstendenz der Ich-Anschauung. Der Eindruck täuscht, denn genau das wird verneint und widerlegt.

Aber wenn wir die Existenz äußerer Objekte verneinen, stehen wir vor der Aufgabe, die im Samsara und Nirvana erscheinenden Dinge irgendwie anders zu erklären. Nach der Nur-Geist-Schule handelt es sich bei diesen Erscheinungen um Aspekte des Bewusstseins, die aufgrund der Aktivierung von Gewohnheitstendenzen erscheinen. Das im Einzelnen zu erklären kann ziemlich kompliziert werden, aber der wesentliche Punkt liegt darin, dass diese Erscheinungen im Grunde einfach Selbstwahrnehmungen des Geistes sind. So wird hier die »Ichlosigkeit der Phänomene« gesehen. Und das hat durchaus sehr praktischen Wert, denn wenn wir die Objekte, die Anhaftung und Ablehnung bei uns auslösen, als *nicht* unabhängig von unserer Wahrnehmung zu sehen lernen, wird das unser Haften und unsere Ablehnung verringern.

Allerdings vertreten die Anhänger der Nur-Geist-Schule doch die Ansicht, dass es etwas wahrhaft Existierendes gibt. Es liegt für sie zwar nicht in den äußeren Dingen, aber im wahrnehmenden Geist: Der existiert nach dieser Philosophie tatsächlich und aus sich selbst.

Ichlosigkeit in der Schule des Mittleren Weges

Die Texte des Mittleren Weges sehen bei den Gegenständen der Erkenntnis keinen Unterschied zwischen äußeren und inneren Phänomenen. An allen wahrgenommenen äußeren Dingen ebenso wie am wahrnehmenden Geist ist nirgendwo ein wahres, innewohnendes Sein zu erkennen. Anhaftung und Aversion sind Geisteszustände, und alle Geisteszustände sind ohne wahre Realität.

Durch Meditation über die Ichlosigkeit der Person wird also das Haften an der Ich-Vorstellung reduziert, und durch die Meditation über die Ichlosigkeit der Phänomene erkennen wir, dass die Phänomene unserer Erfahrung nicht wahrhaft existieren, sodass sie uns mehr und mehr wie Trugbilder erscheinen. Unsere Gewohnheit, die Dinge als fest gefügt zu sehen, schwindet immer mehr – und mit ihr der Eindruck, etwas Gutes sei immer nur gut und etwas Schlechtes sei immer nur schlecht. So kann die Erkenntnis der Ichlosigkeit unser Haften am Ich an der Wurzel durchtrennen.

11 Leben, Tod und Praxis

Kehren wir zu Longchenpas Text zurück:

> Kurzum, verstoße in allem, was du tust, niemals gegen den Dharma –
> so wirst du Herr deines Geistes und schadest niemandem.

Niemals mit Körper, Rede und Geist »gegen den Dharma verstoßen«, das beinhaltet, wie wir gesehen haben, Achtsamkeit, Wachsamkeit nach innen und Gewissenhaftigkeit, sodass wir anderen in keiner Weise schaden.

> Und ohne dich auch nur für einen Augenblick den geistigen Plagen zu ergeben,
> widme deine Tage und Nächte dem Guten – das ist das alles Entscheidende!

> Da die Menschen heutzutage so ungebärdig sind,
> musst du unbedingt zuerst dein eigenes Wohl ganz für dich allein erwirken.

Es gibt in jeder Zeit unangenehme, Unruhe stiftende Menschen, und da kann es recht schwierig sein, das Wohl anderer zu erwirken. Deshalb ist es wichtig, zuerst einmal für unser eigenes Wohl zu sorgen. Longchenpa verdeutlicht das an einem Bild:

Wie ein Vogel nicht ohne seine beiden Flügel fliegen kann,
so ist auch das Wohl anderer nicht ohne die höheren Wahrnehmungsvermögen zu erwirken.
Strebe also eifrig nach deinem eigenen Wohlergehen, und denke dabei an das Wohl anderer.

Ohne deinen Geist von den heimtückischen Maras der Ablenkung und Geschäftigkeit täuschen zu lassen,
widme dich der Praxis, das ist das Wichtigste.

Wenn unsere Bemühungen, etwas für andere zu tun, oberflächlich bleiben und wir den Gegenkräften der Ablenkung auf den Leim gehen, mögen wir uns zwar einbilden, dass wir den Dharma praktizieren und wirklich etwas für andere leisten, aber in Wahrheit ist dem nicht so. Das mag alles ganz achtbar aussehen, aber tatsächlich bringen wir nichts zustande, was irgendwie von Belang wäre. Wir haben uns, mit Longchenpas Worten, »von den heimtückischen Maras der Ablenkung und Geschäftigkeit täuschen lassen«.

Vergänglichkeit und Tod – aber auch Freiheit

Bringe dich nicht in die Lage, unter Bedauern leiden zu müssen, wenn der Tod kommt.

Solange wir leben, versuchen wir andere vielleicht mit unseren Leistungen und guten Eigenschaften zu beeindrucken, während wir unsere Schwächen vertuschen. Das geht auch bis zu einem gewissen Grade, und vielleicht kommen wir damit durch. Aber wenn der Tod kommt, bleibt für solche

Täuschungsmanöver kein Raum mehr. Keine unserer Stärken hilft uns mehr, irgendetwas in Ordnung zu bringen, kein Reichtum, keine Mittel können ausgleichen, was wir schuldig geblieben sind – es gibt gar nichts mehr, was wir noch tun könnten. Wenn es ans Sterben geht, muss jeder von uns klar und tief überlegen, alle Masken fallen lassen und den eigenen Geist betrachten. Dann stellt sich die Frage: Was habe ich aus meinem Leben gemacht? Was habe ich jetzt, angesichts des Todes, an echter Zuversicht? Wie viel Erfüllung habe ich gefunden? Wenn uns da nichts einfällt, sind wir ziemlich dumm gewesen und haben uns in die Lage gebracht, »unter Bedauern leiden zu müssen«, wie Longchenpa sagt.

> Blicke daher in deinen Geist, mach ihn jetzt bereit …

Der tibetische Ausdruck, der hier gebraucht wird, vermittelt den Sinn, dass man den Geist bereit macht wie ein Feld, das vorbereitet wird, um dann bestellt zu werden und Frucht tragen zu können.

> … und überlege: Wenn du jetzt sterben müsstest, was würde dann aus dir werden?
> Wenn du ohne jedes sichere Wissen, wohin du gehen würdest und was geschehen würde,[80]
> deine Tage und Nächte in Verwirrung und Zerstreuung zubringst,
> verschleuderst du die Freiheit und machst die günstigen Bedingungen bedeutungslos.
> Meditiere deshalb allein und in Abgeschiedenheit über den essenziellen Sinn.
> Jetzt ist die Zeit, in der zu tun ist, was auf lange Sicht trägt.

Oder noch direkter: Wir müssen jetzt mit der Praxis beginnen, um unser langfristiges, endgültiges Ziel zu erreichen.

> Wie kannst du sicher sein, wohin du in der Zukunft gehen wirst?
> Du musst dich jetzt, heute, mit Eifer ans Werk machen.

Wir müssen uns die Kostbarkeit dieser menschlichen Geburt vor Augen führen, die uns erlaubt, den Dharma zu praktizieren, und durch die wir die Freiheit haben, uns dem zu widmen, was wirklich zählt. Und am besten nutzen wir diese Chance durch Meditation über Vergänglichkeit.

Der Tod wird uns sicher nicht erspart bleiben. Was geboren wird, muss zwangsläufig auch sterben. Und wenn es so weit ist, bietet uns nichts auch nur die allergeringste Hilfe – weder Reichtum noch Besitz, weder Verwandte noch Freunde, weder Ruhm noch guter Ruf. Daran kann nicht der geringste Zweifel bestehen. Aber wenn wir gestorben sind, hören wir nicht einfach auf zu sein wie eine verwelkte Blume. Das Bewusstsein geht weiter, wie wir bereits gesehen haben.

Sie können vielleicht nicht mit voller Überzeugung annehmen, dass es zukünftige Leben gibt, aber ich denke, es wäre ebenfalls sehr schwierig, die Möglichkeit völlig auszuschließen. Mit welchem Argument könnten Sie den Gedanken der Wiedergeburt gänzlich ablehnen? Weil sie nicht überall auf der Welt als Tatsache angesehen wird? Oder weil Sie noch nichts Beweiskräftiges mit eigenen Augen gesehen haben? Vielleicht gibt es nur diese beiden Gründe. Aber wenn Sie die Möglichkeit zukünftiger Leben nicht gelten lassen wollen, können Sie auch die Möglichkeit früherer Leben nicht gelten lassen – und es gibt eindeutige Zeugnisse von Menschen, die sich an frühere Leben erinnern.

Manche können sogar ihr nächstes Leben voraussagen. Irgendeine Erklärung würden Sie für solche Phänomene finden müssen.

Es gibt also einiges, was den Glauben an frühere Leben stützt, und es lässt sich wenig vorbringen, was die Möglichkeit gänzlich ausschließen könnte – außer der Tatsache, dass wir auf keine unmittelbare eigene Erfahrung zurückgreifen können. Das allerdings rechtfertigt höchstens Zweifel, nicht jedoch die völlige Ablehnung des Gedankens. Nach meiner Einschätzung spricht mehr für die Realität früherer Leben als dagegen. Im Übrigen gibt es keine konkreten Anhaltspunkte, die uns zwingen würden, die Möglichkeit zu negieren. Und wenn wir die Möglichkeit früherer und zukünftiger Leben einfach verneinen, müssen wir uns zum Gedanken der »Erzeugung ohne Ursache« bekennen.[81] Wir müssen dann annehmen, das Universum sei spontan und ohne jede Ursache entstanden – und daraus entstehen wieder lauter Fragen, für die wir keine Antwort liefern können.

Sollte es jedoch frühere und zukünftige Leben geben, dann werden von den Gewohnheitstendenzen, die wir jetzt in unserem Geist-Strom wachsen lassen, nur die tauglichen uns in der Zukunft nützen, denn was sich von Leben zu Leben als Kontinuum fortsetzt, ist der Bewusstseinsstrom. Alles, was irgendwie auf der körperlichen Ebene mit uns zu tun hat, wird uns in der Zukunft nichts nützen, wie wünschenswert es auch jetzt erscheinen mag. So viel ist klar.

Der Tod, ob wir an frühere Existenzen glauben oder nicht, schreckt uns alle und niemand findet ihn erstrebenswert. Niemand möchte sterben, aber es wird ohne Zweifel geschehen. Etwas Unerwünschtes, das unweigerlich eintreten wird, macht uns Angst und Bange. Aber wenn der Tod uns sicher ist, wäre es dann nicht besser, ihn zu akzeptieren und rechtzeitig mit ihm ins Reine zu kommen? Wir werden sterben, das gehört einfach zu den naturgegebenen Tatsachen des Lebens. Auch dass wir alt werden ist einfach eine Tatsache. Wenn wir die Fakten leugnen und an den Tod nicht einmal denken mögen, weil das so unangenehm ist, werden wir irgendwann, wenn er doch kommt, in Angst und Panik sein. Beschäftigen wir uns jedoch mit dem Tod – wie es ist zu sterben, wie das im Einzelnen abläuft, worauf wir unsere Aufmerksamkeit richten können, wenn wir sterben –, so stellen wir uns damit auf diesen Augenblick ein und können unsere Ängste und Befürchtungen wesentlich mildern.

Wiedergeburt ja oder nein, es wird auf jeden Fall gut sein, den Tod als Tatsache zu akzeptieren und sich im Voraus damit zu beschäftigen. Wenn wir uns überhaupt nicht mit dem Tod beschäftigen, bereiten wir den Weg für sehr viel Angst und Leid am Ende.

Der Tod ist uns sicher, sein Zeitpunkt dagegen nicht. Überlegen wir also, was nach dem Tod sein könnte, und nutzen wir alles, was uns darauf vorbereiten könnte. So sollte das Nachdenken über Sterben und Tod aussehen.

Unser Text fährt fort:

> Die wahnhaften Erscheinungen des Samsara sind wie Irrwege.
> Denke immer daran: Du musst die Mittel finden, mit denen du dich befreien kannst.
> Denn wenn du jetzt in der Verblendung bleibst, wirst du noch lange darin umherirren.

Da wir nun also diese wunderbare Chance einer menschlichen Existenz mit all ihren Freiheiten und Vorteilen bekommen haben und unser Endziel ansteuern können, müssen wir sie auch wirklich nutzen, sonst wird unsere Zeit vertan, unsere Chance vergeben sein, und wir werden noch lange »in der Verblendung umherirren«.

> Wecke daher Beharrlichkeit in dir und lass dies in deinem Herzen wach bleiben.

> Das Meer der geistigen Plagen und des Haftens am Ich ist schwer zu überqueren,
> doch du hast jetzt dieses Boot der Freiheiten und Vorteile – nutze es, um die ferne Küste zu erreichen.

Jetzt haben wir die Chance, uns von diesem Meer des Samsara mit seinem Gewoge von geistigen Plagen zu lösen, diese endlose, so schwer zu überquerende Weite des Haftens am Ich, aus dem alle Plagen kommen. Dieses Menschenleben mit seinen Freiheiten und Vorteilen gibt uns Gelegenheit dazu. Setzen wir also alles daran, dass die Überfahrt gelingt.

> Da du nun kraft deiner Verdienste diese Gelegenheit bekommen hast und, was so selten geschieht, der Weg der Befreiung und Erleuchtung dir offen steht,
> trachte aus der Tiefe deines Herzens, dass du Nutzen stiftest und Glück schaffst.

Jetzt also haben wir diese wunderbare Möglichkeit, uns in Richtung Freiheit und All-Erkenntnis zu bewegen, und das haben wir dem Verdienst zu danken, das wir in vielen früheren Leben angesammelt haben. Da es uns jetzt gegeben ist, unser Glück für viele weitere Leben zu sichern, müssen wir in der Tiefe unseres Herzens Ausdauer, Begeisterung und Eifer mobilisieren und damit unser höchstes Wohlergehen und Glück verwirklichen.

Das Leben ist vergänglich und ändert sich von einem Augenblick zum nächsten,
und wir betrügen uns selbst meisterlich, wenn wir uns ablenken lassen und die Praxis aufschieben.

Während wir unsere Tage mit ach so wichtig erscheinenden, in Wahrheit aber unwesentlichen Dingen verbringen, vergeht unsere Lebensspanne schneller, als wir es für möglich halten. Überall lauern mit größtem Erfindungsreichtum in Stellung gebrachte Ablenkungen, und so schieben wir das wirklich nutzbringende Handeln von Tag zu Tag auf. Das Leben verstreicht, aber wir wenden immer noch mehr Zeit für Beruf und Karriere auf, und die spirituelle Praxis hat das Nachsehen. Wir bilden uns ein, wir brauchten mehr Geld und müssten mehr arbeiten, also stehen wir noch früher auf und machen abends noch mehr Überstunden, aber für diese »Notwendigkeiten« stellen wir unsere spirituelle Praxis hintan. Nach und nach denken wir immer weniger daran und sehen sie kaum noch als wichtig an. Das kommt vor, oder?

Wenn wir uns über lange Zeit an die Verblendung gewöhnt haben …

Die Grund-Ursachen der Verblendung sind der Glaube an die wahre Existenz der Dinge und das Haften am Ich. Sie sind hart und widerstandsfähig wie Diamanten, und wir alle haben sie in unserem Herzen. Bis jetzt haben wir sie sogar als unsere Zuflucht angesehen. Jedes Lebewesen, jedes noch so kleine Insekt möchte glücklich sein, aber solches Glück wird niemals kommen, solange wir an die wahre Existenz der Dinge glauben und an unserem Ich haften.

Inzwischen sind wir aber in der Lage, den Denkfehler in diesem Haften am Ich zu erkennen. Wir sind darüber aufgeklärt worden, dass unser Haften einfach ein Irrtum ist, weil es dieses Ich nicht gibt. Wir sind darauf aufmerksam gemacht worden, dass aus dem Festhalten am Ich alle Ängste des Samsara erwachsen. Wir erkennen, wie sehr wir uns auf das Festhalten an wahrer Existenz und das Haften am Ich eingelassen haben – so weit, dass wir uns dieser Haltung vollständig ergeben haben. Jetzt geht es darum, eine vollkommen andere Haltung zu gewinnen.

> … zieht es uns jederzeit wie von selbst in die geistigen Plagen hinein …

Bis jetzt sind wir unseren Gewohnheiten so sehr verfallen gewesen, dass negatives Handeln, die Plagen und mangelnde Geisteskontrolle gleichsam instinktiv geworden sind, als wären sie unsere zweite Natur.

> … und wenn wir uns jetzt dem Verdienstvollen und wahrhaft Guten zuwenden wollen,
> müssen wir erkennen, dass sie sich nicht leicht einstellen.

Wenn wir die Gegenmittel für alles Negative anwenden möchten, das zuträgliche Handeln, das zeitliches und höchstes Glück erwirkt, kann das zunächst wie ein Kampf aussehen, als müssten wir stromaufwärts schwimmen. Negatives Handeln dagegen fühlt sich inzwischen ganz natürlich an, eher so, als würden wir uns mit dem Strom treiben lassen.

> Trachte daher all das Elend abzuwenden, das dein eigenes Handeln heraufbeschwört.

Jetzt ist der Zeitpunkt, uns wirklich zu bemühen, um unser Glück dauerhaft zu sichern.

> In samsarischen Zuständen ist nicht die kleinste Freude zu finden.
> Die Leiden des bedingten Daseins sind unerträglich, wenn du nur an sie denkst.
> Deshalb widme dich jetzt dem, was dir Freiheit verschaffen kann.

Wurzel und Herrscher der Plagen, die uns befallen, sind der Glaube an das wahre Sein der Dinge und das Haften am Ich. Solange wir ihre Herrschaft nicht brechen, werden wir eine leidvolle Erfahrung nach der anderen machen – bis zum Ende der Welt. Das erkennen wir an den Erfahrungen, die wir bis heute gemacht haben.

> Befasse dich ernsthaft mit dem essenziellen Sinn,
> ein Wechsel von Müßiggang und Dharma wird dir nichts einbringen.

Wir müssen die Gelegenheit beim Schopf packen und Beharrlichkeit zeigen. Es ist nicht sehr wahrscheinlich, dass ein paar Monate Praxis dann und wann oder auch ein dreijähriges Retreat uns zur vollkommenen Erleuchtung führen. Wir müssen Jahr für Jahr und Leben für Leben dranbleiben, wenn der Weg uns ans Ziel der Freiheit und All-Erkenntnis führen soll.

> Finde also zu einem Gefühl des Überdrusses an allem Vergänglichen und begeistere dich für die Praxis, ohne dich auch nur für einen Augenblick ablenken zu lassen.

Wenn du es von Anfang an so machst,
wirst du sehr schnell den Stand eines Erhabenen erreichen.
Hast du für dein eigenes Wohl gesorgt, folgt das Wohl anderer wie von selbst,
und du wirst den hohen Pfad der Befreiung von allen samsarischen Zuständen finden.
Wenn alles, was du tust, dem Dharma folgt,
besitzt du die Grundlagen für das Erlangen der Erleuchtung.

Diese Beschreibung des Praktizierenden oder Meditierenden beschließt den zweiten Abschnitt von *Erquickung und Gemütsruhe in der Meditation über die Große Vollkommenheit finden.*

12 Der zu übende Dharma: Vorbereitungen

Im dritten Abschnitt von *Erquickung und Gemütsruhe in der Meditation über die Große Vollkommenheit finden* geht es um den Dharma. Dieser Abschnitt gliedert sich in drei Teile: A. die vorbereitende Praxis; B. die Hauptpraxis und C. die abschließende Praxis.

A. Die vorbereitende Praxis

Allgemeine Vorbereitungen

> Gedanken über Vergänglichkeit und ein Gefühl der Ernüchterung sind die allgemeinen Vorbereitungen …

Meditation über Vergänglichkeit, sich die Leiden des Samsara vergegenwärtigen, über die Wirkungsweise des Karma, also Ursache und Wirkung nachdenken – das sind die allgemeinen vorbereitenden Übungen. Sie werden zum Anlass für unser Streben nach Befreiung. Wie wir bereits gesehen haben, müssen wir verstehen, weshalb Nirvana, »über das Leiden hinausgehen«, der Kernaspekt aller Lehren des Buddha ist, und dieses Verständnis können wir durch die allgemeinen Vorbereitungen bekommen.

> … die unserem Haften an den Dingen dieses Lebens durchgreifend entgegenwirken.

Wir sind bei diesen Vorbereitungen nicht nur darauf aus, bessere Wiedergeburten in die Wege zu leiten, sondern möchten wahre Freiheit finden. Deshalb lösen wir unser Haften an den Dingen dieses Lebens und künftiger Leben. Das entspricht bis hierher der Motivation von Menschen mit geringerer oder mittlerer spiritueller Begabung.[82] Diese allgemeinen Vorbereitungen können uns zu höheren Wiedergeburten und dem endgültigen Gutsein der Befreiung führen, aber erst die besondere Vorbereitung der Erzeugung von Bodhichitta, die im folgenden Vers angesprochen wird, stellt die Ursache für unser Erreichen der höchsten Ebene dar: All-Erkenntnis. Auf Bodhichitta gehen wir im nächsten Kapitel näher ein. Im Text heißt es weiter:

> Mitgefühl und Bodhichitta sind die besonderen Vorbereitungen,
> die jede spirituelle Praxis in den Pfad des Mahayana einmünden lassen.

Zuerst müssen wir also unser Haften am Samsara aufgeben und mit dem Wunsch nach Befreiung die Dharma-Praxis aufnehmen. Dann müssen wir Bodhichitta aus seiner Wurzel von Liebe und Mitgefühl hervorgehen lassen und die Lehren des Mahayana praktizieren.

> Schule dich also für den Anfang in diesen beiden Vorbereitungen.

Die besonderen, erhabenen Vorbereitungen

> Anschließend gibt es die besonderen, erhabenen vorbereitenden Übungen.
> Wenn du alle Ermächtigungen empfangen hast, folgt die Erzeugungsstufe in zwei Teilen:

Stelle dir deinen eigenen Körper sowie deine Umgebung und die Lebewesen bildlich als die Gottheit vor,
das wirkt dem Haften an unserer gewöhnlichen Wahrnehmung entgegen.

Nach den allgemeinen Vorbereitungen kommen wir zu den »besonderen, erhabenen Vorbereitungen«: Ermächtigung empfangen, die Gebote der sittlichen Lebensführung und die Samaya-Gelübde halten sowie die Praxis der Erzeugungsstufe. Auf der Erzeugungsstufe visualisieren wir das klare Erscheinen der Gottheit, um unsere gewohnte Wahrnehmung der Welt als gewöhnlich zu durchbrechen. Dem schließt sich die Praxis des Guru-Yoga an, dem aller Segen entspringt:

Aus der Praxis auf dem tiefgründigen Pfad des Guru-Yoga
erwächst durch die Kraft der Erkenntnis unermesslicher Segen,
alle Hindernisse werden beseitigt, und es stellen sich zwei Arten von Siddhi ein.
Übe daher nach den allgemeinen und besonderen Vorbereitungen
die beiden erhabenen Vorbereitungen.[83]

Unermessliche neue Eigenschaften stellen sich als Ergebnis dieser vier Vorbereitungen ein:
Dein Geist betritt den unfehlbaren Pfad,
du gelangst auf den höchsten Pfad der Befreiung,
Verwirklichung und der natürliche Zustand stellen sich sehr schnell ein,
es wird leicht, sich frei von Hindernissen in der Hauptpraxis zu üben,
Fortschritte werden mühelos erzielt – und so weiter.
Deshalb ist es so wichtig, sich in diesen Vorbereitungen zu üben.

13 Bodhichitta – das Herz des erwachten Geistes

Die Reichweite der Motivation

An dieser Stelle möchte ich näher auf Bodhichitta eingehen, die uneigennützige Absicht, zum Wohl aller Lebewesen Erleuchtung zu finden. Ihre Praxis kann nur als Mahayana-Praxis gelten, wenn Sie Bodhichitta entwickelt haben und das Wohl anderer über Ihr eigenes stellen.

Wenn wir irgendetwas in Angriff nehmen, schwebt uns dabei etwas vor, und wir denken: Ich habe dies und das vor und werde deshalb Folgendes tun. So gehen wir normalerweise vor. Nun, in diesem Fall hier gehen wir den Pfad, der uns zur Befreiung führen wird. Wenn wir Klarheit haben, was Befreiung bedeutet, werden wir denken: Ich werde Freiheit erlangen. Haben wir den Wert des Strebens nach Freiheit einmal erkannt und wissen, was uns entgeht, wenn wir nicht danach streben, werden wir den festen Entschluss fassen, Freiheit zu finden. Damit haben wir dann einen Ansporn, uns auf die drei höheren Schulungen in Disziplin, Meditation und Weisheit einzulassen – und die werden dann der eigentliche Grund dafür, dass wir Befreiung finden.

Gleiches gilt für den Fall, dass Sie auf All-Erkenntnis aus sind: Sie müssen den tiefen Wunsch haben, den Weg zur Verwirklichung der All-Erkenntnis zu gehen. In diesem Fall gibt es jedoch noch eine zweite Bedingung, nämlich einen »gewaltigen Vorrat von Ansammlungen«. Damit ist gemeint, dass wir eine ganz bestimmte Haltung mitbringen müssen.

Für alles, was wir tun, gilt, dass wir entweder für uns selbst oder für andere handeln. Die Intention ist in beiden Fällen die gleiche: Glück. Dem einen schwebt jedoch nur das eigene persönliche Glück vor, während ein anderer das Glück vieler im Auge hat. Interessant ist, dass niemand es sonderlich bemerkenswert findet, wenn einer ausschließlich für sich sorgt. Hat jemand jedoch den Antrieb, vielen zu helfen, werden die Menschen ihn in der Regel bewundern. Ich meine das jetzt nicht im spirituellen, sondern in einem ganz alltäglichen Sinne. Es beeindruckt die Menschen. Sie sind von Herzen froh, dass sich da jemand für das Wohlergehen anderer einsetzt. Und das ist eine Reaktion, die wir ganz natürlich finden.

Betrachten wir es nun unter spirituellen Gesichtspunkten. Solange wir nur von unserem Eigeninteresse geleitet werden, denken wir: »Wie kann ich mir die Qualitäten verschaffen, die sich einstellen, wenn man sich von allen Fehlern und Schwächen befreit?« Unsere Motivation ist hier noch recht eng begrenzt. Wir gewinnen dann vielleicht die Weisheit, die die Leerheit erkennt, oder wir üben uns in Gebefreudigkeit und halten uns streng an die Gebote der Disziplin, aber für jede Form der Praxis gilt in diesem Fall, dass wir nur uns selbst im Auge haben und deshalb alle unsere Aktionen nur einen Teil ihrer möglichen Kraftentfaltung und Wirksamkeit haben.

Aber angenommen, unser Augenmerk gilt nicht nur uns selbst, sondern all den unzähligen Lebewesen, die alle in irgendeinem Leben unsere Mutter gewesen sind und wie wir selbst nichts weiter wollen, als glücklich zu sein und nicht zu leiden. Mit dem selbstlosen Wunsch, für das Wohl anderer zu sorgen, gewinnen wir eine Haltung und Perspektive, die sehr viel mehr umfasst. Unser Vorhaben ist jetzt ein weitaus umfassenderes, weil wir die unzähligen Lebewesen im Blick haben.

Und das hohe Ziel, das wir uns gesteckt haben, besteht in nichts Geringerem, als alle Fehler zu beseitigen und uns alle guten Eigenschaften anzueignen. Sobald wir uns das vornehmen, erwachen Mut und Entschlossenheit in uns, und es spielt keine Rolle mehr, wie lange die damit verbundenen Schwierigkeiten anhalten mögen. In dieser Haltung sind unsere Bemühungen von ungeheurer Kraft und Reichweite, worin auch immer unsere Praxis bestehen mag – vollkommene Disziplin, Gebefreudigkeit oder die Weisheit, welche die Leerheit erkennt.

Wenn die Haltung uns zur All-Erkenntnis führen soll, muss noch eine gewaltige Ansammlung von Verdienst hinzukommen. Wenn in unser Ansammeln von Verdienst Bodhichitta einfließt, das Zurückstellen unseres eigenen Nutzens hinter das Wohlergehen anderer, erreichen wir viel schneller das erforderliche Maß. Bodhichitta ist demnach eine Praxis von gewaltiger Kraft.

Die Wurzeln des Mitgefühls

Das Maß unseres Mitgefühls bestimmt, ob wir Bodhichitta wecken können und welche Kraft es haben wird. Wir alle sind zu mehr oder weniger Mitgefühl in der Lage. Wenn wir etwa an einen leidenden Menschen denken, regt sich unser natürliches Mitgefühl, und wir wünschen diesem Menschen Freiheit von Schmerz und Qual. Das gehört offenbar zu unseren Grundanlagen. Jetzt nehmen wir dieses Mitgefühl, das wir schon haben, und dehnen es aus, bis es frei von jeglicher Voreingenommenheit und Einschränkung ist und couragiertes Mitgefühl wird: Mitgefühl mit »außerordentlicher altruistischer Entschlossenheit«, dass ich alle Lebewesen von ihren Leiden befreien und zur Erleuchtung hinführen kann und werde. Das nennen wir »großes Mitgefühl«. Es ist Ursprung und Wurzel des Bodhichitta.

Wir gehen demnach von unserer natürlichen Befähigung zum Mitfühlen aus, von unserer Zuneigung und Liebe anderen gegenüber, und verbinden sie mit Weisheit, sodass sie immer weiter zunimmt. Bevor wir jedoch unserem mitfühlenden Wunsch, andere von ihren Leiden zu befreien, nachgeben können, müssen wir erst einmal bestimmen, was wir überhaupt unter Leid verstehen. Dann erst können wir uns in andere einfühlen, die Leiden dieser oder jener Art ausgesetzt sind. Das sind zwei ganz wichtige Schritte.

Wir haben bereits über die Freiheiten und Vorzüge der menschlichen Geburt, über Tod und Vergänglichkeit, über samsarische Leiden und über Karma, die Ursachen und Wirkungen unseres Handelns, gesprochen. Solche Betrachtungen zeigen uns deutlich, dass Leiden in der Natur unserer gegenwärtigen Erfahrung liegen. Alle Leiden kommen daher, dass wir uns von negativen Emotionen beherrschen lassen. Sie könnten nun sagen: Das liegt doch an den äußeren Umständen, oder nicht? Die Ursache der Probleme liegt jedoch nicht außen, sondern innen. Die Plagen oder verstörenden Emotionen in unserem Geist sind die eigentlichen Feinde, und es ist wichtig, sie als solche zu erkennen. Machen wir uns klar, wie negativ diese unguten Regungen sind und wie dringend wir uns ihrem Zugriff entziehen müssen.

Dem Mitgefühl für leidende Menschen können wir uns auf zweierlei Art annähern. Die erste besteht darin, dass wir alle Lebewesen als uns sehr nah und lieb empfinden. Wir denken an Menschen, die in diesem Leben besonders gut zu uns waren, vielleicht beide Eltern, sehr wahrscheinlich aber unsere Mutter. Wir vergegenwärtigen uns die tiefe Güte dieses Menschen uns gegenüber und betrachten dann all die zahllosen Lebewesen als so gütig wie diese Person. Und wenn wir jeden als uns so nah und lieb empfinden können, entsteht so viel Mitgefühl, dass wir andere einfach nicht länger leiden sehen können.

Die zweite Art besteht darin, dass wir uns die Auswirkungen einer eigennützigen Grundhaltung vergegenwärtigen und sie mit dem Segen einer Haltung vergleichen, in der wir ständig das Wohl anderer im Sinn haben und sie sogar wichtiger nehmen als uns selbst.

Eigennutz und Selbstlosigkeit

Sehr deutlich wird das in dem bekannten Vers aus *Der Weg des Bodhisattva:*

> Was an Glück in der Welt ist,
> kommt von dem Wunsch, andere glücklich zu sehen.
> Und was an Leid in der Welt ist,
> kommt von dem Wunsch, selber glücklich zu sein.[84]

In unserer Welt erwächst alles von Natur aus Förderliche – alles Positive, das auf kurze oder lange Sicht dem Glücklichsein dient – aus einer Haltung der Wertschätzung anderer. Das ist, auf den kürzesten Nenner gebracht, die ganze Wahrheit. Alles Ungute, das kurzfristig unglücklich macht und auf lange Sicht Leid bedeutet, entsteht aus einer Haltung, in der man nur sich selbst wichtig nimmt.

Wir bleiben engstirnig, solange es uns nur um uns selbst geht und wir kurzsichtigen Gedanken nachhängen: Wie kann ich vorankommen? Was brauche ich noch? Was kann ich mir verschaffen? Wir finden uns in einer drangvollen geistigen Enge gefangen, unfähig, diesen Krampf zu lösen und auch nur das kleinste Missgeschick, die kleinste Unannehmlichkeit zu ertragen. Zudem werden wir nie unseren eigenen Anteil daran sehen, sondern andere lauthals beschuldigen: Die-und-die hat nicht getan, was sie hätte tun sollen, und seht euch an, was der-und-der mir antut! Die kleinsten Schwierigkeiten werden zu Riesenproblemen aufgebauscht, bis überhaupt kein Land mehr zu sehen ist.

Diese Haltung also verwerfen wir und sehen nur noch Wesen ohne Zahl, die uns Leben für Leben sehr nah und lieb gewesen sind. »Wesen ohne Zahl« sagt uns vielleicht im Augenblick nicht viel. Sehen wir uns also einfach die Menschen an, die uns nahestehen, mit denen wir oft zu tun haben, und versuchen wir zu verstehen, dass wir alle gleich sind: Wie wir selbst, so wollen auch sie nichts weiter, als glücklich zu sein und nicht zu leiden. Wenn wir uns auch nur ein wenig hineindenken, werden wir spüren, wie sich etwas in uns weitet und mehr Raum bietet. Unser Blickwinkel wird größer, und wir werden nicht mehr so ausschließlich mit unseren eigenen Leiden und Missgeschicken beschäftigt sein. Wir sehen: Ich bin einfach einer unter vielen; sie leiden alle, und mein eigenes Leid ist sogar relativ geringfügig. Dieses Gefühl, dass mein eigenes Leid so überwältigend und unerträglich ist, vergeht. Und das ändert alles.

Wenn wir tagein, tagaus nur mit uns selbst beschäftigt sind, ziehen wir ein Missgeschick nach dem anderen auf uns und werden nur noch unglücklicher. Haben wir jedoch das Wohl der anderen im Sinn, wird unser Geist ganz von selbst geräumiger, und die ganze Aufregung, der ganze Kummer berühren uns längst nicht mehr so. Wenn wir es also recht bedenken, wird kaum zu übersehen sein, dass für unser eigenes Wohlergehen *automatisch* gesorgt ist, wenn wir den besten Nutzen anderer im Sinn haben. Außerdem werden wir beobachten, dass es uns keineswegs glücklicher macht, ausschließlich an uns selbst zu denken und andere nicht zu beachten oder nicht zu berücksichtigen. Nichts ist damit zu erreichen, wovon irgendjemand etwas hätte, und das Glück bleibt uns weiterhin unerreichbar. Was könnte klarer sein?

Auf kurze und lange Sicht

Unser Herz wünscht sich Glück, aber wir müssen unseren Verstand bemühen, um herauszufinden, was uns wirklich dauerhaftes Glück bringen wird. Nehmen Sie jemanden, der außer sich vor Wut ist. Er gerät derart in Rage, dass er nicht mehr Herr seiner selbst ist und einen anderen verletzen, wenn nicht töten möchte. Wenn er seinen Verstand noch gebrauchen kann, wird er sich sagen, dass nichts Gutes zu erwarten ist, wenn er sich gehen lässt und dem anderen ernsthaft schadet. Er wird dann verhaftet und muss mit einer Strafe rechnen; vielleicht kommt er sogar ins Gefängnis, und im schlimmsten Fall droht ihm die Todesstrafe. Es wäre also ein schwerer Fehler. Im Eifer des Gefechts und in der Hitze der Gefühle besteht der Impuls, die Wut handgreiflich abzureagieren. Aber es ist ein wahnhafter Impuls, der unbedingt unterbrochen werden muss.

Die meisten Menschen versprechen sich, wenn sie der Jähzorn überkommt, eine gewisse Befriedigung vom Ausleben ihrer Impulse an anderen. Aber das ist dumm, denn über diese kurze Befriedigung hinaus handeln sie sich nichts als größte Unannehmlichkeiten ein. Bei ruhigem Blut stimmen wir doch alle darin überein, dass immer das am besten ist, was dauerhaften Nutzen stiftet. Deshalb spiegeln auch unsere Sitten und Gesetze die Tatsache, dass unsere selbstsüchtigen Wünsche und Impulse im Zaum gehalten werden müssen, weil sie auf längere Sicht nur Probleme schaffen und schweren Schaden anrichten.

Wenn wir auf das Wohl anderer bedacht sind, haben wir langfristig nur Nutzen davon, aber auch kurzfristig hilft es uns. Wer das erkannt hat, wird ohne Weiteres den großen Wert einer Haltung verstehen, aus der für andere und uns selbst nur Gutes erwächst. Klar ist dann auch, dass wir die gegenteilige Haltung des bloßen Eigennutzes abbauen müssen, von der niemand etwas hat, nicht einmal wir selbst.

Wenn wir sagen, Eigennutz sei eine Schwäche, von der wir uns befreien müssen, könnte das Missverständnis entstehen, Selbstliebe sei falsch. Doch das wäre ein großer Irrtum. Im Gegenteil, Liebe muss bei Ihnen selbst beginnen. Sie müssen sich selbst lieben, erst dann werden Sie Ihre Liebe auch auf andere ausdehnen können. Wer sich selbst nicht liebt, tut sich schwer, andere zu lieben.

Der Anfang muss also darin bestehen, dass wir uns selbst lieben. Wenn wir dann erkennen, dass andere wie wir sind und dass wir uns alle ziemlich ähnlich sind, können wir andere in unsere Liebe einbeziehen und werden immer empfänglicher für die simple Tatsache, dass auch sie einfach nur glücklich sein und nicht leiden möchten.

All das finden wir in einem Vers aus *Der Weg des Bodhisattva* zusammengefasst:

> Was müsste weiter noch viel gesagt werden?
> Kindsköpfe sind auf ihr eigenes Wohl bedacht,
> Buddhas auf das Wohl anderer –
> Springt der Unterschied nicht ins Auge?[85]

Mitgefühl – das Vermächtnis des Buddha

Vielleicht bewegt uns die Frage: Unser Lehrer, der weiseste der Weisen, der Buddha Shakyamuni, war die vollkommene Verkörperung der geschickten Mittel und des Mitgefühls – durch welche Ursachen und Bedingungen kam er zu so viel Weisheit, Liebe und spiritueller Kraft? Die Antwort liegt darin, dass es ihm nicht um sein eigenes Wohlergehen zu tun war, sondern um das Wohl anderer. Er ließ die Haltung der Selbstlosigkeit in sich wach werden, er hielt sie aufrecht, er ließ sie unter dem Einfluss seiner stetig zunehmenden Weisheit erblühen. Er ging diesen Weg, ohne sich je abschrecken zu lassen, und so wurde er »frei von allen Fehlern und mit allen guten Eigenschaften begabt«.

Bis jetzt hat unsere Strategie darin bestanden, für uns selbst zu sorgen und dadurch unser Glück zu sichern, aber irgendwie bleibt das Glück doch aus. Wir haben, um unsere früheren Erörterungen aufzugreifen, nicht nur an unserem Ich gehangen, sondern die Dinge auch noch als real angesehen. Dieses doppelte Festhalten steht der Verwirklichung unseres Wunsches nach Glück entgegen, und trotzdem setzen wir unbelehrbar alle Hoffnung in dieses Festhalten und können uns nicht aus dieser Fessel befreien.

Aber wenn wir unseren Lehrer, den Buddha und seine erleuchteten Eigenschaften, mit uns gewöhnlichen und mit Schwächen behafteten Sterblichen vergleichen, dürfen wir nicht außer Acht lassen, dass auch der Buddha einmal so war, wie wir jetzt sind. Er wurde »von allen Fehlern frei und mit allen guten Eigenschaften begabt«, weil er verstand, wie wichtig es ist, für andere zu sorgen, und weil er entsprechend handelte. Er verstand auch, wie schädlich es ist, die Dinge für real zu halten, und setzte Gegenmittel ein. Und das ist eigentlich die Grundlage dafür, dass der Buddha über die Vorzüge der Wertschätzung anderer und die Nachteile übermäßiger Selbstbezogenheit sprechen konnte.

So hören wir auch Nagarjuna, den großen Vertreter des Mittleren Weges, in seiner Schrift *Die kostbare Girlande* sagen:

> Möge ich wie Erde, Wasser, Feuer und Luft,
> wie Medizin und die wilden Wälder
> stets allen Lebewesen zu Diensten sein,
> ohne jedes Hemmnis und so, wie sie es wünschen.[86]

Erde, Wasser, Feuer und Luft – das Besondere an den Elementen ist, dass sie allen Lebewesen frei verfügbar sind. Sie sind ganz und gar »öffentlich«, niemand kann hier einen Besitzanspruch erheben. So möchten wir auch sein: allen Lebewesen in ihrer unermesslichen Zahl zu Diensten. Nagarjuna will hier sagen, dass so die Motivation aussehen soll, die hinter unserer Praxis steht. Ganz ähnlich heißt es in *Der Weg des Bodhisattva*:

> Wie die Erde und die anderen großen Elemente
> und wie der Raum selbst: Möge ich immer zugegen sein,
> um dem Leben der unzähligen Wesen Rückhalt zu geben
> und alles bereitzustellen, was sie benötigen könnten.[87]

An einer anderen Stelle lesen wir in diesem Werk:

> Solange der Raum existiert
> und es Lebewesen gibt –
> möge auch ich hier bleiben
> und das Leid der Welt vertreiben.[88]

Solche Gebete des hohen Strebens sind von tief greifender Wirkung auf unseren Geist. Beim Lesen solcher Textstellen großer Meister wie Nagarjuna und Shantideva wird klar, dass sie der Sorge um das eigene Ich wenig Beachtung schenkten und sich ganz dem Wohlergehen anderer widmeten. Selbstlosigkeit war ihr Ziel und ihre Praxis.

Das also ist das Vermächtnis unseres gütigen und erbarmenden Lehrers, des Buddha. Es wurde bewahrt und weitergegeben von indischen Meistern wie Nagarjuna, Aryadeva, Asanga, seinem Bruder Vasubandhu und anderen, später dann von authentischen Meistern aller vier Hauptschulen des tibetischen Buddhismus, die die Lehren des Buddha rein bewahrten, bis hin zu den Lamas unserer Zeit. Diese Meister praktizierten, was der Buddha selbst praktiziert hatte, und sie hielten sich an die von ihm gelehrte Schulung: die Schulung in Bodhichitta, die beinhaltet, dass wir andere wichtiger nehmen als uns selbst. So stifteten sie Gutes für sich selbst und andere, für die Lehren und für alle Lebewesen. Wir reichen zwar nicht an sie heran, aber wir versuchen ihrem Beispiel zu folgen.

Ohne Bodhichitta geht es nicht

Bodhichitta ist letztlich entscheidend. Fühlen Sie sich nicht auch umso mehr davon angesprochen, je tiefer Sie darüber nachdenken? Wir sollten uns sagen:

> Solange ich lebe, werde ich über Bodhichitta meditieren – das ist es, was meinem Leben Sinn gibt.
> Im Augenblick meines Todes werde ich über Bodhichitta meditieren – das wird mir auf meinem Weg zur Erleuchtung weiterhelfen.
> Wenn es mir gut geht und ich glücklich bin, werde ich über Bodhichitta meditieren – so werde ich mit allem, was ich habe, anderen dienen können und die Fallgrube von Stolz, Neid und Respektlosigkeit umgehen.
> In Misserfolg und Traurigkeit werde ich über Bodhichitta meditieren – so wird mir der Mut nicht sinken und die Hoffnung nicht verloren gehen.
> Jederzeit also und in welcher Lage auch immer:
> Im Leben und angesichts des Todes, in Erfolg und Misserfolg, in Freude und Kummer ist Bodhichitta etwas, ohne das ich nicht sein kann.

Und lassen Sie mich hier ganz klar sagen, dass ich selbst Bodhichitta nicht in nennenswertem Umfang im Herzen habe. Es mag so aussehen, weil ich mit dem Thema vertraut bin, aber es ist nicht so. Ja, ich bemühe mich, ich hoffe darauf, und die Hoffnung ist nicht gänzlich unbegründet. Aber es ist doch nur eine Hoffnung. Ich hoffe, dass ich fähig werde, wahres Bodhichitta in mir zu wecken, aber es ist noch nicht so weit. Doch wenn wir uns dafür begeistern können, Bodhichitta in uns zu wecken, sind wir bereits verändert, nicht wahr?

Mut ist das Kind des Mitgefühls

Hier möchte ich gern etwas einfügen, was ich häufig anspreche. Der tibetische Ausdruck *Nyingjé* wird meist als »Mitgefühl«, »Barmherzigkeit« oder »Erbarmen« übersetzt. Wenn darunter verstanden wird, dass man nicht an sich selbst, sondern ausschließlich an andere denkt, dann ist das für mein Verständnis eine treffende Übersetzung. Wenn wir vom liebevollen oder fürsorglichen Anteil des Mitgefühls sprechen und es »großes liebevolles Mitgefühl« nennen, ist damit gesagt, dass die Liebe bei uns selbst anfangen muss und dann auf andere ausgedehnt werden kann. Manche gewinnen aber den falschen Eindruck, Mitgefühl müsse immer nach außen auf andere gerichtet sein und dürfe nicht uns selbst gelten.

Das hat noch eine andere Seite. Viele meinen, man könne Liebe und Mitgefühl gar nicht hoch genug halten, weil *andere* so viel Gutes durch sie erfahren, während man selbst gar nichts davon hat. Sie sehen Mitgefühl eher als etwas, das uns auferlegt wird, eine schwere Bürde, die nur mit Mühe zu tragen ist. Das scheint ein recht verbreitetes Gefühl zu sein.

Aber es ist ganz falsch. Überlegen Sie gut. Betrachten Sie Ihre eigene Erfahrung. Wenn Sie sich auf das wachsende Mitgefühl im Herzen einzustimmen beginnen, werden Sie sehen, dass Ihr Mut und Ihre Entschlossenheit von Tag zu Tag mitwachsen. Wenn Sie nämlich das Wohl anderer im Auge haben, wird Ihr Geist weiter, geräumiger. Wenn Sie diesen Mut an sich entdecken, sind Sie gerüstet, für das Wohlergehen anderer zu sorgen. Sie sehen es dann nicht mehr als Bürde, die der Buddha oder wer auch immer Ihnen auferlegt. Sie sehen und fühlen den Nutzen der Selbstlosigkeit hier und jetzt. Sie sehen auch die Nachteile der Selbstbezogenheit, und das gibt Ihnen ein Gefühl von tiefer Überzeugung, von Zuversicht und Inspiration: Das ist die Quelle, aus der Ihr Mut stammt. Sie fühlen: »Ja, ich *kann* es. Ich *werde* alle Lebewesen von ihren Leiden befreien. Ich *werde* sie alle zur Erleuchtung führen.« Ist das nicht unglaublich mutig? Sie sagen, dass *Sie* es können. Sie werden nicht dasitzen und abwarten, bis der Buddha es für uns tut. Das ist wirklich großer Mut. Es ist Mut mit einem klaren Ziel, echter Mut, reiner und makelloser Mut. Wenn Sie so geworden sind, ist Ihr Geist fröhlich und gelassen, sie können alles so annehmen, wie es ist, und werden mit allem fertig.

Es ist aber nicht unbedingt gesagt, dass andere auch etwas davon haben werden. Unter günstigen Bedingungen können andere gewiss davon profitieren, dass Sie ihnen in dieser Haltung begegnen. Es kann aber auch sein, dass Sie Mitgefühl für jemanden empfinden, dieser Mensch jedoch überhaupt nicht empfänglich dafür ist und sich sogar über Sie beklagt! Es ist also nicht so, dass sich Ihr Mitgefühl auf jeden Fall den anderen mitteilt. Es bleibt ungewiss, ob diese anderen von ihrem Mitgefühl profitieren. Sie selbst jedoch werden ganz direkt etwas davon haben. Hüten Sie sich also bitte vor diesem Denkfehler, dass unser Mitgefühl nur den anderen nützt, nicht aber uns selbst.

Bodhichitta in den Lehren des Buddha

Ohne Mitgefühl kein Bodhichitta, ohne Bodhichitta keine All-Erkenntnis. Wenn Bodhichitta gegeben ist, wird All-Erkenntnis – und schließlich Buddhaschaft – möglich. Ohne Bodhichitta bleibt Buddhaschaft unerreichbar. Alles hängt demnach davon ab, ob wir Bodhichitta haben.

Unser gütiger Lehrer, der Buddha, kam durch seine eigene Erfahrung zu dem Schluss, dass die wichtigste Schulung für uns in der Entwicklung von Bodhichitta besteht. Wir können das Grund-Fahrzeug als Basis betrachten, als vorbereitende Schulung in Bodhichitta, während alles, was in den Mahayana-Lehren direkt über Bodhichitta gesagt wird, den Hauptteil des Weges darstellt. Dazu gehören auch die sechs transzendenten Vollkommenheiten, und innerhalb der Konzentrations- und Weisheitspraxis hat der Zyklus der Lehre und Praxis des Vajrayana seinen Ort. Sie stellen in ihrer Gesamtheit eine Schulung in Bodhichitta dar. Deshalb wurzeln für mein Gefühl alle 84 000 Lehren des Buddha – Grund-Fahrzeug, Mahayana und Vajrayana – in Bodhichitta. Wir könnten auch sagen: Die Bedeutung aller 84 000 Lehren ist in der Vorbereitung auf Bodhichitta, der Schulung in Bodhichitta und der von Bodhichitta geleiteten Lebensweise vollständig enthalten.

Dieses Bodhichitta, das so viele Vorteile, so viel Gutes mit sich bringt, muss herangebildet und geübt werden, vielleicht viele Jahre lang. Manche von uns werden vielleicht Äonen zu tun haben, bis Bodhichitta wirklich wach wird in unserem Geist-Strom. Andere sind schon nach ein paar Jahren so weit. Jedenfalls müssen wir uns die Prinzipien des Bodhichitta zu eigen machen und uns dabei die Ansammlungen verschaffen und unsere Verdunkelungen bereinigen.

Und hier wird unsere Sicht der Leerheit ganz entscheidend. Wir wollen ja echten Nutzen für andere stiften und Erleuchtung finden. Dazu müssen wir zuerst einmal herausfinden, was »Erleuchtung« eigentlich bedeutet. Und wenn wir für andere etwas tun wollen, müssen wir wissen, was »für andere Nutzen stiften« bedeutet und was überhaupt unter »Nutzen« zu verstehen ist. Der höchste Nutzen ist Nirvana. Damit ist klar, dass wir wissen müssen, was Nirvana ist, sonst wird uns »Nutzen für andere« und »Erleuchtung« wenig sagen. Dieses klare Verstehen setzt am Anfang, im Mittelteil und auf lange Sicht die Anschauung der Leerheit voraus. Schulen wir also unseren Geist in dieser Anschauung, machen wir uns vertraut damit – alles hängt davon ab.

14 Das Bodhisattva-Gelübde

Visualisation: Das Feld des Verdienstvollen

Wir bekunden heute unser Bestreben, Bodhichitta in uns wach werden zu lassen und heranzubilden, diese Haltung, aus der so unglaublich viel Gutes und Nützliches erwächst. Um unser Streben nach Bodhichitta formulieren zu können, müssen wir uns in der tatsächlichen Gegenwart unseres Lehrers, des Buddha Shakyamuni, des weisesten der Weisen, fühlen. Stellen Sie sich also den Buddha vor, umgeben von den sechzehn großen Arhats, die die Lehren hochhalten, bewahren und verbreiten. Weiterhin gehören zum Gefolge des Buddha die sieben Patriarchen, die ihm folgten, und alle, die sich auf dem Pfad schulen: die großen Bodhisattvas wie Maitreya und Manjushri und insbesondere die großen Meister der buddhistischen Tradition in Indien – Nagarjuna, Aryadeva, Buddhapalita, Bhavaviveka, Chandrakirti, Shantideva, Asanga, Vasubandhu, Vimuktisena, Gunaprabha, Shakyaprabha, Dignaga und Dharmakirti. Mit ihren Werken, die wir heute noch studieren können, haben sie dafür gesorgt, dass die Lehren des Buddha über mehr als zwei Jahrtausende erhalten blieben. Alle diese großen Nachfolger des Buddha, auch der »sechsfache Schmuck« und »die beiden Erhabenen«, die Verfasser dieser wunderbaren Werke, betrachten wir als hier und jetzt tatsächlich gegenwärtig.

Wir fügen die frühen Meister in der Tradition des tibetischen Buddhismus hinzu – den huldreichen Dharma-König

Trisong Detsen, den großen Gelehrten Shantarakshita, sowie Guru Padmasambhava und seine fünfundzwanzig Hauptschüler. Es folgen die Meister der ältesten unter den neueren Schulen: der älteren Kadam, nämlich Atisha, seine Schüler Ngok Lekpé Sherap und Dromtön Gyalwé Jungné sowie die drei spirituellen Brüder der Kadam-Tradition: Potowa Rinchen Sal, Chengawa Tsultrim Bar, Phuchungwa Zhönu Gyaltsen und andere; die Meister der Kagyü-Schule der Mahamudra-Praxis, namentlich Marpa, Milarepa, Gampopa und ihre Nachfolger; die Meister der Sakya-Schule, darunter die »drei weiß Gewandeten«[89] Sachen Künga Nyingpo, Sönam Tsemo und Jetsün Drakpa Gyaltsen und zwei der »fünf Gründerväter«, nämlich Sakya Pandita und Chögyal Phaka sowie die übrigen Gurus in der Linie der Lamdré-Lehren; und die Meister der neueren Kadam-, Ganden- oder Geluk-Tradition, nämlich Tsongkhapa, seine Schüler Khedrup Jé und Gyaltsap Jé und die übrigen Gurus dieser Linie. Sie alle stellen wir uns als wirklich hier unter uns gegenwärtig vor.

Wir stellen uns weiterhin vor, dass alle Lebewesen, endlos wie der Raum, hier mit uns versammelt sind. Und alle diese unzähligen Lebewesen wollen nur das, was wir uns auch wünschen: glücklich sein und nicht leiden. Wir sammeln unseren Geist in voller Klarheit auch auf sie.

Stellen Sie sich also die Siegreichen und ihre Erben vor, die Buddhas und Bodhisattvas mitsamt ihren erleuchteten Qualitäten der Gestalt, der Rede und des Geistes – und lassen Sie ein Gefühl von vertrauensvoller Hinwendung aufkeimen. Lassen Sie sich davon anrühren und inspirieren, und stellen Sie sich die Frage: »Wie wäre es, wenn ich diese Eigenschaften besäße? Wie wäre es, wenn alle Lebewesen, deren jedes schon einmal meine Mutter gewesen ist, diese Eigenschaften besäßen? Wenn das sein könnte, wäre das nicht wunderbar?« Fühlen Sie die Freude und Begeisterung so intensiv wie möglich. Lassen Sie im Gedanken an all diese Wesen und ihre Leiden Liebe und Mitgefühl zu. Visualisieren Sie das alles so klar wie möglich.

Das siebenteilige Gebet

Wir halten uns all das präsent und rezitieren das siebenteilige Gebet, um die Ansammlungen zu bilden und uns von Verdunkelungen zu reinigen, bevor wir das Streben nach Bodhichitta in uns wach werden lassen. Unsere Bitte um das Ablegen der Bodhisattva-Gelübde leiten wir damit ein, dass wir das Mandala des Universums als Opfergabe darbringen und den zugehörigen vierzeiligen Vers sprechen.

Nun zum siebenteiligen Gebet selbst: Der *erste* Teil ist Huldigung. Mit Körper, Rede und Geist bekunden wir den Horten der Zuflucht unsere Hochachtung und Ergebenheit.

Der *zweite* Teil ist die Opferung. Das können materielle Gaben sein, zum Beispiel aus unserem eigenen Besitz, oder auch Dinge, die wir um uns her sehen und die niemandem gehören; oder es sind visualisierte Gaben, die wir mit unserer Vorstellungskraft erschaffen.

Im *dritten* Teil bekennen wir uns zu unseren schädlichen Taten und unserem Fehlverhalten in unzähligen früheren Leben von Urbeginn an; wir bekennen sie im Bewusstsein des Schadens, den wir uns damit selbst angetan haben. Hier, glaube ich, ist es angebracht, uns vor Augen zu halten, auf wie vielfältige Art wir zuerst an uns selbst und an alle anderen zuletzt gedacht haben. Es geht also nicht nur um

Schaden, den wir aktiv verursacht haben, sondern auch um die vielen Fälle, in denen wir uns einfach abgewandt haben.

Der *vierte* Teil ist die tiefe Herzensfreude. Von Herzen froh sind wir zum Beispiel, wenn wir an die unermesslichen guten Eigenschaften der Buddhas denken. Wenn wir an das körperliche, sprachliche und geistige Handeln der Bodhisattvas denken, die einen hohen Grad der Verwirklichung erlangt haben, weckt das Bewunderung und Freude in uns. Wenn wir an die Bodhisattvas denken, die noch nicht die Bodhisattva-Stufen erreicht haben – die also noch dem Haften am Ich und den Auswirkungen der geistigen Plagen unterliegen, aber doch schon die uneigennützige Motivation in sich wachgerufen haben, all den unzähligen Lebewesen Gutes zu tun und ihnen zum Glück zu verhelfen –, so wird uns klar, wie erstaunlich auch das schon ist, und wir freuen uns. Wenn wir an die Arhats denken – die Erhabenen des Shravaka-Pfades, deren Weisheit das Nichtvorhandensein eines persönlichen Ich erkennt, die nach Freiheit streben und ihre Praxis darauf abstimmen –, wissen wir ihre Eigenschaften zu schätzen und sind voller Bewunderung. Und selbst wenn wir an alle denken, die noch nicht auf den Pfad gelangt sind, gewöhnliche Menschen, die ihr Leben jedoch so gut und förderlich gestalten, wie sie nur können – selbst dann können wir nicht umhin zu erkennen, wie wunderbar alles ist. Kurzum, wir freuen uns an allem, was irgendein Mensch an Gutem und Nützlichem erreicht hat.

Wir freuen uns von Herzen mit anderen über alles, was sie erreicht haben, ohne Eifersucht, ohne Neid, ohne Konkurrenzdenken. Auch wenn wir Menschen dabei zusehen, wie sie irgendetwas so gut machen möchten, wie sie nur können, sollten wir uns freuen und denken: Was sie da machen, ist wirklich gut. Was für wunderbare Menschen! Das gilt auch für unsere eigenen guten und nützlichen Taten, über die wir uns ohne jegliches Wenn und Aber von ganzem Herzen und in der Tiefe unseres Seins freuen.

Der *fünfte* Teil ist die Bitte um das Andrehen des Dharma-Rades. Sie wird direkt an den unübertrefflichen Nirmanakaya gerichtet, an dem die zwölf Handlungen (wie zum Beispiel das Geborenwerden in dieser Welt und das Eingehen ins Nirvana) zu erkennen sind.[90] Wir bitten also den unübertrefflichen Nirmanakaya, das Dharma-Rad anzudrehen.

Der *sechste* Teil besteht in der an den unübertrefflichen Nirmanakaya gerichteten Bitte, nicht ins endgültige Nirvana einzugehen, sondern hier und für uns alle erreichbar zu bleiben.

Der *siebte* Teil schließlich ist die Zueignung: Wir betrachten, was wir an Gutem und Nützlichem zusammengetragen haben, und stellen uns vor, dass es zu nichts Geringerem als Nutzen und Glück für all die unzähligen Lebewesen heranreift. Letzten Endes dient alles Verdienst dem Zweck, dass es uns und anderen den Zugang zur Ebene der Buddhaschaft ermöglicht.

Das siebenteilige Gebet
aus »Samantabhadras Streben nach gutem Handeln«

Niederwerfung

Vor allen Buddhas, den Löwen des Menschengeschlechts,
in allen Richtungen des Universums und in Vergangenheit, Gegenwart und Zukunft,
vor jedem einzelnen von euch verneige ich mich in tiefer Verehrung,

und Hingabe erfüllt meinen Körper, meine Rede, meinen Geist.

Durch die Kraft dieses Gebetes und das Trachten nach gutem Handeln
erscheinen alle Siegreichen lebhaft vor meinem inneren Auge,
und ich vervielfältige meinen Körper so oft, wie es Atome im Universum gibt,
deren jedes sich vor allen Buddhas verneigt und niederwirft.

Opfer

In jedem der unzähligen Atome thronen Buddhas ohne Zahl,
umringt von ihren Bodhisattva-Erben.
So sehe ich die ganze Weite der Wirklichkeit
von ihnen erfüllt.

Ich begrüße sie mit Lobpreis, so unerschöpflich wie das Meer,
und mit den Melodien des Meeres
besinge ich die edlen Eigenschaften der Buddhas,
alle ehrend, die zur vollkommenen Glückseligkeit gelangt sind.

Jedem Buddha bringe ich Gaben dar:
die schönsten Blumen und herrlichsten Girlanden
und Musik und Salben voller Wohlgeruch und die feinsten Sonnenschirme,
die hellsten Leuchten und das kostbarste Räucherwerk.

Jedem Buddha bringe ich Gaben dar:
feinste Kleidung und erlesene Wohlgerüche
und Räucherpulver, wie der Berg Meru so viel,
und alles in vollkommener Symmetrie.

Und ich stelle mir Opfergaben von unausdenklichem Ausmaß vor
und bringe sie allen Buddhas dar,
und von der Kraft meines Glaubens an Samantabhadras gute Taten bewegt,
werfe ich mich vor euch Siegreichen nieder und opfere euch.

Bekenntnis

Alle schlechten Taten, die ich begangen habe,
als mich Begierde, Hass und Unwissenheit trieben,
begangen mit meinem Körper, meiner Rede und sogar meinem Geist –
vor euch bekenne ich jede einzelne und läutere sie.

Herzensfreude

Das Herz voll Entzücken, freue ich mich über alles Verdienst
der Buddhas und Bodhisattvas, der Pratyekabuddhas,
der Schüler, der Arhats jenseits der Schulung
und jedes Lebewesens im gesamten Universum.

Bitte an die Buddhas, das Rad des Dharma anzudrehen

Ihr, die ihr wie Leuchtfeuer Licht durch alle Welten sendet,
die ihr durch die Stufen der Erleuchtung gegangen seid
und Buddhaschaft erlangt habt, Freiheit von allem Haften,

ich beschwöre euch: Ihr Beschützer alle,
dreht das unübertreffliche Rad des Dharma.

Bitte an die Buddhas, nicht ins Nirvana einzugehen

Die Hände lege ich zusammen und bete
zu euch, die ihr ins Nirvana einzugehen bereit seid –
Bleibt noch für Zeitalter so zahllos wie die Atome dieser Welt
und wirkt für das Wohlergehen und Glück aller Lebewesen.

Zueignung

Was ich durch Huldigung, durch Opfergaben, Bekenntnis und Freude,
durch Anrufung und Gebet an Verdienst errungen haben mag,
so wenig es auch sei – ich widme es ganz und gar
der Erleuchtung aller Wesen.

Bodhichitta wecken

Die Visualisation zur Erzeugung von Bodhichitta halten Sie sich gegenwärtig und konzentrieren sich dabei jetzt auf alle Lebewesen mit dem Gedanken: Ich werde sie alle zur Erleuchtung führen, in die vollkommene Freiheit von allen Leiden und ihren Ursachen. Und möge ich, um dies zu können, den Zustand all-erkennender Buddhaschaft erreichen.

Wir werden jetzt drei Verse rezitieren. Mit dem ersten bekunden wir unsere Motivation, indem wir geloben, unsere Zuflucht von jetzt an und bis zu unserer Erleuchtung bei Buddha, Dharma und Sangha zu suchen. Dies ist die Mahayana-Form der Zufluchtnahme:

> Mit dem Wunsch, alle Lebewesen zu befreien,
> werde ich meine Zuflucht stets
> bei Buddha, Dharma und Sangha suchen,
> bis ich zur vollen Erleuchtung gelange.

Der zweite Vers spricht von Weisheit und Mitgefühl. Wir rufen die Buddhas und Bodhisattvas als Zeugen an und lassen in ihrer Gegenwart und zum Wohl all der unzähligen Lebewesen Bodhichitta in uns wach werden:

> Von Weisheit und Mitgefühl erfüllt,
> erzeuge ich heute den auf vollkommene Erleuchtung bedachten Geist
> zum Nutzen aller Lebewesen.

Das ist der Hauptteil der Praxis, mit der wir das Bodhichitta des Strebens wecken.

Schließlich beten wir, dass Bodhichitta sich immer weiter entwickeln möge, und dazu rezitieren wir den folgenden Vers aus *Der Weg des Bodhisattva*:

> Möge ich, so lange der Raum existiert
> und es Lebewesen gibt,
> ebenfalls ausharren und bleiben,
> um die Leiden der Welt zu vertreiben.[91]

Wir rezitieren diese Verse zweimal, und beim dritten Mal müssen wir uns bei den Worten »ich erzeuge den auf vollkommene Erleuchtung bedachten Geist« selbst ein Versprechen geben und uns sagen: Unter allen Umstände und bis zum Ende der Zeit werde ich dieses Bodhichitta wahren, ohne es je aussetzen oder schwächer werden zu lassen. Wenn wir das ernst nehmen, wird unser Bodhichitta durch dieses Gelöbnis gefestigt und gesichert. An dieser Stelle wird aus unserem Streben oder Trachten ein aktives Versprechen. Gehen Sie nach dieser dritten Rezitation davon aus, dass Bodhichitta wirklich geweckt worden ist und sie entschlossen daran festhalten. Und hier schließt sich nun das Bodhisattva-Gelübde an.

Das Bodhisattva-Gelübde ablegen

Das Ablegen des Bodhisattva-Gelübdes kann auf verschiedene Arten geschehen, zum Beispiel im Rahmen einer Vajrayana-Ermächtigung, wenn wir beim Ritual zum Eintritt in das Mandala Bodhichitta erzeugen. Es gibt auch eine kürzere Form, die auf Shantidevas *Der Weg des Bodhisattva* beruht. Eine weitere, ausführlichere Form geht von Shantidevas *Kompendium der Schulung* aus. Ich gebe heute die Übertragung aus dem Kapitel über Disziplin in Asangas *Bodhisattva-Stufen*.

Es beginnt damit, dass Sie mir die folgende Bitte nachsprechen, mit der Sie bekunden, dass Sie das Bodhisattva-Gelübde empfangen möchten und sich vom Lehrer die Gewährung dieser Bitte wünschen:[92]

»Lehrer, bitte schenke mir Gehör. Ich, Sohn/Tochter einer erleuchteten Familie, bitte dich, dass du mir die Übertragung des Bodhisattva-Gelübdes der Disziplin gewährst. Sofern dies für mich nicht abträglich ist, wird es recht sein, dass du mich gütig erhörst und die Bitte gewährst.«

Das wird normalerweise dreimal rezitiert. Bevor das Gelübde dann abgelegt wird, stellt der Meister eine Reihe von Fragen, die der Schüler mit »*Dö la*« beantwortet, was so viel wie »Ja, ich habe den Wunsch« bedeutet. Die Fragen zielen darauf ab, ob Sie das Bodhisattva-Gelübde ablegen wollen, um die Lebewesen zu befreien, die sich noch nicht von ihren geistigen Verdunkelungen lösen konnten:

»Höre, Sohn/Tochter einer erleuchteten Familie. Hast du den Wunsch, die Wesen zu befreien, die noch nicht [über ihre Unwissenheit] hinausgegangen sind?«
»Ja, ich habe den Wunsch.«

Die nächste Frage spricht die Befreiung von emotionalen Verdunkelungen an:

»Hast du den Wunsch, die Wesen zu befreien, die noch nicht frei sind?«
»Ja, ich habe den Wunsch.«

In der folgenden Frage geht es um alle Wesen, die in den niederen Bereichen leiden und deren Leiden wir lindern können, indem wir sie zu höheren Existenzformen führen:

»Hast du den Wunsch, all denen Linderung zu bringen, die Qualen leiden?«
»Ja, ich habe den Wunsch.«

Die beiden nächsten Fragen beziehen sich auf unsere Hoffnung und Bereitschaft, alle Wesen zur Buddhaschaft zu führen und für die Kontinuität der Dharma-Übermittlung zu sorgen:

»Hast du den Wunsch, all die aus dem Kummer herauszuführen, die noch nicht über den Kummer hinausgewachsen sind?«
»Ja, ich habe den Wunsch.«

»Hast du den Wunsch, die Linie der Buddhas fortzusetzen?«
»Ja, ich habe den Wunsch.«

Jetzt erkundigt sich der Lehrer, ob Rivalität oder Konkurrenzdenken für Ihren Wunsch, das Gelübde abzulegen, eine Rolle spielen. Hier antworten Sie mit »*Ma yin la*«, was so viel wie »Nein« bedeutet:

»Legst du dieses Gelübde aus einem Gefühl des Wetteifers mit anderen ab?«
»Nein.«

Jetzt muss noch gefragt werden, ob Sie das Gelübde unter Druck ablegen, weil der Dalai Lama Sie dazu drängt. Tun Sie mir den Gefallen, sagen Sie nein!

»Legst du dieses Gelübde gegen deinen Willen ab?«
»Nein.«

Haben wir das Bodhisattva-Gelübde erst einmal abgelegt, müssen wir uns natürlich an die damit verbundenen Gebote halten. Sie sollten diese Gebote also bereits vorher kennen. Sie werden beispielsweise in den Lehren des Bodhisattva-Pitaka im *Avatamsaka-Sutra* erläutert, aber auch in den *Bodhisattva-Stufen*, namentlich im Kapitel über Disziplin. Jedenfalls geht es in den weiteren Fragen darum, ob Sie von diesen Lehren des Bodhisattva-Pitaka schon gehört haben, ob Sie mit ihnen vertraut sind, ob Sie an sie glauben und sich zutrauen, sie einzuhalten. Gehen wir sie einzeln durch. Es wird also zuerst gefragt, ob Sie diese Unterweisungen gehört haben, und Sie können sagen, Sie hätten ein wenig davon gehört.

> »Hast du die Lehren des Bodhisattva-Pitaka vernommen?«[93]
> »Ja, das habe ich.«

Wenn ich Sie anschließend frage, ob Sie die Bedeutung dieser Lehren kennen, können Sie sagen: »Ein wenig« oder »Ich kenne sie, habe sie jedoch wieder vergessen.«

> »Kennst du die Lehren des Bodhisattva-Pitaka?«
> »Ja, ich kennen sie.«

Auf die folgende Frage nach Ihrem Glauben an diese Lehren, sollte Ihre Antwort ungefähr so lauten: »Wenn es mir gut geht, glaube ich an sie.«

> »Hast du gläubiges Vertrauen zu den Lehren des Bodhisattva-Pitaka?«
> »Ja, das habe ich.«

Jetzt kommt die Frage nach dem Halten der Gebote, und Sie können in Ihrer Antwort bekunden, dass Sie Ihr Bestes tun werden:

> »Siehst du dich in der Lage, die Gebote eines Bodhisattva zu halten?«
> »Ja, das tue ich.«
> »Dann lass dein Bodhichitta und deine Verpflichtung fest und sicher bleiben.«

Der nächste Schritt besteht im Ansammeln von Verdienst durch das siebenteilige Gebet; Sie sprechen es nicht laut, sondern vergegenwärtigen sich nur seinen Sinn.

> Was ich durch Huldigung, durch Opfergaben, Bekenntnis und Freude,
> durch Anrufung und Gebet an Verdienst errungen haben mag,
> so wenig es auch sei – ich widme es ganz und gar
> der Erleuchtung aller Wesen.[94]

Es folgt die Bitte an den Meister, uns das Ablegen der Gelübde nun schnell zu gewähren. Der Lehrer wird mit »Ehrwürdiger« angesprochen, was erkennbar macht, dass er ein Mönch ist und höher steht als der Schüler.[95]

Sprechen Sie mir nach:

> »Lehrer, schenke mir deine Aufmerksamkeit. Ehrwürdiger, bitte gewähre mir jetzt umgehend die Gelübde der Bodhisattva-Disziplin.«

Die nächste Frage lautet nun: »Bist du ein Bodhisattva?« Das bedeutet: Ist das Potenzial der Familie[96] der Bodhisattvas in dir erwacht? Ob das Potenzial erwacht ist, hängt davon ab, ob Sie großes Mitgefühl erzeugt haben oder nicht. Einige von Ihnen sind vielleicht Bodhisattvas und haben das große Mitgefühl in sich wachgerufen. Bei den meisten von uns ist das noch nicht der Fall. Aber im Lichte dessen, was wir bereits über den Segen des Mitgefühls gesagt haben, können wir uns zumindest ein starkes und entschlossenes Streben nach Bodhichitta vornehmen. Beantworten Sie diese Frage also in der Vorstellung, dass Sie Bodhichitta in nicht allzu ferner Zukunft entwickeln werden, mit »Ja«. Die nächste Frage lautet dann: »Hast du dein ganzes Trachten auf Erleuchtung gerichtete?« Hier werden wir gefragt, ob unser Wunsch nach Erleuchtung wirklich stark und eindeutig ist. Auch wenn das noch nicht der Fall ist, bejahen wir die Frage, weil wir unsern Wunsch so stark machen möchten. Hier nun der Wortlaut dieser doppelten Frage:

> »Söhne und Töchter aus erleuchteter Familie, Dharma-Brüder und Dharma-Schwestern, geführt vom großen Vinaya-Halter Ngawang Chökyi Lodrö (Kyapjé Trulshik Rinpoche) [Seine Heiligkeit nennt an dieser Stelle die Namen der ranghöchsten Teilnehmer], seid ihr Bodhisattvas? Habt ihr euch das Streben nach Erleuchtung zum Ziel gesetzt?«
>
> »Ja, es ist alles so.«

Jetzt ist es so weit, dass Sie die Bodhisattva-Gelübde ablegen können, aber es ist keineswegs gesagt, dass Sie es bei mir tun müssen. Deshalb frage ich Sie jetzt danach, und Sie antworten mit »Ja«.

> »Möchtet ihr die Grundlagen für die Schulung aller Bodhisattvas und die Disziplin der Bodhisattvas von mir erhalten?«
>
> »Ja, das möchten wir.«

Der Hauptteil des Bodhisattva-Gelöbnisses

Wir kommen jetzt zum Hauptteil der Übertragung des Bodhisattva-Gelübdes. Dazu müssen wir die Buddhas und Bodhisattvas zu Zeugen anrufen, wobei wir von ihrem vollkommenen Wissen ausgehen, dem nichts verborgen bleibt. Dazu heißt es in *Der Weg des Bodhisattva*:

> Die Buddhas und Bodhisattvas
> besitzen die ungehinderte Schau.
> Alles liegt vor ihrem Blick offen da,
> und ich bin stets in ihrer Gegenwart.[97]

Danach werde ich Sie fragen, ob Sie vor mir die Gelübde der Bodhisattva-Disziplin ablegen möchten, die von allen Buddhas und Bodhisattvas der Vergangenheit, Gegenwart und Zukunft gehalten wurden und werden. Es wird darum gehen, ob Sie sich auf die drei Arten der Bodhisattva-Disziplin verpflichten möchten – das Vermeiden unguter Handlungen, die Ausbildung eines förderlichen Lebenswandels und die Bereitschaft, zum Wohl anderer zu wirken. Jede dieser Fragen bejahen Sie.

Wir werden dies dreimal rezitieren, und bei der dritten Rezitation sagen Sie sich, dass Sie jetzt die reinen Bodhisattva-Gelübde empfangen haben und sie von jetzt an in

Ihrem Geist präsent sein werden. Wer das Bodhisattva-Gelübde bereits empfangen hat, möge sich an dieser Stelle vor Augen halten, dass es hier noch einmal bekräftigt wird. Die praktizierenden Buddhisten unter Ihnen, die heute das Bodhisattva-Gelübde ablegen möchten, knien bitte nieder, das rechte Knie am Boden.

Bemühen Sie sich bitte während der Zeremonie um eine Haltung des tiefen Mitgefühls für alle Lebewesen, der vertrauensvollen Ergebenheit gegenüber den Buddhas, des aufrichtigen Verlangens, das Bodhisattva-Gelübde zu empfangen, und des entschlossenen Wunsches, sich im Handeln eines Bodhisattva zu üben. Beten Sie mit Inbrunst.

> »Söhne und Töchter aus erleuchteter Familie, geleitet vom großen und gelehrten Vinaya-Halter Ngawang Chökyi Lodrö, wollt ihr von mir die Gelübde empfangen, die Regel und Schulungsbasis aller Bodhisattvas der Vergangenheit, Regel und Schulungsbasis aller Bodhisattvas der Zukunft, Regel und Schulungsbasis aller Bodhisattvas der Gegenwart in allen zehn Richtungen sind, die Schulungsbasis und die Regel, an die sich alle Bodhisattvas der Vergangenheit gehalten haben, an die sich alle Bodhisattvas der Zukunft halten werden und an die sich jetzt alle Bodhisattvas der Gegenwart in allen zehn Richtungen halten, die Grundlagen der Schulung eines Bodhisattva und all die Regeln der Disziplin eines Bodhisattva: die Regel, negatives Handeln zu meiden, die Regel, sich um einen tugendhaften Lebenswandel zu bemühen, und die Regel, zum Wohl anderer zu wirken, in denen alle Regeln für das Leben der Bodhisattvas vereinigt sind?«
>
> »Ja, das möchten wir.«

(Frage und Antwort werden wiederholt.)

Während Sie bei der folgenden letzten Wiederholung zuhören, rufen Sie bitte gläubiges Vertrauen und Mitgefühl in sich wach, spüren Sie ein begeistertes Verlangen, das Bodhisattva-Gelübde zu empfangen und sich mit vollem Einsatz der Schulung eines Bodhisattva zu widmen. Beten Sie dabei mit aller Inbrunst, die Sie aufbieten können. Sagen Sie sich, dass Sie ihr Bestes tun werden, um dem Buddha zu folgen und es ihm gleichzutun.

(Frage und Antwort werden wiederholt.)

Sie können jetzt wieder Ihre Sitzplätze einnehmen. Wir haben das Bodhisattva-Gelübde abgelegt, es hat in unserem Geist Wurzeln geschlagen, und es ist wirklich kaum zu beschreiben, welch ungeheuren Gewinn das bedeutet. Es ist die schönste Opfergabe, die sich alle Buddhas und Bodhisattvas von uns wünschen könnten. Wir haben unserem Leben und der Freiheit, die es uns verschafft, einen Sinn gegeben, wir haben etwas Gutes daraus gemacht. Wenn wir uns jetzt nach bestem Vermögen an die Gebote halten und der Schulung widmen, werden wir von einer Glückserfahrung zur nächsten gehen, bis wir schließlich, und das muss gar nicht endlos lange dauern, unser endgültiges Ziel erreichen, die Buddhaschaft. Dessen können wir vollkommen gewiss sein.

Und ich, der ich Sie als Lehrer zu etwas so Segensreichem anhalte, habe ebenfalls etwas Sinnvolles geleistet. Ich werde mich jetzt vor den Buddhas und Bodhisattvas der drei Zeiten und zehn Richtungen niederwerfen und sie ersuchen, ein Auge auf Sie alle zu haben, die jetzt dieses Gelübde abgelegt haben. Wenn genügend Zeit ist, verneigt sich der Lehrer nicht nur in die vier Hauptrichtungen, sondern auch in die vier Nebenrichtungen, und die letzten beiden dieser insgesamt zehn Niederwerfungen gelten Zenit und Nadir. Da unsere Zeit nicht so reichlich bemessen ist, werde ich mich in die vier Hauptrichtungen niederwerfen und mir die Nebenrichtungen als mitberücksichtigt vorstellen. Anschließend werfe ich mich für den Zenit noch einmal nach Osten nieder und für den Nadir nach Westen. Ich vergegenwärtige mir bei diesen Niederwerfungen die Buddhas aller Richtungen und bringe ihnen anschließend Opfergaben von Blumen dar. Sie beten dabei ebenfalls, aber es sollen nicht die üblichen Gebete um langes Leben, Gesundheit, beruflichen Erfolg und dergleichen sein, sondern Gebete Ihres höheren Strebens, wie sie dem eben abgelegten Gelöbnis entsprechen. Sie beten darum, die Ebene der all-erkennenden Buddhaschaft schnell zu erreichen und das höchste Gute für sich und andere erwirken zu können.

An dieser Stelle[98] rufe ich alle Buddhas und Bodhisattvas als Zeugen an und bekräftige, dass Sie alle jetzt Bodhisattvas geworden sind, nachdem Sie von mir, Tenzin Gyatso, einem dem Bodhisattva-Pfad ergebenen Mönch, das Bodhisattva-Gelübde empfangen haben, und dass Sie sich an die Regeln der Disziplin und die Gebote halten werden.

> »Ihr Buddhas und Bodhisattvas der zehn Richtungen, schenkt uns eure Aufmerksamkeit! Diese Bodhisattvas, unter ihnen der gelehrte Vinaya-Halter Ngawang Chökyi Lodrö, haben jetzt von mir, dem Mönch Tenzin Gyatso, der den Namen Bodhisattva trägt, die Gelübde der Bodhisattva-Schulung empfangen. Möget ihr Erhabenen, deren Weisheitsgeist nichts in der Unendlichkeit der Universen verborgen bleibt, dies bezeugen!«

Abschluss der Zeremonie

Um uns selbst zu inspirieren und anzufeuern, vergegenwärtigen wie uns in tiefer Begeisterung, wie segensreich dieses Ablegen des Bodhisattva-Gelübdes ist. Im Text heißt es: Sobald das Ritual abgeschlossen ist und wir uns sagen können, dass wir die Gelübde der Bodhisattvas vollständig empfangen haben, werden alle Buddhas in allen Welten der zehn Richtungen und alle Bodhisattvas, welche die zehn Stufen erreicht haben, auf dieses Geschehen aufmerksam. Ihr Weisheitsgeist verrät ihnen den Ort und die Umstände dieses Geschehens. In diesem Fall also werden sie wissen, dass das Ablegen der Gelübde einer Versammlung vom Glück begünstigter Menschen gewährt wurde, die aus aller Herren Länder stammen, verschiedenen Dharma-Traditionen wie Sakya, Geluk, Kagyü und Nyingma angehören, alle von tiefer Hingabe und großem spirituellem Engagement, geleitet von einem Bodhisattva, der wie das Kronjuwel der Ngagyur-Nyingma-Tradition ist, dem gelehrten Vinaya-Halter Ngawang Chökyi Lodrö Rinpoche. Sie werden erkennen, dass alle Anwesenden den Bodhichitta-Wunsch nach endgültiger Erleuchtung in ihrem Geist haben wach werden lassen. Sie werden wissen, dass es in dieser Welt und in Frankreich im neu erbauten Dharma-Zentrum Lerab Ling stattfand und dass das Gelübde von einem den Bodhisattva-Lehren Verpflichteten übermittelt wurde, von einem Mönch aus Amdo namens Tenzin Gyatso. Künftig werden sie mit Liebe und Mitgefühl auf uns blicken. Die Buddhas werden uns als ihre Kinder, die Bodhisattvas werden uns als ihre Geschwister betrachten, und sie werden uns wünschen, dass sich unsere Intentionen ohne Hindernisse verwirklichen. Das wird einen ungemein fördernden Einfluss auf unsere spirituelle Reife haben. Mit dem Ablegen der Gelübde haben wir den Buddhas und Bodhisattvas die größte aller möglichen Gaben dargebracht.

So heißt es in *Der Weg des Bodhisattva*:

> Heute hat meine Geburt Frucht getragen,
> ich habe das wahrhaft menschliche Dasein erlangt.
> Heute werde ich in der Familie der Buddhas geboren,
> bin Sohn/Tochter der Buddhas geworden.
>
> Von jetzt an werde ich handeln, wie es
> meiner Familie entspricht – koste es, was es wolle.
> Ich werde dieser makellosen edlen Familie
> keine Schande machen.

Wir gehören jetzt zur makellosen und edlen Familie der Bodhisattvas und werden alles tun, damit kein schlechtes Licht auf diese Familie fällt.

Der Text rät uns dringend, von allen unklugen Verlautbarungen abzusehen. Damit ist gemeint, dass wir unser Ablegen des Bodhisattva-Gelübdes in keiner Weise herausstreichen sollen. Man braucht so etwas nicht als Medaille an der Brust zu tragen. Wenn Sie in den Bus oder Zug einsteigen, sagen Sie nicht: »Platz da! Hier kommt einer, der das Bodhisattva-Gelübde empfangen hat!« Sie behalten das für sich und reden mit niemandem darüber. Weshalb? Weil wir immer mit dem schlichtesten Platz Vorlieb nehmen, weil wir Diener all der unzähligen Lebewesen sein wollen.

Manche von Ihnen denken vielleicht, sie seien nun Bodhisattvas, weil sie heute Bodhichitta wachgerufen und das Bodhisattva-Gelübde abgelegt haben. Betrachten Sie es lieber nicht so. Sagen Sie sich besser, dass Sie ein Bodhisattva werden wollen und den ersten Schritt dazu getan haben – Sie haben einfach einen Samen in die Erde gebracht. Wenn Sie gut für ihn sorgen, wird er keimen und wachsen und schließlich Frucht tragen.

Zum Abschluss bekunden wir unsere Dankbarkeit für das Empfangen des Bodhisattva-Gelübdes. Normalerweise wird an dieser Stelle das siebenteilige Gebet rezitiert, aber heute sprechen wir nur nochmals diesen einen Vers, der die Bedeutung des ganzen Gebets in uns wachruft:

> Was ich durch Huldigung, durch Opfergaben, Bekenntnis und Freude,
> durch Anrufung und Gebet an Verdienst errungen haben mag,
> so wenig es auch sei – ich widme es ganz und gar
> der Erleuchtung aller Wesen.

Abschlussgebet

O erhabenes, kostbares Bodhichitta,
möge es in allen erwachen, in denen es noch schlummert,
möge es dann nie wieder nachlassen,
sondern weiter und immer weiter zunehmen!

Mögen alle Lebewesen, da sie unsere Eltern sind, glücklich sein.
Mögen die niederen Bereiche sich für immer leeren.
Möge sich das Streben aller Bodhisattvas
all der vielen Bhumis erfüllen!

Mögen die unermesslichen Gebete des hohen Strebens,
die Avalokiteshvara für das Land der Tibeter
vor den Buddhas und ihren Bodhisattva-Erben sprach,
hier und jetzt zum guten Ergebnis führen!

Möge unser Gebet der Wahrheit
vermöge der tiefen Verflochtenheit von Erscheinung und Leerheit,
vermöge der Kraft der barmherzigen Drei Kostbarkeiten und dieser Worte der Wahrheit
und vermöge des unfehlbaren Gesetzes von Ursache und Wirkung
bald und ohne Hindernisse Erfüllung finden.[99]

15 Die Ermächtigung zu Padmasambhava und seinen acht Manifestationen

Die heutige Ermächtigung bezieht sich auf das Geist-Sadhana *Die Vereinigung aller innersten Essenzen*. Es gehört zum Zyklus der reinen Visionen des Großen Fünften Dalai Lama, die wir als Sangwa Gyachen kennen, *Unter dem Siegel der Verschwiegenheit*. In der Nyingma-Tradition gibt es drei Formen der Übermittlung: die lange mündliche Übermittlung der Kama oder kanonischen Lehren, die kürzere Übermittlung der Terma oder offenbarten Schätze und die tiefe Übermittlung durch *dak nang* oder reine Visionen. Es scheint verschiedene Arten reiner Visionen zu geben: Manche stellen sich als Meditationserfahrung ein, andere sind rein geistiger Natur und wieder andere erscheinen dem Sinnesbewusstsein. Dieser besondere Zyklus entstand aus reinen Visionen, in denen der Große Fünfte Dalai Lama Begegnungen mit Gottheiten erlebte, die ihm so greifbar deutlich erschienen, als wären sie gewöhnliche Menschen. Der Text, den ich hier benutze, wurde von Jamyang Khyentse Wangpo zusammengestellt.[100]

Ich selbst erhielt diese Übertragung im Alter von zwölf oder dreizehn Jahren von Tadrak Rinpoche[101] im Rahmen des gesamten Sangwa-Gyachen-Zyklus.

Im Text der Ermächtigung heißt es:

> Der große Meister aus Oddiyana, Padmasambhava, verkörpert die unzerstörbare uranfängliche Weisheit von Körper, Rede und Geist aller Buddhas der Vergangenheit,

Gegenwart und Zukunft. Bei mehr als einer Gelegenheit gab er mit seinem von Irrtum freien Vajra-Worten zu verstehen, dass die fortbestehende Manifestation von König Trisong Detsen, der eine Manifestation von Manjushri und dessen unerschöpflichem erleuchtetem Wirken von höchster Verwirklichung war, der uranfängliche Beschützer Tibets ist, der siegreiche, große, all-erkennende und all-sehende unumschränkte Herr der Rede Dorjé Thokmé Tsal. In den fünfundzwanzig Abschnitten der Offenbarungen *Unter dem Siegel äußerster Verschwiegenheit*, die ihm in reinen Weisheits-Visionen erschienen, findet sich die tiefgründige Praxis unter dem Vajra-Siegel, die das Geist-Sadhana des Guru darstellt, *Die Vereinigung aller innersten Essenzen*.[102]

In der Zeit nach dem Großen Fünften Dalai Lama wurde der Sangwa-Gyachen-Zyklus eine der Hauptlehren, die den weiteren Dalai Lamas anvertraut waren. Der dreizehnte Dalai Lama hat das Sangwa Gyachen offenbar regelmäßig praktiziert. In dieser Zeit kam der jener Ära bestimmte Terma-Finder Lerab Lingpa nach Lhasa, und der Dalai Lama empfing von ihm den Vajrakilaya-Zyklus des Yang Nying Pudri.[103]

In Lhasa existierte eine vollständige, von Hand geschriebene Textausgabe des Sangwa-Gyachen-Zyklus, die in der Zeit des Großen Fünften Dalai Lama zusammengestellt worden war. Diese Texte waren wunderschön und von vorzüglicher Handwerkskunst; ich hatte sie in meinem Zimmer, aber damals interessierte ich mich noch nicht für die Lehren. Später, als ich mich für die Lehren zu interessieren begann, hatte ich die Texte nicht mehr! In Indien las ich die Biografien der früheren Dalai Lamas und dachte über sie nach. Aus diesem und anderen Gründen interessierte ich mich zunehmend für das Leben des Großen Fünften und folglich für den Sangwa-Gyachen-Zyklus. Nach und nach, durch Karma und Gebete, fanden sich dann auch die Texte ein.

An jedem zehnten Tag des zunehmenden Mondes nahm der dreizehnte Dalai Lama in seinem Privatquartier das Tsok-Speisenopfer Avalokiteshvaras aus dem Sangwa-Gyachen-Zyklus vor. Es wird *Neun Gottheiten des großen Erbarmenden Herrn der Welt*[104] genannt. An jedem fünfundzwanzigsten Tag des Monats praktizierte er das Tsok-Speisenopfer Hayagrivas aus diesem Zyklus; es wird *Die Oberhand über die drei Welten haben*[105] genannt. Als ich nach Indien kam, wollte ich die Tradition dieser Praxis jeweils am zehnten Tag des zunehmenden und abnehmenden Mondes wieder einführen und forschte nach den Texten, die sich dann auch nach und nach fanden. Ich zog mich zu einem Rezitationsretreat für die Kagyé-Praxis aus dem Sangwa Gyachen zurück und hatte Gelegenheit, Dudjom Rinpoche über die Einzelheiten dieser Praxis zu befragen. Im Verlauf der Praxis stellten sich günstige Zeichen ein, unter anderem bemerkenswerte Träume. Übrigens kam es schon in meinen jungen Jahren, als ich den Sangwa-Gyachen-Zyklus bekam, mich aber noch nicht dafür interessierte, zu bestimmten Zeichen. Ich glaube, dass ich irgendeine besondere Verbindung zu diesen Lehren habe.

Die Vereinigung aller innersten Essenzen ist ein kurzes Sadhana, ein auf Guru Rinpoche ausgerichteter Guru-Yoga. Trotz seiner Kürze besitzt es viel Segenskraft. Ich praktiziere es regelmäßig und habe es viele Male rezitiert.

Geschickte Mittel und Weisheit

Heute Vormittag haben wir das Bodhisattva-Gelübde abgelegt, und Sie haben sich darauf verpflichtet, vollständige, vollkommene Erleuchtung zu erlangen. Dazu brauchen wir natürlich eine absolut verlässliche Methode. Die Weisheit der All-Erkenntnis ist ein bedingtes Phänomen, das heißt, sie entsteht auf der Grundlage von Ursachen und Bedingungen. Sie ist unermesslich gut und transzendiert unser gewöhnliches Denken und Handeln ganz und gar; da sie jedoch aus dem Bewusstseinsstrom hervorgeht, den wir jetzt haben, ist sie ein zusammengesetztes oder bedingtes Phänomen, das sich aufgrund bestimmter Ursachen und Bedingungen einstellt. Deshalb kommt es darauf an, die richtigen Ursachen und Bedingungen zusammenzutragen, und zwar vollständig und in der richtigen Reihenfolge. Nagarjuna benennt die Ursachen in seinem berühmten Widmungsgebet:

> Möge allen Wesen durch dieses Verdienst
> die vollständige Ansammlung von Verdienst und Weisheit gelingen,
> und mögen sie den Dharmakaya und Rupakaya erlangen,
> die aus Verdienst und Weisheit erwachsen.[106]

Es gibt demnach zwei Ursachen – Verdienst und Weisheit –, durch die wir als Ergebnis den Dharmakaya zu unserem eigenen Nutzen und den Rupakaya zum Nutzen anderer erlangen. Die Ansammlung von Verdienst entspricht dem Aspekt der geschickten Mittel und ist die Hauptursache für den Rupakaya.[107] Mit der Ansammlung von Weisheit ist die Weisheit gemeint, welche die Leerheit erkennt; sie ermöglicht es uns, den Dharmakaya zu erlangen. Es kommt nun darauf an, diese beiden Ansammlungen – die zum erhabenen Rupakaya für das Wohl anderer und zum erhabenen Dharmakaya für unser eigenes Wohl führen – gleichzeitig zu schaffen. Wir sollen mit anderen Worten die beiden Aspekte der geschickten Mittel und der Weisheit zusammenbringen. Dieses Vereinigen der geschickten Mittel und der Weisheit ist der generelle Ansatz des Mahayana.

Es ist sehr wichtig, dass wir Mittel und Weisheit vereinigen, und wenn es uns gelingt, sie so zu einem einzigen Ganzen zusammenzubringen, dass die Wesenszüge beider in ein und demselben Bewusstsein präsent sind, werden sie in dieser Einheit so viel tief greifender wirken.[108] Im Sutra-System und im Fahrzeug der transzendenten Vollkommenheiten ist die Praxis so angelegt, dass die geschickten Mittel und die Weisheit einander zwar ergänzen und unterstützen, aber eindeutig verschieden bleiben. Im Vajrayana dagegen werden die geschickten Mittel und die Weisheit auf allen vier Stufen des Tantra – Kriya-, Charya-, Yoga- und Anuttarayoga-Tantra – zu einer Einheit verschmolzen, in der sie beide vollkommen aufgehen. Im höchsten Yoga-Tantra ist diese untrennbare Verschmolzenheit zur Vollkommenheit entwickelt.

Wenn es uns im Dzogchen gelingt, durch unsere Praxis Rigpa zu verwirklichen, das Samantabhadra ist – die unserer Natur eigene uranfängliche Weisheit –, so ist das als die profundeste Form der Verschmelzung von Mitteln und Weisheit zu sehen. Um die Erfüllung der »allumfangenden spontanen Präsenz« zu erreichen, die untrennbare Einheit der Kayas und des Weisheitsgeistes, müssen wir auf unserem Weg dafür sorgen, dass alle erforderlichen Ursachen vollzählig zusammenkommen. Deshalb sollte der Weg die mit dem Dharmakaya des inneren Strahlens verbundene Praxis der ursprünglichen Reinheit und die mit dem Sambhogakaya des äußeren Strahlens verbundene Praxis der spontanen Vollkommenheit zu einer Einheit zusammenführen. Anders gesagt: Wir müssen als Ursachen für das Erlangen der Kayas und des Weisheitsgeistes *Trekchö* und *Tögal* praktizieren. Die Tögal-Praxis kann nur durchgreifend wirksam sein, wenn wir auch Trekchö praktizieren.

Als Vorbereitung dient uns der Guru-Yoga, die Praxis der Ausrichtung auf unseren Guru,[109] die als die Lebenskraft für unseren Pfad anzusehen ist. Alle Dharma-Linien, alle Schulen des tibetischen Buddhismus sprechen davon, dass der Guru-Yoga die wichtigste Praxis überhaupt darstellt. Im Trekchö ist Ergebenheit von ausschlaggebender Bedeutung, wenn es um die Erfahrung des alles durchdringenden reinen Rigpa-Gewahrseins geht. Die Ermächtigung der *Vereinigung aller innersten Essenzen*, die Sie jetzt erhalten werden, ist eine mit Guru Rinpoche verbundene Praxis des Guru-Yoga.

16 Das klare Licht

B. Die Hauptpraxis

Nachdem wir den Vorbereitungsteil von *Erquickung und Gemütsruhe in der Meditation über die Große Vollkommenheit finden* besprochen haben, kommen wir jetzt zur Hauptpraxis. Longchenpa sagt:

> Die Hauptpraxis besteht im Erkennen des natürlichen Zustands durch Meditationen der Glückseligkeit, der Klarheit und Gedankenfreiheit.
> Die ursprüngliche Weisheit des klaren Lichts, frei von gedanklichen Verwicklungen,
> erweist sich als der grundlegende eingeborene Geist.

Die Hauptpraxis besteht demnach in der Meditation über das grundlegende innewohnende klare Licht. Wir können das klare Licht unter objektiven und unter subjektiven Gesichtspunkten betrachten. Das objektive klare Licht meint die Leerheit, also die Freiheit von allen gedanklichen Verwicklungen. Das ist, wie wir bereits gesehen haben, die absolute Wahrheit, das wahre Wesen aller Phänomene. Wir haben auch gesagt, dass alles im herkömmlichen Sinne Erscheinende, solange wir es nicht erforschen und analysieren, relative Wahrheit ist.

So spricht das *Guhyasamaja-Tantra* in der Schule der neuen Übersetzung des Tantra von fünf Stufen des Vollendungsstadiums. Das klare Licht wird hier als das Absolute und der Illusionskörper als das Relative bezeichnet. Das Wichtigste ist demnach die unmittelbare Erfahrung der subjektiven Seite des klaren Lichts.

Die beiden höheren Wahrheiten

Im gleichen Sinne spricht das *Guhyagarbha-Tantra* der Nyingmapa-Tradition von den beiden höheren Wahrheiten: der höheren absoluten und der höheren relativen. Zur Beschreibung der absoluten Wahrheit werden die sogenannten sieben überreichen Attribute der absoluten Wahrheit[110] herangezogen. Dodrupchen Jikmé Tenpé Nyima stellt die höhere absolute Wahrheit in seinem einführenden Kommentar zum *Guhyagarbha-Tantra* so dar:

> Es gibt viele Möglichkeiten, die beiden Wahrheiten auszulegen, aber wir wollen sie hier aus der Sicht des außergewöhnlichen Ansatzes »Das Geheime Magische Netz« als die beiden *höheren* Wahrheiten betrachten. Man wird sich fragen, was mit der höheren absoluten Wahrheit gemeint ist. Die höhere absolute Wahrheit meint das *natürliche Absolute des grundlegenden Raumes*, das frei von allen gedanklichen Verwicklungen ist …[111]

»Grundlegender Raum« bezieht sich hier auf den subjektiven Aspekt des klaren Lichts, den grundlegenden innewohnenden Geist des klaren Lichts, der Samantabhadra ist, der Ur-Buddha. Wie ich früher bereits gesagt habe, gibt es zwei Möglichkeiten, den Begriff der ursprünglichen Reinheit zu verstehen. Die erste Art der ursprünglichen Reinheit ist reine Leerheit, das heißt das Nichtvorhandensein der negierten Eigenschaft. Die zweite Art taucht bei der Betrachtung des Rigpa oder grundlegenden eingeborenen Geistes des klaren Lichts auf, wenn wir Rigpa als die Einheit von ursprünglicher Reinheit und spontaner Vollkommenheit sehen. Dieses Zitat hier scheint die zweite Auslegung anzusprechen, nämlich den Aspekt des Rigpa oder reinen Gewahrseins.

Wir sprechen also vom »natürlichen Absoluten des grundlegenden Raumes, das frei von allen gedanklichen Verwicklungen ist«. »Natürlich« bezeichnet hier nicht die Natur der Dinge, nämlich Leerheit. Der Begriff ist eher im Sinne von grundlegend und innewohnend gemeint wie in dem Ausdruck »natürlicher innewohnender Kaya«; in der Schule der neuen Übersetzung des Tantra ist das einer der vier Kayas der Erfüllungsstufe der Buddhaschaft, der zusammengesetzte Svabhavikakaya. Das natürliche Absolute ist also mit Worten wie »natürlich« oder »innewohnend« oder »ursprünglich« umschrieben. Und wie Dodrupchen Jikmé Tenpé Nyima sagt, ist das natürliche Absolute als »grundlegender Raum, frei von allen gedanklichen Verwicklungen«, zu verstehen. Er fährt fort:

> … aber auch das Weisheits-Absolute, das von innewohnendem Leuchten und frei von Verschleierungen ist;
>
> und das Ergebnis-Absolute, nämlich das Vorhandensein der fünf erleuchteten Ergebnisse – Körper, Rede, Geist, Eigenschaften und Wirken – in eben dieser [Einheit von grundlegendem Raum und Weisheit]. Da das Ergebnis-Absolute fünffach unterteilt ist, sprechen wir insgesamt von den »sieben überreichen Attributen des Absoluten«.

Der subjektive Aspekt des klaren Lichts wird demnach als das Absolute angesprochen. Das ist deshalb so, weil der ursprünglich innewohnende Geist des klaren Lichts von allen Eigenschaften leer ist. So ist im *Guhyasamaja-Tantra* der Schule der neuen Übersetzung von den »vier Leeren«[112] die Rede. Mit »Leere« ist gemeint, dass etwas von etwas anderem leer ist. Die erste Leerheit ist die der achtzig anzeigenden Vorstellungen mitsamt den Wind-Energien, die ihnen als Träger dienen, kurz das *Erscheinende*. Leer von Erscheinung und der Wind-Energie, die ihr als Träger dient, ist *Zunahme*. Leer von Zunahme und der Wind-Energie, die ihr als Träger dient, ist *Beinahe-Erlangen*. Leer von allen drei genannten Dingen mitsamt den Wind-Energien, die ihnen als Träger dienen, ist das *klare Licht*. Wir sprechen hier wie gesagt von äußerer Leerheit: leer von etwas anderem.

Wenn zum Zweck der Unterweisung von der absoluten Wahrheit die Rede ist, so Jikmé Tenpé Nyima, geschieht das in der Regel im Sinne einer ausschließenden Negation. Geht es jedoch um die Meditation über Leerheit, so wird sie am besten im Sinne einer einschließenden Negation aufgefasst. In einer Meditation, die der Entwicklung des Rigpa-Gewahrseins dienen soll, meditieren wir über Erscheinungen, die keine echte Realität besitzen. In der Hauptpraxis geht es letztlich um nichts anderes, als das Gewahrsein unseres eigenen Rigpa aufrechtzuerhalten, und dieses Rigpa ist der Ur-Buddha Samantabhadra, immer und für alle Zeit rein.

Zuvor bedarf es jedoch vorbereitender Übungen zur Läuterung von Körper, Rede und Geist. Im Rahmen der geistigen Läuterung erkunden wir, woher der Geist kommt, wo er sich aufhält und wohin er geht. Und an diesem Punkt brauchen wir die subtile Sicht der Leerheit gemäß dem Prasangika-Ansatz[113] des Mittleren Weges. Wenn Praktizierende, die bereits eine gewisse Sicherheit in ihrem Verständnis dieser subtilen Leerheit gewonnen haben, in das reine Rigpa-Gewahrsein eingeführt werden und es von innen her erkennen, sind sie in der Lage, in vollkommen gesammelter Meditation zu bleiben und dieses Gewahrsein aufrechtzuerhalten. In ihrem gesicherten Verständnis der subtilen Leerheit und der Sammlung auf das reine Rigpa-Gewahrsein meditieren sie im Effekt bereits über die Einheit von Erscheinung und Leerheit, und das bedeutet, wie mir scheint, dass sie über Leerheit als bejahende Negation meditieren.

Im ursprünglichen angeborenen Geist des klaren Lichts wird die Tiefe des höchsten Yoga-Tantra offenbar. Hier treten auch die profunden Qualitäten des Dzogpachenpo und der Mahamudra zutage. Es läuft auf das hinaus, was in der Sakya-Tradition des Lamdré im Zusammenhang mit dem »dreifachen Tantra« oder den »drei Kontinua«[114] als die untrennbare Einheit von Samsara und Nirvana gesehen wird. Und wenn wir in der Geluk-Schule, auch wenn sie nicht die Grundanschauungen des Mittleren Weges vertritt, von der gleichzeitig auftretenden Glückseligkeit und Leerheit hören, schwingt darin auch wieder der gleiche Sinn mit. Man darf also mit Fug und Recht sagen, dass sie in ihren zentralen Aussagen letztlich übereinstimmen.

Die Sakyapas nennen das klare Licht Alaya oder Grund von allem. Mangtö Ludrup Gyatso, ein Schüler von Tsarchen Losal Gyatso in der Sakya-Tradition des Lamdré Lopshé, bezeichnete das klare Licht als die absolute Wahrheit.[115] Ein anderer Schüler Tsarchen Losal Gyatsos, nämlich Jamyang Khyentse Wangchuk, sagt dagegen, das klare Licht gehöre zur relativen Wahrheit, zum Bedingten und in den drei Kategorien des Bedingten – Form, Bewusstsein und nicht assoziierte Formkräfte – zum Bewusstsein. Wir haben hier demnach verschiedene Anschauungen. Wenn Mangtö Ludrup Gyatso das klare Licht als absolute Wahrheit bezeichnet, geschieht das ohne Unterscheidung subjektiver und objektiver Aspekte, scheint aber trotzdem mit dem übereinzustimmen, was über das Vollendungsstadium gelehrte wird, wo das Absolute dem klaren Licht entspricht.[116]

Dennoch finden wir den Begriff des Absoluten vielfach vertreten, in der *Unterscheidung des Mittleren von den Extremen* als absolute Bedeutung, absolute Praxis und absolutes Ergebnis.[117]

Nun, ob wir es absolute Wahrheit oder relative Wahrheit nennen, ist am Ende nicht so entscheidend, denn alle diese Ansätze betonen die Bedeutung des ursprünglichen angeborenen Geistes des klaren Lichts und nehmen ihn als den Weg.

Hören wir Dodrupchen Jikmé Tenpé Nyima weiter:

> Was nun die höhere relative Wahrheit angeht, so wird sie zwar als das Erscheinen der Energie des Absoluten gesehen, aber ich halte es für besser, sie als magische Manifestation zu betrachten, denn wie Deshek Zurchungwa sagte: »Das Erscheinen aller Phänomene als magische Manifestation des Rigpa aufzufassen ist der Maha-Ansatz; ihr Erscheinen als die Energie des Rigpa aufzufassen ist der Anu-Ansatz; und ihr Erscheinen als Rigpa selbst aufzufassen ist der Ati-Ansatz.«[118]

Das mag ein wenig kompliziert wirken, aber worauf es mir ankommt, ist dies: Wir haben gesagt, dass alle diese Ansätze den ursprünglichen angeborenen Geist des klaren Lichts in den Mittelpunkt stellen und jeder Ansatz seine eigene

Darstellungsweise der beiden Wahrheiten hat. Wir bezeichnen sie hier als die beiden höheren Wahrheiten.

Die höhere absolute Wahrheit ist der ursprüngliche angeborene Geist des klaren Lichts, in der Tradition der neuen Übersetzung des Tantra als das Rigpa-Gewahrsein bezeichnet, das Samantabhadra ist, der Grund-Dharmakaya oder Ur-Buddha.

Dodrupchen Jikmé Tenpé Nyima erläutert:

> Die groben Geisteszustände, welche durch die Gewohnheitstendenz der Übertragung der drei Erscheinungen entstehen, sind auf der Erfüllungsstufe nicht gegeben, weshalb hier nicht einmal ihre Leerheit vorhanden ist. Deshalb muss die Soheit, die im Weiteren der »Wirklichkeits-Kaya«[119] der Buddhas wird, der Raum dieser Grund-Weisheit sein. Und eben darauf wollen die Lehren vom Buddha-Wesen, dem *Sugatagarbha*, letztlich hinaus, die wir in den Sutras vom letzten Andrehen des Dharma-Rades finden.[120]

Dass dies auch der ursprüngliche angeborene Geist des klaren Lichts ist, von dem in den Texten der Schule der neuen Übersetzung gesprochen wird, erhellt sich aus dem, was Longchenpa in seiner *Schatztruhe philosophischer Lehrsätze* schreibt. In seinen Lehren zur Natur des Grundes sagt er:

> Der Urgrund, die aus sich selbst entstehende Weisheit, grenzenlos in Ausmaß und Reichweite, ist essenziell leer wie der Himmel, von Natur aus klar wie Sonne oder Mond und in seinem überall hin dringenden Mitgefühl wie Lichtstrahlen. Diese drei Eigenschaften, nicht voneinander zu

> trennen, weilen im Grund-Raum, der nie Veränderung oder Abwandlung erfährt, und sind von der Natur der Weisheit der drei Kayas. Die leere Essenz ist der Dharmakaya, die klare Natur ist der Sambhogakaya, das alles durchdringende Mitgefühl ist der Nirmanakaya.[121]

Der Sitz des klaren Lichts

Die Essenz ist ursprüngliche Reinheit, die Natur ist spontane Präsenz und das unaufhörliche Strahlen ist Mitgefühl. Aber wo haben sie ihren Ort? Longchenpa sagt:

> Solange wir verblendet bleiben in den sechs Bereichen von Lebewesen, erscheinen diese drei unserer verblendeten Wahrnehmung als der gewöhnliche Körper, die gewöhnliche Rede und der gewöhnliche Geist. Aber wenn die Weisheit des erleuchteten Körpers, der erleuchteten Rede und des erleuchteten Geistes nicht erscheint, bedeutet dies nicht, dass sie nicht vorhanden wäre. Die Kanäle sind vom stofflichen Körper abhängig, die Wind-Energie und die Elemente sind von den Kanälen abhängig, und – auf der subtilen Ebene – hat die selbst entstehende Weisheit ihren Ort in der innersten Mitte der vier Chakras.[122]

Das Chakra der großen Glückseligkeit am Scheitelpunkt des Kopfes gehört beispielsweise zu den vier von Longchenpa erwähnten Chakras. Der »Ort der selbst entstehenden Weisheit« liegt im Mittelpunkt dieser Chakras, nämlich auf der Höhe des Dharma-Chakras in der Herzgegend in der Mitte des Zentralkanals. Die Kanäle, Wind-Energien und Essenzen weisen, wie wir schon sagten, verschiedene Grade von Subtilität auf, und hier geht es um das äußerst Subtile. In der sehr eigenen Terminologie des Dzogchen spricht man hier vom »*Kati*-Kristallkanal«. Longchenpa fährt fort:

> Am Dharma-Ort beim Herzen ist die Essenz, die selbst entstandene, leuchtende ursprüngliche Weisheit, unwandelbar und mitsamt den unermesslichen Attributen der Weisheit präsent. Wie es in dem Text *Der schöne Juwelenschmuck* heißt:
>
> Die große selbst entstandene Weisheit
> im Juwelenpalast des Herzens.[123]

Hier also wird als der Hauptsitz des ursprünglichen angeborenen Geistes des klaren Lichts das Zentrum des Dharma-Chakras am Herzen benannt. Weiter sagt Longchenpa:

> Das klare Licht hat seinen Sitz dort in vier außerordentlichen Kanälen; der große goldene Kati-Kanal verläuft in der Mitte des Zentralkanals und verbindet sich mit dem Zentrum des Herzens. Daher ist er mit *Tiklés* vom Grund gefüllt, Samantabhadra.[124]

Das klare Licht als Buddha-Wesen

Dass der ursprüngliche angeborene Geist des klaren Lichts dasselbe ist wie das Buddha-Wesen, wird schon in den Sutras gesagt, zum Beispiel im *Sutra von der Weisheit des*

Hinübergelangens (*Prajnaparamita-Sutra*), einer der Hauptquellen für Maitreyas *Das Erhabene Kontinuum*.

In *Die Wunsch erfüllende Schatztruhe* gibt es das Kapitel »Wie Samsara dem Grund entspringt«, in dem Longchenpa über den Grund der Verblendung spricht:

> Das ursprüngliche klare Licht, die Essenz glückseliger Buddhaschaft
> und letzter Grund von allem, ist seiner Natur nach nicht zusammengesetzt,
> vollkommen rein von Urbeginn an, wie der sonnenerhellte Himmel,
> jedoch von Gewohnheitstendenzen aufgrund von Unwissenheit bewölkt –
> und deshalb sind die Lebewesen verblendet.[125]

Zur Erläuterung dieser Verse schreibt er:

> Der Grund, wie der Raum, ist immer schon frei von jeder samsarischen Basis oder Stütze und von seinem innersten Wesen her ichlos. Er ist klar und leuchtend wie Sonne oder Mond und von spontaner Vollkommenheit. Er ist zeitlos gegenwärtig, ohne jeglichen Anfang, und kennt daher weder Veränderung noch Abwandlung.[126]

Deshalb wird der ursprüngliche angeborene Geist des klaren Lichts als »nicht zusammengesetzt« dargestellt, und das bedeutet nach den Worten von Dodrupchen Jikmé Tenpé Nyima, dass er immerwährend präsent und nicht von zeitlichen Ursachen und Bedingungen erschaffen worden ist. Longchenpa weiter:

> Da er jenseits all dessen ist, was feste Vorstellungen umschreiben, ist er von natürlichem Leuchten. Und da er im grundlegenden Raum weilt, in dem die Kayas und Weisheiten untrennbar eins sind, ist er der Sugatagarbha.

Das heißt, dass das volle Potenzial zu den drei Kayas hier präsent ist.

> Da alle Phänomene des Samsara und Nirvana auf ihm beruhen, nennen wir ihn »der Natürlich Zustand, der letzter Grund von allem ist«. Er ist nicht zusammengesetzt und von jeher vollkommen rein.

Solange wir die angesammelten Verunreinigungen noch nicht beseitigt haben, wird der ursprüngliche angeborene Geist des klaren Lichts als Sugatagarbha und das zeitlos präsente Potenzial zu den drei Kayas als »die Eigenschaften des Grund-Raumes« bezeichnet. Wenn die angesammelten Verunreinigungen unseres wahren Wesens beseitigt worden sind, wird das immer schon im ursprünglichen angeborenen Geist des klaren Lichts präsente Potenzial zu den drei Kayas verwirklicht und wird zu »Eigenschaften der Erfüllung«. Deshalb gehören die Kayas ebenso wie die Buddhaschaft von Urbeginn an zum Wesenskern des ursprünglichen angeborenen Geistes des klaren Lichts.

Analytische Meditation und die Anschauung des Mittleren Weges

Wenn wir sagen, die Essenz sei ursprünglich rein oder leer, ist diese Sicht der Leerheit in erster Linie an die Prsangika-Philosophie angelehnt. In *Die Wunsch erfüllende Schatztruhe* sagt Longchenpa:

> Wenn wir nun zur Darstellung der Prasangika-Tradition kommen, die den Gipfelpunkt des Großen Fahrzeugs innerhalb des Buddhadharma darstellt …[127]

In diesem detaillierten Kommentar findet sich ein Abschnitt, der aufzeigt, wie die Prasangikas alle gedanklichen Verwicklungen ausschließen, da sich über das Absolute als solches prinzipiell keine Aussagen machen lassen. Ein weiterer Abschnitt erörtert, wie die Prasingikas die relative, konventionelle Wirklichkeit darstellen, ohne das Erscheinen der Dinge zu widerlegen. Hier schreibt Longchenpa:

> In diesem Abschnitt, der die relative Wirklichkeit darstellt, ohne das Erscheinen der Dinge zu widerlegen, sind drei Teile zu unterscheiden: der Grund des Mittleren Weges, nämlich die beiden Wahrheiten; der Pfad des Mittleren Weges, nämlich die beiden Ansammlungen; und die Erfüllung des Mittleren Weges, nämlich die beiden Kayas.[128]

Hier ist wichtig zu beachten, dass die Darstellung grundsätzlich aus der Prasangika-Perspektive erfolgt. Und was die »leere Essenz« in den Sutras und niederen Tantras angeht, so ist es wichtig, sich über die Natur der Leerheit Gewissheit zu verschaffen. Das höchste Yoga-Tantra hat seine ganz eigene Auffassung der Leerheit. Dann finden wir in den Texten, insbesondere des Dzogpachenpo, verschiedene Arten der Befreiung, etwa ursprüngliche Befreiung, Selbst-Befreiung, nackte Befreiung, vollständige Befreiung und Befreiung von den Extremen – und jede steht für bestimmte Nuancen und besitzt ihren ganz eigenen Charakter. Zu allen gehört aber die Erkenntnis eben dieser leeren Essenz.

Die am Prasangika-Ansatz orientierte Meditation über subtile Leerheit findet im Rahmen der Erforschung des Geistes statt: Woher er kommt, wo er sich aufhält und wohin er geht. Dodrupchen Jikmé Tenpé Nyima erläutert dazu:[129]

> Viele Fahrzeuge sind gelehrt worden als Mittel, um zur Erkenntnis zu gelangen,
> doch es gibt nur einen zu realisierenden Weg zur Essenz –

Hier sagt er, dass es nur einen einzigen Weg zur Buddhaschaft gibt, nur eine Tür zum Frieden.

> ... die Grund-Natur des eigenen Geistes jenseits von Entstehen, Verweilen und Vergehen.

Wenn wir zu verstehen versuchen, woher der Geist kommt, finden wir keinen Ursprung, keine Basis seines Entstehens. Wenn wir untersuchen, wo er sich aufhält, finden wir keine Basis seines Verweilens. Wenn wir untersuchen, wohin er geht, ist kein solcher Ort zu finden. In seiner Grund-Natur ist der Geist demnach jenseits von Entstehen, Verweilen und Vergehen. Dodrupchen Jikmé Tenpé Nyima fährt fort:

> Und hier öffnen sich die Augen der Intelligenz erstmals weit.

Dafür ist aber wichtig, dass man erst einmal versucht hat, das Kommen, Verweilen und Gehen des Geistes zu verstehen, denn:

> Diese drei Orte – Ursprung, Aufenthalt und Endpunkt – nicht zu sehen,
> genügt nicht, um den natürlichen Zustand zu finden.

Wenn wir also zu erkunden versuchen, woher der Geist kommt, wo er jetzt ist und wohin er geht, und wir finden nichts, dann reicht das noch nicht aus, um in den natürlichen Zustand zurückzukehren.

> Es ist nicht einfach »jenseits jeglicher Basis und jeglichen Ursprungs«, wie es in dem bekannten Ausdruck heißt,
> oder eben »lediglich Worte«; es muss näher untersucht werden.

»Jenseits jeglicher Basis und jeglichen Ursprungs« läuft eigentlich auf das Gleiche hinaus wie »lediglich Worte und Benennungen«. Letzteres ist von der Erscheinungsweise der Dinge her gesprochen, während der erstere Ausdruck vom Gesichtspunkt der Leerheit ausgeht. Begnügen wir uns also nicht mit der Feststellung, dass Geist jenseits von Basis und Ursprung oder einfach ein Wort ist. Wir müssen weitergehen und wirklich verstehen, was es mit dem Mittleren Weg zwischen den Extremen auf sich hat.

> Selbst wenn nicht im Mindesten so etwas wie wahre Wirklichkeit zu erkennen ist,
> werden irrige Erscheinungen und Wahrnehmungen damit nicht enden.

Auf genau dasselbe will Nagarjuna im folgenden Zitat aus *Die kostbare Girlande des Mittleren Weges* auch hinaus:

> Person ist nicht Erde, nicht Wasser,
> nicht Feuer, nicht Wind, nicht Raum,
> nicht Bewusstsein und nicht alle zusammen.
> Was ist dann Person, wenn nicht diese?[130]

Wenn wir nach einer Basis für die Bezeichnung »Person« suchen und nichts finden, dann schließen wir daraus nicht gleich, dass es eine Person nicht gibt. Diese Unmöglichkeit, eine Basis für die Bezeichnung zu finden, eliminiert das Extrem des Ewigkeitsdenkens. Damit ist aber erst eines der beiden Extreme eliminiert, und das ist noch kein vollständiges Erfassen des Mittleren Weges. So also kommen wir nicht zur Überwindung beider Extreme, weshalb Nagarjuna fortfährt:

> Da die Person ein Gemisch der sechs Elemente ist …[131]

»Person« ist also die Bezeichnung, die wir einer Zusammenfügung aus den sechs Elementen geben. Es *gibt* demnach die Person, wenn auch nicht im Sinne von etwas wahrhaft Existierendem. Damit ist das Extrem des Nihilismus eliminiert, und auf diese Weise kann man beide Extreme ausschalten.

Das gleiche Prinzip gilt für die Frage nach dem Geist. Wenn wir fragen, woher der Geist kommt, wo er sich aufhält und wohin er geht, und wir finden nichts, was Geist zu nennen wäre, dann ist das noch nicht die vollständige Sicht des Mittleren Weges. Wenn der Geist wahrhaft existierte, sollten wir bei der Suche nach seinem Ursprung, seinem gegenwärtigen Ort und seiner Bestimmung irgendeine Basis finden können, aber wir finden keine. Das lässt erkennen, dass der Geist nicht *wahrhaft* existiert, aber man kann nicht sagen, dass er gar nicht existierte. Wenn wir verstehen, dass »Geist« eine bedingte Zuschreibung ist, etwas, das abhängig existiert, dann ist die Vorstellung, er existiere eigenständig und aus sich selbst, damit überwunden. Zu dieser Schlussfolgerung gelangen wir durch die Prasangika-Auffassung der »Essenz«, das heißt der ursprünglichen Reinheit. Hören wir Dodrupchen weiter:

> Solange du also keine zufriedenstellende Einschätzung
> dieses profunden, entscheidenden Punktes hast,
> forsche gründlich und bediene dich der Werke der Gelehrten und Hochentwickelten.[132]

Wenn sich der Mittlere Weg ganz erschließen soll, müssen wir analytische Meditation praktizieren. Solange wir jedoch über die untrennbare Einheit von Gewahrsein und Leerheit meditieren – eine dem Ruhigwerden gewidmete Meditation –, ist noch kein Raum für analytische Meditation. Der richtige Rahmen dafür sind die vorbereitenden Übungen im Dzogchen. Hier können wir zu einer endgültigen Einschätzung dessen kommen, was der Mittlere Weg bedeutet.

Es besteht hier eine Verbindung zu einem Kernstück des höchsten Yoga-Tantra, nämlich der Aussage, dass wir im Grunde über den Geist meditieren, wenn wir über Leerheit meditieren. So spricht beispielsweise das *Guhyasamaja-Tantra* von »Körper-Isolation«, »Rede-Isolation« und »Geist-Isolation«[133], wobei Geist-Isolation die Meditation über Leerheit beinhaltet, aber eben spezifisch über die Leerheit des

Geistes. Das wird in den Texten des höchsten Yoga-Tantra häufig als »höheres Phänomen« bezeichnet.

Allgemein gesagt ist Leerheit von einem Objekt oder Phänomen abhängig. Handelt es sich um ein vergängliches Objekt, wird die Leerheit, obwohl sie nicht bedingt ist, mit ihm vergehen. Kürzer gesagt: Wenn das Phänomen aufhört, hört seine leere Natur ebenfalls auf. So praktizieren wir den Gottheiten-Yoga unter anderem deshalb, weil wir hier die »dauerhafte Form« der Gottheit visualisieren und die Gottheit daher nicht vergeht. Wenn wir also die *reine* Form der Gottheit als Basis nehmen und ihre Leerheit realisieren, wird diese Leerheit der Svabhavikakaya oder »Körper der essenziellen Natur« eines Buddha. Würden wir dagegen irgendein *unreines* Phänomen als Basis für die Erkenntnis der Leerheit nehmen, wäre die Leerheit hier zwar dieselbe, aber das Phänomen kann dann nicht bis zur Buddhaschaft bestehen bleiben und folglich auch seine Leerheit nicht. Deshalb sprechen wir anhand reiner Phänomene über Leerheit. Kurz gesagt: Die Basis der Meditation über Leerheit ist der Geist.

17 Ein zusammenfassender Rückblick

Man hat mir gesagt, dass etliche von Ihnen erst heute angekommen sind. Ich nehme diese Gelegenheit wahr, um für alle noch einmal das Wesentliche des bisher Besprochenen zusammenzufassen. Auch wer von Anfang an hier war, wird vielleicht einen zusammenfassenden Überblick begrüßen.

Glück, der Sinn des Lebens

Was ist der Sinn unseres Lebens? Was macht eigentlich dieses Menschsein aus? Das sind Fragen, die mich immer wieder beschäftigen. Ich denke, wir können sagen: Der Sinn des Lebens besteht darin, glücklich zu sein. Wenn die Menschen ihre Religion oder irgendeinen spirituellen Weg praktizieren, dann deshalb, weil sie glücklich sein möchten – es gibt keinen anderen Grund. Praktizierende Buddhisten beispielsweise streben nach Buddhaschaft und möchten darin Glück und Erfüllung finden. Doch das geschieht nicht für sie allein, denn sie möchten Buddhas werden, damit all die unzähligen Lebewesen Freude und höchstes Glück finden können. Darauf arbeiten sie hin. Das Streben nach Glück ist unser aller Grundrecht – und ein absolut vernünftiges Streben außerdem.

Wenn wir uns das so emsig erstrebte Glück und das ebenso entschieden abgewehrte Leid anschauen, lassen sich verschiedene Arten und Formen ausmachen. Denken Sie an die Entwicklungsländer der Welt, in denen sich die Menschen durch Armut, Bildungsmangel, Krankheit und Hunger vor große Probleme und Entbehrungen gestellt sehen. Nahrungsmittel, Wasser und Kleidung sind knapp, und die Verhältnisse im unmittelbaren Lebensumfeld können große Nöte mit sich bringen. Das ist eine Form des Leidens. In den wirtschaftlich bessergestellten Ländern haben die Menschen in der Regel Wohlstand und bessere Schulbildung, und sie können sich besser um die Umwelt kümmern. Aber die Menschen sind hier anderen Formen des Leidens ausgesetzt, und auch hier gibt es Unglück.

Ich denke, man kann hier ein Muster erkennen: Wo wirtschaftliche Probleme im Vordergrund stehen, hat das Leiden mehr mit den fünf Sinnen und überhaupt der Körperlichkeit zu tun. In reicheren Ländern hängen die Probleme und das Unglücklichsein mehr mit unserer Wahrnehmung der Dinge zusammen, mit der Domäne des Geistigen.

Wenn wir diese beiden Arten von Glück und Leid – die eine mehr körperlich, die andere mehr geistig bedingt – miteinander vergleichen, ist nicht zu übersehen, dass der geistige Einfluss der stärkere ist. Wenn Sie in einem wohlhabenden Teil der Welt leben, können Sie mit Komfort und Annehmlichkeiten jeder Art umgeben sein und trotzdem im geistig-seelischen Sinne unglücklich sein. Da liegt der Schluss nahe, dass nur der Geist selbst in der Lage ist, die Probleme zu überwinden. Denn wie viel Geld man auch aufwenden mag, so wird man sie nicht los, und pharmazeutische Seelentröster, ja sogar Yoga-Übungsprogramme bringen es auch nicht. Mit solchen Strategien kann man sich vorübergehend Erleichterung verschaffen und einmal Abstand von dem ewigen Gedankenstrudel im Kopf gewinnen, aber das Grundproblem wird davon nicht berührt. Wenn Sie nicht wissen, wie Sie Ihre Schwierigkeiten durch Gebrauch Ihrer Intelligenz direkt in Angriff nehmen können, dürfen Sie sich von kurzfristigen Maßnahmen, mit denen Sie Ihre Gedanken über Ihre Probleme für eine Weile zum Schweigen bringen oder sich von ihnen ablenken, nicht allzu viel Erfolg versprechen.

Wir müssen unseren Verstand, unsere Intelligenz benutzen. Wenn Probleme im Bereich des Geistigen liegen, müssen wir ihnen auf den Grund gehen, wir müssen ihre Ursachen, Bedingungen und Auswirkungen ermitteln und besser verstehen. Es ist entscheidend wichtig, dass wir uns direkt mit ihnen befassen, anstatt sie einfach zu ignorieren. Nur so können wir geistigen Frieden und ein stabiles inneres Wohlbefinden schaffen, dem so leicht nichts anzuhaben ist.

Wechselseitige Abhängigkeit und der Gesamtzusammenhang des Lebens

Ich erwähne gern, dass ich die buddhistische Lehre von der wechselseitigen Abhängigkeit oder Interdependenz aller Dinge und Phänomene besonders hilfreich finde. Aber das ist natürlich nicht einfach etwas »Buddhistisches«. Jeder kann die Dinge so wahrnehmen. Wenn wir uns Zeit nehmen, einmal über die wechselseitige Bedingtheit aller Dinge nachzudenken, werden wir feststellen, dass da ein sehr direkter Bezug zu unserem Leben besteht.

Der Begriff »Interdependenz« besagt, dass alles irgendwelchen Ursachen und Bedingungen unterliegt. Wenn irgendetwas geschieht, sind stets mehr als eine einzige Ursache oder Bedingung beteiligt. Tatsächlich müssen unzählige Ursachen und Bedingungen zusammenkommen, damit etwas geschieht. Diese Ursachen und Bedingungen haben wieder ihre ganz eigenen Ursachen und Bedingungen und immer so weiter. Interdependenz besagt also, dass sich ganze Reihen von Ursachen und Bedingungen zu neuen Ursachen und Bedingungen fügen, die Veränderungen bewirken und damit wieder neue Ursachen und Bedingungen schaffen. Und unser Denken ist einer der Faktoren in diesem Wechselspiel von Ursachen und Bedingungen.

Wenn etwas geschieht, was uns in irgendeiner Weise nützt oder schadet und wir folglich Lust oder Unlust verspüren, liegt das nicht an einer einzigen Ursache oder Bedingung, sondern hat immer ein vielschichtiges Geflecht unzähliger Ursachen und Bedingungen zum Hintergrund. Und wenn wir das einmal verstanden haben, sehen wir die Dinge von da an in einem ganz anderen Licht. Wenn wir mit starkem Verlangen oder starker Abneigung reagieren und uns davon mitreißen lassen, liegt es normalerweise immer an unserer Neigung, unser Glück oder Unglück an einzelnen Ursachen festzumachen. Geschieht etwas Unerfreuliches, fassen wir irgendeinen einzelnen Faktor ins Auge und erklären ihn zum alleinigen Schuldigen. Und wenn etwas Erfreuliches eintritt, sehen wir meist ebenfalls einen einzigen Grund als dafür verantwortlich an. Aber weder das Schlechte noch das Gute geschieht aufgrund einer einzelnen Ursache oder Bedingung. Sie sind das Resultat des Zusammenwirkens unzähliger Ursachen und Bedingungen, die sich wieder untereinander bedingen. Es ist eine große Hilfe, das klar vor Augen zu haben. Wenn wir keine einzelnen Gründe mehr für unser Haften und unseren Unmut anführen können, richten sich unsere Gefühle auch nicht mehr auf einzelne Objekte und werden deshalb weniger stark sein.

Abhängigkeit von anderen

Aus der physiologischen Forschung wissen wir, dass sich der Körper im Falle von Erkrankungen oder Schmerzen mit natürlichen Mechanismen zu helfen weiß, indem er bestimmte Stoffe, Endorphine und Enkephaline, freisetzt, die den Schmerz betäuben. Das sind natürliche, instinktive Reaktionen des Körpers auf Schmerz. Ich sehe hier eine Parallele zu geistigen »Instinktreaktionen«, die seelische Schmerzen lindern können. Wenn jemand in seelischen Nöten ist, löst das bei uns eine ganz natürliche Reaktion von Zuwendung und Fürsorglichkeit aus, und wir wünschen uns, diesem Menschen helfen zu können. Wo wir einander Rückhalt bieten, entsteht gegenseitiges Vertrauen, und wenn wir dann selbst einmal in Schwierigkeiten sind, wissen wir, wohin wir uns wenden können. Vertrauenswürdigkeit und ein gutes Herz, Redlichkeit, Ehrlichkeit und Aufrichtigkeit, Zuneigung und liebevolle Fürsorge – all das sind menschliche Grundeigenschaften. Wenn wir sie leben, vertrauen uns die Menschen und möchten mit uns befreundet sein, und wir selbst, ob wir in Schwierigkeiten sind oder nicht, können entspannt und zuversichtlich sein. Selbst wenn wir Probleme haben und kein anderer sie für uns lösen kann, ist das alles nicht so schlimm, weil schon das bloße Gespräch mit anderen, schon die Aussprache über unsere Probleme so gut tut. Und das ist einfach unsere Natur.

Wo seelische oder psychische Nöte gegeben sind, haben wir die natürliche Neigung, einander fürsorgliche Zuwendung zu schenken, ehrlich und freundlich zu sein und einander zu helfen. Wir haben also von Natur aus diesen Hang, wie »ein guter Mensch« zu handeln, und das ist sicher eine der schönsten unserer natürlichen Anlagen. Es ist ganz wichtig, dass wir uns diesen positiven Zug vor Augen halten und seinen Wert vergegenwärtigen. Schätzen wir diesen Zug nicht gering, übersehen wir ihn nicht, sondern nehmen wir ihn in seiner ganzen Notwendigkeit und Wichtigkeit wahr – dann wird er uns bei allen Problemen des Lebens wirklich helfen. Das hat nichts mit früheren oder künftigen Leben oder überhaupt mit Religion zu tun. Wir haben hier etwas, das in allen Schwierigkeiten des Lebens hilfreich sein kann.

Denken wir an den ersten Abschnitt unseres Lebens: Von der Geburt an und für einige Jahre sind wir vollständig von anderen abhängig. Wir könnten allein nicht überleben, und zwischen Mutter und Kind entsteht eine besonders innige Verbundenheit. Bei Tieren kann das ganz anders aussehen. Nehmen Sie Meeresschildkröten. Das Muttertier bereitet ein Nest vor, legt die Eier ab und kümmert sich anschließend in keiner Weise um die Nachkommenschaft. Würden die jungen Schildkröten zufällig ihre Mutter treffen, würden sie vermutlich nicht die tiefe Verbundenheit spüren, die wir bei anderen Arten finden – einfach weil sie die Mutter nicht zum Überleben brauchen. Die Mutter legt ihre Eier ab, und wenn die jungen Schildkröten schlüpfen, krabbeln sie einfach so schnell wie möglich ins Meer. Die Mutter muss den Jungen weder etwas beibringen noch Milch geben noch sonst irgendetwas für sie tun. Man kann davon ausgehen, dass dieses starke Bindungsgefühl zwischen Mutter und Jungen, wie wir es bei anderen Arten kennen, hier nicht besteht. Vermutlich müssen die Jungen ihre Mutter nicht einmal erkennen können.

Menschenkinder dagegen sind sehr weitgehend von ihren Eltern abhängig, und so gibt es hier diese natürliche Liebe zwischen ihnen und ihren Eltern. So jedenfalls sehe ich es, vielleicht stimmt es gar nicht. Aber mir scheint, dass diese anfängliche Zuneigung zueinander, diese Wärme und Fürsorglichkeit, damit zu tun haben, dass wir für unser Überleben aufeinander angewiesen sind.

Leider ist es so, dass wir diese Liebe des Anfangs, die Liebe zwischen Mutter und Kind, mit der Zeit immer weniger zu schätzen wissen und sie schließlich sogar als entbehrlich empfinden. Wir denken, dass wir selbst für uns sorgen können und lieber auf niemanden angewiesen sein möchten. Auch wenn diese angebliche Selbstständigkeit ein leerer Traum ist, wir sind stolz auf uns, so forsch und selbstbewusst. Dann ist es mit unserer Liebe zu anderen nicht mehr so weit her, Gefühle von Eifersucht oder Neid nehmen zu, und wir schrecken nicht einmal mehr davor zurück, andere auszubeuten oder ihnen auf andere Art zu schaden. Das ist für so viel individuelles Unglück und für viele gesellschaftliche Missstände verantwortlich. Da kann das Gefühl aufkommen, dass man niemandem mehr über den Weg trauen kann, dass auf niemanden mehr Verlass ist. Wir fühlen uns abgeschnitten, isoliert und allein. Aber all das haben wir selbst so in die Wege geleitet. Wir haben nicht auf unsere menschliche Natur gehört, sondern sind Erwartungen gefolgt, die dem gegenüber eher künstlich sind.

Dazu kommt noch die ganze wirtschaftliche und technische Entwicklung, die mit der Gefahr verbunden ist, dass wir uns immer mehr auf materielle Dinge wie Geld und Maschinen verlassen. Wir trauen ihnen zu, dass sie uns Schutz und Sicherheit bieten und in jeder Lage helfen können. Mir scheint aber, dass diese Haltung viele neue Probleme erzeugt.

Auch wenn das Prinzip der wechselseitigen Abhängigkeit ein fester Bestandteil der buddhistischen Weltanschauung ist, sie spielt vor allem eine ganz handgreifliche Rolle in unserem tagtäglichen Leben. So lernen wir in der Schule viel über die Zusammenhänge in dieser Welt, und das erweitert unseren Horizont enorm. Wenn wir über das Wesen der Interdependenz nachdenken, kann das unseren Blickwinkel größer machen und unser gesamtes Denken umkrempeln. Wir erkennen dann zum Beispiel, wie entscheidend wichtig unsere natürlichen menschlichen Anlagen für unser Leben sind. Damit werden wir auch zu einer eher distanzierten Sicht des materiellen Fortschritts gelangen, denn so notwendig und segensreich er alles in allem sein mag, als Träger aller unserer Hoffnungen taugt er kaum. Besinnen wir uns lieber auf unsere erfreulichen und ausbaufähigen natürlichen Anlagen als Menschen. Dann, glaube ich, steht einem glücklicheren Leben nichts mehr im Wege.

Noch einmal: Das betrifft nicht nur Menschen, die sich einer Religion zugehörig fühlen. Jeder möchte glücklich sein, niemand möchte leiden, und wir alle haben diese wünschenswerten menschlichen Anlagen. Sie könnten das, wovon wir hier sprechen, als »säkulare Ethik« bezeichnen.

Was Religion eigentlich ist

Wenn wir irgendeinen religiösen Glauben teilen, uns aber im Grunde nur deshalb als »Gläubige« betrachten, weil schon unsere Eltern dieser Religion angehörten, während wir uns tatsächlich nur wenig für die Aussagen und die Praxis dieser Religion interessieren, werden wir wahrscheinlich nicht viel von unserer Religion haben. Wenn wir meinen, Religion bestehe darin, dass man einfach den Riten folgt und die Gebete spricht, wird es zwischen der religiösen »Praxis« und dem Rest unseres täglichen Lebens keine echte Verbindung geben. Ich sage gern: Wenn wir uns die großen Glaubenstraditionen ansehen, bleibt uns nicht verborgen, dass sie alle die gleichen Tugenden lehren – Liebe, Mitgefühl, Toleranz, Zufriedenheit und ethische Lebensführung. Das ist der eigentliche Sinn, das Herz der Religion. Im Tempel die Gebete sprechen, das ist noch nicht Religion. Religion handelt davon, wie wir unser Leben führen, und eigentlich nur davon – ob wir liebevoll, mitfühlend, tolerant und zufrieden sind und unser Leben den Geboten der Sittlichkeit folgt. Wenn wir uns als religiöse Menschen bezeichnen möchten, sollten wir uns klarmachen, worum es in der Religion eigentlich geht. Und dann werden wir weniger Wert auf Gebete und Rituale legen und mehr darauf achten, wie unser tägliches Leben aussieht. Ob wir Christen, Muslime, Buddhisten, Hinduisten oder Juden sind oder uns zu irgendeinem anderen Glauben bekennen, es kommt darauf an, die Lehren im täglichen Leben und im Umgang miteinander umzusetzen, das ist das Wichtigste überhaupt.

Manche meinen ja, Religion habe überhaupt nichts mit dem Alltag zu tun. Aber das muss wohl eine sehr beschränkte Auffassung von Religion sein. Wenn wir unter Religion die Rituale und Gebete in irgendwelchen speziellen Andachtsräumen verstehen, kann es freilich sein, dass nicht viel Beziehung zum Alltag erkennbar wird. Aber was hat es denn mit diesen Riten und Gebeten auf sich? Nun, sie sollen mehr Liebe, Mitgefühl, Toleranz und so weiter stiften. Wenn wir uns also einer bestimmten Religion zugehörig fühlen, müssen wir die Lehren dieser Religion verstehen, wir müssen uns für sie interessieren und sie im täglichen Leben umsetzen. Das ist in meinen Augen das entscheidende Prinzip.

Alle religiösen Traditionen dieser Welt sind mehr oder weniger gleich gut in der Lage, uns zu guten Menschen zu formen. In den philosophischen Anschauungen mögen sie sich unterscheiden, aber so ist für jede Gemütslage und Denkungsart etwas dabei, und das ist gerade das Schöne an dieser Vielfalt. Die Menschen haben so verschiedene Temperamente und Neigungen, da ist es ganz natürlich, dass dem einen diese Religion geeigneter und einleuchtender erscheint und dem anderen etwas ganz anderes anspricht. Hierin haben die Religionen etwas mit unterschiedlichen Heilverfahren gemein, nur dass die Medizin Krankheiten des Körpers behandelt und die Religion geistige Krankheiten heilt. Wenn ein Heilmittel verordnet wird, kommt es einzig und allein darauf an, ob es sich für die vorliegende Krankheit eignet. Die Zusammensetzung und der Preis spielen dann nur eine untergeordnete Rolle. Auch dem Patienten, der die Medizin bekommt, müssen wir solche Einzelheiten nicht groß erklären. Es kommt jetzt einzig und allein darauf an, ob das Mittel die Krankheit heilen kann oder nicht. Alles andere spielt keine Rolle.

So finden wir auch in den verschiedenen Religionen ganz unterschiedliche philosophische Anschauungen vor, aber sie haben alle das eine Ziel, den Menschen geistig zu fördern. Und so betrachtet sind sie tatsächlich alle gleich. Philosophische Anschauungen unterscheiden sich, und manche wirken differenzierter als andere, aber das macht die eine nicht gut und die andere nicht schlecht. Es geht mehr um die Frage, für welchen Menschen sich was am besten eignet. Wenn Sie irgendeine besonders differenzierte Philosophie als die »beste« und »tiefgründigste« ansehen, wird sie es für Sie persönlich wohl auch sein. Aber das bestätigt nur die Aussage, dass jedem das am meisten nützt, was seinem Temperament am besten entspricht.

Die Essenz des Buddhadharma

Betrachten wir also den Buddhismus, das ist unser Thema hier. Vielleicht wüssten Sie gern, was eigentlich die Essenz der buddhistischen Lehre ist. Ich bringe es gern auf folgenden kurzen Nenner: »Gewaltfreiheit ist das Prinzip der äußeren Lebensführung, wechselseitige Abhängigkeit oder Interdependenz ist das Grundprinzip der buddhistischen Anschauung.« Wenn wir von Gewaltfreiheit sprechen, die darin besteht, dass wir anderen nicht wissentlich Schaden zufügen, ist es manchmal nicht leicht, allein dem äußeren Anschein nach zu beurteilen, ob eine Aktion schädlich ist oder nicht. Das Motiv ist entscheidend. Alles Handeln durch Körper, Rede oder Geist, das der Absicht nach zum Nutzen anderer geschieht, ist naturgemäß nicht schädlich. Aber wenn wir ungute Absichten haben, wenn wir zum Beispiel jemanden hereinlegen oder übervorteilen möchten, wird unser Handeln auf jeden Fall schädlich sein, auch wenn wir honigsüß daherreden oder uns den Anstrich von Großzügigkeit geben. Warum? Weil unser Motiv negativ ist. Um also schädliches von unschädlichem Handeln unterscheiden zu können, müssen wir vor allem auf die Motivation blicken. »Gewaltfrei«, denke ich, kann man ein Handeln immer dann nennen, wenn es von Mitgefühl und Wohlwollen geleitet ist. Mit dieser Motivation im Herzen werden wir anderen in geeigneten Fällen wirklich helfen können; und wenn wir nicht helfen können, werden wir ihnen zumindest nicht schaden.

Der Gedanke der wechselseitigen Abhängigkeit macht erkennbar, wie Glück und Leid entstehen. Er zeigt uns, wie alle glücklichen und unglücklichen Gefühle, alle inneren Erfahrungen und äußeren Umstände aus dem Zusammenkommen bestimmter Ursachen und Bedingungen hervorgehen. Interdependenz erklärt, weshalb im Buddhismus so viel Wert auf Gewaltfreiheit gelegt wird. Lust und Schmerz hängen nämlich von bestimmten Bedingungen ab, und die haben sehr direkt mit unserem Verhalten zu tun. Wenn wir schlecht handeln, sehen wir leidvollen Erfahrungen entgegen. Wenn wir positiv Handeln, werden die Folgen erfreulich sein. So kommt alles zustande: in Abhängigkeit von Ursachen und Bedingungen. Wer nicht leiden möchte, unterlässt besser alles Handeln, das anderen schadet, und sieht lieber zu, dass er ihnen hilft.

Wenn wir Gewaltfreiheit praktizieren und das Prinzip zu Ende denken, führt es zwangsläufig zu Bodhichitta und einer Haltung, in der wir andere wichtiger nehmen als uns selbst. Und wenn wir den Gedanken der Interdependenz vertiefen, wird er uns schließlich zur Erkenntnis der Leerheit führen, der Einsicht, dass alle Phänomene letztlich ohne wahre Wirklichkeit sind. Das nennen wir »die Leerheit, deren

Essenz das Mitfühlen ist«, und wenn wir das praktisch umsetzen können, wird unser ganzes Denken eine grundstürzende Veränderung erfahren. Wie von selbst wird unser Leben gehalt- und sinnvoller. Wir setzen uns immer entschiedener für andere ein. Und wenn wir auf Schwierigkeiten stoßen, werden wir nicht mehr geistig darunter leiden, zumindest weniger als bis dahin. Vielleicht geling es uns sogar, unser Leid zu akzeptieren. Dann mögen wir körperliche Schmerzen leiden, aber in unserer geistigen Gelassenheit kommen wir damit zurecht und können den Schmerz sogar in etwas tief Bedeutsames verwandeln.

Lassen Sie mich ein Beispiel erzählen. 1958, als viele Klöster in Kham und Amdo bereits zerstört und viele Lamas und Khenpos in Gefangenenlagern interniert waren, verurteilten die Chinesen einen für seine makellose Praxis bekannten Khenpo zum Tod durch Erschießen. Bei der Exekution, kurz bevor die tödlichen Schüsse fielen, sprach er das folgende Gebet:

> Deshalb, o barmherziger und edler Meister,
> mögen alles Negative und alle Verdunkelungen der Lebewesen, meiner einstigen Mütter,
> möge alles Leid, ohne Ausnahme, hier und jetzt an mir ausreifen,
> möge ich ihnen all mein Wohlergehen, meine Tugend, mein Verdienst übergeben,
> damit alle Lebewesen sich des Glücks erfreuen.[134]

Es waren wie gesagt die letzten Worte vor seinem Tod. Diese Geschichte zeigt, dass wir unser Denken wirklich grundlegend wandeln und erstaunlichen Mut entwickeln können, wenn wir mit geschickten Mitteln und Weisheit praktizieren. Ja, wir können wie dieser Khenpo an den Punkt kommen, wo wir jedes noch so widrige Schicksal in den Weg zur Erleuchtung verwandeln.

Die Authentizität des Dharma bewahren

Ich möchte jetzt etwas ansprechen, was nicht nur für den Buddhismus, sondern für jede religiöse Tradition gilt. Ich halte es für ganz besonders wichtig, die authentischen Lehren des jeweiligen Stifters und seiner Hauptschüler getreulich zu bewahren. Die Tradition muss authentisch und ihren Ursprüngen treu bleiben.

Ich möchte hierzu ein paar Anmerkungen machen. Eine Zeit lang wurde der tibetische Buddhismus in westlichen Veröffentlichungen als »Lamaismus« bezeichnet, und das ist eine ganz untaugliche Bezeichnung. Der tibetische Buddhismus ist eine zweifelsfrei auf die großen und gelehrten Meister Indiens zurückführbare Tradition – ganz bestimmt nichts, was sich ein paar tibetische Lamas in ihren Meditationshöhlen aus den kältestarren Fingern gesogen haben. Wir haben hier nichts Geringeres als den authentischen Dharma des Buddha vor uns, wie er in Indien entstanden ist.

Dann werden Lamas vielfach als »lebende Buddhas« bezeichnet, was möglicherweise in einer chinesischen Fehlübersetzung seinen Ursprung hat. Ebenfalls ein großer Irrtum! Wenn solch eine Bezeichnung einer verehrungsvollen Haltung entspringt, ist das natürlich eine gute Sache. Aber betrachten wir doch einfach die Tatsachen. »Lama« ist die tibetische Entsprechung des Sanskritwortes »Guru«. *Guru* bedeutet wörtlich »schwer«, und zwar in dem Sinne, dass jemand in der Fülle seiner guten Eigenschaften oder seines Mitgefühls »gewichtig« ist. *Lama* bedeutet »Unübertrefflicher«, und das ist einfach ein hoch geachteter oder verehrter Lehrer. Den Ausdruck »lebender Buddha« finden wir nirgendwo, und ein Guru ist keineswegs automatisch ein Erleuchteter. Also, wie gesagt, wahrscheinlich beruht der Ausdruck auf einer Fehlübersetzung. Und ganz absurd wird dieser Ausdruck, wenn man solche »lebenden Buddhas« wie ganz gewöhnliche Menschen handeln sieht.

Und noch etwas, worauf ich Sie hier aufmerksam machen möchte. Was man »New-Age-Spiritualität« nennt, besteht ja eigentlich aus lauter Bröckchen, die allen möglichen religiösen Traditionen entnommen und dann zu einer neuen »Religion« zusammengerührt wurden – aber es ist eben keine gestiftete, sondern eine erfundene oder erklügelte Religion. Solange die Menschen ehrlich zugeben, dass es sich um das Produkt ihres eigenen Erfindungsreichtums handelt, ist es natürlich nicht gar so schlimm. Aber wenn man irgendetwas improvisiert und es anderen dann als Buddhismus oder als tibetisch oder als enorm abgekürzten Vajrayana-Pfad andient, ist höchste Vorsicht geboten.

Vor einiger Zeit bin ich einem indischen Sozialisten begegnet, der mir erzählte, er sei wirklich zutiefst vom Buddhismus angetan. Und es stimmt wohl auch, dass ihn die Lehren über Altruismus und Bodhichitta besonders ansprachen. Aber als es dann zu den Lehren über die Höllen, insbesondere zu den furchtbaren Temperaturverhältnissen in den heißen und kalten Höllen kam, wurde er sehr ungehalten und wollte nicht einmal mehr zuhören. Mir scheint aber, dass wir nirgendwo sehr weit kommen, wenn wir uns aus dieser uralten, von den großen Meistern Indiens getragenen buddhistischen Tradition nur das herauspicken, was nach unserem Geschmack ist, und alles übrige links liegen lassen. Sicher, wenn wir auf etwas stoßen, das unserer Überzeugung oder Erfahrung widerspricht, steht es uns frei, nicht daran zu glauben. Aber können wir daraus schließen, dass sich der Dharma ändern muss, oder können wir daraus die Forderung nach irgendeinem neuen Ad-hoc-Buddhismus ableiten?

Mir wurde von jemandem berichtet, der im Gespräch mit einem tibetischen Lama sagte: »Buddhismus ist eine wunderbare Sache, aber es gibt da ein paar Dinge, die ich einfach nicht mit meinem eigenen Denken in Einklang bringen kann.« Der Lama erwiderte: »Na, zum Glück sind Sie ja nicht gezwungen, Buddhist zu werden. Wenn er Ihnen nicht liegt, vergessen Sie ihn einfach.« Das ist sehr wahr, finde ich. Wir müssen den Buddhismus authentisch bewahren. Wir müssen uns an die ursprünglichen Lehren halten, die Lehren unseres gütigen Meisters, des Buddha, und der großen indischen Meister und schließlich der gelehrten und hoch entwickelten Meister aller Schulen des tibetischen Buddhismus – Sakya, Geluk, Kagyü und Nyingma. Das ist ungemein wichtig.

Denken Sie bitte auch an die Möglichkeit, dass manche dieser Lehren uns nicht unmittelbar einleuchten. Es werden ja sogar verschiedene Kategorien von erkennbaren Phänomenen benannt. So haben wir das »unmittelbar Offenbare«, das wir direkt wahrnehmen können. Dann gibt es die »teilweise verborgenen« und schließlich die »äußerst verborgenen« Dinge. Alles, was dieser letzteren Kategorie angehört, ist durch bloße Verstandestätigkeit so gut wie nicht zu erfassen. Aber wenn wir nur das glauben, was unmittelbar offenbar und nachvollziehbar ist, dürfte auch der Stand der Buddhaschaft zu den höchst unwahrscheinlichen Dingen gehören. Die generelle Vorstellung geht uns irgendwie noch ein; schwierig wird es erst, wenn wir hören, was im Einzelnen dazu gelehrt wird. Wenn uns also irgendetwas nicht ohne Weiteres zugänglich ist, könnte es sein, dass es sich um einen dieser äußerst verborgenen Zusammenhänge handelt. In diesem Fall ist es angezeigt, sich intensiv mit dem zu beschäftigen, was die Texte dazu sagen, um dann intensiv unser eigenes Denkvermögen einzusetzen. Selbst dann wird noch einiges an Rätseln bleiben, die wir gedanklich nicht lösen können, und es wäre sicherlich arrogant, all das vom Tisch zu wischen. Wir besitzen einfach nicht die Fähigkeit, alles einschließlich der verborgenen Phänomene direkt zu erfassen. Vieles bleibt unserer unmittelbaren Wahrnehmung verschlossen – aber wäre es nicht anmaßend, würde es nicht von Voreingenommenheit zeugen, wenn wir sagten, dass wir all das einfach nicht glauben? Nun, Sie verstehen, worum es mir geht: Ich finde es wichtig, dass wir uns an die ursprünglichen, authentischen Lehren halten.

Damit möchte ich diesen allgemeinen Überblick für alle heute erst angereisten Teilnehmer abschließen. Fahren wir an der Stelle fort, bis zu der wir in unserem Text *Erquickung und Gemütsruhe in der Meditation über die Große Vollkommenheit finden* gekommen waren.

18 Rigpa-Weisheit

Zwei Methoden des Zugangs zum klaren Licht

Im Allgemeinen wird gesagt, auf dem profunden Pfad des Dzogpachenpo sei in erster Linie die vierte Ermächtigung zu praktizieren. Die vier Ermächtigungen sind: die kunstvoll ausgearbeitete Vasen-Ermächtigung, die schmucklose geheime Ermächtigung, die äußerst schmucklose Erkenntnis-Ermächtigung und die völlig schmucklose Wort-Ermächtigung.

In der Schule der neuen Übersetzung des Tantra heißt es nun, wenn das »tatsächliche klare Licht« manifest geworden oder »die Vereinigung der Lernenden« erreicht sei, bestehe keine Notwendigkeit, sich auf weiteren neuen Pfaden zu schulen.[135] Wenn sich also die Weisheit des tantrischen Pfades des Sehens eingestellt hat oder das Stadium der »Vereinigung« erreicht worden ist, müssen wir uns nur noch mit dem Erkannten vertraut machen. Wir brauchen keine weitere Schulung mehr, wir müssen nichts Neues mehr entwickeln.

Für die Schule der alten Übersetzung und ihr System der neun aufeinanderfolgenden Fahrzeuge ist Dzogpachenpo der letzte Zielpunkt, und die vorangehenden acht Fahrzeuge, die alle vom gewöhnlichen Geist ausgehen, sind eher wie Stadien oder Schritte auf dem Weg. Acht Fahrzeuge führen uns demnach an den höchsten Zielpunkt heran, und das neunte stellt selbst diesen höchsten Zielpunkt dar.

Und hier ist nicht mehr das gewöhnliche Bewusstsein der Weg, sondern die Weisheit. Deshalb sagen wir, im Dzogchen komme es vor allem auf die vierte Ermächtigung an.

Unter den vermischten Schriften des all-erkennenden Khedrup Jé findet sich ein aus Fragen und Antworten bestehender Text, in dem unter anderem gefragt wird, ob Dzogchen ein reines System sei. Seine Antwort lautet, dass Dzogchen nicht nur eine reine und authentische Lehre sei, sondern darüber hinaus eine Unterweisung über die allerhöchste Ebene der an den höchsten Tantra-Lehren orientierten Praxis der Vollendungsstufe. Dzogchen, fügt er hinzu, sei von außerordentlicher Tiefe, aber leider durch das unsittliche Verhalten einiger praktizierender Laien in Verruf geraten.[136]

Khedrup Norzang Gyatso spricht in einer Einführung in die Praxis der Erzeugungsstufe des *Guhyasamaja* von zwei Möglichkeiten, das Heraufdämmern des klaren Lichts herbeizuführen. Eine Methode besteht darin, dass man sich auf die Vitalpunkte der Kanäle, Wind-Energien und Essenzen sammelt und sie durchdringt. So wird das klare Licht beispielsweise in der mit dem Vater-Tantra *Guhyasamaja* verbundenen Praxis der Vollendungsstufe durch den Yoga der Wind-Energien realisiert. Als zweite Möglichkeit nennt er die »alten Traditionen der Meditation«, womit er offenbar die Dzogchen-Tradition der Nyingmapas und die Mahamudra-Tradition der Kagyüpas meint. In diesen alten Traditionen, so sagt er, kann man das klare Licht allein durch nicht gedankliche Meditation verwirklichen, also ohne mit den feinstofflichen Kanälen, Wind-Energien und Essenzen des Körpers zu arbeiten.

In diesem Punkt besteht also völlige Klarheit. Bedenken Sie auch, dass Khedrup Jé zu den besonders rigorosen, kein

Blatt vor den Mund nehmenden Autoren der Geluk-Tradition gehörte und wie kaum ein anderer das Zulässige vom Unzulässigen zu unterscheiden wusste. Was er hier sagt, hat demnach Gewicht. Auch Khedrup Norzang Gyatso ist als ein außerordentlich gelehrter und hoch entwickelter Meister bekannt, der die Stufe der Vereinigung erreichte. Diese Klärung war mir wichtig.

Geeignete Texte als Grundlage wählen

Wenn wir jetzt zu den zahlreichen Texten kommen, in denen die Dzogchen-Lehren dargelegt werden, kann man sagen, dass manche sehr ausführlich und andere recht knapp gehalten sind. Es gibt ganze Lehrbücher über Dzogchen, zum Beispiel zu den diversen Zyklen der Terma-Offenbarungen. Ich habe früher von den beiden Lehrverfahren gesprochen, die eine eher genereller Art, die andere ganz spezifisch auf den Einzelnen zugeschnitten,[137] und bei den Dzogchen-Texten handelt es sich häufig um Unterweisungen dieser zweiten Art. Sie geben vielfach Ratschläge in Form von poetischen Versen oder Liedern der Erfahrung, und sie bieten nicht immer einen kompletten Abriss der Lehre. Die eigentliche breite Grundlage der Dzogchen-Lehren finden wir in den Werken von Longchen Rapjam, insbesondere in seinen *Sieben Schätzen* sowie in dem Text *Schatz der kostbaren Eigenschaften* und dem Kommentar dazu, beide von Jikmé Lingpa, dem zweiten All-Erkennenden, verfasst. Des Weiteren haben wir die Werke von Rongzom Chökyi Zangpo, der drei Jahrhunderte vor Longchenpa lebte. Dies sind die großen Werke der

Dzogchen-Tradition, die wir auf jeden Fall konsultieren müssen.

Wir finden dieses Prinzip in allen Schulen des tibetischen Buddhismus – Sakya, Geluk, Kagyü und Nyingma. Ein vollständiges Bild irgendeiner bestimmten Lehre bekommen wir nicht dadurch, dass wir uns kurze Unterweisungstexte oder hier und da gegebene Ratschläge anschauen. Bei diesem Verfahren besteht immer die Gefahr, dass man etwas missversteht und in eine falsche Richtung gerät. Nehmen wir als Beispiel die Geluk-Tradition. Wenn wir ein echtes Verständnis des charakteristischen Geluk-Denkens gewinnen wollen, müssen wir in erster Linie die wunderbaren Werke des Großen Tsongkhapa studieren. Wenn jemand lediglich behauptet, zur Geluk zu gehören, bietet das keine ausreichende Gewähr für die Richtigkeit seiner Aussagen. Das Gebot, die wirklich autoritativen Werke zu studieren, gilt demnach für alle Schulen. Nehmen wir das ganz ernst, sehen wir sehr genau hin.

Und es trifft natürlich für jeden Einzelnen von uns zu, dass wir unsere Tradition wirklich verstehen und daher ihre großen Abhandlungen studieren müssen, wenn wir Fallgruben umgehen und Fehler in unserer Praxis vermeiden möchten. So bin ich selbst auch vorgegangen. Wenn wir nur die kurzen, leicht zugänglichen Texte lesen, gelangen wir zu keinem umfassenden Verständnis, und vielleicht stoßen wir sogar auf Dinge, die uns zweifeln lassen. Erarbeiten wir uns jedoch die Hauptwerke, werden wir die Dinge bald in ihrem Zusammenhang sehen und verstehen und sind dann empfänglicher für die entscheidenden Punkte. Ich halte es also für sehr wichtig, dass wir Haupttexte unserer jeweiligen Tradition studieren.

Die Weisheit des Rigpa

Hier möchte ich Ihnen nun wieder etwas aus den Schriften von Dodrupchen Jikmé Tenpé Nyima vorlegen. Er spricht von der Weisheit des Rigpa, also des ursprünglichen angeborenen Geistes des klaren Lichts, aber er verwendet dabei die Terminologie der Tantras der neuen Übersetzung:[138]

> Zur Weisheit des inneren leuchtenden Gewahrseins sagt das *Tantra der Vereinigung von Sonne und Mond*:
>
> Im Juwelenpalast des Herzens
> ist das Strahlen des Kaya, der Leerheit und Klarheit vereinigt;
> vollständig mit Gesichtern und Armen wie ein von einer Vase umschlossener Körper
> weilt er dort in seiner allersubtilsten Form als die Essenz des klaren Lichts.
>
> Es gibt demnach eine grobe und eine subtile Form des *Avadhuti* oder Zentralkanals; und in dieser »Zitadelle«, die von der Natur des Lichts ist, im äußerst subtilen Zentralkanal, der »Kristallröhre«, wie man im außergewöhnlichen Verständnis dieses Fahrzeugs sagt, weilt der glorreiche Samantabhadra, der Lehrer ohne Anfang und Ende, der alles umfangende Weisheits-König.

Die grobe Form des Zentralkanals oder Avadhuti wird in den höchsten Yoga-Tantras angesprochen, etwa im *Guhyagarbha-Tantra*. Die subtilere Form wird als kristallene Kati-Röhre oder eben Kanal des klaren Lichts bezeichnet. Dodrupchen sagt:

> Es ist das große Mandala, in dem alles Erscheinende und Existierende von gleichem Geschmack ist.

Alle Phänomene des Samsara und Nirvana gehen aus dem ursprünglichen angeborenen Geist des klaren Lichts hervor und sind sich darin alle gleich. Reine Phänomene sind von der Natur der Weisheit, während unreine Phänomene vorübergehender und zufälliger Natur sind. Das ist jedoch der einzige Unterschied. Sie gleichen sich darin, dass sie Erscheinungsformen des klaren Lichts sind. Im Text heißt es weiter:

> Es ist der erleuchtete Zustand, der nicht aus dem gewöhnlichen Geist hervorgeht, die nicht vom begrifflichen Denken erklügelte Grundverfassung, vollkommen reines Buddha-Wesen, das nie von Makeln befleckt und immer gegenwärtig gewesen ist. In anderen Tantra-Klassen wird hier vom Grund-Geist gesprochen, der »all-leer« ist. In diesem Zusammenhang bedeuten demnach Grund-Geist und nicht zusammengesetzte Weisheit das Gleiche.

Ich habe bereits erläutert, wie »nicht zusammengesetzt« hier zu verstehen ist. Wenn wir in den Texten der neuen Übersetzung auf den Begriff »Grund-Geist« stoßen, wird »Geist« (*Sem*) im allerweitesten Sinne verwendet und schließt auch die Weisheit ein; deshalb können wir sagen, dass er auch auf der Ebene der Buddhaschaft gegeben ist. Hier ist also nicht Sem im Sinne des gewöhnlichen Geistes gemeint, der sorgfältig vom reinen Rigpa-Gewahrsein unterschieden werden muss.

Sogar in der Nyingma-Tradition ist mit Sem nicht immer der gewöhnliche unreine Geist gemeint. So wird Sem in einem Mahayoga-Tantra, *Der König der Herukas*, im Zusammenhang mit der Praxis der sechs Yogas verwendet. Wir können also nicht sagen, dass mit Sem immer der unreine Geist gemeint ist. Dodrupchen Jikmé Tenpé Nyima fährt fort:

> Er ist immer präsent gewesen, sein Status hat sich nie geändert.

Der gewöhnliche Geist tritt ins Sein, ändert sich und vergeht, aber hier ist es anders. Der Grund-Geist ändert seinen Status nie.

> Er ist jederzeit frei und kann nie in Verwirrung geraten.

In seiner Essenz ist er immer schon frei gewesen, zeitlos, und so ist es gar nicht möglich, dass er je in Verwirrung gerät.

> Er unterliegt weder Geburt noch Tod.

Auf den ursprünglichen angeborenen Geist des klaren Lichts lassen sich die Begriffe »Geburt« und »Tod« nicht anwenden. Für den groben, gewöhnlichen Geist gibt es Anfang und Ende. Er ist wie die Elemente Erde, Wasser, Feuer und Wind, die entstehen und vergehen können. Das Element Raum dagegen, aus dem sie hervorgehen und in das sie wieder aufgehen, unterliegt selbst nicht dem Entstehen und Vergehen. Im gleichen Sinne ist auch der ursprüngliche angeborene Geist des klaren Lichts jenseits von allem Entstehen und Vergehen.

In unserem gewöhnlichen, also gröberen Bewusstseinszustand, ja sogar mitten im Gewühl unserer Gedanken und

Gefühle des Haftens und der Abneigung ist doch immer eine Qualität von Rigpa oder Gewahrsein gegeben. Durch alle diese Zustände zieht sich ein Aspekt des Rigpa-Gewahrseins, und doch bleibt die Natur des Geistes uns dunkel. Dazu Dodrupchen Jikmé Tenpé Nyima:

> Auch wenn dies seine Natur ist, wird sein Gesicht durch die drei Erscheinungen und ihr begriffliches Denken verdunkelt, und wegen der 21 000 Bewegungen der karmischen Winde und so weiter können wir sein wahres Wesen nicht sehen, weshalb er für jedermann so schwer zu erkennen ist. Wie es im *Netz der Illusion* heißt:
>
> Emaho! Der Dharma ist immer geheim gewesen,
> von vielfältiger Erscheinung und seiner Natur nach geheim,
> seinem Wesen nach vollkommen geheim,
> nichts anderes als äußerst geheim.
>
> Deshalb nennt man ihn »das innere Leuchten, der jugendfrische Vasen-Körper«. Aber denke dir »Buddha« nicht als so etwas wie eine goldene Statue in einer Glasvitrine.

Mit dem Bild eines Körpers in einer Vase wird veranschaulicht, wie unsere Natur von dem inneren Leuchten umfangen ist – gleichsam darin eingeschlossen, bis sie freigegeben wird.

Rigpa – eine Einführung

In der Trekchö-Praxis des Dzogchen geht es um die Meditation über reines Gewahrsein oder Rigpa. Genauer gesagt geht es darum, mit dem Rigpa vertraut zu werden, sobald wir es vom gewöhnlichen Geist zu unterscheiden gelernt haben. Wie geht man nun dabei vor? Gegenwärtig ist der ursprüngliche angeborene Geist des klaren Lichts latentes Potenzial. In der eigentümlichen Sprache des Dzogchen würden wir sagen, das Rigpa des Grundes oder das essenzielle Rigpa sei derzeit nicht manifest, als sei es selbst latent. Wir sprechen hier also nicht über das essenzielle, sondern über das »ausstrahlende« Rigpa. Dabei gehen Gedanken aus dem reinen Rigpa-Gewahrsein hervor, sie strahlen davon aus. Aufgrund der drei Erscheinungen und der achtzig anzeigenden Vorstellungen regt sich etwas im Geist, und folglich haben wir es hier nicht mit dem essenziellen, sondern mit dem ausstrahlenden Rigpa zu tun. Wenn sich Gedanken oder Gefühlsregungen als die Energie des Rigpa einstellen, sind sie wie alle Bewusstseinszustände von Rigpa durchdrungen, »wie der Sesamsame ganz von Öl durchdrungen ist«. Ganz gleich, um welchen Geisteszustand oder welche Art von Gedanken und Emotionen es sich handelt, immer ist auch eine Grundqualität von Erkennen gegeben, und das ist das Moment des Rigpa-Gewahrseins. Auf dieses Moment des Gewahrseins nun wird ein erfahrener Lehrer einen Schüler, der eine gewisse spirituelle Reife erreicht hat, hinweisen, wenn alle dafür erforderlichen Bedingungen gegeben sind. Und diese Einführung geschieht anhand des ausstrahlenden Rigpa.

Zunächst muss der Schüler durch Studien und das Hören von Unterweisungen zu einem gewissen Verständnis kommen. Allmählich werden ihm die Dinge vertrauter und er gewinnt eigene Erfahrung, bis er schließlich sein eigenes Rigpa zu erkennen beginnt. Wenn es so weit ist, bedarf es nur noch dieser einen Praxis: stets und ausschließlich bei Rigpa bleiben. Das erreicht man durch Achtsamkeit. Es gibt allerdings zwei Arten von Achtsamkeit: geplante Achtsamkeit und natürliche Achtsamkeit. Geplante oder willentliche Achtsamkeit führt uns bei dieser Praxis nicht weiter, weil sie nur zu Gedanken wie »Jetzt meditiere ich über Dzogchen« oder »Jetzt verweile ich im Rigpa-Gewahrsein« führen würde und uns damit zurück in das Reich des gewöhnlichen Geistes zieht.

Sobald sich gewöhnliche Vorstellungen und Gedanken des Haftens in uns regen, sind wir wieder auf der gröberen Ebene des gewöhnlichen Bewusstseins. Wenn es dazu kommt und der gewöhnliche Geist sich wieder breitgemacht hat, müssen wir uns zu dem zurückrufen, was wir über den Unterschied zwischen dem gewöhnlichen Geist und Rigpa wissen, um zum reinen Gewahrsein zurückzukehren. Wir versuchen also *nicht*, den Geist mittels Achtsamkeit auf Rigpa zu lenken, wie man einen Pfeil auf ein Ziel abschießt, sondern wir bleiben ganz entspannt und ungezwungen in der Essenz des Gewahrseins selbst. Aber eigentlich übersteigt das die Möglichkeiten der Sprache und ist weder zu denken noch auszudrücken. Deshalb lässt es sich auch nicht ohne Weiteres mitteilen und auf Anhieb verstehen.

Die Einführung in das Rigpa-Gewahrsein kann beispielsweise im Rahmen der »Ermächtigung der Rigpa-Energie« (*rigpé tsal wang*) durch einen qualifizierten Meister geschehen. Aber das Begreifen kann auf sehr unterschiedlichen Wegen zustande kommen, und bei besonders begabten Schülern ist nicht viel an formellen Ritualen nötig.

Ich möchte Ihnen das mit einer Geschichte veranschaulichen. Khenpo Münsel war ein ganz erstaunlicher Dzogchen-Meister; er ist erst vor ein paar Jahren verstorben.[139] Jemand, den ich kenne und der in Lhasa lebt, suchte Khenpo Münsel auf, um von ihm die Einführung in die Natur des Geistes zu erbitten. Als er vor dem Meister stand, ergriff ihn ein so tiefes Gefühl inniger Verehrung, dass ihm die Tränen in die Augen traten. Khenpo Münsel saß einfach da, rezitierte Gebete und machte keinerlei Anstalten zu formellen Unterweisungen. Aber nach einer Weile wandte er sich meinem Bekannten zu und sagte: »Du hast jetzt die hinweisenden Belehrungen erhalten. Du hast die Ermächtigung der Rigpa-Energie. Geh und meditiere darüber.« Also, wie gesagt, bei hochkarätigen Schülern sind keine Rituale nötig.

Bei Schülern von mittlerer Begabung werden formelle Einführungen anhand von Texten wie *Yeshe Lama* gegeben, wie ich sie von Dilgo Khyentse Rinpoche erhalten habe.[140] Man nimmt dabei eine bestimmte Körperhaltung ein, und der Lama gibt die Einführung, indem er zum Beispiel die Silbe »Phat!« ausspricht oder irgendeine andere Methode anwendet, die ein gewisses Überraschungsmoment nutzt, um den Geist des Schülers leer zu fegen, sodass sein Denken zum Stillstand kommt. Es gibt dazu einen Ausspruch, den ich von Khenpo Rinchen[141] gehört habe. Manche sagen, er stamme von Sakya Pandita Künga Gyaltsen, während andere das verneinen. Jedenfalls lautet er: »In der Lücke zwischen dem eben vergangenen und dem folgenden Gedanken dämmert unaufhörlich die Klares-Licht-Natur des Geistes.«[142] Wenn der eben gedachte Gedanke zu Ende ist und der nächste noch nicht begonnen hat, ist dazwischen ein winziger Augenblick, der von allem Haften frei ist und in dem sich kein Gedanke von »Es ist dies oder es ist das« regt. Dann ist nur reines Gewahrsein, das man als Grund-Klarheit oder Grund-Erkennen bezeichnen könnte. Dies ist das ausstrahlende Rigpa, ein Aspekt des Rigpa und nicht das essenzielle Rigpa. Wenn alle erforderlichen Bedingungen gegeben sind, können wir diese Erfahrung machen und durch sie Rigpa erkennen. Dazu kommt es durch Segnungen, die wir empfangen haben.

Ich kannte einen Lama aus Kham, der Dzogchen praktizierte, obwohl er der Kagyü-Tradition angehörte. Er war ein ganz außergewöhnlicher Meister; leider ist er vor nicht langer Zeit verstorben. Er erzählte mir, dass er in seiner Jugend die Einführungen in Mahamudra und Dzogchen erhalten hatte, aber bei den vorbereitenden Übungen seinen Meister hinters Licht zu führen versuchte. Er musste damals sehr früh am Morgen aufstehen, um seine Niederwerfungen zu machen. Sie hatten keine Butterlampen, und um diese Zeit war es noch dunkel. Sein Lehrer saß meditierend und rezitierend da, während er in einer wirklich stockdunklen Ecke seine Prostrationen machen sollte. Das tat er jedoch nicht, sondern kniete sich einfach hin und schlug nur immer wieder mit den Fäusten auf den Boden, damit es wie echte Niederwerfungen klang. Er bediente sich über längere Zeit dieses Täuschungsmanövers und kam natürlich nicht zu der kleinsten Einsicht.

Sein Lehrer starb. Aber eines Tages tauchte er so bestürzend lebhaft in seiner Erinnerung auf, dass tiefe hingebungsvolle Liebe über ihn kam. Das Gefühl der vertrauensvollen Hingabe an seinen Meister wurde so überwältigend, dass er die Besinnung zu verlieren schien. Als er wieder ganz bei sich war, dachte er: »Ah, das muss wohl das sein, was sie Rigpa nennen! Das hier muss das klare Licht der Mahamudra sein!« Er vertiefte diese Erfahrung durch intensive Praxis, und sie wurde immer klarer. Er blieb beharrlich bei dieser Praxis und gewann so außerordentliche Klarheit, dass er sich sogar andeutungsweise an frühere Leben erinnerte, wie er mir anvertraute. Er war in der ersten Zeit zu keiner wesentlichen Einsicht gekommen, weil er seinen Lehrer getäuscht hatte. Später jedoch meditierte er so engagiert und beharrlich, dass er einen bemerkenswerten Grad an spiritueller Verwirklichung erreichte. In manchen Fällen kommt es also erst nach einer längeren Zeit konsequenter Praxis zu solchen Erfahrungen.

Wie wir gesehen haben, sind mit »Rigpa« und »Rigpa-Aspekt« das essenzielle und das ausstrahlende Rigpa gemeint. Wenn wir den Aspekt des Rigpa einmal erkannt haben, müssen wir einfach in der natürlichen, unangestrengten Achtsamkeit bleiben. Anfangs wird uns das nicht über längere Zeit gelingen. Aber im Laufe der Zeit werden wir durch Übung immer länger in dieser Achtsamkeit bleiben können, und unsere Erfahrung wird tiefer. Dann lässt sich unser Gewahrsein nicht mehr von Gedankenobjekten mitschleifen und verwickeln, sondern ruht in sich und bleibt an Ort und Stelle. Für den gewöhnlichen Geist gibt es dann nichts mehr zu tun, er verliert seinen Job, und das bedeutet, dass die Wind-Energien, die ihn in Bewegung gehalten haben, ebenfalls nach und nach abflauen. In der Folge kommt das begriffliche Denken zum Erliegen, und wir erreichen den Zustand der völligen »Gedankenfreiheit«. Der gewöhnliche Geist mit all seinen verschiedenen Graden sowie die groben, subtilen und äußerst subtilen Wind-Energien – all das schwindet und geht in den Zustand des klaren Lichts über.

Ich möchte Ihnen jetzt aus einem Dzogchen-Text[143] von Tulku Tsullo vorlesen:

> »Wann«, werdet ihr fragen, »erlangen wir denn die Freiheit vom gewöhnlichen Geist und all diesen das Antlitz der Rigpa-Weisheit verschleiernden Denkregungen, damit die Weisheit des Dharmakaya offenbar werden kann? Und was ist eigentlich das Wesen dieser Weisheit?«
>
> Die meisten heutigen Dzogchen-Schüler haben davon nicht einmal ein gedankliches Verständnis, sodass manche annehmen, es gehe einfach um Stille des Geistes, worin keinerlei geistige Regung mehr ist. Manche zielen auf die funkelnde Klarheit und Bewusstheit ab, die man durch Shamatha bekommt und in der die gröberen Formen des Denkens nicht mehr vorkommen. Manche bilden sich ein, sie müssten sich nur neben den gröberen Gedanken auch noch des etwas subtileren Strebens nach Unterdrückung dieser Gedanken bewusst sein, dann sei das schon die erhabene Dzogchen-Anschauung. Und noch andere behaupten, die gröbere Form der Freiheit vom begrifflichen Denken – worin zwar das vordergründige, wild wuchernde Denken überwunden ist, das aber doch noch im Bereich der karmischen Winde und der Vorstellungen liegt – sei unteilbar, dauerhaft, geeint und real und daher sei dies die höchste Sicht des großen geheimen Pfades. Wenn es so unausgegorene Anschauungen gibt, auf die niemand bauen kann, ist es wohl an der Zeit, alles Zweifelhafte und falsch Verstandene auszuräumen.
>
> Deshalb möchte ich jetzt ein paar Worte verlieren, die sich an den Unterweisungen meines über jeden Zweifel erhabenen Lehrers orientieren. Er wusste mit unfehlbarer

Sicherheit um das, was der frühere und der spätere All-Erkennende, Longchen Rapjam und Jikmé Lingpa, meinten, diese großen Wegbereiter, die sich jeder auf seine Weise über den Sinn der herrlichen Lehren der Großen Vollkommenheit gemäß Karma und Terma geäußert haben. Solange die subtilen Gewohnheitstendenzen der drei Erscheinungen und des begrifflichen Denkens noch bestehen, wird sich die Dharmakaya-Weisheit, die den Grund ausmacht, nicht manifestieren. Zum Aufhören aller karmischen Winde, Denkbewegungen und Gewohnheitstendenzen der drei Erscheinungen kommt es, wenn wir uns dem Preisgeben der Anhäufungen des Illusionskörpers nähern und die Auflösung der Elemente einsetzt. Von dem Augenblick an, wo das Erd-Element sich in Wasser auflöst, bis dahin, wo das Wind-Element in Bewusstsein aufgeht und das Bewusstsein in Erscheinung, dämmert die weiße Erfahrung der Erscheinung herauf. Die dreiunddreißig mit Zorn verbundenen Denkzustände hören auf. Wenn Erscheinung in Zunahme aufgeht, bricht die rote Erfahrung der Zunahme an, und die vierzig mit dem Begehren verbundenen Gedankenzustände enden. Wenn Zunahme in Beinahe-Erlangen aufgeht, bricht die schwarze Erfahrung des Beinahe-Erlangens an, und die sieben mit Verblendung verbundenen Gedankenzustände hören auf. Danach, wenn das Beinahe-Erlangen in Raum aufgegangen ist und die vorausgehenden Erfahrungen des eigenen Geist-Stroms absorbiert worden sind und künftige sich noch nicht gebildet haben, bricht der Bardo der Dharmata an. Das ist der Augenblick, in dem alle karmischen Winde, Gedankenzustände und subtilen Gewohnheitstendenzen der drei Erscheinungen im Zentralkanal beim Herzen an ihr Ende kommen und die höchste

> Wahrheit am Grund von allem, das von Natur aus dem Grund innewohnende Rigpa im höchst subtilen Kanal des Lichts, die »über alles siegreiche goldene Sonne«, manifest wird.

Dieses Zitat steht im Zusammenhang der Einführung in den ursprünglichen angeborenen Geist des klaren Lichts, das essenzielle Rigpa. Dieses Rigpa wollen wir manifest machen, und dafür gibt es wie gesagt zwei Möglichkeiten. Eine besteht darin, die Vitalpunkte in den Kanälen, Wind-Energien und Essenzen zu durchdringen und so die drei Erscheinungen mitsamt den Wind-Energien, auf denen sie sich fortbewegen, zum Erliegen zu bringen. Bei der anderen Methode arbeiten wir nicht mit Kanälen, Wind-Energien und Essenzen, sondern machen uns den Umstand zunutze, dass ein Aspekt des Rigpa-Gewahrseins oder klaren Lichts in allen Bewusstseinszuständen präsent ist. Und da der gewöhnliche Geist und dieses Rigpa immer gemischt vorliegen, können wir jederzeit klar zwischen Geist und Rigpa unterscheiden und uns immer mehr dem Aspekt des Gewahrseins zuwenden, ihn herausarbeiten und stetig aufrechterhalten. Dabei werden wir Rigpa nach und nach immer näher kommen, und die gewöhnlichen Bewusstseinszustände werden an Schwung verlieren. Natürlich müssen noch viele weitere Faktoren gegeben sein, damit es dazu kommt. Es geht nicht allein um geistige Sammlung; wir müssen auch die vorbereitende Praxis absolvieren, wir müssen Segnungen empfangen und so weiter.

Um Rigpa auf diese Art realisieren zu können, müssen wir die Ansammlungen von Verdienst und Weisheit vervollständigen und unsere Verdunkelungen bereinigen. Und wir müssen noch weiter gehen und die neun Arten des

Handelns aufgeben, die äußeren, inneren und geheimen Handlungen von Körper, Rede und Geist.[144] Das heißt, dass wir sogar von positiven Handlungen des Körpers wie zum Beispiel Prostrationen und Zirkumambulationen absehen; und selbstverständlich von den negativen Handlungen im Zusammenhang mit Geschäften oder ganz allgemein dem Geldverdienen und dergleichen. Ebenso bei der Rede: Wir unterlassen nicht nur negative Formen des Sprechens, sondern auch Gebete und Rezitationen jeder Art. Und was den Geist angeht, so meiden wir nicht nur Gedanken der Anhaftung und Aversion, sondern alles, was nicht unmittelbar zu dieser Praxis gehört. Alles andere würde an dieser Stelle nur auf Abwege führen, und deshalb heißt es: »Wir müssen alle Ablenkung durch Abwege zur Ruhe bringen.« In diesem Stadium gibt es nicht einmal Meditationen über Mitgefühl oder die Vertiefung unserer Hingabe und dergleichen, denn um all das geht es hier nicht. Wenn wir die neun Arten des Handelns preisgeben, verlangt die Praxis uns höchstes Engagement ab. Es ist wirklich nicht einfach. Viele stellen sich Dzogchen als ganz easy vor, aber das ist es nicht. Es kann natürlich sein, dass nur ich diese Praxis schwierig finde. Aber wir haben es hier mit dem höchsten Punkt aller Fahrzeuge zu tun, und realistisch betrachtet kann das nur bedeuten, dass diese Praxis einem alles abverlangt. Darüber sollten wir uns von Anfang an im Klaren sein.

Die für das Dzogchen typischen Kern-Unterweisungen über das Ansammeln von Verdienst und das Läutern der Verdunkelungen führen zur Praxis der »Trennung von Samsara und Nirvana« – *khordé rushen*. Auf diesem Wege wird auch Entsagung geübt und das diskursive Denken mit seinen Begriffen demontiert. Dann gibt es die Vorbereitungen von Körper, Rede und Geist und das »Suchen nach dem verborgenen Fehler des Geistes«; dazu erforschen wir, woher er kommt, wo er sich aufhält und wohin er geht – eine Methode, die uns (wie bereits dargestellt) zur Anschauung der Leerheit führt.

Die Bedeutung des Mittleren Weges

Zur rechten Anschauung finden manche leichter als andere. Zum Beispiel König Udayana. Als man ihm ein Bild vom Rad des Daseins mit den zwölf Gliedern des abhängigen Entstehens zeigte, verstand er es sofort, und zwar in aufsteigender wie in absteigender Folge – und das allein, so heißt es, genügte, um ihn die Wahrheit erkennen zu lassen.[145] Oder nehmen wir die Geschichte jenes Hirten, der einer der vertrautesten Schüler Milarepas wurde.[146] Bei der ersten Begegnung war dieser Hirte so durch und durch glücklich, dass er einfach eine Weile blieb, bis Milarepa ihn schließlich fragte: »Wo ist das Ich? Welche Gestalt hat das Bewusstsein, das ›Ich bin‹ denkt? Und welche Farbe?« Der Schüler ging heim und dachte intensiv über diese Fragen nach. Am nächsten Tag kam er wieder zu Milarepa und sagte: »Es gibt kein Ich.« Diese Art zu lehren war genau auf diese bestimmte Person zugeschnitten. Alle Bedingungen waren für diesen Schüler im richtigen Verhältnis gegeben, und als er nach dem forschte, was hinter allen Zuschreibungen und Benennungen steckt, stieß er auf die Leerheit.

Dazu schreibt Tulku Tsullo:

> Manche besitzen die Fähigkeit, über subtilste logische Denkprozesse zu einem endgültigen Begreifen zu kommen. Indem ihnen einfach aufgetragen wird zu untersuchen, ob der Geist Farbe, Form und so weiter besitzt, oder nach Ursprung, Ort und Ziel des Geistes zu forschen, gelingt es ihnen, durch subtilste Logik, alle Betrachtungsgegenstände bis hinunter zu den allersubtilsten zu widerlegen und so das Nichtvorhandensein einer wahren Wirklichkeit des Geistes zu beweisen. Durch die schiere Kraft solcher Gedankengänge können höchst begabte Einzelne die Leerheit aller Phänomene erkennen, während für uns übrige alles davon abhängt, dass wir auf die im Mittleren Weg gelehrte Weise zu einem Verständnis der Leerheit kommen: indem wir die Schriften des Mittleren Weges studieren, über sie nachdenken und schließlich all die Argumente erfassen, die das Nichtvorhandensein der wahren Wirklichkeit beweisen.[147]

Er betont hier also, wie entscheidend wichtig es ist, die Sichtweise des Mittleren Weges zu verstehen. Weiter unten in diesem Text erklärt er, weshalb es nicht ausreicht, einfach Rigpa zu erkennen und in der Praxis gegenwärtig zu halten, und weshalb auch die Sichtweise der Leerheit entwickelt werden muss:

> Gewahrsein und Leerheit müssen vereinigt werden, denn bloßes Realisieren der Essenz des Rigpa – ohne Meditation über Leerheit in diesem reinen Rigpa-Gewahrsein – reicht nicht aus, um das samsarische Dasein an der Wurzel abzuschneiden. Auch im Bardo der Dharmata manifestiert sich das Rigpa des Grundes, doch da es keine Erkenntnis der Leerheit besitzt, vermag es nichts gegen

> das Festhalten an wahrer Wirklichkeit und alle Formen des Haftens, und kann daher die Wurzel des Samsara nicht durchtrennen. Das Festhalten an der Wirklichkeit, die Wurzel des samsarischen Daseins, kann durch bloße Erkenntnis des Grund-Rigpa nicht durchtrennt werden. Wenn sich das Rigpa des Grundes in der Zeit des Bardo der Dharmata manifestiert, nehmen es gewöhnliche Menschen, die nicht den Pfad gegangen sind, weder als real noch als leer von wahrer Wirklichkeit wahr, sondern als vage und unbestimmt. Dies hatte der spätere All-Erkennende Jikmé Lingpa im Sinn, als er dafür den Ausdruck »Unwissenheit« verwendete.[148]

Selbst in das Mutter-Leuchten also mischt sich Unwissenheit. Weiter heißt es in diesem Text:

> Deshalb gilt im Sutra wie im Tantra, dass die Weisheit, welche die Leerheit erkennt, das einzige direkte Gegenmittel für die Unwissenheit ist, die an der Wirklichkeit der Dinge festhält und die Wurzel unseres Karma und aller verstörenden Seelenregungen darstellt. Deshalb ist es auch für Dzogchen-Praktizierende äußerst wichtig, die Leerheit zu erkennen. In *Der Widerhall des Klanges*[149] heißt es:
>
> Nicht existierend und daher erscheinend, erscheinend und daher leer,
> die untrennbare Einheit von Erscheinung und Leerheit mit ihren Verzweigungen.
>
> Und Zilnön Zhepa Tsal[150] sagte:

> Wie könnte Freiheit erlangt werden ohne Erkenntnis der Leerheit?
> Wie könnte Leerheit erkannt werden ohne die Große Vollkommenheit?
> Wer außer mir sänge solchen Lobpreis?

Es bedarf also einer besonderen Form der Weisheit – der Weisheit, welche die Leerheit erkennt –, die als direktes Gegenmittel gegen die Verdunkelungen des Erkenntnisvermögens wirkt. Ohne diese Weisheit, die durch die Praxis der Großen Vollkommenheit, das heißt durch Erkenntnis des ursprünglichen angeborenen Geistes des klaren Lichts kommt, besitzen wir kein direktes Gegenmittel für die geistigen Verdunkelungen. Dieser Punkt dürfte jetzt klar sein. Bei Tulku Tsullo heißt es weiter:

> Auch Longchenpa, der Meister der Siegreichen, sagte:
>
> Diese äußeren Erscheinungen sind nicht Geist,
> sondern magische Manifestationen des Geistes.
>
> Damit sagte er, dass alle Phänomene Leerheit sind, lediglich Manifestationen oder magische Schöpfungen der Gedanken im Geist. Sie existieren nicht von ihrer Seite her.

Die im Sutra wie im Tantra beheimatete Sichtweise des Mittleren Weges macht deutlich, inwiefern alle Phänomene lediglich Namen und Bezeichnungen sind. Wie es auch im *Sutra auf Bitten Upalis* heißt:

> Dinge aller Art wie liebliche Blumen,
> ein goldener Palast, herrlich und glanzvoll –

> auch solche haben keinen höchsten Schöpfer,
> sondern werden von der Kraft des Denkens heraufbeschworen.
> Die ganze Welt ist ein Gebilde dieser Kraft des Denkens.

Wenn wir verstanden haben, dass alle Dinge lediglich von der Kraft unserer Gedanken heraufbeschworen werden, wird uns klar, dass sie ohne eigenständige Existenz sind, beziehungsweise nur das an Existenz besitzen, was wir ihnen zuschreiben. Im Dzogchen sagen wir: Alle Phänomene sind die Energie des Rigpa. Rein oder unrein, kein Phänomen liegt außerhalb der Domäne des Rigpa, sie sind seine Manifestationen, zur Schau gestellt. Wenn uns das klar wird, hat das eine sehr reale und deutliche Auswirkung auf unsere Neigung, die Gegenstände unseres Mögens und Nichtmögens als real und handfest zu sehen.[151]

Essenz und ursprüngliche Reinheit

Tulku Tsullo spricht in diesem Text auch von der Natur des Rigpa, also vom ursprünglichen angeborenen Geist des klaren Lichts oder dem Rigpa des Grundes. Seine Betrachtung orientiert sich an drei Eigenschaften des Rigpa, nämlich seiner Essenz, seiner Natur und seiner mitfühlenden Energie.

> Die leere Essenz ist ursprüngliche Reinheit, *ka dak*. Damit ist der Leerheits-Aspekt der Weisheit des klaren Lichts gemeint, der All-Herrscher, der die Gesamtheit von Samsara und Nirvana erschafft, von Urbeginn an frei und

> nicht zusammengesetzt. Sehen wir näher hin: *Ka*, das »Ursprüngliche«, ist auch der erste der dreißig Konsonanten des tibetischen Alphabets, und die Weisheit des klaren Lichts ist immer *dak*, das heißt »rein«, von ihrem Ursprung oder Urbeginn an. Nichts Hinzukommendes kann es je beflecken, weder die subtilen und groben Begriffe, Gedanken und Gefühlsregungen des gewöhnlichen Geistes mitsamt den unreinen Handlungen, zu denen sie Anlass geben, noch die zuträglichen Geistesverfassungen grober und subtiler Art wie etwa Ergebenheit mitsamt den reinen positiven Handlungen, zu denen sie Anlass geben, noch all die neutralen Intentionen und das Verhalten, zu dem sie anregen, wie etwa die Arbeit und die alltäglichen Verrichtungen. Es bleibt auch unberührt durch den unwissenden Glauben an eine den Phänomenen oder dem Ich selbst innewohnende Identität und die aus solchem Haften erwachsenden Gewohnheitstendenzen sowie die karmischen Winde, auf denen sie reiten. Deshalb wird dieses klare Licht ursprünglich rein und leer genannt.[152]

Es wird »ursprünglich rein« genannt, weil es von hinzukommenden Verunreinigungen unberührt bleibt und leer von innewohnendem Sein ist. Das ist die leere Essenz. An dieser Stelle werden auch etliche für den Zusammenhang wichtige Begriffe erklärt:

> Da diese Rigpa-Weisheit immerwährend ist, ohne je zerstört zu werden, ohne Entstehen und Vergehen, ohne Geburt und Tod, wie sie vom gewöhnlichen Geist und der Person erfahren werden, wird sie »innewohnend« oder »dauerhaft« genannt. Da sie nicht von karmischen Win-

> den oder Denkbewegungen erzeugt wird, nennen wir sie »nicht zusammengesetzte Weisheit«. Da ihr durch Geist oder Geistesverfassungen nicht geschadet werden kann und da hinzukommende zuträgliche oder abträgliche Gedanken oder Geistesregungen jeglicher Art – seien sie positiv oder negativ, grob oder subtil – sie nicht binden können, wird sie ungehindert genannt. Auch wenn der gewöhnliche Geist der Lebewesen bestimmte und darin einseitige Positionen wie förderlich, abträglich oder neutral einnimmt, die Rigpa-Weisheit bleibt über alle Beschränkungen und Positionen erhaben und lässt sich weder als zuträglich noch als abträglich noch als neutral bezeichnen. Deshalb wird sie »große Gleichheit« genannt.[153]

Der Text definiert hier im Anschluss noch weitere Begriffe wie »nicht erdacht«, »selbstleuchtend«, »klares Licht«, »die Weisheit der zugleich entstehenden großen Glückseligkeit«, »die Weisheit der inneren Klarheit«, »die über den gewöhnlichen Geist hinausgehende Weisheit«, »die Natur der fünf Weisheiten« und »Dharmakaya des Grundes«.[154]

Es scheint demnach zwei Arten zu geben, »die Essenz, die ursprüngliche Reinheit ist«, zu verstehen. Erstens ist sie leer von allem Hinzukommenden einschließlich der drei Erscheinungen, von denen sie nie verunreinigt wird. Und zweitens ist sie frei von allen begrifflichen Verwicklungen, die mit den vier oder acht Extremen verbunden sind.

Natur: spontane Präsenz

»Die Natur, die spontane Präsenz ist« darf nicht mit dem Leere-Aspekt, der ursprünglichen Reinheit, verwechselt werden. Sie ist das, was alles in Samsara und Nirvana hervorbringt. Wie Longchenpa in *Die Wunsch erfüllende Schatztruhe* sagt, ist sie die Basis für Karma, verstörende Emotionen und die Phänomene des Samsara, aber nicht so, dass alles gänzlich durch sie bedingt wäre.[155] Die hinzukommenden Phänomene sind nicht Bestandteil der Natur des klaren Lichts; sie bietet ihnen zwar eine Basis, aber sie sind nicht gänzlich von ihr abhängig. Es ist ähnlich wie mit den Wolken am Himmel. In gewisser Weise sind sie vom Himmel abhängig, aber Wolken werden niemals zu einem Bestandteil der Natur des Himmels, wie dicht sie auch sein mögen. Wolken und Himmel sind zweierlei. Wolken und Himmel sind beide da, aber nicht so, dass eins ein Teil des anderen wäre, sie berühren sich nicht einmal. Dem gegenüber sind die Phänomene des Nirvana gänzlich von der Natur des klaren Lichts abhängig, so wenig von ihr zu trennen wie Sonnenstrahlen von der Sonne. Die Kayas und Weisheiten sind schon immer Teil dieser Natur und nie von ihr getrennt. Einfach ausgedrückt: Die spontan präsente oder vollkommene Natur ist die Grundlage, aus der alle reinen und unreinen Phänomene hervorgehen können.

Die drei Qualitäten Essenz, Natur und mitfühlende Energie sind im Grund des Seins vereinigt, aber gedanklich unterscheiden wir zwischen ihnen und sprechen von der Essenz oder ursprünglichen Reinheit und von der Natur oder spontanen Präsenz. »Spontane Präsenz« beinhaltet, dass aus dieser Natur alle Phänomene des Samsara und Nirvana hervorgehen und dass sie sich in diese Natur wieder auflösen.

Die alles durchdringende mitfühlende Energie

Hören wir hierzu wieder Tulku Tsullo:

> Die manifeste Kraft dieser Weisheit kann als absolut alles auftreten, weshalb alle Phänomene von dieser mitfühlenden Energie durchdrungen sind. Alle reinen Phänomene des Nirvana und alle unreinen Phänomene des Samsara, was sie auch sein mögen, sind lediglich Erscheinungen, die sich unserem Geist darbieten. Alle Phänomene des Samsara und Nirvana sind so; nicht ein einziges Phänomen in Samsara und Nirvana ist nicht so, nicht ein einziges existiert von sich aus. Die Natur aller die Phänomene beurteilenden Ideen und ebenso die Natur aller nicht gedanklichen Geisteszustände ist die Weisheit des reinen Rigpa-Gewahrseins. Folglich kann kurz gesagt werden, dass alle Phänomene des Samsara und Nirvana nichts als eine Darbietung sind, die vermöge der schöpferischen Kraft der Rigpa-Weisheit in unserem Geist erscheint.[156]

Zusammenfassend erscheint mir zweierlei besonders wichtig zu verstehen: die Essenz, die ursprüngliche Reinheit ist, und die Natur, die spontane Präsenz ist, und wie auf der Basis dieser beiden alle Phänomene des Samsara und Nirvana erscheinen.

Einige Kernpunkte der Dzogchen-Praxis

Einstweilen können wir den Sinn dessen, was hier erklärt wird, nicht voll erfassen, aber ein gewisses Verständnis wird uns doch möglich sein. Es geht dann aber nicht um Analyse, die der begriffliche Verstand vornehmen könnte. Besser ist es, in einem vom begrifflichen Denken freien Zustand zu bleiben. In der Mahamudra-Meditation, in der Geluk-Mahamudra-Tradition von Panchen Lozang Chökyi Gyaltsen[157] und in der Dzogchen-Meditation steht eigentlich die nicht begriffliche Meditation im Mittelpunkt. Daneben haben wir aber auch die Analyse mittels des gewöhnlichen Verstandes.

Wenn der Geist in einem gedankenfreien Zustand ruht, wird dafür mitunter der Ausdruck »staunend«, *hedawa*[158], verwendet. Aber hedawa, zutiefst erstaunt sein, reicht allein nicht aus. In diesem Staunen und nur noch am Rande der Gedanken und geistigen Regungen gewahr zu sein, damit ist man beileibe noch nicht in der Dzogchen-Sicht. Und wenn die gröberen Denkbewegungen und emotionalen Regungen zum Erliegen gekommen sind und eine gewisse Klarheit des Gewahrseins herrscht, ist das immer noch nicht die wahre Dzogchen-Sicht. Entscheidend ist, dass in diesem Zustand des Erstaunens gleichzeitig vollkommene ungeminderte Klarheit herrschen muss – *zang thal*. Wie es in *Die Essenz mit drei Worten treffen* heißt: »Tief erstaunt, und doch ist alles durchsichtig und klar.« Dazu kommt es erst durch Erfahrung und durch den Segen des Lehrers.

Wir haben an anderer Stelle über Befreiung von Gedanken und Emotionen und über verschiedene Arten der Befreiung gesprochen: ursprüngliche Befreiung, Selbstbefreiung, nackte Befreiung, vollständige Befreiung und Befreiung von den Extremen.[159] Natürlich gibt es auch verschiedene Stadien der Befreiung, je nach Fortschritt und zunehmender Erfahrung des Meditierenden. Im ersten Stadium besteht Befreiung darin, dass wir Gedanken erkennen, wie wir einen Freund oder Bekannten erkennen würden. Es handelt sich um Gedanken und Gefühlsregungen der gröberen Art. Sie stellen sich ein, wir bemerken sie, wir erkennen sie wieder wie einen alten Freund, und so werden sie befreit. Dies ist eine Art der Befreiung. Wenn sich auf der nächsten Stufe, Selbstbefreiung, Gedanken einstellen, besitzen sie weniger Kraft und vergehen selbst wieder, etwa so, wie eine Schlange ihre eigenen Verwindungen mühelos und wie von selbst löst. Wenn sich das Rigpa-Gewahrsein voll entfaltet hat, erreichen wir die Stufe, die »jenseits von Nutzen und Schaden« genannt wird. Sollte sich hier noch ein Hauch von Denktätigkeit regen, wird Rigpa trotzdem vollkommen offenbar und stetig bleiben, sodass der Gedanke weder nützen noch schaden kann. Es ist wie ein Dieb, der in ein leeres Haus eindringt: Es gibt da nichts zu holen und nichts zu verlieren. Das bezeichnet man als die drei Arten der Befreiung.[160]

Die Praxis selbst lässt sich anhand der vier *Chokshak* oder »Weisen, die Dinge in ihrer natürlichen Einfachheit zu belassen«, darstellen:

> Anschauung: wie ein Berg – lass ihn, wie er ist.
> Meditation: wie das Meer – lass es, wie es ist.
> Aktion: Erscheinungen – lass sie, wie sie sind.
> Erfüllung: Rigpa – lass es, wie es ist.[161]

Diese Chokshak lassen sich unterschiedlich deuten, aber hier genügt es, sie einfach zu Anschauung, Meditation und

Aktion und ihrem Resultat in Beziehung zu setzen, dem Stadium, in dem die Essenz des Rigpa nackt und direkt erkannt und erlebt wird. Das ist »Erfüllung: Rigpa – lass es, wie es ist.«

So weit also diese Einführung in das Dzogchen, ein Überblick, der bei einer so großen Zuhörerschaft notwendig sehr allgemein bleiben muss. Wenn Sie tatsächlich durch diese Praxis gehen, wird sie natürlich nicht so allgemein und schon gar nicht so öffentlich dargelegt wie hier, sondern naturgemäß in einem kleineren Schülerkreis erörtert. Von der Stufe des *khordé rushen* an müssen die Unterweisungen den Menschen, die sie in die Praxis umsetzen werden, sehr sorgfältig und genau gegeben werden. Man kann diese Dinge nicht einer großen Gruppe in einer einzigen Sitzung vermitteln.

Was ich Ihnen hier vermitteln konnte, beruht in der Hauptsache auf den Werken der beiden All-Erkennenden Longchen Rapjam und Jikmé Lingpa, ergänzt durch Erläuterungen, die Dodrupchen Jikmé Tenpé Nyima und Tulku Tsullo gegeben haben. Das sind die Schriften, die ich selbst als besonders logisch und hilfreich empfinde. Wenn Sie nun für sich praktizieren, sollten Sie sich an die Anleitungen durch Ihre persönlichen Lehrer halten, die Sie gemäß ihrer jeweiligen Tradition der Praxis unterweisen werden. Das ist das Beste – aber vielleicht ziehen Sie aus meinen Worten dennoch einen kleinen Nutzen, was das allgemeine Verständnis angeht.

(An dieser Stelle schloss Seine Heiligkeit die Übermittlung des Textes *Erquickung und Gemütsruhe in der Meditation über die Große Vollkommenheit finden* ab.)

Schlussworte

Damit beenden wir unsere Betrachtung des Textes *Erquickung und Gemütsruhe in der Meditation über die Große Vollkommenheit finden*, der eine Menge an praktischen Ratschlägen enthält und in außergewöhnlich klaren Worten darlegt, wie wir Hindernisse überwinden und unsere Praxis noch besser machen können.

Auch diese paar Tage der Unterweisung kommen damit an ihr Ende. Alles ist sehr gut gelaufen, am Anfang, in der Mitte und am Ende. Sie haben mit großem Interesse und sehr aufnahmebereit zugehört. Es mag sein, dass Sie nicht jede Einzelheit verstanden haben – zumal Sie ja meine Worte nicht direkt, sondern nur in der Übersetzung aufnehmen können –, und so mag es mitunter ein wenig ermüdend gewesen sein. Aber es hat sich jeder wirklich bemüht und aufmerksam zugehört, und so bin ich zuversichtlich, dass wir ein paar gute Samen für die Zukunft gelegt haben.

Am Ende kommt es vor allem darauf an, dass wir uns bemühen, gute Menschen zu sein. Damit schaffen wir uns nicht nur persönliches Glück, sondern außerdem großen Nutzen für die Gesellschaft. Und so geben wir unserem Leben einen Sinn. Ob Sie an zukünftige Leben glauben oder nicht, Sie tun damit das Beste für das Leben, das Ihnen noch bevorsteht.

Ich möchte auch all denen danken, die sich beharrlich dafür eingesetzt haben, dass diese Zusammenkunft möglich wurde; außerdem allen, die Unterstützung gewährt haben, und den Bewohnern dieses Landstrichs, die uns so freundlich aufgenommen haben. Es geschah alles in einem wirklich guten Geist der Zusammenarbeit, und ich danke

Ihnen allen. Ich hoffe, wir sehen uns wieder. Manche werden einander gewiss weiterhin begegnen, andere nicht. Doch wie dem auch sei, es liegt, wie der Buddha sagte, an uns, den Weg zu gehen. Es ist ganz in unsere Hand gegeben: Wir sind uns selbst Führer und Beschützer. Gehen Sie also unbeirrbar Ihrer spirituellen Praxis nach. Ich danke Ihnen.

LONGCHEN RAPJAM:

Erquickung und Gemütsruhe in der Meditation über die Große Vollkommenheit finden

Sanskrit-Titel: *Mahasandhi vishranta nama*
Tibetischer Titel: *rdzogs pa chen po bsam gtan ngal gso zhes bya ba*

Preis dem glorreichen Samantabhadra!

Preis der uranfänglichen Natur, der dem Raum gleichen Sphäre der Reinheit,
dem erhabenen Dharma, nicht schwankend und vollkommen frei von gedanklichen Verwicklungen,
der Klares-Licht-Natur des Geistes, Essenz des Erwachens,
dem vollkommenen Grund ohne Wechsel oder Wandel.

Damit du die Weisheit deines selbst erkennenden Gewahrseins verwirklichen kannst,
den überaus wunderbaren Weisheitsgeist aller Siegreichen,
habe ich hier die Quintessenz der Tantras, der mündlichen Übermittlung und der Kern-Unterweisungen zusammengetragen
und lege sie gemäß der Art ihrer Praxis vor. Gib also gut acht!

1. Orte zur Übung des Samadhi

Auf Berggipfeln, in der Waldeinsamkeit, auf Inseln und an ähnlichen Orten,
die dem Geist angenehm und der Jahreszeit angemessen sind,
da übe den stillen Samadhi, ganz und gar auf einen Punkt gesammelt und nicht schwankend –
klares Licht, frei von jeder kleinsten gedanklichen Verwicklung.

Das geschieht wie von selbst, wenn drei reine Dinge zusammenkommen:
der ideale Platz, der Einzelne und der zu übende Dharma.

Der Ort soll vor allem abgeschieden und angenehm sein
und in den verschiedenen Jahreszeiten die spirituelle Praxis fördern.
Meditiere im Sommer in luftigen Unterkünften an kühleren Orten,
in der Nähe von Gletschern, auf Berggipfeln und an ähnlichen Stellen
in einfachen Unterkünften aus Ried, Bambus oder Stroh.

Im Herbst ändere deine Ernährung, deine Kleidung, deine Lebensweise entsprechend
und halte dich in Gegenden und Unterkünften von gemäßigter Temperatur auf,
etwa in Wäldern, an Berghängen oder in steinernen Gebäuden.

Im Winter bleibe in tiefer gelegenen Gegenden, wo es wärmer ist,
etwa im Wald, in Fels- oder Erdhöhlen,
und richte deine Ernährung, deine Kleidung, dein Nachtlager und alles Weitere entsprechend ein.

Halte dich im Frühjahr in den Bergen oder am Waldrand auf,
oder auf einsamen Inseln oder in Gebäuden von milder, gleichmäßiger Temperatur,
wobei Ernährung, Kleidung und Lebensweise wieder entsprechend anzupassen sind – dies ist entscheidend wichtig.

Es besteht ein wichtiger Zusammenhang zwischen außen und innen,
halte dich also an inspirierende und abgelegene Orte, die du als aufbauend empfindest.

Hoch oben in den Bergen wird der Geist klar und weit,
der beste Ort, um ihn zu erfrischen, wenn er dumpf ist, und um die Erzeugungsphase zu üben.

Schneeregionen machen den Samadhi klar, das Gewahrsein leuchtend und licht,
sie sind ideal für die Übung des Vipashyana und immer dann, wenn wenig Hindernisse vorliegen.

Wälder geben uns Stille des Geistes und fördern die geistige Stetigkeit,
weshalb sie bestens geeignet sind, um ohne große Mühe Shamatha zu üben.
Am Fuße von Felswänden kommt uns ein lebhaftes Gefühl von Vergänglichkeit und Entzauberung an
und hilft uns, klar und inspiriert, zur Vereinigung von Shamatha und Vipashyana.

An Flussufern wird unsere Aufmerksamkeit ganz gesammelt,
und der Wunsch, dem Samsara zu entkommen, stellt sich schnell und immer wieder frisch ein.

Bestattungsorte besitzen große Kraft für schnelles Vorankommen,
es heißt, sie seien besonders gut für die Erzeugungs- oder Vollendungsphase geeignet.
Dörfer, Märkte, leere Häuser, einzeln stehende Bäume und dergleichen,
wo sich häufig Menschen, aber auch Dämonen aufhalten,
sind für den Anfänger zu ablenkend und können Hindernisse mit sich bringen.

Doch dem, der in seiner Praxis gefestigt ist, sind sie eine Stütze und gelten als besonders förderlich.

Tempel und Schreine, die von Gyalpo- und Gongpo-Geistern bewohnt werden,
können den Geist aufrühren und Gedanken von Zorn und Aversion aufkommen lassen.

Von Senmo-Dämoninnen heimgesuchte Erdhöhlen und dergleichen
lassen leidenschaftliche Begierde und übermäßige Trägheit ebenso wie Unruhe entstehen.

Von Mamos und Dakinis bewohnte einzeln stehende Bäume und ähnliches,
aber auch Felsen und Vorsprünge, wo Mutsen und Theu'rang zu Hause sind,
tragen, so sagt man, zu innerer Aufgewühltheit bei und sind mit Hindernissen aller Art verbunden.

Die Heimat der Ausgestoßenen, der Nagas, Nyen und örtlichen Geister
an Seen, auf Wiesen, in Wäldern und andernorts,
wo schöne Blumen blühen und Pflanzen und Bäume wachsen,
können anfangs ganz erfreulich sein, erweisen sich jedoch später als störend.

Kurzum, alle Gegenden und Aufenthaltsorte, die erst ganz angenehm erscheinen,
doch dann immer weniger, je besser du sie kennenlernst,
sind Orte, an denen man nicht so viel erreicht.

Andere dagegen, die zuerst erschreckend und abstoßend wirken,
dann aber umso erfreulicher werden, je besser du sie kennst,
sind von großer Verwandlungskraft und bringen großen Fortschritt ohne Hindernisse.
Alles dazwischen ist neutral, weder fördernd noch hinderlich.

Da der Ort, an dem wir uns aufhalten, auf unseren Geist einwirkt,
kann unsere Praxis dadurch stärker oder schwächer werden.
Deshalb heißt es, es sei entscheidend wichtig, den Ort genau zu erkunden.

Darüber hinaus gibt es vier Arten von Orten, die sich durch die Art ihrer Kraft oder Wirkung unterscheiden:
Friedvolle Orte, an denen der Geist wie von selbst gesammelt und still wird;
Orte der *Weitung*, die den Geist entzücken, so staunenswert und inspirierend sind sie;
Magnetische Orte, an denen sich der Geist eingefangen fühlt und Anhaftungen entwickelt;
Und *zornvolle* Orte, wo der Geist von Furcht und Grauen aufgewühlt ist.
Weitere Unterscheidungen ohne Zahl und Grenze sind möglich,
doch für unser Vorhaben, Samadhi, eignen sich friedvolle Orte am besten,
und da ich nicht zu viele Worte machen möchte, werde ich nicht weiter differenzieren.

An solch friedvollem Ort soll die Meditationsunterkunft für sich allein stehen,
denn das wird die Entwicklung geistiger Konzentration fördern.
Am besten geeignet ist eine nach allen Seiten offene Unterkunft mit freiem Blick.

Übe den Yoga der Nacht in einem runden »Dunkelhaus«
an einem hoch gelegenen Ort und in der Mitte der mittleren Kammer,
das Kissen nach Norden und in der Nirvana-Haltung liegend.

Der Platz für die Praxis des Licht-Yoga am Tage
soll von milder Temperatur sein und einen Eingang haben,
der einen weiten, freien Blick über Gletscher, Wasserfälle, Wälder und Täler
und in den weiten, offenen Himmel gewährt, sodass der Geist klar und licht wird.

Wenn du Shamatha übst, ist eine einsame, von einem Zaun umgebene Hütte
der beste Platz, an dem sich Stille des Geistes natürlich einstellt.
Für Vipashyana ist es wichtig, einen klaren, inspirierenden Ausblick zu haben
und immer fröhlich und auf die Jahreszeiten eingestimmt zu sein.

Niedrig liegendes und schattiges Gelände wie in Wäldern und Schluchten

eignet sich sehr für die Shamatha-Praxis, während die Höhen,
zwischen Schneegipfeln zum Beispiel, für Vipashyana am besten sind.
Es ist wichtig, diese Merkmale zu kennen.

Einfach ausgedrückt: Jede Umgebung und jedes Haus für die abgeschiedene Meditation,
wo sich Entsagung und Entzauberung einstellen, wo die Aufmerksamkeit ganz gesammelt ist
und der Samadhi an Kraft zunimmt – jeder Ort des rechten Wirkens also
gleicht, so sagt man, dem Ort, an dem die Essenz der Erleuchtung erlangt wurde.
Dagegen gilt ein Ort, an dem die Tugenden nachlassen, die geistigen Plagen zunehmen
und man durch diesseitige Dinge abgelenkt wird,
als von Dämonen heimgesuchter Ort des bösen Wirkens, dem nur die Weisen entgehen.

Da all dies von Padmasambhava gelehrt wurde,
sollten es sich alle einprägen, die auf Befreiung aus sind.

Mit dieser Darstellung der für die Vertiefung des Samadhi geeigneten Orte endet der erste Abschnitt von *Erquickung und Gemütsruhe in der Meditation über die Große Vollkommenheit finden.*

2. Der Meditierende

Zweitens musst du als einer, der mit der Praxis beginnt, Vertrauen, Ausdauer, Entsagung und ein Gefühl von Ernüchterung haben.
Du musst des Samsara müde und überdrüssig geworden und auf Freiheit aus sein.
Auf die Dinge dieses Lebens verzichtend und zur Erleuchtung strebend,
musst du Ablenkungen und alle Geschäftigkeit weit hinter dir lassen und zusehen, dass kaum geistige Plagen da sind.
Sei gelassen und tolerant, habe reine Wahrnehmung und große Hingabe
und dazu geistige Stabilität[162] und größte Hochachtung vor den Lehren –
[wer so übt, wird die höchste Freiheit erlangen!][163]

Du musst auf die bestmögliche Weise einem edlen Lehrer dienen
und deinen Geist durch Studium, Reflexion und Meditation läutern.
Insbesondere verbringe deine Tage und Nächte damit,
dass du dich eifrig den essenziellen Anleitungen der mündlichen Übermittlungslinie widmest.

Ohne dich von gewöhnlichen Belangen auch nur für einen Augenblick ablenken zu lassen,
widme dich mit größtem Eifer der tiefen innersten Bedeutung.
Ohne je gegen die Gebote der Shravakas, Bodhisattvas und Vidyadharas zu verstoßen

und den eigenen Geist beherrschend, hilf anderen auf jede dir mögliche Art,
und nimm alles, was du erfährst, auf den Weg zur Befreiung mit.

Für dich als Anfänger ist es wichtig, dass du für dein Wohlergehen sorgst,
indem du im Alleinsein deinen Geist wohl hütest, Ablenkung und Geschäftigkeit meidest,
unerfreulichen Situationen ausweichst und die geistigen Plagen mit geeigneten Gegenmitteln im Zaum hältst.
Sorge dafür, dass deine Anschauungen und deine Lebensweise übereinstimmen, und widme dich mit Begeisterung der Meditation.
Sobald sich irgendeines der gewöhnlichen fünf Gifte zeigt, fange es augenblicklich
mit Achtsamkeit ab und wende unbeirrbar die Gegenmittel an.

Bringe deinen Geist durch Gewissenhaftigkeit, wachsame Innenschau, Selbstbeherrschung und ein Gefühl von Würde unter Kontrolle.
Sieh die Gleichheit von Lob und Tadel, Zustimmung und Missbilligung, gutem und schlechtem Ruf,
denn sie sind wie Trugbilder oder Träume und existieren nicht wirklich.
Nimm sie gleichmütig hin, als wären sie bloßes Echo,
und durchtrenne an der Wurzel den Geist, der an einem »Ich« festhält.

Kurzum, verstoße in allem, was du tust, niemals gegen den Dharma –
so wirst du Herr deines Geistes und schadest niemandem.

Und ohne dich auch nur für einen Augenblick den geistigen Plagen zu ergeben,
widme deine Tage und Nächte dem Guten – das ist das alles Entscheidende!

Da die Menschen heutzutage so ungebärdig sind,
musst du unbedingt zuerst dein eigenes Wohl ganz für dich allein erwirken.
Wie ein Vogel nicht ohne seine beiden Flügel fliegen kann,
so ist auch das Wohl anderer nicht ohne die höheren Wahrnehmungsvermögen zu erwirken.
Strebe also eifrig nach deinem eigenen Wohlergehen, und denke dabei an das Wohl anderer.

Ohne deinen Geist von den heimtückischen Maras der Ablenkung und Geschäftigkeit täuschen zu lassen,
widme dich der Praxis, das ist das Wichtigste:
Bringe dich nicht in die Lage, unter Bedauern leiden zu müssen, wenn der Tod kommt.

Blicke daher in deinen Geist, mach ihn jetzt bereit,
Und überlege: Wenn du jetzt sterben müsstest, was würde dann aus dir werden?
Wenn du ohne jedes sichere Wissen, wohin du gehen würdest und was geschehen würde,[164]
deine Tage und Nächte in Verwirrung und Zerstreuung zubringst,
verschleuderst du die Freiheit und machst die günstigen Bedingungen bedeutungslos.
Meditiere deshalb allein und in Abgeschiedenheit über den essenziellen Sinn.
Jetzt ist die Zeit, in der zu tun ist, was auf lange Sicht trägt.

Wie kannst du sicher sein, wohin du in der Zukunft gehen wirst?
Du musst dich jetzt, heute, mit Eifer ans Werk machen.
Die wahnhaften Erscheinungen des Samsara sind wie Irrwege.
Denke immer daran: Du musst die Mittel finden, mit denen du dich befreien kannst.
Denn wenn du jetzt in der Verblendung bleibst, wirst du noch lange darin umherirren.
Wecke daher Beharrlichkeit in dir und lass dies in deinem Herzen wach bleiben.

Das Meer der geistigen Plagen und des Haftens am Ich ist schwer zu überqueren,
doch du hast jetzt dieses Boot der Freiheiten und Vorteile – nutze es, um die ferne Küste zu erreichen.

Da du nun kraft deiner Verdienste diese Gelegenheit bekommen hast
und, was so selten geschieht, der Weg der Befreiung und Erleuchtung dir offensteht,
trachte aus der Tiefe deines Herzens, dass du Nutzen stiftest und Glück schaffst.

Das Leben ist vergänglich und ändert sich von einem Augenblick zum nächsten,
und wir betrügen uns selbst meisterlich, wenn wir uns ablenken lassen und die Praxis aufschieben.
Wenn wir uns über lange Zeit an die Verblendung gewöhnt haben,
zieht es uns jederzeit wie von selbst in die geistigen Plagen hinein,

und wenn wir uns jetzt dem Verdienstvollen und wahrhaft Guten zuwenden wollen,
müssen wir erkennen, dass sie sich nicht leicht einstellen.
Trachte daher all das Elend abzuwenden, das dein eigenes Handeln heraufbeschwört.
In samsarischen Zuständen ist nicht die kleinste Freude zu finden.
Die Leiden des bedingten Daseins sind unerträglich, wenn du nur an sie denkst.
Deshalb widme dich jetzt dem, was dir Freiheit verschaffen kann.
Befasse dich ernsthaft mit dem essenziellen Sinn,
ein Wechsel von Müßiggang und Dharma wird dir nichts einbringen.
Finde also zu einem Gefühl des Überdrusses an allem Vergänglichen
und begeistere dich für die Praxis, ohne dich auch nur für einen Augenblick ablenken zu lassen.

Wenn du es von Anfang an so machst,
wirst du sehr schnell den Stand eines Erhabenen erreichen.
Hast du für dein eigenes Wohl gesorgt, folgt das Wohl anderer wie von selbst,
und du wirst den hohen Pfad der Befreiung von allen samsarischen Zuständen finden.
Wenn alles, was du tust, dem Dharma folgt,
besitzt du die Grundlagen für das Erlangen der Erleuchtung.

Diese Beschreibung des Praktizierenden oder Meditierenden beschließt den zweiten Abschnitt von *Erquickung und Gemütsruhe in der Meditation über die Große Vollkommenheit finden.*

3. Der zu übende Dharma

Dieser Abschnitt gliedert sich in drei Teile: die vorbereitende Praxis, die Hauptpraxis und die abschließende Praxis.

Die vorbereitende Praxis

Allgemeine und gezielte Vorbereitungen

Gedanken über Vergänglichkeit und ein Gefühl der Ernüchterung sind die allgemeinen Vorbereitungen,
die unserem Haften an den Dingen dieses Lebens durchgreifend entgegenwirken.
Mitgefühl und Bodhichitta sind die besonderen Vorbereitungen,
die jede spirituelle Praxis in den Pfad des Mahayana einmünden lassen.
Schule dich also für den Anfang in diesen beiden Vorbereitungen.

Die besonderen, erhabenen Vorbereitungen

Anschließend gibt es die besonderen, erhabenen vorbereitenden Übungen.
Wenn du alle Ermächtigungen empfangen hast, folgt die Erzeugungsstufe in zwei Teilen:

Stelle dir deinen eigenen Körper sowie deine Umgebung und die Lebewesen bildlich als die Gottheit vor,
das wirkt dem Haften an unserer gewöhnlichen Wahrnehmung entgegen.

Aus der Praxis auf dem tiefgründigen Pfad des Guru-Yoga
erwächst durch die Kraft der Erkenntnis unermesslicher Segen,
alle Hindernisse werden beseitigt, und es stellen sich zwei Arten von Siddhi ein.
Übe daher nach den allgemeinen und besonderen Vorbereitungen die beiden erhabenen Vorbereitungen.

Unermessliche neue Eigenschaften stellen sich als Ergebnis dieser vier Vorbereitungen ein:
Dein Geist betritt den unfehlbaren Pfad,
du gelangst auf den höchsten Pfad der Befreiung,
Verwirklichung und der natürliche Zustand stellen sich sehr schnell ein,
es wird leicht, sich frei von Hindernissen in der Hauptpraxis zu üben,
Fortschritte werden mühelos erzielt – und so weiter.
Deshalb ist es so wichtig, sich in diesen Vorbereitungen zu üben.

Die Hauptpraxis

Die Hauptpraxis besteht im Erkennen des natürlichen Zustands
durch Meditationen der Glückseligkeit, der Klarheit und Gedankenfreiheit.
Die ursprüngliche Weisheit des klaren Lichts, frei von gedanklichen Verwicklungen,
erweist sich als der grundlegende eingeborene Geist.

Zunächst kommt die Einführung durch die Methode der großen Glückseligkeit.
Wenn du die Vorbereitungen wie oben beschrieben geübt hast, vergegenwärtige dir:
Durch das Zentrum der vier Chakras steigen die drei Kanäle wie Pfeiler auf:
der rechte Kanal weiß, der linke rot, der Zentralkanal tiefblau und hohl.
Das obere Ende des Zentralkanals liegt an der Brahma-Öffnung, das untere Ende am geheimen Ort.

Im Zentralkanal visualisiere auf Höhe des Nabels ein *A*, flammend, und am Scheitel ein *Ham*, von dem Nektar herabsteigt
und die vier Chakras und das gesamte Körperinnere anfüllt.
Während dein Körper von Glückseligkeit durchtränkt wird, fließt der Nektar von der Silbe *Ham*
in ununterbrochenem Strom zur Silbe *Bam* beim Herzen.
Meditiere darüber, bis sich die Erfahrung der Glückseligkeit einstellt.

Dann wird das *Bam* kleiner und kleiner,
bis dein Geist in einem Zustand jenseits aller Bildvorstellungen und gedanklichen Verwicklungen zur Ruhe kommt.
Durch dieses Verfahren wird die Aufmerksamkeit gesammelt, und das ruhige Verweilen stellt sich über die Glückseligkeit ein.
Dann bildet sich der Zustand des Gewahrseins, der vollkommen unbeschreiblich ist,

raum-gleich, jenseits des gewöhnlichen Geistes.
Dies ist die Klares-Licht-Große-Vollkommenheit der Glückseligkeit und Leerheit.
Die Natur des Wirklichen, strahlend und unausdenklich.

Ist dir dies vertraut geworden, werden sich Erfahrungen von viererlei Art einstellen:
Alle Wahrnehmungen kommen dir als Erfahrung von Glückseligkeit,
du wirst Tag und Nacht nie mehr von der glückseligen Erfahrung getrennt sein,
dein Geist wird in schmerzvollen Empfindungen des Haftens, der Abneigung und so weiter ungerührt bleiben,
und es wächst dir die Weisheit zu, die Bedeutung der Worte des Dharma verstehen zu können.

Während du dich weiter übst, werden grenzenlose Eigenschaften wie Hellsichtigkeit und andere außergewöhnliche Wahrnehmungsvermögen
in deinem Geist aufgehen wie die Sonne.
Dies ist eine außergewöhnlich tiefgründige und wichtige Anleitung.

Die Methode der Klarheit

Zum Zweiten: Führe dich an die Methode der Klarheit
mit den gleichen Vorbereitungen wie zuvor heran.
Visualisiere die drei Hauptkanäle, wobei der *Roma-* und der *Kyangma*-Kanal den Hauptkanal umschlängeln und
an ihrem unteren Ende in ihn eintreten, während die oberen Enden durch die Nasengänge verlaufen.

Atme dreimal die verbrauchte Luft aus, treibe alle Krankheiten, alle schädlichen Einflüsse, alles Negative, alle Verdunkelungen aus.
Während du langsam einatmest, geht die ganze Welt mit all ihren Bewohnern in Licht auf
und wird durch die Nase über Roma und Kyangma in den Zentralkanal gesogen.
Dieses Licht strömt in der Mitte deines Herzens zu einer Lichtkugel zusammen, zwei Finger breit,
und du hältst deinen Atem an, so lange du kannst.

Die oberen und unteren Wind-Energien verbindend, halte den Atem ein wenig an und behalte etwas Luft zurück, wenn du ausatmest.
Wichtig ist, dass du deinen Atem langsam und sanft sein lässt.
Und dazu stelle dir vor, wie alle erhabenen Eigenschaften der Buddhas und so weiter in dein Herz eingehen – ohne dich von irgendetwas ablenken zu lassen.

Mit dieser Technik stellen sich strahlende geistige Klarheit und Stabilität ein.
Stelle dir anschließend vor, wie Licht dem Licht in deinem Herzen entströmt
und in den vier Chakras deines Körpers aufflammt
und ausstrahlt, um die ganze Welt mit Licht zu erfüllen.

Wenn du so über etliche Tage am Tag und in der Nacht meditierst,
werden deine Träume aufhören, und du wirst alles innen und außen
vom Erscheinen eines fünffarbigen Lichts und

vom Licht des Mondes, von loderndem Feuer, Glühwürmchen, Sternen und dergleichen erfüllt sehen.
Sammle deinen Geist auf diesen Zustand der Klarheit, und das ruhige Verweilen wird sich einstellen.

Dann ziehst du das Licht in dich zurück und stellst dir das Licht in deinem Herzen
kleiner und kleiner werdend vor, bis dein Geist in einem Zustand der Leerheit zur Ruhe kommt.
Wenn du auf gar nichts mehr achtest, bildet sich ganz von selbst ein leerer, klarer und strahlender Geisteszustand, frei von allen erdachten Extremen.
Diese Grund-Weisheit der Klarheit und Leerheit
ist die Seinsweise der natürlichen Großen Vollkommenheit.

Ist dies dir vertraut geworden, kommt es zu vier Arten von meditativen Erfahrungen:
Alles, was sich zeigt, wird dir ungreifbar, ungehindert und leuchtend erscheinen,
Tag und Nacht wirst du in diesem Leuchten bleiben;
dein Geist wird klar und strahlend sein, kein diskursives Denken regt sich in ihm,
und Weisheit wird sich von innen ergießen, frei von dualistischem Haften jeglicher Art.

Darüber hinaus bringt die Vertrautheit mit diesen Übungen außergewöhnliche Kräfte der Wahrnehmung
sowie wunderbare Kräfte und Hellsichtigkeit mit sich,
auch die Fähigkeit, ungehindert durch feste Gegenstände zu blicken.
Dies ist eine außerordentlich profunde Darlegung des reinsten Wesens.

Drittens gibt es den Zugang über die Methode des Nicht-Denkens.
Auch ihr gehen wie bisher die vorbereitenden Übungen voraus.
Die drei Hauptaspekte dieser Praxis sind
Projektion, Präsenz und Läuterung.

Projektion: Visualisiere die Klares-Licht-Natur deines Geistes am Herzen
als die Silbe *Ha* oder als Lichtkugel von zwei Fingerbreit Durchmesser.
Rezitiere das *Ha* mit Nachdruck einundzwanzig Mal,
und der Gegenstand deiner Visualisation wird aus dem Scheitelpunkt deines Kopfes austreten und sich weit in den Raum hinaus projizieren,
höher und höher steigend, bis er nicht mehr zu sehen ist
und du mit zutiefst gelöstem Körper und Geist zur Ruhe kommst.
In diesem Augenblick versiegt der Strom deiner Gedanken,
und du bleibst in einem Zustand zurück, den Worte oder Gedanken nicht erfassen.

Es ist eine nicht mehr objektivierbare Erfahrung, die das gewöhnliche Denken weit übersteigt.

Präsenz: Kehre deinen Rücken der Sonne zu,
und lass den Blick entspannt am klaren Himmel ruhen.
Atme so sanft, wie du kannst, kaum dass du noch die Bewegung der Luft spürst.

Dann wird sich ein von Gedanken und Verwicklungen freier Zustand von innen her einstellen,
und ganz natürlich kommt es zu einer raumgleichen Erfahrung.

Läuterung: Wende deinen Blick zum Himmel und lass ihn nicht abschweifen.
Lass deinen Geist in einem Zustand der Klarheit, ohne Bewegungen nach außen oder innen, zur Ruhe kommen,
und stelle dir alles Äußere – Erde, Steine, Berge und alle Lebewesen –
als durchsichtig und mit dem Raum verschmelzend vor.
Ruhe, indem du sogar deinen Körper als substanzlos erlebst,
in einem Zustand, in dem der Geist nicht mehr vom Raum zu unterscheiden ist.
Wenn nun Körper und Geist tief entspannt ruhen in diesem raumgleichen Zustand,
wo kein Unterschied von Außen, Innen und Dazwischen besteht,
wo Erinnerungen, Gedanken und alle Regungen natürlich zur Ruhe gebracht sind,
so lass den Geist einfach natürlich verweilen, wie er ist, ohne etwas zu projizieren oder einwärts zu ziehen.

Da wird sich eine raumgleiche Erkenntnis der Nicht-Zweiheit
der Natur der Wirklichkeit und des Geistes zeigen, die unausdenklich und unbeschreiblich ist:
Das ist die Essenz der Siegreichen der Vergangenheit, Gegenwart und Zukunft.

Dies, wenn es dir vertraut wird, führt zu vier Arten der meditativen Erfahrung:
Deine gesamte Wahrnehmung wird dir gleichmäßig erscheinen, frei von gröberen Vorstellungen oder Ideen;
bei Tag und Nacht wirst du nie vom Zustand der Gedankenfreiheit getrennt sein;
die fünf Gifte werden wie von selbst zur Ruhe kommen, was deinen Geist-Strom sanfter macht;
und alle Phänomene werden dir wie der Raum erscheinen.
So machst du dich mit den drei Arten von Gedankenfreiheit vertraut,
und wirst die erhabenen Qualitäten der Hellsichtigkeit, der außergewöhnlichen Wahrnehmung und des Samadhi erlangen.
Durch Vereinigung der geschickten Mittel und der Weisheit, des ruhigen Verweilens und der Einsicht,
wirst du für dich und andere das zeitliche und endgültige Wohlergehen erwirken.

Die abschließende Praxis

Die abschließende Praxis gliedert sich in vier Teile:
meditative Erfahrung, Vervollkommnung, Verwirklichung und Erfüllung.

Meditative Erfahrung

Die makellose der beiden Arten von meditativer Erfahrung wurde oben erläutert.
Mit Makeln behaftete meditative Erfahrung kommt durch das Festhalten an der jeweiligen Erfahrung zustande:

Haften an Glückseligkeit, Haften an Klarheit und Haften an Gedankenfreiheit,
wozu auch das Festhalten an den Extremen, zwanghaftes Denken und Verseuchung durch die gewöhnlichen Geistesgifte gehören.

Entstellte Glückseligkeit zeigt sich als Samenerguss, gewöhnliche Begierden, Unglücklichsein und große Schlaffheit.
Entstellte Klarheit zeigt sich als gestörte Wind-Energien, gewöhnliche Aggression, grobes Denken und aufgewühlte, nicht enden wollende Gedanken.
Entstellte Gedankenfreiheit zeigt sich als Wahnvorstellungen, geistige Abstumpfung, Schläfrigkeit, Trägheit und mangelndes Unterscheidungsvermögen.
Sollte sich eine dieser verdrehten Erfahrungen bemerkbar machen, erkenne sie
und korrigiere sie mit den geeigneten Gegenmitteln.

Vervollkommnung

Zur Vervollkommnung gehören Methoden der Fehlerkorrektur und der allgemeinen Verbesserung.
Es gibt drei Methoden der Fehlerkorrektur:
Die *überragende Methode* besteht darin, Fehler durch die Anschauung zu korrigieren – nämlich die Erkenntnis, dass alle Phänomene,
lediglich Benennungen sind und wie geisterhafte Erscheinungen ohne erkennbares Wesen,
überall gleich und gleichwertig wie der Raum, nichts, woran gehaftet werden könnte, leer von in ihnen selbst liegendem Sein –

und in diesem Zustand jenseits des Haftens und Haltens zu einem gültigen Schluss zu kommen.

Fehler und Verdunkelungen werden als die große Natur der Wirklichkeit erkennbar,
Hindernisse spornen uns zur Tugend an, Missgeschick fördert die Erleuchtung.
Vom Grund der Glückseligkeit her entsteht beständig ein geistiges Wohlgefühl.

Der *mittlere Ansatz* korrigiert Fehler durch Meditation,
um den Geist zu klären, das Bewusstsein zu wandeln und mit Achtsamkeit zu wahren
und in einem Zustand der Glückseligkeit, Klarheit und Gedankenfreiheit ohne Ablenkungen zur Ruhe zu kommen.
Da es sich bei Ablenkung und mangelnder Aufmerksamkeit um Schwächen handelt,
ist es besonders wichtig, in einem Zustand zu verweilen, der keinen Augenblick lang von Ablenkung unterbrochen wird.

Gegen Samenergüsse visualisiere ein *Hum* in einer Vajra-Vase,
von wo aus Feuer alle Elemente im Körper verzehrt,
und dann meditiere in einem Zustand von gar nichts.
Diese Übung wirkt auch tiefgreifend bei Ergüssen aufgrund von Krankheit und schädlichen Einflüssen.
Ist das Haften an Glückseligkeit überwunden, meditiere über die Leerheit.
Betrachte den Geist, der gewöhnliche Begierden hegt, mit scharfem Blick,
und wenn du zwanglos in einem unverdorbenen Zustand frei von Hoffnung und Furcht bleiben kannst,

wird das Verlangen sich selbst befreien, und die Weisheit der Glückseligkeit und Leerheit wird heraufdämmern.

Unglücklichsein ist eine Störung, die durch Entartung der Lebensessenz bedingt ist.
Um ihr abzuhelfen, übe die selige Meditation des Flammens und Tropfens.
Wenn Stumpfheit des Geistes herrscht, liegt es daran, dass die reine Essenz nicht vom unreinen Bodensatz geschieden wurde.
Um ihr abzuhelfen, sitze aufrecht in straffer Haltung.
Vereinige die oberen und unteren Wind-Energien, halte den Atem an, stelle dir dein Herz von Licht erfüllt vor,
und meditiere über das leuchtende, leere Universum, wie es von Licht erfüllt wird.

Solltest du dem Festhalten an der Klarheit verfallen, übe dich im großen Nicht-Haften.
Wenn dein Geist trüb und schläfrig ist, meditiere über strahlende Klarheit.
Wenn dein Geist betriebsam und aufgewühlt ist, schließe die Augen und visualisiere in deinem Herzen Licht, eine Silbe, einen Lotos, ein Schwert oder einen Doppel-Vajra,
der sich senkt, weiter und weiter, von deinem Herzen her,
bis er ganz bis zum goldenen Grund des Universums abgestiegen ist.
Das ist ein unfehlbares Mittel [gegen inneren Aufruhr].

Wird dein Geist von gewöhnlicher Feindseligkeit ergriffen,
richte deine Aufmerksamkeit direkt darauf,
und sie wird sich in die leuchtende Leere der spiegelgleichen Weisheit hinein lösen.

Wird dir ein Zustand der Gedankenfreiheit bewusst, läutere ihn mit der Technik des Nicht-Haftens.
Erkenne den Geist der Verblendung, erkunde ihn direkt.
Im Nu wird er durch sich selbst befreit sein und als die Weisheit des Grund-Raumes der Wirklichkeit [Dharmadhatu] aufgehen.
Ist dein Geist stumpf, träge, unscharf,
so visualisiere Licht in deinem Herzen, das aufsteigt und durch deine Brahma-Öffnung austritt
und an einem Faden hoch über deinem Kopf im Raum schwebt.
Dies ist eine außerordentlich profunde Anleitung.

Entscheidend ist, dass du an überhaupt nichts festhältst.
Wenn du ohne Hoffnung und Furcht bis, wirst du von allem Hinderlichen frei sein.
Ruhe in der strahlend leeren und klaren Natur des Geistes,
ohne geistig etwas auszusenden oder einzuholen,
und du wirst endgültig frei sein von den trügerischen Wegen der Hemmnisse und Schwächen.

Der *geringere Ansatz* korrigiert Fehler durch drei Arten von Vorkehrungen und Maßnahmen: Blick, materielle Faktoren und Wechselwirkungen.

Blick wird im Allgemeinen in der »Sieben-Punkte-Haltung Vairochanas« geübt:
Die Beine sind überkreuzt, die Augen bewegungslos, der Atem geht langsam und gleichmäßig,
der Kopf ist geneigt, die Zunge berührt den Gaumen,
und der Blick ist auf die Nasenspitze gerichtet, sodass die Wind-Energien und der Geist ins Gleichgewicht kommen

und makellose Meditation ohne Stumpfheit oder Unruhe aufkommt.
Da alle Fehler durch Ungleichgewichte im Körper entstehen,
welche die Kanäle, Wind-Energien und Essenzen stören,
ist es wichtig, in einem von solchen Störungen freien Gleichmaß zu bleiben.
Da überdies die Qualitäten sich einstellen, wenn die Kanäle, Energien und Essenzen in ungestörtem Gleichmaß ihr Werk tun können,
ist es äußerst wichtig, diesen entscheidenden Punkt zu verstehen.

Es ist hier noch wichtiger als bei anderen yogischen Übungen und körperlicher Schulung,
dass du langsam, sanft und ausgewogen übst.
Achte unbedingt darauf, dass du deinen körperlichen Anlagen entsprechend übst,
das Sanfte mit dem Rauen und das Raue mit dem Sanften ausgleichend.
Im Besonderen kommt es, was Glückseligkeit angeht, darauf an, dass du die Arme verschränkst,
den Blick senkst und deine Aufmerksamkeit auf die Glückseligkeit selbst sammelst.
Suchst du Klarheit, lege die Hände auf die Knie,
atme langsam und blicke unverwandt in den Raum.
Gedankenfreiheit erreichst du durch bloßes Sitzen in der Sieben-Punkte-Haltung.

Was die *materiellen Faktoren* angeht, so nutze die Unterstützung deiner Meditation durch jahreszeitlich günstige Örtlichkeiten, geeignete Gefährten, Nahrung, Getränke und so weiter.

Und zu den *Wechselwirkungen*: Bei Samenergüssen
binde einen Strick aus drei Strängen, von einem jungen Mädchen angefertigt und durch Mantra-Rezitation geweiht, um deine Lenden. So kann der Bindu bewahrt werden.
Wenn diskursive Gedanken sich fortspinnen, nimm Pillen aus Sandelholzpulver, Safran und geschmolzenem Fett ein, und du wirst Gedankenfreiheit erreichen.
In den Tantras heißt es, bei schläfrigem Geist
könne man den Samadhi doch erreichen, wenn man Pillen aus Kampfer, Safran und Bodhichitta einnimmt.

Man sagt auch, um noch mehr makellose Glückseligkeit, Klarheit und Gedankenfreiheit zu erfahren, sei es am besten, die Aufmerksamkeit auf einen Gegenstand zu sammeln.
Wenn du anfangs durch Sammlung auf einen Gegenstand meditierst,
wirst du später ganz zwanglos einen Zustand jenseits der Sammlung erreichen.
Das ist ein sehr tiefgründiger, höchst bedeutsamer Punkt,
den ihr Glücklichen euch alle zu Herzen nehmen solltet!
Eine Übung als »bloß gedanklich« abzulehnen, das ist der Weg der Toren,
zu dem die Unerfahrenen neigen und der zu meiden ist.

Eine unübertreffliche Übung zur *Mehrung der Glückseligkeit* besteht darin, dass man die unteren Wind-Energien und zugleich die Essenzen (*bindu*) von ihrem geheimen Ort her aufwärts zieht
und in den Scheitelpunkt aufgehen lässt,
um in einem Zustand jenseits aller Sammlung zu verweilen.

Danach halte die unteren und oberen Wind-Energien vereinigt
und ruhe im ungeborenen Zustand, während die Aufmerksamkeit beim Herzen gesammelt ist.
So verweilst du in Glückseligkeit und Klarheit, frei von gedanklichen Verwicklungen.

Von Zeit zu Zeit übe die wichtigsten der yogischen Übungen, wie sie dir gezeigt wurden,
darunter das Absteigen und Umkehren, das Hinaufziehen und Entladen und die abschließende Lösung.

Zum *Absteigen* führe die Mudra der Umarmung aus,
schüttle den Oberkörper und übe Druck auf die unteren Teile aus.
Bodhichitta steigt von einer visualisierten Silbe *Ham* aus ab,
und wenn es den geheimen Ort erreicht, wird die Aufmerksamkeit auf Glückseligkeit gesammelt.
Umkehren bedeutet, es aufwärts zu ziehen,
die Hände gegen die Höhlung zu drücken und so den »Ozean« an die »Felsenküste« zu bringen.[165]
Zum *Hinaufziehen* der unteren Wind-Energien drücke die Zunge an den Gaumen.
Drehe die Augen nach oben und wende den Kopf, als würdest du zittern.
Visualisiere die Bindus wie mit Spinnenfäden verbunden,
wie sie einer im anderen aufgehen bis hinauf zum Scheitelpunkt.

Zur *Entladung* beugst du Arme und Beine kraftvoll wie beim Spannen eines Bogens, dann atme mit an die Zähne gepresster Zungenspitze zischend aus.

Zur *abschließenden Lösung* lege dich auf den Rücken und atme gelinde, der Geist sei ganz gelöst.
Denke an nichts, hafte an überhaupt nichts,
und ruhe im natürlichen Zustand, frei von allen gedanklichen Verwicklungen,
und du wirst die große Seligkeit der Erleuchtung ohne jegliches Hindernis erreichen.

Eine unübertreffliche Methode zur *Vermehrung der Klarheit* mittels des Atems
besteht darin, dass du sanfte und nachdrückliche Atemzüge abwechseln lässt
und abwechselnd einatmest und den Atem anhältst und ausatmest und den Atem anhältst.
Entscheidend wichtig ist es, dies mit dem langsamen und sanften [Atem] zu verbinden.

Es gibt Anleitungen zu mancherlei Techniken,
darunter das Zählen oder Farben, Berührungen und Formen,
doch dies ist eine Essenz-Anleitung, durch die mit einer einzigen Methode alles zu erreichen ist.
Übe dich also in diesem obersten aller Kernpunkte.

Für den Körper kommt es wie zuvor ganz besonders darauf an, sich nicht zu bewegen.[166]
Lass deinen Atem langsam sein und gleichmäßig durch den Mund und beide Nasenöffnungen strömen,
und ruhe mühelos in einem Zustand natürlicher, gewöhnlicher Gelöstheit.

Für den Geist kommt es besonders darauf an, an nichts zu haften, sondern natürlich zu sein.

Anschließend lege dich mit gestreckten Gliedmaßen auf den Rücken.
Lass ein kräftiges »Ha!« ertönen, und richte deine Aufmerksamkeit mitten in den Himmel.
Ruhe unabgelenkt sanft und natürlich, ohne Gedanken auszusenden oder heranzuziehen.

Durch das Ruhen im ursprünglichen Zustand, in dem Atem und Geist sich selbst lösen,
können grenzenlose erhabene Eigenschaften ungehindert hervortreten.
Der Körper fühlt sich leicht, [der Atem] ist ohne Bewegung,[167] alle Gedankentätigkeit kommt zur Ruhe.
Der Geist wird sehr klar und strahlend, und es erscheinen außerordentliche Kräfte der Wahrnehmung.
Das »schnelle Laufen« wird verwirklicht, der Körper wird schimmernd, der Samadhi stellt sich ein,
und alle Zeichen werden erkennbar, dass die Wind-Energien und der Geist in den Zentralkanal eintreten.[168]
Dies ist der denkbar tiefgründigste und erhabenste Kernpunkt, äußerst geheim.

Zur *Vermehrung* der raumgleichen *Gedankenfreiheit*
entspanne Körper und Geist von tief innen heraus und sammle dich vollkommen ausschließlich auf den Gegenstand der Meditation.
Durch diese ausschließliche Sammlung, ohne jegliche Ablenkung,
werden sich Gedanken in diesen Zustand hinein auflösen.

Sogar diskursive Gedanken über den Meditationsgegenstand
werden gänzlich zur Ruhe gebracht,
und es kommt zur Verwirklichung ohne jedes Haften an Erscheinungen.

Dies ist überaus wichtig. Und auch so sollst du dich schulen:
Richte hin und wieder deine Aufmerksamkeit nach außen,
atme aus,
und wenn du den Atem anhältst, wird sich Gedankenfreiheit einstellen.
Halte den Atem dann und wann innen, und sammle dich direkt und ohne Ablenkung
auf irgendein Meditationsobjekt im oberen oder unteren Teil des Körpers.

Dann wiederum lass deinen Geist aus sich selbst und ohne Gegenstand zur Ruhe kommen,
und verweile so, ohne dich an objekthafte Erscheinungen zu halten.
Der Weisheitsgeist des gedankenfreien Dharmakaya
wird ganz natürlich von innen her erscheinen, wenn du dich an die Kern-Unterweisungen hältst.

Und allgemein zur Vermehrung von Glückseligkeit, Klarheit und Gedankenfreiheit:
Die Ansammlungen bilden, die Verdunkelungen läutern,
die Erzeugungs- und Vollendungsphase entwickeln
und den tiefgründigen Pfad des Guru-Yoga üben – dies wird über alles gelobt.
Diese höchsten und wichtigsten Anleitungen
sollen sich all die Glücklichen zu Herzen nehmen, die sich nach Befreiung sehnen.

Die Verwirklichung, zu der kommt, wer so meditiert,
ist von einem, gleichem Geschmack und nicht zu differenzieren.
Die drei Ansätze treffen sich in einem einzigen Zielpunkt,
wie verschiedene Flüsse alle im Meer zusammenkommen.

Welchem der drei Ansätze du auch folgen magst und entweder Glückseligkeit oder Klarheit oder Gedankenfreiheit ausbildest –
wenn die gewöhnliche Tätigkeit des Geistes ganz zur Ruhe gekommen ist und in der raumgleichen ungeborenen Natur des Geistes aufgeht,
wird Bodhichitta – frei von begrifflichen Vorstellungen von Existenz oder Nichtexistenz –
als die Sonne des natürlichen klaren Lichts von tief innen her aufgehen.
Diese unwandelbare Verwirklichung, worin nichts zu erlangen und nichts zu beseitigen ist,
ist die Natur der Essenz aller Buddhas – der Sugatagarbha, weit wie der Raum.

Im Meer des Samadhi, jenseits des ruhigen Verweilens und klaren Sehens,
vollkommen ausgerichtet, strahlend, klar und makellos,
erscheint dann alles ohne Vorliebe, ohne Haften, Spiegelungen gleich, die kein eigenes Sein besitzen,
und alle Phänomene sind in der Essenz der Verwirklichung untrennbar eins.
Es gibt kein Haften mehr an Erscheinungen, sie sind illusorisch und leer.

Diese vollkommene Einheit, grenzenlose Verwirklichung,
klares Licht, dämmert tief im Innern herauf.

Natürliche Weisheit, vom Segen des Lama durchdrungen,
wird sichtbar, wenn du über sprachlichen Ausdruck und
das Denken in Ideen hinausgegangen bist.
Was du dann siehst,
ist jenseits der drei Zeiten, jenseits von Außen und Innen,[169]
jenseits jeglicher Einteilung oder Ausschließung.

Es ist die transzendente vollkommene Weisheit (Prajnaparamita) und der Mittlere Weg,
es ist das Stillen der gedanklichen Verwicklungen und des Leidens, Mahamudra,
die essenzielle Natur der Phänomene, die natürlich erschienene Weisheit.
Wir geben ihnen verschiedene Namen, doch im Wesen sind sie eins.

Bodhichitta, die Natur des Geistes, jenseits aller Worte und Begriffe,
ist die raumgleiche Nicht-Zweiheit von Samsara und Nirvana,
jenseits des Festhaltens an jeglicher Position und jenseits aller Fallstricke philosophischer Gebilde.
Es transzendiert alle Beschränkungen und alle Zweiheit und ist der höchste Zustand der Gleichheit und Vollkommenheit.
Dies ist von den Yogis gründlich zu erfassen
in der unermesslichen Weite des Weisheitsgeistes der Siegreichen, frei von Extremen.

Wenn du dem Gipfelpunkt diese Praxis entgegenstrebst, erwarten dich diese Stufen der Erfüllung:
Auf kürzere Sicht wirst du aufgrund der Vereinigung von Glückseligkeit, Klarheit und Gedankenfreiheit
Hellsichtigkeit, außergewöhnliche Kräfte der Wahrnehmung und unermessliche Eigenschaften erlangen.
Und schließlich werden dir die Wunsch erfüllenden drei Kayas und all die Eigenschaften der Siegreichen zuteil,
und du erwirkst spontan das Wohlergehen deiner selbst und anderer.

Dies beschließt den dritten Abschnitt von *Erquickung und Gemütsruhe in der Meditation über die Große Vollkommenheit finden*, worin die Stufen des zu übenden Samadhi dargelegt sind.

Widmung

Möge allen Wesen durch dieses Verdienst – das Unermessliche und Tiefgründige,
den essenziellen Gehalt dieser Auffassung des Dharma und der Stille erklärt zu haben –
das erhabene zweifache Erwachen zuteil werden,
der grenzenlose Reichtum des Wunsch erfüllenden erleuchteten Wirkens!

An den Hängen des Gangri Thökar
verfasste der Erbe der Siegreichen, Drimé Özer, diese
klare Darstellung für künftige Generationen,

indem er die Kernpunkte seiner eigenen praktischen Erfahrung zusammenfasste.

Alle, die Befreiung suchen, sollten sich
der Praxis in Übereinstimmung mit diesem Text widmen,
und sie werden – mit überreichem zeitlichem und endgültigem Nutzen für sich und andere –
sehr bald Glück und Freude im Reich der höchsten Glückseligkeit finden!

Dies beendet die Schrift *Erquickung und Gemütsruhe in der Meditation über die Große Vollkommenheit finden*, welche an den Abhängen des Gangri Thökar von dem Yogi Drimé Özer, einem Nachfolger von Tsokyé Dorjé, dem großen und glorreichen Meister aus Oddiyana, verfasst wurde.

Möge sie Gutes bewirken! Möge sie Gutes bewirken! Möge sie Gutes bewirken!

ANHANG

Historische Perspektiven

Die Ereignisse im Lerab Ling vor den öffentlichen Unterweisungen Seiner Heiligkeit im September 2000 waren im historischen wie im spirituellen Sinne bemerkenswert und einzigartig. Währen der zwei Wochen vor der Ankunft des Dalai Lama im Lerab Ling führten Mönche aus dem Kloster Namgyal ein vollständiges Drupchen und Mendrup Vajrakilayas aus, das dem Yang-Nying-Pudri-Terma des Tertön Sogyal, Lerab Lingpa, folgte. Seine Heiligkeit leitete den Abschluss des Drupchen und gab am nächsten Tag die Ermächtigung zum Yang Nying Pudri.

Sie lesen im Folgenden, was Seine Heiligkeit selbst über Hintergrund und Bedeutung dieser Ereignisse sagte, dazu ein paar Anmerkungen zur Geschichte dieses Terma, seine Beziehung zu den Dalai Lamas und zu den segensreichen Wirkungen des Drupchen und Mendrup.

Am 19. September gab Seine Heiligkeit eintausendvierhundert Menschen unter Führung von Kyapjé Trulshik Rinpoche die Vajrakilaya-Ermächtigung. Es waren Lamas, Geshes, Mönche und Nonnen, Praktizierende aller Rigpa-Zentren rund um den Globus, Angehörige anderer buddhistischer Zentren in Europa, enge Vertraute des Dalai Lama und etliche engagierte Tibet-Aktivisten. Schauplatz war das wie ein Tempel hergerichtete große Zelt, in dem Drupchen und Mendrup stattgefunden hatten. Es herrschte eine sehr feierliche Atmosphäre, als Seine Heiligkeit über die historischen Hintergründe dieser Praxis sprach und ihre

Bedeutung für die Vitalität des Dharma, für das tibetische Volk, die tibetische Regierung und sein eigenes langes Leben erläuterte.

Seine Heiligkeit der Dalai Lama

Der Hauptgrund für unser Zusammenkommen heute hier im Lerab Ling, dem von Sogyal Rinpoche gegründeten Zentrum, ist die Ermächtigung für den profunden Terma-Zyklus Vajrakilayas, aufgefunden vom großen Lerab Lingpa. Sie steht am Ende des Drupchen und des Mendrup-Rituals zur Weihe des Amrita oder Nektars. Ich bin von Sogyal Rinpoche und seinen Schülern gebeten worden, diese Vajrakilaya-Ermächtigung zu geben, weil sie für den Rigpa-Sangha einen festen Bestandteil des Praxisablaufs darstellt. Ich komme dieser Bitte gern nach.

Ich gehe davon aus, dass die meisten von Ihnen bereits Ihren Geist in den allgemeinen Stufen buddhistischer Praxis geschult haben. Ich spreche damit zwei Dinge an, die ich für grundlegend halte, wenn wir unseren Geist als praktizierende Buddhisten schulen wollen. Das eine ist die profunde Philosophie des Mittleren Weges, die Madhyamaka-Sicht der Leerheit, die es im Sutra- wie im Tantra-Fahrzeug gibt. Der andere Aspekt ist die altruistische Motivation des Mitgefühls, der aufrichtige Herzenswunsch, für alle Lebewesen etwas wirklich Gutes zu tun. Diese beiden, die Anschauung und die Motivation, sind grundlegend.

Die Geschichte der Übermittlung

Die als »der Große und Glorreiche« bekannte Gottheit Vajrakumara oder Vajrakilaya steht in Verbindung mit den fünf Buddha-Familien des Mandalas. Insbesondere hat Vajrakilaya mit der Karma-Familie des Wirkens zu tun, die dafür sorgt, dass der Praktizierende sein endgültiges Ziel erreicht. Auch im Zyklus der Kagyé, der acht großen Mandalas der Nyingma-Schule, ist Vajrakilaya diese Gottheit des Wirkens. Deshalb ist Vajrakilayas Mandala in all den verschiedenen Zyklen der Vajrayana-Praxis insbesondere der Kraft und Stärke dieses erleuchteten Wirkens zugeordnet, die auch darin besteht, ungünstige Umstände abzuwehren sowie Hindernisse und alles Negative aus dem Weg zu räumen. Das sehen wir als das Besondere der Vajrakilaya-Praxis an.

Die Ermächtigung, die ich Ihnen heute bieten werde, betrifft den Vajrakilaya-Zyklus, der Yang Nying Pudri oder *Die scharfe Schneide der innersten Essenz* genannt wird, zugänglich gemacht durch Lerap Lingpa, der in der Zeit meines Vorgängers, des dreizehnten Dalai Lama, lebte und ein großer Tertön oder Entdecker verborgener Schätze war. Es muss sogar eine starke Verbindung zwischen Lerab Lingpa und dem dreizehnten Dalai Lama bestanden haben. Als Lerab Lingpa dieses Terma entdeckte, wurde ihm prophezeit, dass der dreizehnte Dalai Lama der *Chödak* oder Hüter dieser Lehren sein werde. Ein Chödak hat die Aufgabe, die Lehren vom Tertön zu empfangen und für ihre Verbreitung zu sorgen. Das erklärt, weshalb der dreizehnte Dalai Lama das liturgische Handbuch zur Ausführung des zu diesem Yang-Nying-Pudri-Zyklus gehörenden Drupchen verfasste. Es muss eine starke und machtvolle Verbindung zwischen dem dreizehnten Dalai Lama und dem Tertön Lerab Lingpa bestanden haben.

Bis zum heutigen Tag führen die Mönche des Namgyal Dratsang, das traditionell das persönliche Kloster der Dalai Lamas ist, jedes Jahr im Rahmen des Jahresplans für die Praxis das Mendrup oder die Weihe der Medizin, und das Drupchen, die intensive Gruppenpraxis, für diesen Vajrakilaya-Zyklus aus. Die starke Verbindung zu diesem Vajrakilaya-Terma und seinem Entdecker Lerab Lingpa war nämlich nicht nur beim dreizehnten Dalai Lama gegeben, sondern betrifft die gesamte Linie der Dalai Lamas. Daher die alljährliche Wiederholung dieser Praxis.

Als ich noch in Tibet lebte, nahm ich gelegentlich an manchen Ritualen dieser Vajrakilaya-Form teil. Ich hatte damals noch keinerlei Ermächtigung oder Unterweisung dazu erhalten und es auch nicht zu meiner persönlichen Praxis gemacht, und trotzdem spürte ich, dass ich eine karmische Beziehung zu dieser Praxis hatte. Ich fand das schon damals in Tibet ganz erstaunlich.

Als ich später im Exil den Praxiszyklus für das Namgyal Dratsang zusammenstellte, hatte ich das Gefühl, dieses Vajrakilaya-Ritual, der Yang-Nying-Pudri-Zyklus, müsse unbedingt dazugehören. So fand ich mich denn selbst in der Lage, die Ermächtigung, die mündliche Übermittlung und die Unterweisungen suchen zu müssen, die ich bis dahin nicht erhalten hatte. Ich forschte also nach, an welchen Lehrer ich mit der Bitte herantreten konnte, mich in die Vajrakilaya-Praxis nach Lerab Lingpa einzuführen.

Das wurde für mich so dringlich, dass ich mich mit meinem damaligen Hauptlehrer Kyapjé Ling Rinpoche besprach, an den sich viele von Ihnen noch erinnern werden. Für mich persönlich ist er wie Vajradhara, der Ur-Buddha. Als ich diesem großen Meister mein Anliegen erklärt hatte, sagte er: »Zum Besten der Lehren und des tibetischen Volkes ist es wichtig, dass das Leben des Dalai Lama so lange währt wie nur eben möglich und dass er in jeder seiner Inkarnationen so nachhaltig wirkt wie nur irgend möglich. Wenn Sie als der gegenwärtige Inhaber des Titels Dalai Lama zu dem Schluss gekommen sind, dass diese Praxis für Sie wichtig ist, dann sollten Sie dabeibleiben. Gehen Sie dem nach, denn es ist offensichtlich sehr wichtig und wesentlich. Niemand, der davon betroffen sein könnte, wird etwas dagegen haben, dass Sie sich diesen Lehren zuwenden möchten; man wird die Bedeutung für Sie persönlich verstehen und auch wissen, welche Rolle Ihr Wohl für den Buddhadharma und das tibetische Volk spielt.«

Ich nahm mir Ling Rinpoches Vajra-Worte zu Herzen und fing an, mich nach dem am besten geeigneten Meister für diese Unterweisungen umzusehen. Irgendwann kam ich zu dem Schluss, dass Kyapjé Dilgo Khyentse Rinpoche am besten qualifiziert sei, da er die Übertragung auf sehr persönliche und intime Weise erhalten hatte[170] und über außerordentliche Qualitäten als Vajra-Halter und Meister dieser Lehren verfügte. Ich bat ihn, mir die Ermächtigung und Übertragung zu erteilen, und er tat es. Und mit dieser Übertragung begann ich nun auch meine eigene formelle Praxis.

Reine Wahrnehmung

Da Sie nun um die Ermächtigung zu diesem von Lerab Lingpa offenbarten Vajrakilaya-Zyklus ersucht haben, möchte ich alle hier Versammelten bitten, dass Sie ein Gefühl von unerschütterlichem Glauben an diese Lehren in sich aufkommen lassen, eine echte Samaya-Verpflichtung, eine tiefe Verbindung zu diesen Lehren zu knüpfen. Versuchen Sie in einen Zustand reiner Wahrnehmung zu kommen, so gut es geht. Um die Unterweisungen des geheimen Mantra-Fahrzeugs in dem Geist entgegenzunehmen, in dem sie gegeben werden, müssen wir uns beim Zuhören von allem Haften an der gewöhnlichen Wahrnehmung lösen und das Gefühl in uns wach werden lassen, dass wir alles unter dem Gesichtspunkt der Gottheit wahrnehmen. Das könnte man als göttliche Wahrnehmung bezeichnen, weil unsere gewöhnliche Betrachtungsweise der Dinge hier ausgeschaltet ist. Stattdessen halten wir in uns eine Art zu sehen wach, in der etwas von der Natur der Gottheit ist. Wenn wir in unserer gewohnten Geisteshaltung bleiben, anstatt die üblichen Muster des Wahrnehmens, Reagierens und so weiter abzulegen, wenn wir so an die Dinge herangehen, wird es einfach nicht funktionieren, glaube ich. Wir werden die Lehren nicht wirklich aufnehmen können, wenn wir uns ihnen mit dem gewöhnlichen Bewusstsein zu nähern versuchen.

Wenn wir von reiner Wahrnehmung sprechen, beinhaltet das auch, dass alle Phänomene, ob sie nun rein oder unrein genannt werden, ihrer Natur nach Shunyata sind, Leerheit. Ich spreche hier also von Shunyata oder Leerheit als der Natur aller Phänomene, die auf der relativen Ebene rein oder unrein genannt werden mögen. Bei gewöhnlichen Wesen wie uns, sagt man, ist die Wahrnehmung unrein, weil unser Geist von mentalen und emotionalen Verdunkelungen getrübt ist. Betrachten wir die Dinge jedoch unter dem Gesichtspunkt der ihrem Wesen nach vollkommen reinen Natur unseres Geistes – die Lehren bezeichnen das als den ursprünglichen angeborenen Geist des klaren Lichts oder das Grund-Leuchten –, so wird klar, dass die Erfahrung der vier Kayas der Buddhaschaft bereits in uns angelegt ist.

Das ist der entscheidende Punkt, und wenn wir den verstanden haben, verschiebt sich unsere Perspektive. Wir erkennen, dass unsere gewohnten Wahrnehmungen auf einem derzeit gegebenen Zustand der Verwirrung beruhen und nicht wirklich so existieren, wie sie uns erscheinen. Sie sind dem, was tatsächlich vorliegt, lediglich hinzugefügt, sie sind oberflächlich, und der ursprüngliche angeborene Geist des klaren Lichts, die Natur des Geistes, bleibt von diesen hinzukommenden Faktoren vollkommen unberührt und unbefleckt. Sie können nichts mit der wahren Natur unseres Geistes zu tun haben, da sie nicht im Geringsten auf diese Natur abfärben. Diese Sicht der Dinge gibt uns eine gewisse beruhigende Sicherheit, und in dieser Sicherheit können wir zu einer nicht mehr gewöhnlichen, sondern göttlichen Wahrnehmung finden, zu einer Wahrnehmung, die mehr von der Gottheit als vom alltäglich Gewohnten hat. Das geschieht in gewisser Weise sogar automatisch. Wenn wir gelernt haben, die Dinge unter dem Gesichtspunkt der Natur unseres Geistes zu betrachten, gewinnen wir ein Zutrauen, in dem unsere gewöhnliche Wahrnehmung einfach aufhört, sogar zwangsläufig. An ihrer Stelle tritt diese göttliche Wahrnehmung in Kraft, mit der wir die Dinge in der ihnen innewohnenden natürlichen Reinheit sehen.

Bevor wir mit der Ermächtigung beginnen, möchte ich noch hervorheben, dass es dazu Ihrerseits einer bestimmten Haltung bedarf, in der Sie den Lehrer, der die Ermächtigung gibt, nicht als den gewöhnlichen Menschen sehen, der vor Ihnen sitzt. Vielmehr identifizieren Sie den Vajra-

Meister, der solch eine Ermächtigung gewährt, mit der zentralen Gottheit des Mandalas, in diesem Fall des gesamten Vajrakilaya-Mandalas. Es soll ein Gefühl des Vertrauens und der Überzeugung sein, dass der Vajra-Meister sich nicht von der Gottheit unterscheidet. Das ist die Haltung, in der sie an eine Ermächtigung dieser Art herangehen.

(Nach dem Abschluss der Ermächtigung sagte Seine Heiligkeit:)

Jetzt habe ich die Ermächtigung Vajrakilayas, dieses von Lerab Lingpa offenbarten Terma-Schatzes, zu dem ich aufgrund meines eigenen Bestrebens und meiner eigenen Motivation eine besondere Beziehung empfinde, abgeschlossen. Wer von Ihnen diese Ermächtigung erhalten hat, ist jetzt zu dieser Praxis autorisiert. Ich möchte Sie dazu ermuntern. Wählen Sie die ausführlichen Rituale oder die verkürzte Form der täglichen Praxis und machen Sie sich mit allen Bedeutungsebenen der Vajrakilaya-Praxis vertraut. Das Wichtigste ist dabei die Erfahrung der Vereinigung von Rigpa und Shunyata. Das ist es, worauf diese Praxis letztlich hinausläuft, und darauf sollten Sie vor allem Ihr Augenmerk richten. Daneben haben wir aber auch die Meditation und das Mantra, die dieser Gottheit zugeordnet sind, und ich fände es nach dieser Ermächtigung sehr gut, wenn Sie dabeibleiben würden. Rezitieren Sie das Mantra und üben Sie die Meditation so regelmäßig wie möglich, ohne Unterbrechungen und größere Pausen entstehen oder die Praxis ganz einschlafen zu lassen.

Wie ich erwähnt habe, besteht eine starke Verbindung zwischen dieser Praxis und dem Buddhadharma und dem Volk der Tibeter überhaupt. Und so würde ich Sie bitten, wenn Sie dieser Praxis mit echtem Engagement nachgehen, dass Sie sich auch ganz direkt auf die Lehren des tibetischen Buddhismus und das Schicksal der Tibeter sammeln. Schließen Sie Gebete und Segenswünsche für das Wohlergehen der Tibeter und die Ausbreitung und Vitalität dieser Lehren ein.

Die Geschichte der Terma-Entdeckung

Wie Seine Heiligkeit schon erwähnte, ist das Yang Nying Pudri ein Terma-Schatz, der von Lerab Lingpa aufgefunden wurde. Gemäß der Nyingma-Tradition werden die Lehren auf zwei Wegen übermittelt oder weitergegeben: durch die lange ununterbrochene Karma-Linie und die kurze Terma-Linie. Terma sind Lehren, die von Guru Padmasambhava verborgen wurden, um in späteren Zeiten von Schatz-Entdeckern oder Tertöns wieder aufgefunden zu werden, bei denen es sich immer um Inkarnationen seiner engsten Schüler handelt.[171] Der Tertön Sogyal, Lerab Lingpa (1856–1927), war die Inkarnation des Padmasambhava-Schülers Nanam Dorjé Dudjom, der durch die Vajrakilaya-Praxis Siddhis entwickelte, sodass er sich ungehindert wie der Wind durch den Raum bewegen und massiven Fels durchdringen konnte. Tertön Sogyal war ein Schatzsucher von hohen Gnaden; die von ihm aufgefundenen Lehren füllen zwanzig Bände. Er war ein Schüler von Nyoshul Lungtok, Jamyang Khyentse Wangpo, Mipham Rinpoche und Jamgön Kongtrul; außerdem erhielt er Unterweisungen von Nyala Pema Düdul und Patrul Rinpoche. Unter seinen eigenen Schülern waren der dreizehnte Dalai Lama Thupten Gyatso (1876–1933), der dritte Dodrupchen Jikmé Tenpé Nyima (1865–1926) und

Jamyang Khyentse Chökyi Lodrö (1893–1959). Fünf Bände seiner Offenbarungen sind allein den Vajrakilaya-Termas gewidmet; und einem davon, *Die scharfe Schneide der innersten Essenz*, Yang Nying Pudri, war es bestimmt, besonders bekannt und bedeutend zu werden.

In Tertön Sogyals von Tulku Tsullo verfasster Biografie ist nachzulesen, wie das Terma aufgefunden wurde. Im Herbst 1895 suchte Tertön Sogyal zusammen mit Jamgön Kongtrul eine heilige Stätte namens Tsadra Rinchen Drak auf, zu der sowohl Jamgön Kongrtul als auch Chokgyur Dechen Lingpa eine enge Beziehung hatten. Es handelt sich um einen der fünfundzwanzig heiligen Orte Osttibets, der den »Weisheitsgeist der erleuchteten Qualitäten« repräsentiert. Weit oben an einer Hügelflanke ging Tertön Sogyal auf »die Höhle, die den Ehrfurcht gebietenden Heruka entzückt« zu. Und hier berichtet die Biografie:

> Der Umriss der Terma-Tür war an der Felswand deutlich zu erkennen, und als er sie sah, schien Erregung ihn zu ergreifen, und er warf einen Stein dorthin. Die Erde erbebte von einem großen Krachen, als wollte sich der ganze Berg senken. Eine Öffnung klaffte jetzt im Fels, ein wunderbarer Duft entströmte ihr und erfüllte die Luft. Tertön Sogyal langte in die Öffnung hinein und förderte ein *Kutsap* zutage, eine Darstellung Guru Rinpoches, die ihn schreitend und mit Vajra und Phurba in den Händen darstellt – und dazu eine Schatulle, die das Terma Yang Nying Pudri enthielt. Er schlug beides behutsam in Seide ein, damit niemand etwas sehen konnte, und legte es in die von seiner Gefährtin gehaltene Terma-Truhe. Der Fundort des Terma im Fels war auch mit Amrita gefüllt, doch er sagte, sie stehe ihm nicht zu und er werde sie

nicht nehmen. Seine Gefährtin jedoch bat ihn inständig darum, und um sie nicht zu enttäuschen, nahm er etwas von dieser Amrita, die befreit, wenn man sie schmeckt, und ließ alles Übrige so, wie er es vorgefunden hatte. Er brachte eine Gabe als Ersatz für das Terma dar, um die Öffnung dann gut zu verschließen und zu versiegeln. Zusammen mit Jamgön Kongtrul Rinpoche feierten sie dann alle drei in froher Dankbarkeit ein Tsok-Festmahl und brachten Tormas dar, um die Terma-Hüter froh zu stimmen. Sie sparten nicht mit Gebeten der Ergebenheit und Verheißung in ihrer freudigen Hoffnung, dem Dharma und allen Lebewesen Gutes zu tun.

Die Beziehung zum dreizehnten und vierzehnten Dalai Lama

1898 reiste Tertön Sogyal nach Lhasa, um den Dalai Lama aufzusuchen. Seine erste Begegnung mit dem Dalai Lama, ein denkwürdiges und hoch bedeutsames Ereignis, über das man sagte: »In ihrem Weisheits-Geist wurden sie augenblicklich eins«, hatte zehn Jahre zuvor stattgefunden. Und jetzt, der Ankündigung des Nechung-Orakels entsprechend, überbrachte Tertön Sogyal dem Dalai Lama den gesamten aus Ermächtigung, Übertragung und Unterweisung bestehenden Zyklus des Yang Nying Pudri.

Am nächsten Morgen notierte der dreizehnte Dalai Lama einen lebhaften Traum, in dem er sich vor dem Palast Guru Rinpoches sah. Hier traten ihm zwei Himmelswesen entgegen, die über diese Vajrakilaya-Praxis sangen. Sie sagten ihm, Begierde, Zorn und Unwissenheit würden verschwinden, Hindernisse würden überwunden und große spirituelle Fortschritte erzielt, wenn er tausend Tsok-Opfer gemäß der Anweisung des Yang Nying Pudri darbrachte. In seiner Biografie heißt es: »Der Dalai Lama erinnerte sich beim Erwachen deutlich an die Worte. Zusammen mit Lerab Lingpa entschlüsselte er ihre Bedeutung. Und er leistete die tausend Tsok-Opfer Vajrakilayas, an deren Richtigkeit die Worte der Weissagung keinen Zweifel ließen.«

Tertön Sogyal gewährte den Mönchen des Namgyal Dratsang im Potala-Palast die Ermächtigung des Yang Nying Pudri, und seitdem wird diese Praxis dort geübt. 1899 wurde im Rahmen des Mönlam Chenmo, des alljährlich zu Neujahr in Lhasa abgehaltenen großen Gebetsfestes, das Mendrup ausgeführt, und es wurden die hölzernen Druckstöcke für den gesamten Zyklus geschnitten. Der dreizehnte Dalai Lama richtete das Yang Nying Pudri für die Praxis als Drupchen ein und verfasste den Text *Schatztruhe der Wünsche für das Ich und die anderen*, der auch von den Namgyal-Mönchen im Lerab Ling verwendet wurde.

Wie Seine Heiligkeit der vierzehnte Dalai Lama berichtet hat, war es Kyapjé Dilgo Khyentse Rinpoche, der ihm die Ermächtigung des Yang Nying Pudri gewährte. 1990, beim Rigpa-Sommer-Retreat in Prapoutel in Frankreich, sagte Khyentse Rinpoche:

> In der Weissagung zu diesem Terma hieß es, der dreizehnte Dalai Lama, Inkarnation von König Trisong Detsen, werde der Chödak und Halter dieser Lehre sein. Deshalb überbrachte Tertön Sogyal ihm die Lehre, und er machte sie zum Bestandteil seiner Hauptpraxis. Durch ihre Segenskraft und ihr Wirken erlebte das Ganden Phodrang eine Zeit großer Stabilität und Expansion. Viele

> von Tertön Sogyals Schülern machten dieses Sadhana zu ihrer Hauptpraxis. Auch Seine Heiligkeit der vierzehnte Dalai Lama hat mir von der besonderen Bedeutung dieser Praxis für ihn erzählt.[172]

Lerab Lingpa hatte drei Reinkarnationen, darunter auch Sogyal Rinpoche und Khenpo Jikmé Phüntsog Rinpoche, der 1993 bei seinem Besuch im Lerab Ling sagte:

> Halter dieser Lehre war vor allem der dreizehnte Dalai Lama, der eine Struktur entwarf und die notwendigen Gebete verfasste, um daraus ein Drupchen zu machen, das er im Potala praktizieren konnte. Der vierzehnte Dalai Lama konnte dieser Praxis zunächst nicht nachgehen, als er aus Tibet kam, aber er hat das Drupchen inzwischen wieder eingeführt, und es wird in Dharamsala praktiziert. Es muss eine Hauptpraxis Seiner Heiligkeit sein, denn als ich 1990 nach Dharamsala kam, sagte er gleich, es solle am nächsten Tag ein Tsok-Opfer nach dem Yang Nying Pudri geben. Bei diesem Tsok sah ich, wie geläufig die Mudras und alle Details der Praxis Seiner Heiligkeit waren, und sagte zu meinem Betreuer: »Wir haben das unser ganzes Leben lang gemacht und sind darin trotzdem nicht so gut wie Seine Heiligkeit.«

Das Kloster Namgyal und das Drupchen

Die Mönche des Namgyal Dratsang, deren jüngste Generation das Drupchen im Lerab Ling ausführte, haben den Dalai Lamas schon immer bei ihren privaten und öffentlichen religiösen Aktivitäten assistiert und ihre Rituale dem Wohl aller Dalai Lamas und dem Wohl Tibets gewidmet. Die Namgyal-Hochschule wurde vom zweiten Dalai Lama Gendün Gyatso (1476–1542) gegründet und erhielt den Namen Phende Lekshé Ling oder »Feinsinniger Ort des Friedens und des Gedeihens«. Zu großer Bedeutung kam sie in der Zeit des fünften Dalai Lama Ngawang Lozang Gyatso (1617–1682), als sie in den Potala-Palast verlegt wurde. Eine besonders enge Beziehung entwickelte sich zwischen dem Kloster und dem dreizehnten Dalai Lama, und sie blieb auch in der Zeit des vierzehnten Dalai Lama bestehen. Im Exil wurde das Namgyal Dratsang in Dharamsala gleich neben der Residenz Seiner Heiligkeit neu aufgebaut, und die Mönche absolvieren ein klösterliches Studienprogramm, das Seine Heiligkeit selbst eingeführt hat. Ihren Ruhm verdanken sie ihrer besonderen Vertrautheit mit der rituellen Praxis, weshalb sie Seine Heiligkeit häufig auf seinen Auslandsreisen begleiten, zum Beispiel immer dann, wenn er eine Kalachakra-Ermächtigung gibt.

Das neue Namgyal Dratsang in Dharamsala erhielt die Ermächtigung für das Yang Nying Pudri von Kyapjé Kalu Rinpoche, der Aktivitäts-Emanation von Jamgön Kongtrul, und später von Kyapjé Trulshik Rinpoche. Jedes Jahr sind zehn Tage des zweiten tibetischen Monats der Drupchen-Praxis im Kloster gewidmet. Beim Ritual im Lerab Ling in Frankreich wurden Drupchen und Mendrup zum ersten Mal in ganzer Länge außerhalb Tibets und der Himalaja-Region ausgeführt.

Ein Drupchen, wörtlich »unermessliche Errungenschaft«, ist eine intensive Gruppenpraxis und gleichsam Inbegriff der ganzen Tiefe, Kraft und Präzision des Vajrayana. Hier wird das gesamte Spektrum an geschickten Methoden mystischer, ritueller und künstlerischer Art aufgeboten, zum Beispiel: die Erschaffung des Mandala-Hauses; die vollständige Sadhana-Praxis mit Visualisation, Mudra, rituellem Gesang und Musik; ununterbrochene Mantra-Praxis Tag und Nacht; die Bereitung von Tormas und anderen Opfergaben mit geweihten Substanzen und kostbaren Reliquien; der heilige Cham-Tanz; und der Aufbau des Sand-Mandalas. Alles zusammen erzeugt das transzendente Umfeld des reinen Reichs der Gottheit und erweckt in allen Teilnehmenden die reine Wahrnehmung dieser Welt als eines heiligen Bereichs. Deshalb sagt man, diese Tage der Teilnahme an einem Drupchen würden genauso weit führen wie Jahre der zurückgezogenen Praxis, und manche Meister unserer Zeit, zum Beispiel Kyapjé Dilgo Khyentse Rinpoche, haben sich für die Wiederbelebung dieser Praxis engagiert und sie den Menschen ans Herz gelegt, weil sie in diesem etwas nachlässig gewordenen Zeitalter von so außerordentlich transformierender Kraft ist.

Am Morgen nach seiner Ankunft im Lerab Ling beteiligte sich Seine Heiligkeit der Dalai Lama am Abschluss des Drupchen. Zu diesem Abschluss gehörten »das Empfangen der Siddhis«, eine dem Geist der Fülle gewidmete Praxis, und die Weihe der während des Mendrup zubereiteten Amrita durch Seine Heiligkeit.

Bedeutung und Nutzen des Mendrup

Während eines Mendrup werden große Mengen heiliger spiritueller Medizin, Amrita genannt, fermentiert und geweiht. Das Sanskritwort *amrita* bedeutet »todlos«, auf tibetisch *dütsi*. Man spricht hier von der »Medizin, die das Furchtbare des Todes überwindet«. Das *Tantra des geheimen Zyklus* präzisiert:

> Wenn auf Samsara, das wie Mara *(dü)* ist,
> das Elixier *(tsi)* der Wahrheit des Dharma angewandt wird,
> spricht man von Nektar *(dütsi)*.

Dieser heilkräftige Nektar, Amrita, bewirkt auf jeder Ebene Heilung und Verwirklichung. Der dreizehnte Dalai Lama schrieb: »Man sagt, dass sich alle Siddhis, auch das Erlangen des Vajra-Körpers der Unsterblichkeit, den Qualitäten der Amrita verdanken.« In *Die acht Bände über den Nektar* lesen wir:

> Heilkräftig bei den vierhundertvierundzwanzig Krankheiten
> und von vernichtender Wirkung auf die vier Maras:
> Sie ist die höchste Essenz, Königin der Heilmittel.

Aus »hundert Hauptzutaten und tausend Nebenzutaten« bestehend, setzten sich die im Lerab Ling zubereiteten fünfhundert Kilo Amrita aus *Arura* und allen nur erdenklichen medizinischen Ingredienzien zusammen, wozu noch Reliquien und andere kostbare Substanzen der Buddhas, Siddhas und Heiligen kamen, die von Meistern und Klöstern der gesamten Himalaja-Region beigesteuert wurden.

Das Mendrup bringt allen Teilnehmenden unermesslichen Gewinn und ist von großer Segenskraft für den Ort, an dem es abgehalten wird. In den Worten Guru Padmasambhavas:

Heilige Heilsubstanzen, die den Buddhas dargebracht werden,
Elixiere der Anrufung der Meister und Yidam-Gottheiten –
sie sind die Herz-Essenz der Dakinis.
Eingenommen, ist ihr wohltuender Nutzen kaum zu beschreiben:

Du gewinnst die Eigenschaften der fünf Kayas eines Buddha.
Äußerlich werden Krankheiten und körperliche Hindernisse beseitigt,
innerlich werden die Gifte der fünf negativen Emotionen geläutert
und samsarische Behinderungen und Brüche geheilt,
auf der geheimen Ebene wirst du die aus sich selbst entstehende Weisheit erfahren.

Sollte ein Shravaka oder Pratyekabuddha
diesen Nektar einnehmen, wird er die zehnte Stufe erreichen
und ein »großer Bodhisattva« auf dem Mahayana-Pfad werden.

Bring diese Medizin den Meistern dar,
und großer Segen wird empfangen.
Bring sie den Yidams dar,
und machtvolle Siddhis werden erlangt.
Bring sie den Buddhas dar,
und du rufst ihr Erbarmen wach.
Bring sie den Dakas und Dakinis dar,
und sie werden eine Weissagung machen.

Wenn ein Yogi oder irgendjemand diesen Nektar isst,
werden äußerlich Krankheit und schädlicher Einfluss,
negative Handlungen und alle Verdunkelungen bereinigt;
innerlich wird der Samadhi der Erzeugungsstufe
lebendig und klar;
auf der geheimen Stufe erlangt dein Gewahrsein
den Zustand des Dharmakaya.
Und alle Verstöße gegen die Gebote,
alle Fehler der Praxis werden wiedergutgemacht.

Vom bloßen Halten dieser Medizin
werden alle Gefahren vorzeitigen Todes gebannt,
und das tödlichste Gift wird unschädlich gemacht.
Körperlich angewandt,
werden Krankheit und schädliche Einflüsse vertrieben.
Als Räucherwerk abgebrannt,
verscheucht sie negative Kräfte und Hindernismacher.

Der Ort, an dem diese Praxis stattfindet,
wird wie der Bestattungsplatz ein kühler Hain.
Unzählige Dakas und Dakinis werden sich dort versammeln
und alles mit ihren Segnungen tränken.
Der Regen wird zur richtigen Zeit fallen, und alles Benötigte wird reichlich vorhanden sein.
Wer diesen Ort später für die zurückgezogene Meditation nutzt,
wird leicht in den Samadhi-Zustand kommen.

Nimmt ein Sterbender
von diesem heiligen Nektar,
wird er die Stufe des Vidyadhara erreichen,

wie er auch sein Leben geführt haben mag.
Es ist fürwahr eine heilige und erhabene Substanz.[173]

Solchen Worten können wir entnehmen, von welch tiefer Bedeutung die Ermächtigung sowie Drupchen und Mendrup im Lerab Ling waren. Vermöge seiner eigenen besonderen Beziehung zu dieser Praxis konnte Seine Heiligkeit all die Verbindungen zwischen Lerab Lingpa, dem dreizehnten Dalai Lama, dem Kloster Namgyal sowie sich selbst, Sogyal Rinpoche und allen Teilnehmenden zu einem Ganzen knüpfen und mit Leben erfüllen. Durch die Kraft der Praxis wurde der Segen der Buddhas für Tibet, das Volk der Tibeter und sein Schicksal, aber auch für die Zukunft des Buddhismus in Europa und im übrigen Westen angerufen. Und da Seine Heiligkeit die Ermächtigung auf dem Baugelände des künftigen Tempels gab, erteilte er auch diesem Tempel bereits einen Segen. Die öffentlichen Unterweisungen Seiner Heiligkeit und die übrigen hier geschilderten Ereignisse fanden bei den Rigpa-Mitgliedern eine ganz besondere Resonanz, denn sie fielen in das fünfundzwanzigste Jahr der Lehrtätigkeit des Rigpa-Gründers Sogyal Rinpoche im Westen. Die Ereignisse des Jahres 2000 im Lerab Ling werden ein besonderes Datum in der Geschichte des Rigpa bleiben, unvergesslich als Segen, als Inspiration, als Ermutigung zu allem, was noch zu tun bleibt.

Als der dreizehnte Dalai Lama den Ablauf des Yang-Nying-Pudri-Drupchen ausgearbeitet hatte, stellte er die folgende Widmung an den Schluss:

Möge die hierin liegende Kraft bewirken,
dass sich die kostbaren Lehren des Buddha, Quell der guten Dinge und des Glücks,

an allen Orten und zu allen Zeiten ausbreiten und erblühen, frei von jedem Sektendenken.
Mögen die Bewahrer der Lehre sich eines langen Lebens erfreuen.
Mögen alle negativen Kräfte, die zu schlechtem Handeln führen, gebannt werden.
Mögen wir die herrliche Erfahrung anhaltenden Glücks machen.
Mögen die Zugänge zu gewöhnlichen und außergewöhnlichen spirituellen Pfaden offen sein.
Möge sich alles Vortreffliche entfalten, wie wir es wünschen, und überall Nutzen stiften und Glück verbreiten!

Anmerkungen

[1] Die Zentren, die Seine Heiligkeit einluden, bilden die Association Golfe du Lyon, bestehend aus: Lerab Ling, Kygyü Rintchen Tcheu Ling (ein 1975 in Montpellier von Kyapjé Kalu Rinpoche gegründetes Zentrum), Kagyü Yi Ong Tcheu Ling, Jardin du Dharma und Jardin de Claire Lumière.

[2] Sogyal Rinpoche: *The Tibetan Book of Living and Dying*, überarbeitete Neuausgabe, London: Rider, 2002, S. 155.

[3] Die Biografie Longchenpas findet man in Nyoshul Khenpo: *A Marvelous Garland of Rare Gems*, S. 98–161. Siehe auch Tulku Thondup: *Masters of Meditation and Miracles*, S. 109–117.

[4] Siehe Nyoshul Khenpo: *A Marvelous Garland or Rare Gems*, S. 141, 145.

[5] Ebenda, S. xxiv–v.

[6] Aus *Ngal gso skor gsum gyi spyi don legs bshad rgya mtsho*, S. 223–24. Die acht Gleichnisse des Illusorischen in der Reihenfolge, in der sie im Text vorkommen, sind: Traum, magische Illusion, Halluzination, Trugbild, Spiegelung des Mondes im Wasser, Echo, Stadt der Gandharvas und Phantom oder Erscheinung.

[7] Siehe Dalai Lama: *Dzogchen. Die Herz-Essenz der Großen Vollkommenheit.*

[8] Unter den bei diesen Unterweisung anwesenden Lamas befanden sich Kyapjé Trulshik Rinpoche, Dagyab Rinpoche, Kyongla Rinpoche, Dagpo Rinpoche, Ato Rinpoche, Thamtog Rinpoche, Dzigar Kongtrul Rinpoche, Tsoknyi Rinpoche, Khamtrul Rinpoche, Pema Wangyal Rinpoche, Rangdrol Rinpoche, Sogyal Rinpoche, Jadho Rinpoche, Gyari Rinpoche, Lelung Rinpoche, das Nechung-Orakel, Namgyal Khensur Rinpoche, Gomang Khensur Rinpoche, Geshe Thubten Ngawang und Geshe Lobsang Tengye sowie eine Anzahl weiterer Geshes, Mönche und Nonnen.

[9] Seine Heiligkeit der Dalai Lama während der Ermächtigung zum Rigdzin Dungdrup in Dharamsala am 21. März 2004. Zitiert in *A Great Treasure of Blessings, A Book of Prayers to Guru Rinpoche*, London: The Tertön Sogyal Trust, 2004, S. 13–14.

[10] Siehe Dalai Lama: *Kindness, Clarity and Insight*, S. 220–21 (1984); S. 249 (2006). Siehe auch Dalai Lama: *Dzogchen: The Heart Essence of the Great Perfection*, S. 120.

[11] Während seiner langen Laufbahn als Drehbuchautor, Dramatiker und Schriftsteller hat Jean-Claude Carrière etliche Auszeichnungen erhalten und mit vielen berühmten Gestalten in Film und Theater zusammengearbeitet. Neben Louis Buñuel, mit dem ihn eine langjährige Kooperation verband, sind hier vor allem Jean-Luc Godard, Milos Forman, Volker Schlöndorff, Andrzej Wajda, Louis Malle und Nagisa Oshima zu nennen; im Theater Peter Brook und Jean Louis Barrault. Er hat für über vierzig Filme das Drehbuch geschrieben, darunter *Die Wiederkehr des Martin Guerre, Die unerträgliche Leichtigkeit des Seins, Mahabharata* und *Belle de Jour*. Sein leidenschaftliches Interesse an östlicher Kultur führte zu etlichen Begegnungen mit dem Dalai Lama, und aus den Gesprächen in Dharamsala wurde ein Buch: *La Force du Bouddhisme*, auf Deutsch *Die Kraft des Buddhismus.*

[12] Dieser Vers stammt aus dem *Vajracchedika-Sutra*, tibetisch *'Phags pa shes rab kyi pha rol tu phyin pa rdo rje gcod pa:* skar ma rab rib mar me dang// sgyu ma zil pa chu bur dang// rmi lam glog dang sprin lta bu// 'dus byas de ltar blta bar bya.

[13] Maitreya: *The Ornament of Clear Realization*, v. 1.

[14] Nagarjuna: *Grundlagen des Mittleren Weges*, 1, 1–2; zur Übersetzung vgl. Dalai Lama: *The Essence of the Heart Sutra*, S. 122.

[15] *Nges legs*: definitive Gutheit. In dem Wörterbuch *An Encyclopaedic Tibetan-English Dictionary* (Beijing: Nationalities Publishing House, 2002) findet sich dazu: »Beständiges Glück: der Zustand der Befreiung und All-Erkenntnis.« Vgl. Jeffrey Hopkins: *Buddhist Advice for Living and Liberation*, S. 46.

[16] Um ein alltägliches Beispiel zu nehmen: Wenn Sie ein Feuer wirklichkeitsgemäß wahrnehmen (oder »zutreffende Erkenntnis« von ihm haben), kann das unmittelbar nutzbar werden, indem Sie zum Beispiel Teewasser kochen. Das ist »die nicht unterbrochene oder direkte Wirkung oder Frucht« der richtigen Wahrnehmung. Diese Wahrnehmung kann jedoch zahllose weitere Nutzeffekte haben, die indirekt mit der Wahrnehmung zusammenhängen, aber durch zwischengeschaltete andere Geisteszustände doch davon getrennt oder eben »unterbrochen« sein können. Deshalb bezeichnet man eine höhere Wiedergeburt, die Befreiung und Ähnliches als »unterbrochene oder indirekte Früchte« zutreffender Wahrnehmung beziehungsweise Erkenntnis.

[17] »Hierin ist kein Ding, das wegzunehmen, und nicht das kleinste Ding, das hinzuzufügen wäre.« Maitreya: *The Ornament of Clear Realization*, V, 21.

[18] Diese vier Überlegungen (*rigs pa bzhi*) betreffen: Abhängigkeit, Funktionalität, Natur und den Beweis der logischen Haltbarkeit

(*ltos pa'i rigs pa dang, bya ba byed pa'i rigs pa dang, chos nyid kyi rigs pa, 'thad pa sgrub pa'i rigs pa*).

19 Seine Heiligkeit bezieht sich hier auf die Praxis des Dzogchen, der Großen Vollkommenheit. Wie Dodrupchen Jikmé Tenpé Nyima sagt: »Allgemein gesprochen ist in der Anleitung zum Dzogchen kein Ende der profunden und besonderen Aspekte.« Kernpunkt ist jedoch die Unterscheidung von gewöhnlichem Geist und Rigpa. Wie Jikmé Lingpa es in seinem *Schatz der kostbaren Eigenschaften* ausdrückt: »Rigpa transzendiert den gewöhnlichen Geist und ist der kennzeichnende Zug des Dzogpachenpo.« In *rdzogs chen skor*, S. 554.

20 Die Erläuterungen, die Seine Heiligkeit zu diesem Thema 1991 bei Unterweisungen in New York gab, sind in Sogyal Rinpoches Buch *The Tibetan Book of Living and Dying* (überarbeitete Neuausgabe San Francisco: Harper, 2002) S. 93–94 zitiert.

21 »Nicht übertragbare Handlungen« (*mi g.yo ba'i las*) sind die Meditationen der vier *Dhyanas* und der vier formlosen Versenkungen. Sie werden »unübertragbar« genannt, weil sie nur zu Wiedergeburten in den entsprechenden Bereichen der Form und der Formlosigkeit führen und keine Resultate in anderen Bereichen erzeugen, also dorthin »übertragen« werden können.

22 Die fünf verstörenden oder verblendeten Anschauungen sind: die Anschauungen der vorübergehenden Ansammlungen (*'jig tshogs la lta ba*), also die Betrachtung der fünf Ansammlungen (Skandhas) als »ich« und »mein«; die Anschauung der Extreme (*mthar 'dzin pa'i lta ba*) betrifft den Ewigkeitsglauben und den Nihilismus; falsche Anschauungen (*log lta*); die Anschauung der ethischen Überlegenheit (tshul khrims dang brtul zhugs mchog 'dzin); und die Anschauung der Überlegenheit in der Lehre (*lta ba mchog'dzin*).

23 Dies ist ein Zitat aus dem *Prajnaparamita-Sutra in 8000 Versen*; siehe dazu Edward Conze: *The Perfection of Wisdom in 8000 Lines and Ist Verse Summary*, Delhi: Sri Satguru Publications, 1994, S. 84.

24 Dza Patrul Rinpoche (1808–1887) war einer der größten tibetischen Meister des 19. Jahrhunderts und Autor eines der meistgelesenen Werke der tibetischen Literatur, *The Words of My Perfect Teacher*. Seine Biografie ist nachzulesen in: Nyoshul Khenpo: *A Marvelous Garland of Rare Gems*, S. 223–38.

25 Die Erhabenen (Skrt. *arya*, tib. *'phags pa*) besitzen die unmittelbare Erkenntnis der Natur der Wirklichkeit und haben das Samsara transzendiert.

26 Die höheren Daseinszustände (*mngon mtho*) sind die höheren Bereiche innerhalb des Samsara: die Bereiche der Menschen und der Götter.

27 Wie Patrul Rinpoche ausführt, gibt es diese Lehre der vier verschiedenen Nirvanas ausschließlich in der Madhyamaka-Tradition. »Natürliches Nirvana« ist die Natur aller Dinge, frei von gedanklichen Verwicklungen jeglicher Art. »Nicht verweilendes Nirvana« ist das Nirvana der Buddhas und Bodhisattvas, jenseits der Extreme des samsarischen Daseins und der völligen Stille. »Nirvana mit Rest« bezieht sich auf den Arhat, der das Leiden transzendiert, aber die psychophysischen Anhäufungen noch nicht preisgegeben hat und noch den Auswirkungen früheren Karmas ausgesetzt ist. »Nirvana ohne Rest« tritt ein, wenn der Arhat die Anhäufungen preisgibt und in das Aufhören eintritt.

28 Die vier Maras sind: der Mara der Anhäufungen oder Skandhas, der Mara der Plagen, der Mara, der »Herr des Todes« genannt wird, also der Tod selbst, und der Devaputra-Mara, mit dem Ablenkungen, Begierden und Anhaftungen gemeint sind.

29 »Die Vier« sind die vier Maras. »Die Sechs« sind die »sechs Vermögen« (*bskal pa drug*): 1. Die vollkommene Kraft, Meister des Erwünschten zu sein; 2. der vollkommene Körper der Vortrefflichkeit mit seinen Merkmalen und Zeichen; 3. der vollkommene Reichtum der Unermesslichkeit, etwa eines Gefolges; 4. vollkommener Ruhm; 5. die vollkommene Weisheit der Erkenntnis der Dinge, wie sie sind, und der Erkenntnis aller Dinge; 6. der vollkommene Eifer, das Wohl der Lebewesen zu erwirken. Die letzte Silbe in Chomdendé, also dé, bedeutet »transzendieren« und besagt, dass der Buddha die Extreme des Daseins und der absoluten Stille transzendiert hat.

30 »Die vom Ursprung her führenden Fahrzeuge« sind die drei Fahrzeuge der Shravakas, Pratyekabuddhas und Bodhisattvas. Sie werden so genannt, weil wir uns mit ihnen auf dem Pfad der Befreiung vom Samsara fortbewegen, indem wir von allen Aktionen und Kleshas ablassen, die Ursache oder »Ursprung« des Leidens sind. Die »Fahrzeuge der vedischen Askese« meinen die drei äußeren Klassen des Tantra: Kriya, Charya und Yoga. Ihre Namen haben sie von bestimmten asketischen Anteilen wie der rituellen Läuterung und allgemeinen Reinlichkeit, die an die vedische Tradition der Brahmanen erinnern. Die »Fahrzeuge der höchsten und mächtigsten Transformationsmethoden« sind die Fahrzeuge der drei inneren Tantras: Mahayoga, Anuyoga und Atiyoga. Sie werden wegen ihrer hochwirksamen Methoden so genannt, mit denen alle Phänomene in große Reinheit und Gleichheit umgewandelt werden können. Siehe: Zenkar Rinpoche: *A Brief Presentation of the Nine Yanas*, www.lotsawahouse.org/nine_yanas.html.

31 VIII, 15.

[32] Es wird traditionell zwar von achtzehn Schulen gesprochen, aber es existieren verschiedene Listen, und wahrscheinlich hat es weit mehr als achtzehn Gruppierungen gegeben. Zu den Hauptschulen (mit ihren Untergruppierungen) gehören Mahasamghika, Sarvastivadin und Sthavira.

[33] Aus dem *Gebet der Tugend am Anfang, in der Mitte und am Ende* (*Thog ma dang bar dang mtha' mar dge ba'i smon lam*): ji ltar thos pa'i don la rigs pa bzhis// nyin dang mtshan du tshul bzhin rab brtags nas//bsam bya'i gnas la bsams las byung ba yi//rnam dpyod blo yis the tshom chod par shog.

[34] In dem Wörterbuch *An Encyclopaedic Tibetan-English Dictionary* werden die hier verwendeten Begriffe so erklärt: »Gelehrsamkeit bedeutet, dass man über Gegenstände der Erkenntnis nicht im Unklaren ist; ein heiliges Leben setzt reine Disziplin im Hinblick auf alle Makel von Körper, Rede und Geist voraus; und Freundlichkeit bedeutet, dass man in seinem uneigennützigen Streben, zum Wohl anderer zu wirken, völlig makellos ist.«

[35] Dudjom Rinpoche gibt ein Porträt von Rongzom Chökyi Zangpos Leben und sagt über ihn: »Er war als der oberste Mahapandita Tibets bekannt, der unbestrittene Meister der Lehren der alten Übersetzungsschule des geheimen Mantra. Was die Sutras, Tantras und Abhandlungen angeht, war er Meister alles Erkennbaren.« Atisha (982–1054) kannte ihn und soll ihn »unfehlbar« genannt haben. Rongzoms Kommentar zum *Tantra der geheimen Essenz* beginnt mit dem Vers: »Das Wesen der Drei Kostbarkeiten ist der erleuchtete Geist«; daher hat das Werk den Titel *Juwelen-Kommentar. Der Zugang zum Weg des Mahayana* gehört zu seinen bekanntesten Werken. Er war nicht nur ein Gelehrter von hohen Gnaden, sondern muss, wie an vielen Anzeichen zu erkennen war, von hoher spiritueller Verwirklichung gewesen sein. Der Historiker Gö Lotsawa sagte von ihm: »In diesem Schneeland Tibet ist er ein Gelehrter, der nicht seinesgleichen hat.« Siehe: Dudjom Rinpoche, S. 703–9.

[36] Longchenpa und Butön verstarben beide im Jahr 1364, sieben Jahre nach der Geburt Tsongkhapas. Butön Rinchen Drup war ein berühmter tibetischer Gelehrter und Historiker, vor allem bekannt für seine Bemühungen um die Kompilation des *Kangyur*, des buddhistischen Schriftenkanons in tibetischer Übersetzung.

[37] Jamgön Mipham Rinpoche (1846–1912).

[38] *Kun bzang smon lam gyi rnam bshad kun bzang nye lam.* Tsultrim Tsangpo (1884–1957), auch als Tulku Tsullo bekannt, einer der herausragenden tibetischen Gelehrten der neueren Zeit, war ein bedeutender Schüler von Tertön Sogyal Lerab Lingpa, zugleich der Autor seiner geheimen Biografie und Linienhalter seiner Terma-

Lehren. Er war außerdem Schüler des Dritten Dodrupchen Jikmé Tenpé Nyima und von Amnye Khenpo Damchö Özer vom Kloster Dodrupchen. Khenpo Damchö sagte einmal von ihm: »Ich bin bloß ein Hund, aber ich habe einen Löwen als Schüler.« Kaum jemand bekam Dodrupchen Jikmé Tenpé Nyima in seinen späteren Jahren noch zu sehen, aber Tulku Tsullo gelang es, weil er als Schreiber für ihn arbeitete. Er kopierte zahlreiche Texte für Dodrupchen Rinpoches Privatbibliothek und konnte ihm dadurch immer wieder Fragen zur Klärung vorlegen. Tulku Tsullo lebte hauptsächlich im Kloster Shugjung im Do-Tal, das fünfundzwanzig bis dreißig Kilometer vom Kloster Dodrupchen entfernt liegt und der Tradition der »nördlichen Schätze« (*byang gter*) angehört. Tsultrim Tsangpo fühlte sich als Mönch dem Vinaya verbunden, war aber auch als Tantriker von hohem Kaliber bekannt. Für Menschen, die ihm begegneten, besaß er etwas Statuenhaftes, wenn sie ihn mit seinem beeindruckenden weißen Bart so gut wie regungslos in der Meditationshaltung sitzen sahen. Unter seinen Schriften befindet sich ein zweibändiger Kommentar zu Ngari Panchens *Bestimmung der drei Arten von Gelübden* (*Sdom gsum rnam nges*) sowie etliche Texte über Dzogchen, darunter ein Leitfaden (*khrid yig*) für das *Gongpa Zangthal* und ein Kommentar zum berühmten *Gebet Kuntuzangpos*. Des Weiteren finden wir einen Kommentar zu Padmasambhavas *Girlande der Anschauungen* und zahlreiche Werke zu den Tantras der Schule der neuen Übersetzung. Er war der Wurzel-Lehrer von Khordong Tertrul Chimé Rigdzin (1922–2002), besser bekannt als »C. R. Lama«, sowie von Tulku Gyenlo und Zhichen Öntrul, der vor kurzem in Tibet verstorben ist. (Nach Informationen, die Tulku Thondup Rinpoche zur Verfügung stellte.)

39 Die gesammelten Werke Tulku Tsullos erschienen in acht Bänden von Holzblockdrucken; die Druckstöcke dazu waren in seinem Kloster Shugjung in Osttibet erhalten geblieben. Das vollständige Inhaltsverzeichnis (*dkar chak*) ist unter www.lotsawahouse.org/school/tsullo_index.html abrufbar.

40 Diese Zeilen von Gungthang Tenpé Drönmé (1762–1823) stammen aus einem Gebet für die weite Verbreitung der Lehren Tsongkhapas. Seine Biografie ist nachzulesen in: Thupten Jinpa und Jas Elsner: *Songs of Spiritual Experience*, Boston: Shambhala, 2000, S. 223–24.

41 Aus *Rtogs brjod mdun legs ma*, einem kurzen autobiografischen Werk Tsongkhapas, in dem er seine spirituelle Entwicklung auf dem Sutra- und Tantra-Pfad nachzeichnet.

42 Die Sechs Schmuckstücke der Jambudvipa-Welt sind nach dem *Tshig mdzod chen mo* Nagarjuna und Aryadeva als Schmuck des Mittleren Weges; Asanga und Vasubandhu als Schmuck der Abhi-

dharma-Lehren; und Dignaga und Dharmakirti als Schmuck der Lehren über Pramana oder zutreffende Erkenntnis. Die beiden Erhabenen sind Shakyaprabha und Gunaprabha, die beide besonders gut mit der im Vinaya niedergelegten Mönchsdisziplin vertraut waren.

43 Das bezieht sich auf eine Aussage in: *Die sieben Punkte der geistigen Schulung*, wo es im sechsten Punkt um die Verpflichtungen für die geistige Schulung geht. Er handelt, kurz gesagt, davon, dass man »andere nicht aus einem Gefühl der Überlegenheit lächerlich macht oder verunglimpft«. Vgl. Thupten Jinpa: *Mind Training*, Boston: Wiesdom, 2006, S. 121.

44 Drakyap Rinpoche, ein Lama aus Penpo, einem Landstrich in der Gegend von Lhasa, galt als Reinkarnation des großen Kadam-Lehrers Potowa. Er verstarb gegen Ende der achtziger Jahre und seine Reinkarnation studiert gegenwärtig im Kloster Sera.

45 Die Weisheit, die im Augenblick des Sehens unmittelbar realisiert wird.

46 Aus dem *Uttaratantra-Shastra* 1,51.3.

47 *las mtha' rnam 'byed*, Skrt. *Karmantavibhanga*.

48 Siehe: Dalai Lama: *Dzogchen: The Heart Essence of the Great Perfection*, S. 176–77, 183–84.

49 Das Sanskritwort *Kaya* bedeutet wörtlich »Körper«. In den Mahayana-Lehren wird Buddhaschaft je nach Zusammenhang anhand von zwei, drei, vier oder fünf Kayas dargestellt. Die zwei Kayas sind Dharmakaya (Wahrheitskörper) und Rupakaya (Formkörper). Der Rupakaya lässt sich unterteilen in Sambhogakaya (Körper der vollkommenen Freude) und Nirmanakaya (Manifestationskörper) – zusammen drei Körper. Fügt man den Svabhavikakaya (Soheits-Körper) hinzu, haben wir die vier Buddha-Körper. Die fünf Kayas sind die ersten drei zusammen mit dem Abhisambodhikaya (Körper des vollständigen Erwachens) und dem Vajrakaya (unwandelbarer Vajrakörper). Die erleuchteten Körper der Buddhas werden als Träger ihrer erleuchteten Weisheit angesehen, wie man ja auch unseren physischen Körper als Träger unseres gewöhnlichen Bewusstseins betrachten kann.

50 Der vollständige Titel lautet: *Worte der Vidyadharas: ein Leitfaden über Erzeugung, Vollendung und die Große Vollkommenheit für den großen Erbarmenden, Befreiung des Samsara in den grundlegenden Raum* (Thugs rje chen po 'khor ba dbyings sgrol gyi bskyed rdzogs rdzogs pa chen po'i khrid yig rigs 'dzin zhal lung).

51 sangs rgyas gzhan nas re ba'i mkhas rlom gyi/ stong bshad shar 'drer nub tu glud gtong tshul/ mthong tshe zag bcas phung po 'od sku ru/ grol 'di gsang chen rnying ma'i khyad par chos.

[52] Khenpo Achung (1918–1998) kam aus dem berühmten Kloster Lumorap in Nyarong, das sehr viel mit der großen Nyingma-Gründung Mindroling in Zentraltibet zu tun hat. Er hatte in der Gegend von Tromge, Nayrong und Kandze viele Schüler. Den Regenbogenkörper erlangte er im September 1998 auf einem Hügel oberhalb von Lumorap. Die regionale Presse berichtete davon, aber außerdem erschien dazu im *Institute of Noetic Sciences Review* (59, 2002) ein Artikel mit dem Titel »The Rainbow Body«. Darüber hinaus erwähnt Matthew T. Kapstein das Ereignis in *The Presence of Light: Divine Radiance and Religious Experience*, University of Chicago Press, 2004.

[53] dpe mthong tsam la rang bzo'i rtsal bshad kyis/ gzhan 'drid bum stong gcig nas gcig 'byo ba'i/ rnam thar ma yin dmar 'khrid rgyud thog tu/ bkal ba'i nyams myong gdengs tshad cung zad mchis/ zab don 'di ko thub bstan de srid bar/ gnas shing bdag 'dra'i dad pa'i las can la/ phan phyir ston zla ltar dkar lhag bsam gyis/ bskrun las chos brgyad nyon mongs can gyis min; aus: *Worte der Vidyadharas*, S. 149–50.

[54] gnyis pa dngos gzhi la skyon ye nas ka dag tu ston pa khreg chod kyi lam dang/ yon tan ye nas lhun grub tu rdzogs pa thod rgal gyi lam gnyis … Ebenda, S. 88.

[55] Die acht Extreme, die Nagarjuna in den Einleitungsversen seines berühmten Werks *Mula-madhyamaka-karika* benennt, sind Entstehen und Vergehen, Dauerhaftigkeit und Nichtexistenz, Kommen und Gehen, Vielheit und Einzigkeit.

[56] Die Madhyamaka-Tradition der »äußeren Leerheit« (*gzhan stong*), die sehr eng mit der Jonang-Schule des tibetischen Buddhismus verbunden ist, sieht das Absolute nicht als in sich selbst leer (*rang stong*), sondern als leer von allen anderen relativen Phänomenen. Für die Tradition der »inneren Leerheit« dagegen ist die absolute Wahrheit sogar leer von sich selbst.

[57] Von Chandrakirti in seinem Werk *Klare Worte* (*Prasannapada*) am Ende des dreizehnten Kapitels zitiert.

[58] phung po rnam dpyad stong pa nyid// chu shing bzhin du snying po med// rnam pa kun gyi mchog ldan pa'i// stong nyid de ltar ma yin no. Siehe: Khedrup Norsang Gyatso: *The Ornament of Stainless Light*, S. 567–69. Aus: *Eine kurze Unterweisung zu unseren Aussagen, die Anschauung betreffend*, P4580, Tengyur, Bd. *bu*, f. 23b1.

[59] Eine kurze biografische Notiz über Khedrup Norzang Gyatso (1423–1513) findet sich in Khedrup Norzang Gyatso: *Ornament of Stainless Light*, S. xv.

[60] Seine Heiligkeit erörterte das »nicht zusammengesetzte klare Licht« und die »Dauerhaftigkeit« des erleuchteten Wirkens aller Buddhas

in einer Unterweisung, die er 1984 in London unter dem Titel »Die Essenz in drei Worten treffen« gab. Siehe: Dalai Lama: *Dzogchen: The Heart Essence of the Great Perfection*, S. 52–53.

61 Longchenpa sagt über Alaya: »Es ist Unerleuchtung und ein neutraler Zustand, der zur Kategorie des Geistes und der geistigen Ereignisse gehört, und es ist zur Grundlage aller Karmas und ›Spuren‹ von Samsara und Nirvana geworden.

62 Es werden in diesen Versen etliche nicht menschliche Wesen und Geister benannt.

63 Maitreya: *Ornament of Clear Realization*, 2, 17d. Patrul Rinpoche vertritt in seinem Kommentar die Ansicht, dass ein Ort verehrungswürdig wird, an dem Erleuchtung erlangt wurde oder jemand gewohnt hat, der den Weg der Meditation ging. Siehe: Sher phyin mngon rtogs rgyan rtsa 'grel (si khron mi rigs dpe skrun khang, 1997), S. 521.

64 'dun pa sgyur la rang sor bzhag. Das ist eine weitere Feststellung aus dem sechsten Punkt der *Sieben Punkte der geistigen Schulung*, wo es um die Verpflichtungen der geistigen Schulung geht. Weitere Übersetzungen lauten: »Ändere deine Haltung, aber bleibe, wie du bist«, oder »Setze andere Dinge obenan, aber bleibe, wie du bist.«

65 Die acht weltlichen Belange oder Anliegen sind: gelobt und nicht kritisiert werden wollen; sich Glück, aber kein Leid wünschen; sich Gewinn und keinen Verlust wünschen; sich Ruhm und Beifall wünschen, aber nicht Ablehnung und Schande.

66 Aus: *Lied vom östlichen Schneeberg* (*Shar gangs ri ma*), ein vom ersten Dalai Lama Gendün Drup verfasstes Loblied auf Tsongkhapa.

67 *Mahayanasutralamkara* 17,10: bshes gnyen dul ba zhi zhing nyer zhi ba//yon tan lhag pa brtson bcas lung gis phyug//de nyid rab tu rtogs pa smra mkhas ldan//brtse ba'i bdag nyid skyo ba spangs la (b)sten.

68 *The Great Treatise on the Stages of the Path to Enlightenment*, Bd. 1, S. 71.

69 »Diszipliniert« bezieht sich auf die sittliche Schulung (*shila*), »friedvoll« auf die Schulung in Meditation (*samadhi*) und »von heiterer Gelassenheit« auf die Schulung in Weisheit (*prajna*). *The Great Treatise on the Stages of the Path*, Bd. 1, S. 71–72.

70 Seine Heiligkeit hält sich hier sehr eng an einen Abschnitt in Tsongkhapas *The Great Treatise on the Stages of the Path*, Bd. 1, S. 86, wo er aus Gunaprabhas *Vinaya-Sutra* zitiert. Es schließt sich ein Zitat aus dem *Ratnamegha-Sutra* an.

71 Aus: Ashvaghosha: *Fünfzig Verse über den Guru* (*Guripancashika*), V. 24: rigs pa yis ni mi nus na// mi nus de la tshig gis sbyang. Tsongkhapa zitiert die Stelle in *The Great Treatise …*, Bd. 1, S. 86.

[72] Die zwölf Glieder des abhängigen Entstehens sind: Unwissenheit, karmische Formkräfte, Bewusstsein, Name und Form, die sechs Sinnesbereiche (*ayatana*), Kontakt, Empfindung, Begehren, Anhaftung, Werden, Wiedergeburt sowie Alter und Tod. In dieser Reihenfolge beschreiben sie das Entstehen samsarischer Prozesse, in umgekehrter Reihenfolge deren Aufhören.

[73] Mit »gewöhnlich« (*rang rgyud pa*) sind hier Gemütsregungen angesprochen, die einfach ihren Lauf nehmen, ohne dass man Gegenmittel anwendet oder sonst wie mit ihnen umzugehen versucht.

[74] Shantideva: *Bodhicharyavatara*, 6,90.

[75] *Madhyamakavatara* 6,120: nyon mongs skyon rnams ma lus ’jig tshogs la// lta las byung bar blo yis mthong gyur zhing // bdag ni ’di yi yul du rtogs byas nas// rnal ’byor pa yis bdag ni ’gog par byed.

[76] Aus: Jamyang Zhepa: *Wurzeltext philosophischer Lehrsätze* (*Grub mtha’ rtsa ba*), Kap. 1: bdag lta’i zhen yul grub ’gog phyi nang gnyis.

[77] Seine Heiligkeit bezieht sich hier auf Forschungsergebnisse des Psychologen Larry Scherwitz, der die Gespräche von sechshundert Männern aufzeichnete, von denen ein Drittel an Herzerkrankungen litt, während die Übrigen gesund waren. Er stellte fest, dass das Risiko zu Herzerkrankungen bei den Männern am höchsten war, die besonders oft »ich«, »mich« und »mein« sagten. Seine Schlussfolgerung lautete, dass ein im Sprechverhalten erkennbarer starker Bezug zum eigenen Ich offenbar als Indikator für eine erhöhte Bereitschaft zu Herzerkrankungen und stressbedingten Störungen zu werten ist.

[78] Nagarjuna, *Ratnavali*, 2,69: g.yan pa ’phrugs na bder ’gyur ba// de bas g.yan pa med pa bde// de bzhin ’jig rten ’dod ldan bde// ’dod pa med pa de bas bde.

[79] Diese Einteilung scheint aus dem *Lankavatara-Sutra* zu stammen.

[80] *gtad so*. Im Kommentar wird von *brten so* gesprochen; der Ausdruck wird im Sinne von »Sicherheit, Verlässlichkeit« verstanden.

[81] Das ist die Theorie, dass die Dinge ohne Ursache gleichsam aus sich selbst entstehen. In der tibetischen Literatur wird diese Position vor allem der nihilistischen Charvaka-Schule der indischen Philosophie zugeschrieben.

[82] Die Lehren zum allmählichen Pfad (*lam rim*) unterscheiden drei Stufen von spiritueller Begabung. Menschen von geringerer Befähigung sind von dem Wunsch geleitet, innerhalb des Samsara einen besseren Stand als Menschen oder als Götter zu bekommen. Von mittlerer Begabung sind Menschen auf dem Weg des Shravaka oder Pratyekabuddha; sie suchen Freiheit vom Samsara, aber nur für sich persönlich. Von hoher Begabung sind Menschen auf dem Weg des Bodhisattva, die von dem Wunsch geleitet sind, alle Menschen zu vollkommener Buddhaschaft zu führen.

[83] Die Übersetzung dieser Zeile orientiert sich am Kommentar Seiner Heiligkeit.

[84] Shantideva, *Bodhicharyavatara*, 8,129.

[85] Ebenda, 8,130.

[86] Vers 483.

[87] *Bodhicharyavatara*, 3,21.

[88] Ebenda, 10,55.

[89] So genannt, weil sie nicht Mönche, sondern Laien waren.

[90] Es gibt vier Arten des Nirmanakaya, also des Aspekts der Buddhaschaft, der sich aus Mitgefühl manifestiert, weil er den gewöhnlichen Lebewesen helfen möchte: Nirmanakaya des Handwerks, der Geburt, der großen Erleuchtung und höchster Nirmanakaya. Die zwölf Taten eines höchsten Nirmanakaya wie des Buddha Shakyamuni sind: 1. der Abstieg vom Tushita-Himmel, dem reinen Land der Freude; 2. in den Mutterschoß eingehen; 3. im Garten Lumbini geboren werden; 4. sich in allerlei Künsten ausbilden; 5. sich der Gesellschaft königlicher Gefährtinnen erfreuen; 6. der Welt entsagen und Mönch werden; 7. sechs Jahre lang strenge Askese üben; 8. sich unter dem Bodhi-Baum niederlassen; 9. die Heerscharen Maras besiegen; 10. volle Erleuchtung finden; 11. das Rad des Dharma andrehen; 12. in der Ortschaft Kushinagara ins Mahaparinirvana eingehen.

[91] *Bodhicharyavatara*, 10,55.

[92] Die ursprüngliche Quelle des Folgenden ist Tsongkhapas *Der grundlegende Weg zum Erwachen* (*Byang chub gzhung lam*).

[93] Der genaue Wortlaut dieser Frage ist: »Hast du die Lehren des Bodhisattva-Pitaka oder eine Zusammenfassung vernommen?« – »Zusammenfassung« bezieht sich hier auf Asangas *Bodhisattva-Stufen*, insbesondere das Kapitel über Disziplin.

[94] Aus Samantabhadras *Streben nach gutem Handeln*.

[95] Ein Lehrer wird »Ehrwürdiger« genannt, wenn er ein Mönch von hohem Rang ist; für Laien oder einfache Mönche als Lehrer werden andere Titel gebraucht. Tsongkhapa erläutert dies in *Byang chub gzhung lam*, S. 36a.

[96] »Potenzial der Familie der Bodhisattvas« deckt sich mit dem Ausdruck »Buddha-Wesen«. Alle Lebewesen haben dieses Potenzial, aber in den meisten Fällen bleibt es latent. Trifft ein Mensch auf die richtigen Bedingungen, wird das Potenzial geweckt, und er oder sie geht den Bodhisattva-Weg.

[97] Kap. 5, Vers 31: sangs rgyas byang chub sems dpa' dag//kun du thogs med gzigs par ldan//de dag thams cad spyan snga na//rtag par bdag ni gnas so zhes.

[98] Hier erhob sich Seine Heiligkeit von seinem Thron.

[99] Dies sind die letzten beiden Verse des Gebets *Worte der Wahrheit*, das Seine Heiligkeit 1960 in Dharamsala verfasste. Es ist der Wiederherstellung des Friedens, der buddhistischen Lehren und der Kultur und Selbstbestimmung der Tibeter in ihrem eigenen Land gewidmet.

[100] Zum Großen Fünften Dalai Lama siehe: Dalai Lama: *Dzogchen: The Heart Essence of the Great Perfection*, S. 22–25 und Anm. 4, S. 229.

[101] Tadrak Rinpoche war der Lehrer des jungen Dalai Lama und ordinierte ihn zum Novizen. 1941 übernahm er das Amt des Regenten Tibets, von dem er 1950 mit fünfundsiebzig Jahren zurücktrat, als Seine Heiligkeit auch zum weltlichen Oberhaupt Tibets wurde. Siehe: W. D. Shakabpa: *Tibet: A Political History*, New York: Potala, 1984, S. 286.

[102] Aus: *Thugs sgrub yang snying kun 'dus kyi dbang chog padma dgyes pa'i 'jug ngogs*, in den gesammelten Werken Jamyang Khyentse Wangpos, Gangtok, Ausgabe 1977, Bd. 12, S. 530.

[103] Vgl. »Historische Perspektiven« im Anhang.

[104] *thugs rje chen po 'jig rten dbang phyug lha dgu.*

[105] *khams gsum zil gnon.*

[106] *Yuktishashtika, Sechzig Verse der Überlegung*, V. 60.

[107] Seine Heiligkeit sagt: »Im Rahmen des Sutra-Fahrzeugs ist mit Weisheit die Weisheit gemeint, welche die Leerheit erkennt, und Methode bezieht sich auf die Praxis der sechs Vollkommenheiten. Siehe: Dalai Lama: *The World of Tibetan Buddhism*, S. 99. Geshe Thupten Sönam fügt ein Wort der Erläuterung zur Ansammlung von Verdienst durch geschickte Mittel hinzu: »Es bedeutet, dass man Güte, Mitgefühl und Bodhichitta in sich wachruft und sich im entsprechenden geschickten Handeln, beispielsweise Gebefreudigkeit, übt.«

[108] Vgl. Dalai Lama: *The World of Tibetan Buddhism*, S. 99–100; und *Dzogchen: The Heart Essence of the Great Perfection*, S. 154–55.

[109] bla sgrub.

[110] Körper, Rede, Geist, Eigenschaften, Wirken in ihrer erleuchteten Form sowie grundlegender Raum und Weisheit.

[111] *Dpal gsang ba'i snying po'i rgyud kyi spyi don nyung ngu'i ngag gis rnam par 'byed pa rin chen mdzod kyi lde mig*, in: *bka' 'bum* (si khron mi rigs dpe skrun khang, Fassung von 2003), Bd. III (ga), S. 43.

[112] »Die vier Leeren sind das Leere, das sehr Leere, das große Leere und das All-Leere. Sie werden auch Geist der strahlenden weißen Erscheinung, Geist des strahlenden roten oder orangefarbenen Zunehmens, Geist des strahlenden schwarzen Beinahe-Erlangens und Geist des klaren Lichts genannt.« Siehe: Daniel Cozort: *Highest Yoga Tantra*, Ithaka: Snow Lion, 1986, S. 73–76. »Diese subtilen Bewusst-

seinsformen dienen der Erkenntnis der Leerheit, sind aber nicht selbst Leerheit oder Erkenntnis der Leerheit« (Cozort, S. 73).

113 Die Prasangika oder Tradition der Konsequenz ist ein Zweig der Madhyamaka-Schule des indischen Denkens. Kennzeichnender Zug dieses Ansatzes ist das Prinzip strenger logischer Schlussfolgerung, mit dem alle gegnerischen Positionen zu Ende gedacht und ad absurdum geführt werden, sodass die Wahrheit der Leerheit als einzig mögliche Position übrig bleibt. Dieses Verfahren wurde erstmals von dem indischen Denker Buddhapalita ausdrücklich formuliert und später von Chandrakirti ausgestaltet und verteidigt.

114 Siehe: Dalai Lama: *Dzogchen: The Heart Essence of the Great Perfection*, S. 172.

115 Die Lehren des Lamdré (Der Pfad mit seinen Ergebnissen) bildeten zwei Hauptlinien der Übermittlung aus: die allgemeine Darstellung, *Tsokshé* (Erklärung für Versammlungen) genannt, und die geheime Darstellung des *Lopshé* (Erklärung für Einzelschüler). Wie Seine Heiligkeit Sakya Trizin erläutert: »In der frühen Sakya-Tradition war das Lamdré eigentlich eine einheitliche Lehre. Erst später war es Muchen Könchok Gyaltsen, der die höchst esoterischen, essenziellen und wichtigsten Lehren seinen engsten Schülern in seinem Privatzimmer vermittelte, während er vor der Versammlung nur über die allgemeinen Lehren sprach. Seitdem gibt es zwei Lamdré.« Tsarchen Losal Gyatso (1502–1567) war ein bedeutender Meister der Sakya-Tradition, Gründer des Klosters Dar Drangmo Ché und der Tsar-Schule des Sakya-Ordens sowie Linienhalter der Lamdré-Lopshé-Übermittlung. Etliche seiner Schriften sind erhalten geblieben, vor allem seine Darstellungen der Hevajra-Visualisation und der Vajrayogini-Lehren. Der Fünfte Dalai Lama verfasste seine Biografie. Seine Hauptschüler waren Mangtö Ludrup Gyatso, Yol Khenchen Zhönnu Lodrö, der dritte Dalai Lama Sönam Gyatso, Zhalu Khenchen Khyentse Wangchuk und Bokarwa Maitri Döndrup Gyaltsen. (Diese Informationen wurden vom Tibetan Buddhist Resource Center zur Verfügung gestellt.) Zu Mangtö Ludrup siehe: Dalai Lama: *Dzogchen: The Heart Essence of the Great Perfection*, S. 234, Anm. 44.

116 Siehe: Dalai Lama: *Dzogchen: The Heart Essence of the Great Perfection*, S. 262.

117 Kapitel 3, Vers 11. Siehe: Dalai Lama: *The World of Tibetan Buddhism*, S. 148; und *Dzogchen: The Heart Essence of the Great Perfection*, S. 238, Anm. 82.

118 Jikmé Tenpé Nyima: *Dpal gsang ba'i snying po'i rgyud kyi spyi don nyung ngu'i ngag gis rnam par 'byed pa rin chen mdzod kyi lde mig*, S. 43.

[119] *chos nyid kyi sku*. Nach Khenpo Namdrol Rinpoche bezieht sich das auf den Svabhavikakaya (*ngo bo nyid kyi sku*).

[120] Jikmé Tenpé Nyima: *Dpal gsang ba'i snying po'i rgyud kyi spyi don nyung ngu'i ngag gis rnam par 'byed pa rin chen mdzod kyi lde mig*, S. 45.

[121] Tarthang-Edition, S. 1180.

[122] Tarthang-Edition, S. 1182.

[123] Tarthang-Edition, S. 1182–83. *Der schöne Juwelenschmuck* (*Nor bu bkra bkod*) ist eines der siebzehn Tantras in der Gruppe der innersten, unübertrefflichen Kern-Unterweisungen des Dzogchen.

[124] Tarthang-Edition, S. 1186–87.

[125] Tarthang-Edition, Bd. e, S. 151.

[126] Ebenda.

[127] Tarthang-Edition, Bd. wam, S. 221.

[128] Tarthang-Edition, S. 234–35.

[129] Rdo grub chen 'jigs med bstan pa'i nyi ma'i gsung 'bum (si khron mi rigs dpe skrun khang), Bd. 2, S. 27.

[130] Vers 80.

[131] Vers 81a.

[132] Seine Heiligkeit ging hierzu kurz auf die Notwendigkeit des Studiums der *Sieben Schätze* ein.

[133] Dies sind nach dem *Guhyasamaja-Tantra* und unter dem Gesichtspunkt der Resultate betrachtet die ersten drei der sechs Stufen des Vollendungs-Stadiums.

[134] Aus: *Bla ma mchod pa'i cho ga* von Panchen Lozang Chökyi Gyaltsen (1570–1662): des na rje btsun bla ma thugs rje can// ma gyur 'gro ba'i sdig sgrib sdug bsngal kun// ma lus da lta bdag la smin pa dang// bdag gi bde dge gzhan la btang ba yis// 'gro kun bde dang ldan par shog.

[135] Über das »tatsächliche klare Licht« siehe: Cozort, S. 66 und 106–110; siehe auch: Yangchen Gawai Lodoe: *Paths and Grounds of Guhyasamaja According to Arya Nagarjuna*, Dharamsala: Library of Tibetan Works and Archives, 1995, S. 75–80. Über die »Vereinigung der Lernenden« beziehungsweise den »Zustand des Einsseins bei den sich Schulenden« siehe: Cozort, S. 66 und 111–14 und Yangchen Gawai Lodoe, S. 90–96. Letzterer zitiert auch die »fünf Ebenen« (*rim lnga*): »In der meditativen Stabilität des Zustands der Einigung verweilend, schult er/sie sich nicht auf weiteren [neuen Pfaden].«

[136] Zitiert in: Dalai Lama: *Kindness, Clarity and Insight*, S. 203–5; Ausgabe 2006, S. 231–32. Das Zitat stammt aus: mkhas grub dge legs dpal bzang po'i gsung thor bu'i gras rnams phyogs gcig tu bsdebs pa, in: *The Collected Works of the Lord Mkhas-grub rJe dGe-legs-dpal-bzang-po* (New Delhi 1980), 125.1–6.3.

[137] *The Collected Works of the Lord Mkhas-grub rJe*, S. 129.

[138] Aus: Dodrupchen Jikmé Tenpé Nyimas gesammelten Werken: *sgrub brtson rnal 'byor gyi dbang po padma maha sukha'i bzhed skong du gdams pa, rdo grub chen 'jigs med bstan pa'i nyi ma'i gsung 'bum* (si khron mi rigs dpe skrun khang, 2003), Bd. 2, S. 15–16.

[139] Golok Khenchen Münsel (1916–1993). Sein Leben schildert Nyoshul Khenpo in: *A Marvelous Garland or Rare Gems*, S. 524–26.

[140] Das *Triyik Yeshé Lama* stammt von Jikmé Lingpa (1730–1798) und ist nach Tulku Thondup Rinpoches Worten »das umfassendste Handbuch der Dzogchen-Meditation in der Nyingma-Tradition geworden«. Es beruht auf dem innersten Zyklus der unübertroffenen Kern-Unterweisungen und bietet die Essenz der Dzogchen-Tantras. Zu seinen Hauptinhalten gehören die praktischen Anleitungen zu Trekchö und Tögal, aber auch Unterweisungen zur Befreiung in den Bardo-Zuständen und in den reinen Nirmanakaya-Bereichen.

[141] Der in Osttibet geborene Khenpo Rinchen lehrte im Kloster Dzongsar, bevor er ins indische Exil flüchtete. Er wurde der Lehrer Seiner Heiligkeit Sakya Trizin und diente als leitender Sakya-Khenpo des Tibetan Institute in Sarnath sowie als Haupt-Khenpo des Sakya-Klosters in Puruwala. Während der Kalachakra-Ermächtigung, die 1974 in Bodhgaya stattfand, wurde er von Seiner Heiligkeit dem Dalai Lama als ein Meister der Lehren aller vier Hauptschulen des tibetischen Buddhismus gefeiert. Auch 2000 im Lerab Ling sprach Seine Heiligkeit von ihm: »Ich glaube, es gibt kaum Lehrer in der Geluk, Nyingma, Kagyü oder Sakya, die sich in den Lehren aller übrigen Schulen auskennen. Aus eigener Anschauung kann ich sagen, dass der verstorbene Khenpo Rinchen so einer war: ein wirklich hervorragender Meister.«

[142] Siehe: Dalai Lama: *Dzogchen: The Heart Essence of the Great Perfection*, S. 234, Anm. 45; und *The World of Tibetan Buddhism*, S. 151.

[143] Der volle Titel lautet: *Schmuck des Weisheits-Geistes Samantabhadras: eine geheime Unterweisung, die unmittelbar die Schau des klaren Lichts Dzogpachenpo offenbart und alle falschen Anschauungen zerstreut.* Auf Tibetisch: *'Od gsal rdzogs pa chen po'i lta ba dmar 'byin gsang khrid log rtog kun sel kun bzang dgongs rgyan.* Zu finden in Band kha von Tsultrim Zangpos gesammelten Werken. Der hier folgende Auszug beginnt auf S. 9a.

[144] Die neun Handlungen der drei Pforten: alle äußeren, inneren und geheimen Aktivitäten von Körper, Rede und Geist. Drei betreffen den Körper: äußerlich alle weltlichen, ablenkenden Aktivitäten; innerlich alle gewöhnlichen zuträglichen Taten wie Prostrationen und Zirkumambulationen; im Geheimen alle unnötigen Bewegungen, die ablenkend auf die Praxis wirken. Drei betreffen die Rede: äußer-

lich alle weltlichen und verblendeten Gespräche; innerlich Rezitationen und alles Liturgische; im Geheimen alles »Sprechen«, welcher Art auch immer. Drei betreffen den Geist: äußerlich alle weltlichen, verblendeten Gedanken; innerlich alle auf Visualisationen der Entwicklungs- und Vollendungsstufe gerichtete geistige Aktivität; im Geheimen alle Regungen des Geistes.

145 Siehe: Dalai Lama: *The Meaning of Life*, S. 43.

146 Siehe: Milarepa: *The Hundred Thousand Songs of Milarepa*, S. 122–30.

147 In der in Anm. 143 genannten Quelle S. 6a.

148 Ebenda, S. 33b.

149 Das Wurzel-Tantra der siebzehn innersten, unübertroffenen Kern-Unterweisungen des Dzogchen, *Sgra thal 'gyur rtsa ba'i rgyud.*

150 Ein Geheimname des Großen Fünften Dalai Lama.

151 1984 in London bezog sich Seine Heiligkeit auf Dodrupchen: »Dazu sagt Dodrup Jikmé Tenpé Nyima, dass es geradezu auf der Hand liegt, alle Phänomene als nur scheinbar, nur aufgrund von Begriffen oder Benennungen existierend wahrzunehmen, sobald man verstanden hat, dass alle Phänomene die Energie oder das Erscheinungsbild dieses selbst entstehenden Rigpa sind.« *Dzogchen: The Heart Essence of the Great Perfection*, S. 69. Er hat sich auf diese Aussage bei verschiedenen Gelegenheiten bezogen, zum Beispiel: »Wir hören Dodrupchen sagen: Wenn wir nachvollziehen können, dass alle erscheinenden und sich ereignenden Gegenstände der Erkenntnis einfach ein Spiel oder Zeitvertreib des Grund-Geistes sind, verstehen wir die Position der Folgerichtigkeits-Schule – dass nämlich all das nur aufgrund der Kraft des Denkens existiert – sicher noch besser.« *Kindness, Clarity and Insight*, S. 214. Siehe auch: *The World of Tibetan Buddhism*, S. 120; und *The Gelug/Kagyü Tradition of Mahamudra*, S. 225–26.

152 A. a. O. S. 10b–11a.

153 Ebenda, S. 11b.

154 Ebenda. Die entsprechenden tibetischen Begriffe lauten: ma bcos pa, rang gsal, 'od gsal, bde chen lhan skyes kyi ye shes, nang gsal gyi ye shes, sems las 'das pa'i ye shes, ye shes lnga'i rang bzhin, gzhi'i chos sku. Die Begriffe im folgenden Absatz lauten: gnyug ma, rtag pa, 'dus ma byas pa'i ye shes, zang thal le, phyal ba chen po.

155 Longchen Rapjam: *Kostbarer Wunsch erfüllender Schatz, eine Abhandlung über die Kern-Unterweisungen zum großen Fahrzeug*, S. 152. »Außerdem stellt [der Grund] eine Art Basis für Karma, die verstörenden Emotionen und die Phänomene des Samsara dar, aber sie sind nicht eigentlich auf ihn angewiesen. Sie weilen im Reich des Grundes, ohne ihn wirklich zu berühren oder zu ihm zu gehö-

ren – etwa so, wie Wolken in gewissem Sinne vom Himmel ›getragen‹ werden.« de yang 'khor ba'i chos las dang nyon mongs pa rnams rten pa med pa'i tshul gyis brten pa ni/ nyi mkha'i ngos na sprin phung brten pa ltar/ gzhi la ma reg ma 'byar la de'i ngang la gnas pa ste.

156 Tsultrim Zangpo, a. a. O. S. 14b.

157 Der erste Panchen Lama Lozang Chökyi Gyaltsen verfasste einen berühmten Wurzeltext samt eigenem Kommentar zur Mahamudra. Der Titel lautet: *Dge ldan bka' brgyud rin po che 'i phyag chen rtsa ba rgyal ba'i gzhung lam*. Siehe: Dalai Lama: *The Gelug/Kagyü Tradition of Mahamudra*.

158 In wissenschaftlicher Umschrift: had de ba. Siehe: Dalai Lama: *Dzogchen: The Heart Essence of the Great Perfection*, S. 66–67 und 194–95.

159 Die entsprechenden tibetischen Begriffe lauten: *ye grol, rang drol, cer grol, rnam grol, mtha' grol*.

160 Siehe: Dalai Lama: *Dzogchen: The Heart Essence of the Great Perfection*, S. 83–84 und 186–87.

161 Seine Heiligkeit geht darauf in *Dzogchen: The Heart Essence of the Great Perfection*, S. 50, 171, 196 näher ein. Das dritte Chokshak, »Aktion: Erscheinungen – lass sie, wie sie sind«, wird manchmal so wiedergegeben: »Aktion: die Kern-Unterweisung – lass sie, wie sie ist.«

162 Wie Herbert V. Guenther schon vermerkte, erscheint das Wort *bstan*, das »Lehren« bedeutet, sowohl im Wurzeltext als auch in Longchenpas Eigenkommentar (*Die Kutsche der vollkommenen Reinheit*, tib. *Shing rta rnam dag*) überall da, wo aus dem Text zitiert wird; im Kommentar zu dieser Zeile verwendet Longchenpa das Wort *brtan*, das »fest« oder »stabil« bedeutet. Beide Bedeutungen sind in der Übersetzung berücksichtigt. Vgl. Guenther, Teil 2, S. 59, 103.

163 Diese Zeile erscheint im Eigenkommentar, aber nicht im Text selbst.

164 Siehe Anm. 80.

165 In diesem Abschnitt werden fortgeschrittene yogische Haltungen erklärt, und die Sprache ist metaphorisch. »Ozean« beispielsweise steht für den Bauchraum und »Felsenküste« bezeichnet die Wirbelsäule.

166 Der Kommentar gibt dieser Zeile einen anderen Wortlaut: »Die Haltung ist wie zuvor, vor allem jedoch bewege deine Augen nicht.«

167 Im Kommentar heißt es, die Atembewegung sei nicht wahrnehmbar.

168 Der Kommentar erwähnt, dass es zehn solche Zeichen gibt.

169 Im Text heißt es »außen und innen« (*phyi nang*), im Kommentar »früher und später« (*snga phyi*).

[170] Dilgo Khyentse Rinpoche erhielt die Übertragung von Jamyang Khyentse Chökyi Lodrö, der sie von Tertön Sogyal selbst erhalten hatte.

[171] Siehe: Tulku Thondup: *Die verborgenen Schätze Tibets: eine Erklärung der Termatradition der Nyingmaschule des Buddhismus.* Zürich: Theseus, 1994. Und Andreas Doctor: *Tibetan Treasure Literature.* Ithaca: Snow Lion, 2005.

[172] Kyapjé Dilgo Khyentse Rinpoche am 17. August 1990.

[173] Zitiert in einem Text in den gesammelten Werken des dreizehnten Dalai Lama: *Der hoch geheime Zyklus vom Mandala Hayagrivas.* Er handelt von der Weihe der Medizin nach den reinen Visionen des Großen Fünften Dalai Lama.

Literatur

Von Seiner Heiligkeit zitierte Werke

Sutras und Tantras

Guhyasamaja-Tantra
Guhyasamajanamamahakalparaja
Gsang ba 'dus pa zhes bya ba brtag pa'i rgyal po chen po

Hevajra-Tantra
Hevajratantraraja
Kye'i rdo rje zhes bya ba rgyud kyi rgyal po

Kalachakra-Tantra
Shrikalachakranamatantraraja
Dpal dus kyi 'khor lo'i rgyud kyi rgyal po

Wurzel-Tantra vom Widerhall des Klanges
Sgra thal 'gyur rtsa ba'i rgyud

Sutra von der Weisheit des Hinübergelangens
Atajñananama-sutra
'Phags pa 'da' ka ye shes kyi mdo

Sutra auf Bitten Upalis
Upalipariprìccha-Sutra
Nye bar 'khor gyis zhus pa'i mdo

Sutra der transzendenten Weisheit in 8000 Zeilen
Ashtasahasrikaprajñaparamitasutra
'Phags pa shes rab kyi pha rol tu phyin pa brgyad stong pa'i mdo

Aryadeva
Vierhundert Verse über den Mittleren Weg
Chatuhshatakashastrakarika
Bstan bcos bzhi brgya pa zhes bya ba'i tshig le'ur byas pa

Asanga
Bodhisattva-Stufen
Bodhisattvabhumi
Byang chub sems dpa'i sa

Ashvaghosha
Fünfzig Strophen über den Guru
Gurupanchashika
Bla ma lnga bcu pa

Chandrakirti
Einführung in den Mittleren Weg
Madhyamakavatara
Dbu ma la 'jug pa

Klare Worte
Prasannapada
Dbu ma rtsa ba'i 'grel pa tshig gsal ba

Dharmakirti
Kommentar zur »Zutreffenden Erkenntnis«
Pramanavarttikakarika
Tshad ma rnam 'grel gyi tshig le'ur byas pa

Maitreya
Unterscheidung des Mittleren von den Extremen
Madhyantavibhanga
Dbus dang mtha' rnam par 'byed pa

Schmuck der Mahayana-Sutras
Mahayanasutralamkara
Theg chen mdo sde rgyan

Schmuck der klaren Erkenntnis
Abhisamayalamkara
Mngon par rtogs pa'i rgyan

Erhabenes Kontinuum des großen Fahrzeugs
Mahayana-uttaratantrashastra
Theg pa chen po rgyud bla ma'i bstan bcos

Nagabodhi
Analyse des Wirkens
Karmantavibhanga
Las mtha' rnam 'byed

Nagarjuna
Grundlegende Abhandlung zum Mittleren Weg
Mulamadhyamakakarika
Dbu ma rtsa ba'i tshig le'ur byas pa

Kostbare Girlande
Ratnavali
Rin chen phreng ba

Shantideva
Der Weg des Bodhisattva
Bodhicharyavatara
Byang chub sems dpa'i spyod pa la 'jug pa

Kompendium der Schulung
Shikshasamucchaya
Bslab pa kun las btus pa

Vasubandhu
Schatztruhe der Erkenntnis
Abhidharmakoshakarika
Chos mngon pa'i mdzod kyi tshig le'ur byas pa

Tibetische Werke

Dodrupchen, Jikmé Tenpé Nyima
Ratschlag zur Erfüllung der Wünsche des eifrig Übenden, der Herr der Yogins, Padma Mahasukha
Sgrub brtson rnal 'byor gyi dbang po padma maha sukha'i bzhed skong du gdams pa, rdo grub chen 'jigs med bstan pa'i nyi ma'i gsung 'bum, veröffentlicht von si khron mi rigs dpe skrun khang, 2003, Bd. 2, S. 15–16.

Vajra-Mörser: Worte des Rates
Gdams ngag rdo rje'i gtun khung, Bd. 2, S. 25–31.

Der Schlüssel zur kostbaren Schatztruhe: Ein Abriss des Tantra der geheimen Essenz
Dpal gsang ba'i snying po'i rgyud kyi spyi don nyung ngu'i ngag gis rnam par 'byed pa rin chen mdzod kyi lde mig, Bd. 3, S. 1–206.

Der Große Fünfte Dalai Lama
Worte der Vidyadharas: Ein Unterweisungshandbuch zu Erzeugung, Vollendung und der Großen Vollkommenheit für den großen Erbarmenden, Freisetzung des Samsara in den grundlegenden Raum
Thugs rje chen po 'khor ba dbyings sgrol gyi bskyed rdzogs rdzogs pa chen po'i khrid yig rigs 'dzin zhal lung, Gesammelte Werke, Bd. nang ga, S. 51–152.

Jamyang Khyentse Wangpo
Zugangsweg zur Freude Padmasambhavas: Das Ermächtigungsritual für das Geist-Sadhana der Vereinigung aller innersten Essenzen
Thugs sgrub yang snying kun 'dus kyi dbang chog padma dgyes pa'i 'jug ngogs. Gesammelte Werke Jamyang Khyentse Wangpos, Gangtok 1977, Bd. 12, S. 503.

Khedrup Norzang Gyatso
Schmuck des makellosen Lichts: Ein Abriss des Kalachakra-Tantra
Dus 'khor spyi don dri med 'od rgyan

Longchen Rapjam
Aus: *Drei Bücher vom Finden der Erquickung und Gemütsruhe (Ngal gso skor gsum):*

Erquickung und Gemütsruhe in der Meditation über die Große Vollkommenheit finden
Rdzogs pa chen po bsam gtan ngal gso
In: Rdzogs pa chen po ngal gso skor gsum dang rang grol skor gsum. Reproduktion der A-'dzom Xylographic Edition, Gangtok 1999, Bd. 3, S. 1–24.

Die Kutsche der völligen Reinheit: Ein Kommentar zu Erquickung und Gemütsruhe in der Meditation über die Große Vollkommenheit finden
Rdzogs pa chen po bsam gtan ngal gso'i 'grel pa shing rta rnam par dag pa, Bd. 3, S. 35–126.

Ozean der trefflichen Erläuterung: Ein Abriss der Drei Bücher vom Finden der Erquickung und Gemütsruhe
Ngal gso skor gsum gyi spyi don legs bshad rgya mtsho, Bd. 3, S. 131–249.

Aus: *Die sieben Schätze (Mdzod bdun):*

Kostbare Schatztruhe philosophischer Lehrsätze, welche die Bedeutung aller Fahzeuge klären
Theg pa mtha' dag gi don gsal bar byed pa grub pa'i mtha' rin po che'i mdzod

Kostbarer Wunsch erfüllender Schatz, eine Abhandlung über die Kern-Unterweisungen zum großen Fahrzeug
Theg pa chen po'i man ngag gi bstan bcos yid bzhin rin po che'i mdzod

Weißer Lotos: Ein Kommentar zu: Kostbarer Wunsch erfüllender Schatz, eine Abhandlung über die Kern-Unterweisungen zum großen Fahrzeug
Theg pa chen po'i man ngag gi bstan bcos yid bzhin rin po che'i mdzod kyi 'grel pa pad ma dkar po

Patrul Rinpoche
Die besondere Unterweisung des weisen und glorreichen Königs mitsamt ihrem Kommentar
Mkhas pa shri rgyal po'i khyad chos 'grel pa dang bcas pa. Gesammelte Werke, Dpal sprul o rgyan 'jigs med chos kyi dbang po'i gsung 'bum, veröffentlicht von Si khron mi rigs dpe skrun khang, 2003, Bd. 4, S. 737–54.

Tsongkhapa
Der grundlegende Weg zum Erwachen
Byang chub gzhung lam

Tsultrim Tsangpo
Schmuck für den Weisheits-Geist Samantabhadras: Geheime Unterweisung, welche die Anschauung des klaren Lichts Dzogpachenpo direkt offenbart und alle falschen Anschauungen zerstreut
'Od gsal rdzogs pa chen po'i lta ba dmar 'byin gsang khrid log rtog kun sel kun bzang dgongs rgyan, Gesammelte Werke, Bd. kha.

Auswahl von Werken in europäischen Sprachen

Werke des vierzehnten Dalai Lama

Destructive Emotions, A Scientific Dialogue with His Holiness the Dalai Lama. Narrated by Daniel Goleman. New York: Bantam, 2003. (*Dialog mit dem Dalai Lama. Wie wir destruktive Emotionen überwinden können.* München: dtv, 2005.)

Dzogchen: The Heart Essence of the Great Perfection. Ithaca: Snow Lion, 2000. (*Dzogchen: die Herz-Essenz der Großen Vollkommenheit.* Frankfurt am Main, Leipzig: Insel, 2006.)

Essence of the Heart Sutra. Boston: Wisdom, 2002. (*Der buddhistische Weg zum Glück: das Herz-Sutra.* Frankfurt am Main: Barth, 2004.)

A Flash of Lightning in the Dark of Night. Boston: Shambhala, 1994.

The Four Noble Truths. London: Thorsons, 1997. (*Die vier edlen Wahrheiten: die Grundlage buddhistischer Praxis.* Frankfurt am Main: Fischer TB, 2000.)

The Gelug/Kagyü Tradition of Mahamudra. Mit Alexander Berzin. Ithaca: Snow Lion, 1997.

The Kalachakra Tantra. Mit Jeffrey Hopkins. Boston: Wisdom, 1989. (*Kalachakra-Tantra.* Berlin: Theseus, 2002.)

Kindness, Clarity and Insight. Ithaca: Snow Lion, 1984, 2006.

The Meaning of Life. Boston: Wisdom, 1992. (*Die Lehre des Buddha vom abhängigen Entstehen.* Hamburg: Dharma-Edition, 1996.)

The Power of Buddhism. Mit Jean-Claude Carrière. Dublin: Gill & Macmillan, 1996. (*Die Kraft des Buddhismus und der Zustand der Welt.* Freiburg u. a.: Herder, 1998.)

Practicing Wisdom, The Perfection of Shantideva's Bodhisattva Way. Boston: Wisdom, 2005. (*Weisheit erkennen, mehren und Tag für Tag üben.* Frankfurt am Main: Barth, 2007.)

Transforming the Mind. London: Thorsons, 2000. (*Ohne Anfang, ohne Ende. Die acht Schritte zu einem erfüllten Leben.* Bern u. a.: Barth, 2001.)

The Universe in a Single Atom. New York: Morgan Road Books, 2005. (*Die Welt in einem einzigen Atom: Meine Reise durch Wissenschaft und Buddhismus.* Berlin: Theseus, 2005.)

The World of Tibetan Buddhism. Boston: Wisdom, 1995. (*Die Lehren des tibetischen Buddhismus.* Hamburg: Hoffmann und Campe, 2006.)

Über Buddhismus und Dzogchen

Aryadeva. *The Yogic Deeds of the Bodhisattvas.* Ithaca: Snow Lion, 1994.

Chökyi Nyima Rinpoche und Erik Pema Kunsang. *Indisputable Truth.* Rangjung Yeshe, 1996.

Cozort, Daniel. *Highest Yoga Tantra.* Ithaca: Snow Lion, 1986.

Deshung Rinpoche. *The Three Levels of Spiritual Perception.* Boston: Wisdom, 1995.

Drubwang Tsoknyi Rinpoche. *Carefree Dignity.* Boudhanath: Rangjung Yeshe, 1998.

Dudjom Rinpoche. *The Nyingma School of Tibetan Buddhism.* Boston: Wisdom, 1991.

Hopkins, Jeffrey. *Buddhist Advice for Living and Liberation: Nagarjuna's Precious Garland.* Ithaca: Snow Lion, 1998. (*Nagarjunas Juwelenkette. Buddhistische Lebensführung und der Weg zur Befreiung.* Kreuzlingen, München: Hugendubel, 2006.)

ders. *Meditation on Emptiness.* Boston: Wisdom, 1983.

Khedrup Norsang Gyatso. *Ornament of Stainless Light.* Translated by Gavin Kilty. Boston: Wisdom, 2004.

Khenpo Ngawang Palzang. A *Guide to The Words of My Perfect Teacher.* Boston: Shambhala, 2004.

Longchen Rabjam. *The Precious Treasury of the Way of Abiding.* Junction City: Padma Publishing, 1998.

ders. *The Precious Treasury of the Basic Space of Phenomena & A Treasure Trove of Scriptural Transmission.* Junction City: Padma Publishing, 2001.

Longchenpa. *Kindly Bent to Ease Us.* Translated and annotated by Herbert V. Guenther. Berkeley: Dharma Publishing, 1975–76.

Maitreya. *Maitreya on Buddha Nature.* Neuübersetzung von Asangas Mahayana Uttara Tantra Sastra durch Ken and Katia Holmes. Forres: Altea, 1999.

Maitreyanatha/Aryasangha. *The Universal Vehicle Discourse Literature Together with Its Commentary by Vasubandhu.* New York: American Institute of Buddhist Studies, 2004.

Milarepa. *The Hundred Thousand Songs of Milarepa.* Translated and annotated by Garma C.C. Chang. Boston: Shambhala, 1999.

Mipham. *Mipham's Beacon of Certainty.* Übersetzt von John Whitney Pettit. Boston: Wisdom, 1999.

Nagarjuna. *The Fundamental Wisdom of the Middle Way, Nagarjuna's*

Mulamadhyamakakarika. Übersetzt und kommentiert von Jay L. Garfield. New York: Oxford University Press, 1995.
Namkhai Norbu. Dzogchen, *The Self-Perfected State.* London: Arkana, 1989.
Ngorchen Konchog Lhundrub. *The Beautiful Ornament of the Three Visions.* Singapore: Golden Vase, 1987; Ithaca: Snow Lion, 1991.
Nyoshul Khenpo. *A Marvelous Garland of Rare Gems, Biographies of Masters of Awareness in the Dzogchen Lineage.* Junction City: Padma Publishing, 2005.
Padmasambhava. *Advice from the Lotus Born.* Übersetzt von Erik Pema Kunsang. Boudhanath: Rangjung Yeshe, 1994.
Patrul Rinpoche. *The Heart Treasure of the Enlightened Ones.* Commentary by Dilgo Khyentse. Boston: Shambhala, 1992. (*Das Herzjuwel der Erleuchtung.* Berlin: Theseus, 1994.)
ders. *The Words of My Perfect Teacher.* Boston: Shambhala, 1998.
Ringu Tulku. *The Ri-mé Philosophy of Jamgön Kongtrul the Great.* Boston: Shambhala, 2006.
Shantideva. *The Way of the Bodhisattva.* Boston: Shambhala, 1997. (Auf Deutsch sind mehrere Ausgaben des *Bodhicaryavatara* verfügbar, zum Beispiel: *Anleitung auf dem Weg zur Glückseligkeit.* Frankfurt am Main: Barth, 2005.)
Sogyal Rinpoche. *Dzogchen and Padmasambhava.* Santa Cruz: Rigpa, 1989. (*Dzogchen und Padmasambhava.* Wiesbaden: Ratnakosha, 1995.)
ders. *The Tibetan Book of Living and Dying.* San Francisco: Harper, 1992. Revised edition, San Francisco, Harper, 2002; London: Rider, 2002. (*Das tibetische Buch vom Leben und vom Sterben.* Überarbeitete und aktualisierte Neuausgabe. Frankfurt am Main: Scherz, 2003.)
Takpo Tashi Namgyal. *Mahamudra: The Quintessence of Mind and Meditation.* Delhi: Motilal Banarsidass, 1993.
Thurman, Robert A.F. *The Central Philosophy of Tibet: A Study and Translation of Jey Tsongkhapa's Essence of True Eloquence.* Princeton: Princeton University Press, 1991.
Tsele Natsok Rangdrol. *Circle of the Sun.* Boudhanath: Rangjung Yeshe, 1990.
Tsering, Geshe Tashi. *The Four Noble Truths.* Boston: Wisdom, 2005.
Tsong-kha-pa. *Great Treatise on the Stages of the Path to Enlightenment.* Bd. 1–3. Übsetzt vom Lamrim Chenmo Translation Committee. Ithaca: Snow Lion, Bd. 1, 2000; Bd. 2, 2004; Bd. 3, 2002.
Tsongkhapa. *The Splendor of an Autumn Moon.* Übersetzt von Gavin Kilty. Boston: Wisdom, 2001.
Tulku Thondup. *Buddha Mind.* Ithaca: Snow Lion, 1989.
ders. *Masters of Meditation and Miracles.* Boston: Shambhala, 1996.

Tulku Urgyen Rinpoche. *As It Is.* Bd. 1 und 2. Boudhanath: Rangjung Yeshe, 1999 & 2000.

ders. *Rainbow Painting.* Boudhanath: Rangjung Yeshe, 1995. (*Regenbogenbilder: Aspekte der Dzogchenpraxis.* Freiamt: Arbor, 2003.)

Yangchen Gawai Lodoe. *Paths and Grounds of Guhyasamaja According to Arya Nagarjuna.* Dharamsala: Library of Tibetan Works and Archives, 1995.

Yongey Mingyur Rinpoche. *The Joy of Living: Unlocking the Secret and Science of Happiness.* New York: Harmony Books, 2007.

Dank

Unseren tiefsten Dank möchten wir Seiner Heiligkeit dem Dalai Lama für seine freundliche Bereitschaft zu den Unterweisungen im Lerab Ling im September 2000 aussprechen. Wir danken auch Sogyal Rinpoche, der für die Einladung Seiner Heiligkeit eine so wichtige Rolle spielte und uns eine stete Quelle der Inspiration ist.

Weiterhin danken wir im Zusammenhang mit dem Besuch Seiner Heiligkeit Kyapjé Trulshik Rinpoche, der uns so verlässlich unterstützte und beriet; ebenfalls danken wir Khamtrul Rinpoche, dem Nechung-Orakel, Jadho Rinpoche und den Mönchen des Klosters Namgyal, insbesondere Tashi Dakpa-la, Pasang und Namgyal.

Ein herzliches Dankeschön auch an Tenzin Geyche Tethong und das Privatbüro Seiner Heiligkeit des Dalai Lama, an den ehrwürdigen Geshe Lhakdor-la, an das Bureau du Tibet und besonders an Kunzang Yuthok-la.

Eine ganz besondere Dankeshymne gebührt Lodi Gyari Rinpoche, dem Sonderbevollmächtigten Seiner Heiligkeit, für seinen unermüdlichen Einsatz für Tibet, die Arbeit, die er für Seine Heiligkeit leistet und seine stetige Bereitschaft, Rigpa in jeder Weise zu unterstützen und zu beraten.

Wir danken Lama Seunam und Lama Tcheuky Sengue und den Mitgliedern der Association Golfe du Lyon: Kagyü Rintchen Tcheu Ling, Kagu Yi-Ong Tcheu Ling, Jardin du Dharma und Jardin de Claire Lumière, und besonders verpflichtet fühlen wir uns der Fédération du Bouddhisme Tibétain für die kluge Beratung.

Wir danken allen, die für die Organisation dieses Zusammentreffens wichtig waren, namentlich Philip Philippou, Jean Lanoe, Olivier Fournier, Anne Wodrascka, Herve Bienfait, Ian Maxwell, Mauro de March, Renate Handel, Laurence Bibas-Dahan, Seth Dye, Kimberly Poppe, Dominique Hill, Tim Synge, Heidi Lindstedt, Pamela Truscott und so vielen weiteren Rigpa-Mitgliedern, die wir unmöglich alle namentlich nennen können, darunter an die vierhundert freiwillige Helfer.

Wir bedanken uns bei der Préfecture von Montpellier, den Bürgermeistern von Lodève, Roqueredonde und dem Larzacplateau, vor allem bei J. M. Barascut, dem Bürgermeister von Les Rives.

Für alles, was an Übersetzungsarbeit in diesem Buch steckt, danken wir Matthieu Ricard, Richard Barron (Lama Chökyi Nyima), Adam Pearcey, Ane Samten Palmo und Dominique Side. Großer Dank auch an B. Alan Wallace für seine Hilfe während des Treffens. Wir danken Geshe Lhakdor und Geshe Thupten Sönam für die tibetische Transkription der Unterweisungen. Tulku Thondup Rinpoche, Ringu Tulku Rinpoche, Khenchen Namdrol, Geshe Thupten Jinpa und Geshe Tashi Tsering danken wir von Herzen für ihre freundliche Bereitschaft, Klärungsfragen zu beantworten. Die Übersetzer möchten ihre Anerkennung und Wertschätzung für Prof. Herbert V. Guenthers bahnbrechende Übersetzung der *Drei Bücher vom Finden der Erquickung und Gemütsruhe* zum Ausdruck bringen, die 1975 unter dem Titel *Kindly Bent to Ease Us* erschien.

Für die Ausarbeitung und Gestaltung dieses Buches spielten Susie Godfrey, David Haggerty, Ane Tsöndru, Sue Morrison, Peter Fry, Sean Price, Lorraine Velez und Andreas Schulz tragende Rollen.

Außerdem danken wir Tim McNeill und David Kittelstrom vom Verlag Wisdom Publications für die einfühlsame und sachkundige Beratung.

Für etwaige Fehler oder Ungenauigkeiten, die sich eingeschlichen haben mögen, zeichnet einzig und allein der Herausgeber verantwortlich.

Wir veröffentlichen dieses Buch, um einen kleinen Beitrag zur Arbeit seiner Heiligkeit zu leisten, um diese Lehren allgemein zugänglich zu machen, damit sie für möglichst viele Menschen etwas Gutes bewirken können.

Patrick Gaffney
Rigpa International